한자어,
이것만 알면
쏙쏙

한자어,
이것만 알면
쏙쏙

초판 1쇄 발행 2023년 8월 14일
초판 2쇄 발행 2024년 2월 15일

지은이   이사무엘

펴낸이   강기원
펴낸곳   도서출판 이비컴

디자인   이유진
편 집   한주희
마케팅   박선왜

주 소   (02635) 서울 동대문구 고산자로 34길 70, B동 431호
전 화   02-2254-0658 팩 스 02-2254-0634
등록번호 제6-0596호(2002.4.9)
전자우편 bookbee@naver.com
ISBN   978-89-6245-215-0 (03700)

한자어,
이것만 알면
쏙쏙

이사무엘 지음

이비락 樂

이 책은 한자를 전혀 몰라서 기초적으로 읽는 법만이라도 알고 싶은 사람이나, 어느 정도는 알지만 좀 더 쉽고 편하게 한자를 쓰고 싶은 사람들을 위한 책이다. 한자가 손에 잡히지 않는 이유는 요령이 없기 때문인데 그 요령은 바로 한자 부수에 있다.

한자에는 모두 부수가 있고, 아무리 복잡한 글자라도 그 부수가 무엇인지 알면 대부분 왜 음(音)이 그렇게 붙었는지, 왜 그런 뜻(훈, 訓)을 갖는지를 쉽게 알게 된다.

한자는 대부분 합성 글자이다. 두 개 이상의 글자가 합쳐져 이루어진 글자는 한 쪽은 음, 한 쪽은 뜻을 나타낸다고 보면 된다. 비둘기 구(鳩) 자는 왼쪽의 아홉 구(九) 자가 음이고 오른쪽의 새 조(鳥) 자가 새라는 것을 암시한다.

처음 보는 글자라서 소리가 어떻게 나는지 모른다고 해도, 새를 표현하는 글자가 아닐까 짐작하는 것이다.

이처럼 부수만 알면 한자가 낯설지 않게 된다. 이 책은 학습자가 쉽게 다가갈 수 있도록 사람의 몸을 표현하는 글자부터 생활 속의 여러 한자, 스포츠에서 보는 한자, 지명에 들어간 한자 등 주변에서 늘 접하는 글자를 통해 한자어휘에 익숙해지도록 엮었다.

물론 한자는 부담스럽다. 국어지만 우리말은 아니니까. 그러나 꽤 쓸모가 있다. 바탕만 알면 편해지고, 약간만 친해지면 우리 공부나 일상생활에서 잘 몰랐던 단어의 의미들이 쏙쏙 눈에 들어온다. 사실 필자도 한자보다는 우리

말이 더 좋다.

그러나 위의 말을 뒤집으면 한자는 '우리말은 아니지만 국어'이다. 냉정하게 말하자면, 한자를 모르고서는 한국어를 온전히 구사한다고 말하기 힘든 것이다.

이 책을 방 한 구석에 던져 놓고 심심할 때, 밤에 잠이 오지 않을 때마다 펼쳐보기를 권한다. 어느 페이지를 뒤적이든 내가 몰랐던 단어의 의미를 하나둘 알게 되고, "이게 그런 거였어?!" 하면서 그동안 전혀 몰랐거나 희미했던 한자어휘의 세계에 눈을 뜨게 될 것이다.

좋은 책을 만들려고 애쓴 출판사 여러분께 감사드린다. 원고를 처음부터 끝까지 읽고 조언과 격려를 아끼지 않으신 장영미 선생님께 깊은 감사를 드린다. 역시 원고를 보고 도움을 준 친구 엄문진, 동생 사야선지에게도 고마울 따름이다. 중학교 교사로서 원고를 보고 의견을 준 후배 안정숙 선생에게도 감사의 말을 전한다.

집필을 시작한 때부터 출간을 기다려 준 친구 권재환, 해외에서 역시 책이 나오기를 기다린 후배 이하라의 응원도 힘이 되었다.

2023년 이사무엘 씀

• 한자가 어떻게 만들어졌는지를 풀어 놓은 책 중에는 정설을 따르지 않은 것도 있다. 이 책은 초심자가 한자를 쉽게 익힐 수 있도록 머리에 쏙쏙 들어가는 풀이를 위주로 했다.

• 부수를 배치한 순서는 기준이 되는 부수(예: 물 수(水))에 그 변형 부수(예: 삼 수 변(氵))를 연결하여 설명하였다. 이는 한문학 이론상 적절하지 않은 순서라고 생각할 수 있으며, 이 책은 실용한자를 익히려는 초보자의 눈높이와 정서를 고려한 부분이 많아 이론적 분류에서 다소 이탈한 점에 대해서는 양해를 구한다.

• 한자를 부수 순서로 배치한 것은 학습자가 쉽게 보도록 하기 위해서이고, 연결학습이 필요하다고 생각한 부분에서는 상식적인 정보도 부연하였음을 참고하기 바란다.

이 책은 크게 1장과 2장으로 구성하였다.

첫 번째 장은 몸을 나타내는 한자어, 의식주 한자어, 일상생활 한자어, 재미있는 한자어, 스포츠 속의 한자어, 지명으로 보는 한자어, 잘 모르고 쓰는 한자어 등 어렵지 않은 한자어로 간을 보는 부분이다.

두 번째 장은 실용 단계에서 자주 쓰이는 부수글자를 알아보는 과정이다. 앞에서 한자어에 조금 익숙해졌고, 여기서도 획수가 적은 부수부터 시작하기 때문에 끝까지 찬찬히 읽어보기만 하면 자기도 모르게 어지간한 한자를 꿰뚫게 된다.

1장과 2장 모두 사이사이에 관련된 순우리말은 물론 영어를 비롯한 외국어 사례를 곁들여 더 재미있고 빠르게 이해할 수 있도록 꾸몄다.

미흡하나마 이 책을 통해 한자와 한자어를 멀리하지 않고 내 것으로 끌어안아 좀 더 풍요로운 언어생활을 누려가길 바란다.

차 례

1장 재미있는 한자의 세계

2장 부수로 익히는 한자어

재미있는
한자의 세계

우리 몸을 나타내는
한자어 이야기

몸을 나타내는 글자의 부수들은 간단하다.

입 구(口) 자는 숨, 먹고 마시는 것, 소리내는 것
등 입으로 하는 일을 나타낸다. **호흡**(呼吸)에는 모두
입 구 자가 부수로 들어간다. 맛 미(味) 자가 나타내는
맛도 입으로 먹었을 때 알 수 있다.

- 호흡
- 소환

사회적으로 큰 사건이 터지면 검찰이 사건 관련자
를 **소환**(召喚)한다. 소는 입 구 자가 들어간 부를 소(召)
자이다. 환 자 역시 부를 환(喚) 자로 입 구 자가 부수
이다.

눈 목(目) 자는 보는 것, 눈을 뜨고 감는 것, 시
야를 나타낸다. 어떤 물건이나 기회를 얻기 위해 눈에
불을 켜고 기다리는 것이 **호시탐탐**(虎視眈眈)이다. 탐
은 노려볼 탐(眈) 자이다.

- 호시탐탐

보지 않은 채 덮어 놓고 따르는 것을 '맹목적(盲目的)으로 추종한다'고 한다. 맹은 장님을 뜻하는 소경 맹(盲) 자이다. 망할 망(亡) 자 밑에 눈 목(目) 자가 부수이다. 눈이 없으니 볼 수가 없다, 뜻이 통하지 않는가?

귀 이(耳) 자도 많이 쓰인다. 들을 문(聞) 자에 귀가 있다. 귀가 없으면 듣지 못하니까. 들을 문 자의 나머지 부분이 문 문(門) 자라서 음이 문으로 된다. 들을 청(聽) 자에도 귀 이 자가 있다.

우리말로는 똑같이 듣는 것인데 한자로는 두 글자가 쓰인다. 들을 문 자는 소문(所聞)과 같이 어떤 이야기를 자세히 전달받아서 안다는 의미가 있고, 청 자는 청각(聽覺)과 같이 저절로 들린다는 뉘앙스가 있다.

이 둘을 합친 낱말도 있는데, 국회에서 수시로 여는 청문회(聽聞會)가 그것이다.

손 수(手) 자는 손에 관한 것, 손으로 하는 동작을 나타낸다. 슬슬 추워지면서 손이 시린 계절이 오면 장갑(掌匣)을 껴야 한다. 장갑의 장은 손바닥 장(掌) 자이다. 아래에 손 수 자가 부수로 들어가 있다.

- 맹목적

- 소문
- 청각
- 청문회

국회 인사청문회

- 장갑
- 나포

중국 어선이 서해에서 불법 조업을 해서 문제가 된 적이 많았다. 해양경찰은 이 괘씸한 어선들을 **나포(拿捕)**한다. 잡을 나(拿) 자 밑에 손 수 자가 들어 있다. 그 위의 글자는 합할 합(合) 자로, 손을 모아서 잡는다는 말이다.

불법 중국어선의 나포

나포의 포 자도 마찬가지로 잡을 포(捕) 자이다. 야구의 **포수(捕手)**가 바로 이 포 자를 쓴다. **투수(投手)**가 던지는 공을 잡는 사람이 포수니까.

투수와 포수

이처럼 손 수 자가 뒤에 붙으면 어떤 일을 하는 사람이 된다. **유격수(遊擊手)**, **수비수(守備手)**, **사수(射手)**처럼 말이다. 이 중 사수는 총을 쏘는 사람인데, 회사에서 재미있게 응용한다.

- 포수
- 투수
- 수비수

기관총을 쏘려면 직접 총을 쏘는 사수가 있어야 하고 사수를 따라다니며 돕는 **부사수(副射手)**도 있어야 한다. 부사수는 사수에게 기관총을 어떻게 쏘는지 배우기도 한다. 신입사원에게 일을 가르쳐 주는 사람을 사수, 사수가 시키는 일을 하면서 배우는 사람을 부사수라고 한다.

- 사수
- 부사수

발 족(足) 자는 발에 관한 것, 이동이나 거리를 주로 나타낸다. 길 로(路) 자를 보자. 길을 가려면 발이 있어야 하니까 왼쪽에 발 족 자가 있다. 모양이 조금 다르지만 발 족 자가 변형된 글자이다.

집과 학교의 거리는 가까울수록 좋을까? 여기서 말하는 거리(距離)라는 말도 한자어이다. 거는 떨어질 거(距) 자이다. 발로 움직여서 어느 곳에서 멀어지면 거리가 생긴다는 뜻이다.

어떤 일이 방해를 받아서 잘 되지 않을 때 차질(蹉跌)이 생겼다고 한다. 역시 발 족 자를 넣은 넘어질 차(蹉) 자에 넘어질 질(跌) 자를 쓴다. 가는 것도 발이고, 넘어지는 것도 발이다.

- 거리
- 차질

의식주를 뜻하는 한자어 이야기

치마 상(裳) 자의 부수가 옷 의(衣) 자이다. 글자의 아랫부분에 옷 의 자를 넣어 옷을 나타내는 글자를 만든 것이다. 이 글자는 몸에 걸치는 것에 대부분 들어간다. 이불은 잘 때 몸에 덮는다. 그래서 이불 금(衾) 자에도 옷 의 자가 있다.

먹을 식(食) 자가 부수인 글자로는 밥 반(飯) 자가 있다. 부수인 식 자로 음식임을 말하고 오른쪽의 돌이킬 반(反) 자가 음을 나타낸다.

살 주(住) 자를 보자. 부수는 왼쪽의 사람 인 변(亻)이다. 변이란 다른 글자의 왼쪽에 들어가는 부수이다. 오른쪽의 주인 주(主) 자가 음이 된다.

사는 곳은 **주소(住所)**이다. 연립주택, 보금자리 주택 할 때의 **주택(住宅)**은 살 주 자에 집 택(宅) 자를 쓴다.

- 주소
- 주택

생활과 관련한 한자어 이야기

아침에 일어나자마자 눈꼽을 떼는 것이 세수(洗手)이다. 그런데 써 놓고 보니 이상하지 않은가? 세수는 손을 씻는 것이니까. 얼굴을 씻는다고 할 때는 얼굴 면(面) 자를 써야 하는데 세면(洗面)이라는 말보다 세수를 더 많이 쓰고 있다.

대학생은 기숙사에 들어가지 않으면 하숙(下宿) 또는 자취(自炊)를 한다. 하숙을 하면 하숙집 아주머니가 밥을 해주시고, 자취는 내 손으로 밥을 해 먹는 것이다. 첫 번째는 아래 하(下) 자에 잘 숙(宿) 자를 쓴다. 다른 사람 집에 들어가서 생활하는 학생이 하숙생이다. 두 번째는 스스로 자(自) 자에 불 땔 취(炊) 자이다. 내가 불을 피워서 밥을 해 먹는 것이다.

학교를 졸업하면 직장에 들어간다. 일하러 가는 것이 출근이다. 나아갈 출(出) 자에 부지런할 근(勤) 자,

- 세수
- 세면

- 하숙
- 자취
- 하숙생

부지런히 일하러 가는 것이 출근(出勤)이다. 퇴근의 퇴자는 물러날 퇴(退) 자로, 일을 마치고 나오는 것이 퇴근(退勤)이다.

열심히 일하면 승진(昇進)한다. 오를 승(昇) 자에 나아갈 진(進) 자이다. 나아갈 진 자처럼 책받침(辶)이 들어가면 움직임을 나타낸다.

회사에 다니다 보면 야근도 하고 주말에 나가기도 한다. 놀러도 다니고 싶고 이성도 만나고 싶은데 시간이 없다. 내가 있는 곳은 오로지 회사, 보는 사람은 늘 회사 사람이다. 그래서 가까이 있는 동료와 눈이 맞아 사내 커플이 되기도 한다. 처음부터 사귀는 사이라고 내놓고 지낼 것이 아니라면 진도(進度)가 너무 빨라서 눈에 띄지 않게 조심해야 한다.

직장 생활이 녹록하지 않다. 회사에 폐를 끼치기라도 하면 시말서도 써야 한다. 학교 다닐 때 반성문은 써 봤는데 시말서는 무엇일까? 처음 시(始) 자에 끝 말(末) 자, 그 일을 시작부터 끝까지 빠짐없이 쓰는 글이 시말서(始末書)이다. 그러나 낙담하면 안된다. 휴가가 있다.

- 출근
- 퇴근

- 승진

- 진도

- 시말서

휴가(休暇)는 쉴 휴(休) 자에 겨를 가(暇) 자, 짬이 나서 쉬는 때이다.

모처럼 시간이 난다면 주말에 할 것이 있다. 밀린 청소이다. 청소(淸掃)는 맑을 청(淸) 자에 쓸 소(掃) 자로, 지저분한 곳을 비로 깨끗이 쓴다는 말이다.

- 휴가
- 청소

- 휴가
- 청소

04
스포츠 속의
한자어 이야기

운동 속의 한자어를 살펴보자. 구기 종목에는 농구, 축구, 야구 등 구 자로 끝나는 운동이 많다. 구는 공 구(球) 자로서, 왼쪽의 구슬 옥(玉) 자가 부수이다.

축구(蹴球)의 축은 찰 축(蹴) 자이다. 공을 차려면 발 이 있어야 한다. 그래서 왼쪽에 발 족(足) 자가 들어가 부수가 되었다.

축구

- 축구
- 농구
- 야구

농구(籠球)의 농 자는 바구니 롱(籠) 자, 그 부수는 윗 부분의 대 죽(竹) 자이다. 옛날에는 바구니를 엮을 때 잘게 쪼갠 대나무를 썼다고 한다. 둥근 테두리에 그물 을 걸친 농구 골대가 그런 바구니처럼 생겼다 해서 농 구라는 것이다.

야구(野球)의 야는 들 야(野) 자이다. 들판처럼 넓은 실외 공간이 필요하다. 야구 경기는 홈과 1, 2, 3루를 연결한 다이아몬드인 **내야**(內野)와 그 바깥의 **외야**(外野)에서 펼친다.

스키와 스케이트도 스포츠다. 스키는 눈에서 타지만 물에서 타는 스키도 있다. **수상**(水上) 스키이다. 상 자는 물론 위 상(上) 자이다. 피겨 스케이팅, 스피드 스케이팅 같은 스케이트 종목은 **빙상**(氷上)종목이라고 한다. 빙(氷)은 얼음이다.

- 내야
- 외야

- 수상(스키)
- 빙상

빙상종목 쇼트트랙

05

지명 속의
한자어 이야기

우리나라 곳곳의 쉬운 한자 이름을 찾아보자. 큰 밭이라는 한밭은 대전(大田)이다. 전은 밭 전(田) 자이고 한은 '크다'라는 우리말이다. 역시 클 대(大) 자가 들어간 곳으로 대구(大邱)가 있다. 구는 언덕 구(邱) 자이다.

대구는 그리 높지 않은 산, 즉 언덕으로 둘러싸인 분지라서 언덕 구 자를 쓴다. 대구는 분지인 덕에 여름에 따뜻(?)하고 겨울에 시원(?)하다. 하지만 봄, 가을로는 살기 좋은 곳이다.

조금 평평한 곳으로 가서 평택(平澤)을 보자. 평은 그야말로 평평할 평(平) 자이다. 택은 못 택(澤) 자로서, 왼쪽의 삼수변(氵)이 부수이다. 삼수변은 물이다. 평택은 평평하면서 연못, 늪과 같이 물이 많다고 해서 붙은 이름이다.

- 대전
- 대구

- 평택

다시 남쪽으로 가서 **부산(釜山)**을 살펴보면, 산은 물론 메 산(山) 자요, 부는 솥뚜껑 부(釜) 자이다. 부산에 있는 산 중 하나가 솥뚜껑을 엎은 것처럼 생겼기 때문이란다. 조선 초에는 부자 할 때의 넉넉할 부(富) 자였는데 솥뚜껑으로 바뀌었다.

지금 넉넉할 부(富) 자를 쓰는 곳은 부천(富川)이다. 만화로 유명한 도시, 부천시 송내역에는 커다란 둘리상(像)이 있다. 부천 사람들이 모두 부자인지는 모르겠지만 만화와 웃음을 사랑하는 부천 사람들은 늘 마음이 넉넉한 모양이다.

공주, 부여, 군산을 거쳐 서해로 흐르는 금강은 옛날 한때 **호강(湖江)**이었다. 호강 남쪽은 **호남(湖南)**이니 전라도가 호남이 된 것이다.

금강은 남쪽으로 도읍을 옮긴 백제가 젖줄로 삼은 곳이며 고려, 조선 때에도 쌀을 세금으로 거둘 때 이용하는 물길이었고, 서해의 해산물을 내륙으로 공급하는 중요한 강이었다.

경상도에서 충청도, 서울로 올라가려면 높은 소백산맥을 걸어서 넘어야 했다. 넘어가는 고개 중 괴산과

- 부산
- 부천

- 호강
- 호남

호서, 호남, 영동, 영남

문경 사이의 문경새재가 있다. 새재가 한자로 **조령**(鳥嶺)이다. 조령의 남쪽이라서 경상도가 **영남**(嶺南)이 되었다고 한다. 이제 지명에 단골로 나오는 한자를 보도록 하자.

- 조령
- 영남

• 나루 진(津)

우리나라는 백성들이 나라에 바치는 쌀을 주로 물길로 운반했다. 그래서 강 곳곳에 나루터가 많았다.

- 노량진
- 신탄진
- 삼랑진

한강 **노량진**(鷺梁津)은 해오라기가 깃들이는 나루이다. 조선시대에 한양 사대문 밖은 서울이 아니었기 때문에 한강변의 노량진은 과천, 시흥은 물론 충청도를 도성과 연결하는 관문이었다.

금강변에 있는 **신탄진**(新灘津)은 갑천의 물줄기가 바뀌는 바람에 새로 생긴 여울목의 나루라 해서 신탄진이라고 한다. 탄이 여울 탄(灘) 자이다.

낙동강변의 **삼랑진**(三浪津)은 큰 강물 세 줄기가 일렁인다 해서 삼랑(三浪)이라는 이름이 붙었다. 밀양에 속한 읍이며 김해, 양산과의 접경지역이다. 삼랑진역은 경부선과 경전선(경상도와 전라도를 연결하는 철도)이 갈라지는 역이다.

• 물가 포(浦)

마포(麻浦)는 노량진 건너편에 있었던 포구이다. 지금도 마포구(麻浦區)라는 지명은 건재하다. 마포는 용산 포구, 양화진과 함께 삼남(경상도, 전라도, 충청도)에서 세금으로 바치던 곡식과 황해에서 잡은 해산물을 하역하던 곳이다.

구한말 마포나루 모습

포항의 구룡포(九龍浦)는 용 아홉 마리가 승천했다는 전설이 있을 만큼 경치가 빼어날 뿐 아니라 이름난 어장이기도 하다. 한반도 지도에서 호랑이 꼬리가 동해 위쪽으로 솟은 호미곶(虎: 범 호, 尾: 꼬리 미)이라면 구룡포는 한반도 남부의 동쪽 끝이다.

구룡포에는 쌀이 수탈된 군산항과 더불어 일제 강점기에 우리나라의 어획물이 일본으로 반출되던 뼈 아픈 역사가 있다. 일본은 구룡포에 항구를 만들어 큰 배가 드나들게 했고 고래, 오징어, 대게, 과메기 등 구룡포의 어마어마한 수산자원을 빼앗아 갔다.

구포(龜浦)는 거북이 낙동강을 거슬러 오른다고 해서 붙인 이름이다. 낙동강 하구에서 농수산물의 집하장이 되었고 경부선이 통과하면서부터 수륙 교통의 요지가 되었다.

삼천포에는 고려 성종 때 세금으로 바치던 쌀을 나르기 위해 창고(조창)를 지었다. 조창 주변에 사람이 모여서 마을이 생겼는데, 개성에서 물길로 삼천리나 된다고 해서 **삼천포(三千浦)**라는 이름을 얻었다고 한다(개성은 고려의 수도였다).

- 삼천포

• 원(院)

공문서를 전하던 파발꾼이나 외국 사신이 길을 가다 묵던 곳이 원(院)이다.

서울을 중심으로 북쪽으로는 황해도의 **사리원(沙里院)**, 경기도의 **홍제원(弘濟院**: 지금의 홍제동. 20세기 초까지 고양에 속했음)이 있다.

남쪽으로는 **이태원(梨泰院)**, 인덕원(仁德院: 안양), 충청도 **조치원(鳥致院)** 등이 있다.

- 사리원
- 홍제원
- 이태원
- 인덕원
- 조치원

이태원은 배 리(梨) 자에 클 태(泰) 자를 쓴다. 한때 배가 많이 열려 붙은 이름이라고 한다. 일본에 나라를 빼앗기면서 일본군이 용산에 기지를 두었고 해방 후에는 그 자리에 미군이 들어왔다. 이때를 전후해서 이태원에 외국인이 많아졌다.

06
재미있는
한자어의 세계

한 번 들은 일을 자주 잊어버리는 사람을 형광등(螢
光燈)이라고 놀린다. 형광등처럼 깜박깜박한대서 붙이
는 별명인데, 형광등은 무엇일까? 반디 형(螢), 빛 광
(光), 등불 등(燈) 자이다.

반딧불같이 빛난다고 붙인 이름이다. 반디 형 자 윗
부분에 불 화(火) 자가 두 개나 반짝반짝한다. 반디(개
똥벌레)는 벌레니까 글자 아래에는 벌레 훼(虫) 자도 있
다. 영어에서도 개똥벌레에는 불이 들어간다. Firefly
이다.

짜장면 중 맛있는 짜장면이 수타면(手打麵)이다. 손
으로 쳐서 만드는 면이다. 수는 물론 손 수(手) 자에,
타는 때릴 타(打) 자이다. 면은 국수 면(麵) 자이다.

중식당에 수타면이 있다면 신발가게에는 수제화(手
製靴)가 있다. 수제화는 손으로 만드는 신발이다. 지을

- 형광등
- 수타면
- 수제화

제(製) 자에 신발 화(靴) 자이다. 신발 화 자 오른쪽 부분은 음이 되는 될 화(化) 자이다.

가을이 깊어지면 **낙엽(落葉)**이 쌓인다. 떨어질 락(落) 자에 입 엽(葉) 자이다.

낙엽이 되기 전의 상태인 **단풍(丹楓)**은 무슨 글자일까? 붉을 단(丹) 자에 단풍나무 풍(楓) 자이다. 가로수나 대학 캠퍼스에 있는 나무 중에 키가 그리 크지 않고 손바닥 모양의 작은 잎이 유난히 빨갛게 물드는 나무가 바로 단풍나무이다.

이 나무의 잎이 붉게 물드는 것이 단풍이었는데, 늦가을에 엽록소가 죽어 잎이 울긋불긋 변하는 나무들을 보고 모두 단풍이 든다고 하게 된 것이다. 엽록소의 록은 푸를 록(綠) 자로, **엽록소(葉綠素)**는 잎이 푸르게 보이도록 하는 물질이다.

경복궁이나 창덕궁 같은 궁궐에는 다채롭게 색을 입혀 놓았다. 이렇게 우리 전통 건축물에 고운 빛깔로 무늬를 입힌 것이 **단청(丹靑)**이다. 붉고 푸르게 칠했다고 해서 붉을 단 자에 푸를 청(靑) 자를 쓴다.

- 낙엽
- 단풍
- 엽록소
- 단청

궁궐 처마의 단청

맹맹한 물이 아니라 보리차, 둥굴레차같이 은은한 차 맛을 즐기는 집에서는 물을 끓여서 마실 때가 있다. 물을 끓이자면 주전자가 있어야 하는데, 주전자는 원래 물을 끓이는 물건이 아니다. 주전자(酒煎子)는 술(酒: 술 주)을 달이는(煎: 달일 전) 도구이다. 맥주, 소주가 대세인 오늘날 대부분 술을 시원하게 마시지만 여전히 따뜻한 술을 찾는 사람들도 있다.

- 주전자
- 단백질

술 주전자

근육을 키우기 위해 열심히 운동을 하는 사람이 많다. 힘든 운동을 하면서 근육을 불리려면 단백질(蛋白質)이 있어야 한다. 그래서 닭가슴살이 인기이다. 단백질이라는 말은 새알 단(蛋) 자에 흴 백(白) 자를 쓴다. 새알의 흰 부분, 곧 달걀 흰자에 들어 있는 물질이 단백질이다.

보충하는 의미에서 우리말 한 가지를 이야기해 보자. 계란이 닭의 알이라는 것은 알겠는데, 달걀은 무슨 말일까? '닭알'의 발음이 변한 것이 '달걀'이다.

한자의 세계에서 닭은 오묘한(?) 존재이다. 닭 유(酉) 자를 한번 보자. 정설부터 말하자면, 닭 유 자는 닭과는 아무런 관계가 없는데 십이지(十二支)의 각 글자를 동물과 대응시킬 때 닭과 짝을 지었다.

김치, 요구르트, 치즈 같은 **발효(醱酵)** 식품에 닭이 들어간다. 삭힐 발(醱) 자, 삭힐 효(酵) 자 모두 부수가 닭 유 자이다. 고추장, 된장, 간장 등 장 **장(醬)** 자에도 밑에 닭 유 자가 있다.

음식에 새콤한 맛을 내는 식초의 초 초(醋) 자에도 닭이 있다. **식초(食醋)**는 주로 쌀, 보리와 같은 곡물이나 사과 같은 과일을 발효시켜서 만든다.

아픈 사람을 치료하고 죽을 사람 목숨을 살리는 **의사(醫師)**의 의원 의(醫) 자 밑에도 닭 유 자가 부수로 자리 잡았다. 이것만으로도 중요한 글자인 줄은 알겠는데, 우리는 닭이 없으면 5분도 살지 못한다고 하면 지나친 말일까?

숨을 참고 산소를 마시지 않으면 5분을 버티기 힘들다. **산소(酸素)**의 실 산(酸) 자에도 닭 유 자가 버티고 있다. 과연 닭은 오묘한 존재가 아닐까?

재산 중에 가치가 큰 것이 **부동산(不動産)**이다. 아니 불/부(不), 움직일 동(動), 낳을/재산 산(産) 자를 쓴다. 움직이지 않는 재산을 말한다. 집 같은 건물은 물론, 논밭 같은 농경지, 기타 용도로 쓰는 땅이나 앞으로

- 발효
- (간)장
- 식초
- 의사

- 산소
- (부)동산

건물을 지을 땅도 부동산이다. 그런가 하면 현금, 가구, 값나가는 패물 등 움직일 수 있는 재산은 모두 동산(動産)이다.

한자를 쉽게 배우기 위해서 두 글자 이상이 합쳐진 한자를 풀이할 때가 있다. "먹을 식(食) 자는 사람 인(人) 자에 좋을 량(良) 자를 합한 글자이니까 사람한테 좋은 것이 먹는 것(食)이다"라고 하는 것이 그런 예이다.

그런데 어느 글자가 정확히 어떤 의미로 조합되었는지 말하자면 정답은 없다.

장마 림(霖) 자처럼, "숲(林: 숲 림)이 푹 젖을 정도로 오랫동안 오는 비(雨: 비 우)가 장마이다"라고 푸는 경우도 그럴 듯하지만, 옛날에 한자를 만든 사람들이 무슨 의도로 글자를 짜맞추었는지 알 수는 없다. 다만 머리에 잘 들어와서 그 글자를 익히는 데 도움이 되는 풀이라면 무엇이든 좋다고 하겠다.

07

부수로 한자어를 배우기 전에

• 부수이자 완전한 한 글자인 것

힘 력(力) 자가 부수인 글자는 힘 쓰는 것을 나타내는 글자이다. 예를 들어, 공 공(功) 자는 힘을 써서 이루어야 하는 공로를 표현한다. 이 때 공 공 자의 부수인 힘 력 자는 부수 자체로 확실한 뜻을 지닌 글자이다.

대표적으로 메 산(山), 마음 심(心), 날 일(日) 자 등이 이러한 부수이다. 한자의 부수는 이렇게 자체가 한 글자를 이루는 것과 그렇지 않은 것이 있다.

• 부수이지만 한 글자는 아닌 것

집 가(家) 자는 다들 알 것이다. 부수는 윗부분의 '갓머리(宀)'이다. 집 가 자의 머리라고 해서 갓머리라고 하고 '집 면(宀)' 자라고도 한다. 한자의 부수이기는 하지만 이것 자체를 한 글자로 여기지는 않는다.

갓머리를 부수로 하는 다른 글자는 집 실(室), 편안

할 안(安) 자와 같은 것들이 있다. 교실(敎室)의 실이 집 실(室) 자다.

요즘 개인, 회사 할 것 없이 택배(宅配) 서비스를 많이 쓰는데, 택배의 택도 집 택(宅) 자이다. 배 자는 나눌/짝 배(配) 자인데 여기서는 배달하다 할 때처럼 보낸다는 뜻이다.

갓머리처럼 그 자체로 한 글자가 되지 않는 부수가 '책받침(辶)'이다. 그림에서 풍경을 그리는 법 중 가까운 곳은 가깝게, 먼 곳은 멀게 보이도록 하는 기법이 원근법(遠近法)이다. 멀 원(遠) 자와 가까울 근(近) 자에 책받침이 들어간다.

• 한자의 비밀 – 변형 부수

손 수(手) 자같이 모양이 넓적한 것들은 다른 글자에 들어가기 힘들다. 다른 글자와 조립해서 풍부한 뜻을 표현하기 위해 이런 부수 글자의 모양을 간단하게 바꾸기도 한다.

손 수 자를 모양이 홀쭉한 재방변(扌)으로 바꾸어 체포(逮捕)의 잡을 포(捕) 자를 만드는 식으로 말이다.

- 교실

- 택배
- 원근법
- 체포

원근법, 아테네학당(라파엘로)

사실 변형 부수는 원래의 부수 글자 이상으로 많이 쓴다. 따라서 변형 부수를 아는 것이 한자와 친숙해지는 지름길이라고 할 수 있다. 바뀐 형태의 변형 부수는 본문의 원래 부수 글자 편에 따로 번호를 붙여 소개할 것이다.

부수로 익히는
한자어

⓪① 한 일(一)

작대기 하나로 수량 하나를 표현하는 글자이다.

어른 장(丈) 자는 나이 많은 어르신이 지팡이를 짚고 서 있는 모습이다. 윗부분에 가로로 한 일(一) 자가 들어가 있다. 남자가 결혼을 하면 아내의 아버지는 장인(丈人), 어머니는 장모(丈母)가 된다.

아니 불(不) 자 역시 맨 위에 한 일(一) 자가 들어간다. 불평등(不平等)은 평등하지 않은 것이고, 뉴스에 가끔 나오는 불출마(不出馬)는 선거에 나가지 않는 것이다.

아니 불(不) 자 뒤에 ㄷ, ㅈ이 오면 '부'로 읽는다. '비정규직에 대한 부당한 대우'의 부당(不當)은 마땅하지 않은 것이고 '부재 중 전화'의 부재(不在)는 있지 않다는 의미다.

우리가 사는 세상, 세계(世界)에 세대/세상 세(世) 자가 들어간다. "세대(世代) 차이가 난다"의 세 자도 이

어른 **장(丈)**
- 장인
- 장모

아니 **불/부(不)**
- 불평등
- 불출마
- 부당
- 부재

세대/세상 **세(世)**
- 세대
- 재일교포 3세

글자이다. 재일교포 3세(世)는 할아버지 대에 일본에
건너가서 자신까지 3대째 일본에 사는 사람이다.

"중차대한 문제를 가볍게 다룰 수 없다" 또/우선
차(且) 자가 들어가는 **중차대**(重且大)한 문제란 중요하
면서 큰 문제이다. "그 문제는 차치하더라도" **차치**(且
置)는 우선 제쳐 두고 다른 문제를 먼저 생각한다는
말이다.

또/우선 **차(且)**
- 중차대
- 차치

❷ 뚫을 곤(丨)

우리나라 도시 곳곳에 양고기 같은 북방 음식을 파
는 식당이 꽤 많아졌다. '○○양육천'이라는 간판의
양육(羊肉)은 양고기, 천은 꿸 천(串) 자이다. 양꼬치처
럼 막대로 고기를 꿴(丨) 모양이다. 이 글자의 관용적
인 발음이 천이고, 관으로도 많이 발음한다. 따라서
'양육관'이라고 읽기도 한다.

꿸 **천(串)**
- 양육천

양꼬치

⑬ 점 주(丶)

임금 왕(王) 자 위에 점 주를 찍으면 주인 주(主) 자가 된다. "그 사람은 주관이 뚜렷해" 할 때 **주관**(主觀)은 주인으로서의 관점, 즉 외부 세계를 보는 자신만의 관점이다.

"그 문제에 **주안점**(主眼點)을 두어야지"에서 주안점은 주로 눈길을 주어야 하는 중요한 사항이다.

주인 **주(主)**
- 주관
- 주안점

⑭ 삐침 별(丿)

점 주(丶)를 거꾸로 쓴 부수 글자이다. 갈 지(之) 자의 부수가 삐침 별로, 이 글자는 보통 '~의'라는 뜻으로 쓰인다. 인지상정(人之常情)은 사람의 보통 감정이다. "옆집이 그런 일을 당했으면 돕는 게 인지상정이지"처럼 쓸 수 있다.

갈 **지(之)**
- 인지상정

갈 지 자 위에 삐침 별을 하나 더 얹으면 모자랄 핍 (乏) 자가 된다. 비타민 C 결핍(缺乏)에서 결핍은 모자 란다는 의미다.

전철을 갈아타는 지하철 환승(換乘)의 탈 승(乘) 자 위에도 부수로 삐침 별이 들어간다. 차나 배, 비행기 등 탈 것에 타고 가는 손님은 승객(乘客), 거기에 타고 일하는 분들은 승무원(乘務員)이다.

⑤ 새 을(乙)

갑질 때문에 말이 많은 갑을(甲乙) 관계의 을이 새 을(乙) 자이다. 마를 건(乾) 자의 부수도 새 을 자이다. 물기가 없으면 건조(乾燥)하다고 한다.

우유(牛乳)의 젖 유(乳) 자 오른쪽의 부수도 모양이 달라진 새 을 자이다. 왼쪽 부분은 미쁠/기를 부(孚) 자이다.

기를 부 자를 다시 보면 밑부분이 아들 자(子) 자, 윗

모자랄 **핍(乏)**
- 결핍

탈 **승(乘)**
- 환승
- 승객
- 승무원

새 **을(乙)**
- 갑을 관계

마를 **건(乾)**
- 건조

젖 **유(乳)**
- 우유

부분은 손을 나타내는 손톱 조(爫) 자이다. 어린 자식을 손으로 쓰다듬으면서 젖을 물리는 그림이 젖 유(乳) 자이다.

　우리나라에서 우유라는 뜻으로 굳은 영어의 milk는 사실 소 젖만이 아니라 모든 젖이다. 사람 젖, 양 젖, 돼지 젖 모두 milk이다. 밀크 커피에 해당하는 불어 카페 오 레(café au lait)는 우유에 커피를 탄 것이다.

⑥ 갈고리 궐(亅)

　뚫을 곤(丨)과 비슷하지만 끝에서 살짝 왼쪽으로 올리는 부수가 갈고리 궐(亅) 자이다. 갈고리처럼 생겼다고 해서 붙은 이름이다.

　마칠 료(了) 자에 이 부수가 들어간다. 작업 종료(終了), 프로젝트 완료(完了)처럼 끝에 마칠 료 자가 있으면 마쳐서 끝을 낸다는 의미이다.

　일 사(事) 자를 세로로 꿰뚫는 부수도 갈고리 궐(亅)

마칠 **료(了)**
- (작업) 종료
- (프로젝트) 완료

자이다. **사업**(事業)은 영리적으로나 비영리적으로 어떤 목적을 갖고 추진하는 일, **사정**(事情)은 일의 형편이다.

일 **사**(事)
- 사업
- 사정

⑦ 두 이(二)

두 이(二) 자가 부수로 들어가는 글자에는 우물 정(井) 자가 있다. 척 봐도 우물같이 생겼다. 서울 마포구의 홍익대학교와 한강 사이에 있는 지명인 **합정동**(合井洞)에서의 정 자가 우물 정 자이다.

다섯 오(五) 자의 부수도 두 이 자이고, 서로 호(互) 자도 마찬가지이다. 서로 호 자는 두 사람이 마주보고 악수를 하는 것으로 볼 수 있다. "**상호**(相互) 이익을 위한다"는 말은 양쪽이 서로 이익이 되도록 한다는 말이다.

작대기 두 개는 너무 간단하기 때문에 큰 금액을 다루는 계약서에는 뜻이 같은 두 이(貳) 자를 쓴다. 二

우물 **정**(井)
- 합정동

다섯 **오**(五)

서로 **호**(互)
- 상호

두 **이**(貳) : 갖은자
- 金 貳千萬 元(금 이천만 원)

자에 획을 더해서 돈 액수를 바꾸지 못하게 하려는 것이다. 이런 글자를 '갖은자'라고 한다.

⑧ 돼지 해 머리(亠)

돼지 해(亥) 자의 머리라고 해서 붙은 이름이다.

망할/죽을/없을 망(亡) 자의 부수가 이 글자이다. 죽는 것은 **사망**(死亡)이고, 좋지 않은 일 때문에 낯을 잃고 체면이 구겨질 때 **망신**(亡身)당했다고 한다.

사귈/만날 교(交) 자의 부수도 돼지 해 머리(亠)이다. **문화교류**(文化交流) 등에 들어가는 교류는 다른 집단의 사람들이 서로 왕래하면서 문물, 지식 등을 공유하는 것이다.

선수교체(選手交替)는 휴식을 해야 하거나 부상당한 선수를 컨디션이 좋은 다른 선수로 바꾸는 것이다. 떨어진 곳의 사람들이 서로 찾아가서 만나는 것은 **교통**(交通)이다.

망할/죽을/없을
망(亡)
- 사망
- 망신

사귈/만날 **교(交)**
- 문화교류
- 선수교체
- 교통

"역시 너밖에 없어" 할 때 역시(亦是)에 들어가는 또 역(亦) 자의 부수도 돼지 해 머리(亠)이다.

지방에서 서울로 가는 것은 위/오를 상(上) 자를 써서 상경(上京)이라고 한다. 경은 서울 경(京) 자이다.

정자 정(亭) 자의 맨 위에 있는 것도 돼지 해 머리이다. 정자는 경치를 즐기거나 더위를 식히기 위해 지은 곳이다. 압구정동이라는 동 이름으로 유명한 압구정(狎鷗亭)은 조선 시대의 정치가 한명회가 놀기 위해 한강가에 지은 정자이다.

또 **역(亦)**
- 역시

위/오를 **상(上)**
- 상경

정자 **정(亭)**
- 압구정

압구정 터 비석

⑨ 사람 인(人)

다 자란 사람, 어른은 성인(成人), 사람의 얼굴 모습은 인상(人相)이다.

끼일 개(介) 자는 다른 사람들 사이에 끼어 들어가는 것이다. 부동산 중개(仲介)는 주택, 건물과 같은 부동산을 팔거나 빌려주려는 주인, 사려는 사람이나 빌리려는 사람 사이를 이어 주는 일이다.

"우리 부모님은 이모의 소개로 만나셨다" 할 때 소개(紹介)는 모르는 사람들의 안면을 틔워 주는 것이다.

명령 령(令) 자의 부수도 사람 인 자이다. 영장(令狀)은 법원의 명령을 적은 문서이다. "공금을 횡령한 그 회사 회장에게 구속 영장이 발부되었다" 등으로 쓸 수 있다.

으로써/부터 이(以) 자에는 오른쪽에 사람 인 자가 있다. 기상예보에서 "내일은 5cm 이상(以上) 눈이 쌓

사람 인(人)
- 성인
- 인상

끼일 개(介)
- (부동산) 중개
- 소개

명령 령(令)
- (구속) 영장

으로써/부터 이(以)
- 이상
- 이심전심

이는 곳이 있겠습니다" 할 때의 이상은 5cm부터 그 위이다.

이심전심(以心傳心)은 마음끼리 통하는 것, 즉 말을 하지 않아도 마음과 마음이 통하는 것이다.

"중소기업이 안정되어야 국민 경제가 안정된다" 기업(企業)은 사업을 위해 세운 회사이다. 꾀할 기(企) 자에도 사람 인 자가 있다.

"개국 이래 처음 있는 일이다" 래는 올 래(來) 자이다. 이래(以來)는 그때부터라는 말로, 개국 이래는 나라가 생겼을 때부터 지금까지를 말한다. 내년(來年)은 이제 다가오는 해이다.

우산 산(傘) 자에는 사람 인 자가 다섯이나 있다. 산하(傘下)는 우산의 아래라는 말로, 더 높은 기관의 관할을 받는다는 뜻이다. "국민건강보험공단은 보건복지부 산하 조직이다" 등으로 쓸 수 있다.

꾀할 **기(企)**
- 기업

올 **래(來)**
- (개국) 이래
- 내년

우산 **산(傘)**
- 산하 (조직)

사람 인 변형 부수

9-1 사람 인 변(亻)

사람 인 자를 간단히 사람 인 변으로 바꾸어 인간 생활의 이모저모를 표현한다. 가게의 위치, 즉 목이 좋으면 장사가 잘 된다. 위치(位置)의 위는 자리 위(位) 자이다. 사람 인 변에 설 립(立) 자를 붙여 사람이 서 있는 곳을 말한다.

옛날에는 논밭을 갈 때 소가 아주 중요했다. 그래서 어떤 큰일, 사건 건(件) 자에 사람 인 변(亻)과 함께 소 우(牛) 자가 들어간다. 밭을 가는 사람이 소를 모는 모습이다.

길을 가다가 지친 사람이 나무에 기대면 사람 인 변에 나무 목(木) 자를 합한 쉴 휴(休) 자가 된다. 편히 쉬는 휴식(休息), 어떤 장소에서 잠깐 쉬려는 사람들을 위해 마련한 휴게실(休憩室) 등에 들어간다.

자리 위(位)
- 위치

사건 건(件)
- 사건

쉴 휴(休)
- 휴식
- 휴게실

"폭설로 강원 일부 지역 학교가 휴교(休校)했습니다"의 휴교는 학교 수업이 있는 날인데 수업을 하지 않는 것이다. 군대에 가거나 개인적인 사정으로 대학생이 학기를 쉬면 휴학(休學), 전쟁을 하던 나라들이 잠시 총을 내려놓으면 휴전(休戰)이다.

- 휴교
- 휴학
- 휴전

사람 인 변(亻) 옆에 정자 정(亭) 자를 붙이면 머무를 정(停) 자가 된다. 길을 가던 사람이 시원한 정자에서 잠시 머물러 쉬는 모양이다. 차가 멈추는 것은 정차(停車), 버스가 멈추어 사람을 태우고 내려 주는 곳은 정류장(停留場)이다.

머무를 **정(停)**
- 정차
- 정류장

열 십(十) 자가 사람 인 변에 붙으면 같은 열 십/세간 집(什) 자이다. 십장(什長)은 건설 현장에서 일꾼들을 감독하는 사람이고 집기(什器)는 집에 있는 가구, 세간이다.

열 **십**/세간 **집(什)**
- 십장
- 집기

대신할 대(代) 자의 부수 역시 사람 인 변(亻)이다. 대금(代金)은 물건을 팔거나 서비스를 제공한 대가로 받는 돈이다. 이 글자는 시대를 나타내기도 한다. 고대(古代)는 옛날, 현대(現代)는 오늘날이다.
"누나는 이번에 대리로 승진했다" 대리(代理)는 다

대신할 **대(代)**
- 대금
- 고대
- 현대
- 대리
- 대변인

른 사람의 일을 대신 처리하는 것, 또는 그렇게 하는 사람이다. 회사의 직책 중 하나인 대리는 원래 부장, 과장, 지점장 등의 업무를 대신하는 자리이다.

대변인(代辯人)은 책임자가 직접 말하지 않는 것을 대신 밝히는 사람이다. 정부 대변인이라는 말을 들어 보았을 것이다. 대변인은 정부 당국의 공식 성명 혹은 의견이나 태도를 설명하는 사람을 일컫는다.

줄 부(付) 자의 부수도 사람 인 변이다. 오른쪽의 마디 촌(寸) 자는 주려고 내미는 손을 나타낸다. 증명서 교부(交付)는 증명서를 내주는 것이다. 이 글자에는 청한다는 뜻도 있어서, 무슨 일을 해달라고 청하는 것을 부탁(付託)한다고 한다.

줄 **부**(付)
- 교부
- 부탁

가운데 중(中) 자 왼쪽에 사람 인 변이 붙으면 버금/가운데 중(仲) 자이다. 남녀 사이를 오가면서 결혼을 성사시키는 것이 중매(仲媒)이다. 얼마 전부터 결혼정보회사라는 이름으로 중매업을 하는 곳이 늘고 있다.

버금/가운데 **중**(仲)
- 중매

"2학기 실기시험은 피아노 반주에 맞춰서 가곡 부르기" 반주(伴奏)의 반은 짝/따를 반(伴) 자이고 주는

짝/따를 **반**(伴)
- 반주

연주할 주(奏) 자이다. 노래가 나오기 편하도록 곁들이는 악기 연주가 반주이다.

화가를 높여서 '~ 화백(畵伯)'이라고 하는데, 화가 중 가장 훌륭한 사람이라는 의미이다. 흴 백(白) 자 옆에 사람 인 변이 붙으면 맏 백(伯) 자가 된다. 맏이, 첫째라는 말이다.

으로써 이(以) 자에 곁들이면 비슷할 사(似) 자이다. "그 사람 알고 보니까 사이비(似而非)야" 사이비는 비슷한데 같지는 않다, 즉 가짜라는 뜻이다.

사람 인 변 더하기 일어날 작(乍) 자는 지을 작(作) 자이다. 사람이 일 좀 해 볼까 하고 일어나서 무엇인가를 만드는 글자이다. 제작은 재료를 써서 물건이나 예술품 등을 만드는 것이다. 이렇게 만든 물건은 작품(作品)이다.

없던 것이 새로 생기게 할 때도 지을 작 자를 쓴다. 창작(創作)은 새로운 작품을 만들어내는 것이다. 흔히 소설가를 작가라고 하지만 어떠한 형태로든 창작을 하는 사람은 모두 작가(作家)이다.

"여당이 선거 결과를 조작(造作)했다"처럼 전혀 터

맏 백(伯)
- 화백

비슷할 사(似)
- 사이비

지을 작(作)
- 작품
- 창작
- 작가
- 조작

이중섭 화백의 작품 《황소》

무늬없이 지어낼 때도 지을 작 자를 쓴다. 조작은 실제로는 그렇지 않은데 자신들의 이익을 위해 멋대로 꾸미는 것이다.

사람 인 변과 근본 저(氐) 자를 합하면 낮을 저(低) 자가 된다. 능률 저하(低下)는 능률이 떨어지는 것이다.

옳을/가능할 가(可) 자에 사람 인 변을 붙이면 어찌 하(何) 자가 된다. 하여간(何如間)은 '어떻게 되든지' 이다.

"하필(何必)이면 주말에 비가 온다"는 주중에는 계속 맑다가 '어떻게 꼭' 주말에만 비가 내리나 하는 말이다.

"몇 년 동안의 연애 끝에 두 사람은 백년가약(百年佳約)을 맺었다"에서 가 자는 사람 인 변에 서옥 규(圭) 자가 붙은 아름다울 가(佳) 자로, 백년가약은 결혼으로 평생을 함께 하자는 아름다운 약속이다.

함께 공(共) 자 왼쪽에 사람 인 변을 쓰면 이바지할/바칠 공(供) 자이다. 직원 모집 공고에 '중식 제공(提供)'이라고 쓰여 있으면 회사가 있는 건물에 구내식당

낮을 저(低)
- (능률) 저하

어찌 하(何)
- 하여간
- 하필

아름다울 가(佳)
- 백년가약

이바지할/바칠 공 (供)
- (중식) 제공
- 공급

이 있거나 중식 식비를 지급하는 방법으로 점심을 준다는 뜻이다.

사람들이 물건, 서비스를 구매하려고 시장에 나오면 수요가 형성되고, 그 수요에 맞추어 판매하는 쪽에서 물건, 서비스를 내놓는 것이 공급(供給)이다.

"예를 들어, 시험 칠 때 컨닝하는 것이 부정행위이다" 사람 인 변에 벌일 렬(列) 자를 합치면 예 례(例) 자가 된다. 예제(例題)는 방금 알려 준 것을 실제 문제로 접하도록 예로 드는 문제이다.

예 례(例)
- 예제

아우를/합할 병(幷) 자에 사람 인 변을 붙이면 뜻을 강조한 아우를 병(倂) 자가 된다. 합병(合倂)은 기업이나 국가가 다른 기업, 국가와 합치는 것이다.

아우를 병(倂)
- 합병

사람 인 변에 관리 리(吏) 자가 붙으면 시킬/부릴 사(使) 자가 된다. 물건이나 기능, 다른 사람을 쓰는 것이 사용(使用)이다.

다른 사람이 바람직하지 못한 일을 하도록 뒤에서 조종하는 것이 사주(使嗾)이다.

시킬/부릴 사(使)
- 사용
- 사주

"의지할 것은 내 능력밖에 없어" 의지(依支)는 물건

이나 사람에 기대는 것이다. 옷 의(衣) 자가 들어간 의지할/전과 같을 의(依) 자를 쓴다.

"김구 선생은 위기에 **의연**(依然)히 대처했다"는 위기 앞에서도 본래의 침착함을 잃지 않았다는 말이다. 여기서 그러할 연(然) 자는 평소의 모습을 말한다.

많을 다(多) 자가 사람 인 변을 만나면 사치할 치(侈) 자가 나온다. 사람은 많이 가지면 사치를 하게 마련이라는 뜻이다. 분수에 넘치도록 호화롭게 사는 것이 **사치**(奢侈)이다.

결혼으로 부부가 된 남편, 아내는 **반려**(伴侶)이다. 두 글자 다 짝이라는 뜻으로, 사람 인 변에 각각 음률 려(呂), 반 반(半) 자를 붙였다. 각각 짝 반(伴), 짝 려(侶) 자이다.

인간 사회의 좋지 않은 것도 사람 인 변으로 표현한다. 매번 매(每) 자와 결합하면 업신여길 모(侮) 자가 된다. "그때의 수모를 잊어서는 안 될 것이다" **수모**(受侮)는 모욕을 받는 것이다.

사람 인 변에 골 곡(谷) 자가 붙으면 인간 세상의 모

의지할/전과 같을 **의(依)** - 의지 - 의연
사치할 **치(侈)** - 사치
짝 **반(伴)**/짝 **려(侶)** - 반려
업신여길 **모(侮)** - 수모

습을 의미하는 풍속 속(俗) 자이다. 어느 나라나 지역에서 옛날부터 사람들 사이에 전해 오는 쉬운 격언이 속담(俗談)이다.

말씀 언(言) 자가 사람 인 변과 만나면 믿을 신(信) 자이다. 사람의 말에는 믿음이 있어야 한다는 것이다. 신용(信用)은 약속을 반드시 지키리라 믿음이 가는 것이다.

신념(信念)은 주위에서 무슨 말을 하든 흔들리지 않고 무엇인가를 굳게 믿는 마음이다. 어느 종교를 믿고 받드는 것은 신앙(信仰)이다.

이 신(信) 자에는 표시, 소식이라는 뜻도 있다. 교통 신호 위반의 신호(信號)는 이렇게 움직이라는 표시이다. 신호등에 파란불 신호가 들어오면 앞으로 가고 빨간불 신호가 들어오면 멈추어야 한다.

사람들이 의사소통을 하는 것을 통신(通信)이라고 한다. 신호가 막히지 않고 통하는 것이다. 첨단 미디어를 이용해서 멀리 떨어진 사람과도 실시간으로 통신할 수 있다.

입 구(口) 자에 나무 목(木) 자를 합치면 어리석을 매(呆) 자인데, '보'로 소리나기도 한다. 입에 나뭇조각이

풍속 **속(俗)**
- 속담

믿을 **신(信)**
- 신용
- 신념
- 신앙
- 신호
- 통신

들어가서 바보처럼 아무 말 못 하는 모습이다. 사람 인 변을 붙이면 보의 음이 살아나면서 지킬 보(保) 자가 된다.

환경보호(保護)는 환경을 지키는 것이다. 보관(保管)은 없어지지 않도록 잘 지켜서 관리하는 것이다.

뉴스에 진보니 보수니 하는 말이 나온다. 보수(保守)는 지금의 사회나 제도를 유지하려는 정치 태도이다. 진보(進步)는 앞으로 나아가는 것이니까, 반대로 정치 현실에 만족하지 않고 끊임없이 개선을 추구하는 것이다.

남의 나라로 쳐들어가는 것이 침략(侵略)인데 침은 침범할 침(侵) 자이다. 다른 사람의 영역으로 함부로 들어가는 것은 침입(侵入)이다. 코로나 바이러스의 침입을 막기 위해 마스크를 쓰고 있다.

사람 인 변에 굳을 경(更) 자가 붙으면 편할/쪽 편(便) 자이다. 손님이 24시간 편하게 물건을 사도록 장사하는 가게가 편의점(便宜店)이다.

편하면서 이익이 되는 방법은 편리(便利)한 방법이고, 우리 쪽이 아닌 상대쪽을 상대편(相對便)이라고 한다.

지킬 보(保)
- (환경)보호
- 보관
- 보수 / 진보

침범할 침(侵)
- 침입

편할/쪽 편(便)
- 편의점
- 편리
- 상대편

이 글자는 똥/오줌 변(便) 자도 된다. 변을 잘 보지 못해 끙끙대는 사람은 변비(便祕)로 고생하는 사람이다. 비는 숨길 비(祕) 자이다. 대변이 숨어서 나오지 않는다는 말이다.

"이 반은 다 개성이 강하구나" 늘 다른 사람들과 뚜렷이 구분되는 사람을 개성(個性)이 강하다고 한다. 개는 낱 개(個) 자이다.

수업 시간에 쫓기는 선생님이 요점만 빨리 전달하고 수업을 마치려 할 때 "질문은 개별(個別)적으로 해라"라고 말하고 시작하신다면 오늘은 듣기만 하고 시간 날 때 질문을 하라는 뜻이다.

자신이 대단한 존재인 양 거들먹거리는 사람을 거만(倨慢)하다고 한다. 사람 인 변에 살 거(居) 자를 붙이면 거만할 거(倨) 자이다. "자식, 성적 좀 오르더니 거만해졌어" 등으로 쓸 수 있다.

사람 인 변에 책 권(卷) 자를 붙이면 게으를 권(倦) 자가 나온다. 어느 일을 꽤 오랫동안 하거나 어떤 상태가 오래 지속되면 시들해져서 계속할 맛이 나지 않고 귀찮아진다. 권태(倦怠)이다.

똥/오줌 **변(便)**
- 변비

낱 **개(個)**
- 개성
- 개별

거만할 **거(倨)**
- 거만

게으를 **권(倦)**
- 권태

"주객(主客)이 전도(顚倒)되었다"는 말을 들어 보았을 것이다. 주인과 손님이 거꾸로 되었다는 이야기이다. 세부적인 사항에 집착하느라 흐름을 놓치고 목적에서 멀어지는 것이다.

도는 사람 인 변에 이를 도(到) 자를 합친 거꾸로/넘어질 도(倒) 자이다. 영어 문법에서 나오는 주어 동사 도치(倒置)는 주어와 동사의 위치가 바뀐다는 말이다.

사람 인 변에 두 량(兩) 자를 합치면 재주 량(倆) 자이다. "선수들이 모두 제 기량을 발휘했다" 기량(技倆)은 솜씨와 기술이다.

둥글 륜(侖) 자에 사람 인 변이 들어간 인륜 륜(倫) 자를 보자. 사람들끼리 둥글둥글하게 지내려면 지켜야하는 것이 윤리(倫理)이다. 아버지나 어머니를 죽인 사람은 못할 짓을 했다고 해서 패륜아(悖倫兒)라고 한다.

모방은 창조의 어머니라고 한다. 모방(模倣)의 방은 사람 인 변에 놓을 방(放) 자를 붙인 본받을 방(倣) 자가 된다.

곱 배(倍) 자에도 사람 인 변이 들어간다. 오른쪽 부분은 침 부(咅) 자이다. 기쁨은 나누면 배(倍)가 되고,

거꾸로/넘어질
도(倒)
- 전도
- 도치

재주 **량(倆)**
- 기량

인륜 **륜(倫)**
- 윤리
- 패륜아

본받을 **방(倣)**
- 모방

곱 **배(倍)**

슬픔은 나누면 반(半)이 된다고 한다.

"나는 배우가 되어서 헐리우드에 진출할 거야!" 배우(俳優)란 영화나 연극 등에서 극중 인물을 연기하는 사람이다. 사람 인 변에 아닐 비(非) 자를 곁들인 광대 배(俳) 자를 쓴다.

경제 활동을 하는 사람은 크게 사업자와 봉급생활자로 나뉜다. 봉은 사람 인 변에 받들 봉(奉) 자를 붙인 봉급 봉(俸) 자로, 일을 한 보수로 지급되는 돈이 봉급(俸給)이다.

집이 오래되면 수리(修理)를 한다. 구두가 오래되면 수선(修繕)을 한다. 둘 다 고칠/닦을 수(修) 자를 쓴다. 다시 쓸 수 있게 손을 보아 고치는 것이다.

이 글자에는 꾸민다는 뜻도 있다. "레오나르도 다 빈치는 과학자, 예술가, 철학자 등 여러 가지 수식어가 붙는 인물이다" 수식어(修飾語)는 꾸미는 말이다.

수양(修養)은 몸과 마음을 닦아 덕을 쌓고 지혜를 얻는 것이다. 수교(修交)는 두 나라가 외교 관계를 맺는 일이다.

두 나라의 수교

사람 인 변에 옛 석(昔) 자가 따라오면 빌릴 차(借)
자이다. **차관**(借款)은 나라끼리 협정을 맺어 돈을 빌리
고 빌려주는 것이다.

가차(假借)는 사정을 봐주는 것이다. 중국에서는 분
유같이 먹는 것에 해로운 물질을 넣어 팔면 가차없이
사형에 처한다.

"그 가치는 돈으로 잴 수 없다" **가치**(價值)는 값어치
이다. 값 가(價)에 값 치(值) 자이다.

"학교 주변에는 경마장 등 사행성 시설이 들어올
수 없다" 행은 요행 행(倖) 자로 **사행**(射倖)은 우연히
찾아오는 행운을 바라는 것, 사행심은 그것을 바라는
마음이다. 다행 행(幸) 자가 들어 있다.

후보(候補)는 어떤 직책이나 신분을 얻기 위해 기다
리는 사람으로, 기다릴 후(候) 자를 쓴다. 이 글자에는
철, 날씨라는 뜻도 있다.

기후(氣候)는 어느 지방의 평균적인 날씨이다. "온대
지방은 기후가 온화하다" 등으로 쓰인다. 조짐이라는
의미도 있다. "미사일 발사 **징후**(徵候)를 감지했다"는
미사일을 쏠 조짐을 느꼈다는 말이다.

빌릴 **차(借)**
- 차관
- 가차

값 **가(價)**/값 **치(值)**
- 가치

요행 **행(倖)**
- 사행(심)

기다릴/철 **후(候)**
- 후보
- 기후
- 징후

사람 인 변에 빌릴 가(假) 자를 붙이면 거짓/임시 가(假) 자가 된다. 가장(假裝)이란 그런 것처럼 꾸미는 것이다. 사람들이 여러 가지 모습으로 꾸미고 춤을 추는 모임이 가장무도회이다.

세울 건(建) 자에 사람 인 변이 붙으면 굳셀/잘할 건(健) 자이다. 심신에 병이 없고 튼튼한 상태가 건강(健康)한 것이다.

"건투(健鬪)를 빈다"는 중요하고 힘든 일에 도전하는 사람에게 잘 해내라고 격려하는 말이다. 비슷한 뜻으로 '아무 탈 없이 건강하라'는 의미의 "건승(健勝)하라"는 말도 많이 쓴다. 승은 이길 승(勝) 자이다.

우연(偶然)의 우는 우연/짝 우(偶) 자이다. 배우자(配偶者)는 인생을 함께 하는 짝, 남편이나 아내를 가리킨다.

사람 인 변에 다룸가죽 위(韋) 자가 합쳐지면 훌륭할 위(偉) 자가 나온다. 위인(偉人)은 위대한 인물이고 위인전(偉人傳)은 위인의 일생을 그린 전기이다.

"거기서 우측으로 가시면 은행이 나옵니다"

우측(右側)은 오른쪽이다. 곧 즉(則) 자에 사람인 변

거짓/임시 **가(假)**
- 가장(무도회)

굳셀/잘할 **건(健)**
- 건강
- 건투
- 건승

우연/짝 **우(偶)**
- 배우자

훌륭할 **위(偉)**
- 위인
- 위인전

이 붙으면 곁 측(側) 자가 나온다. 왼쪽은 좌측(左側)이
다.

　곧을/바를 정(貞) 자에 사람 인 변을 붙이면 정탐할
정(偵) 자이다. 몰래 적군의 사정을 살피는 것이 정찰
(偵察)이다.

곁 측(側)
- 좌측

정탐할 정(偵)
- 정찰

무인정찰기

9-2 두 인 변(彳 : 조금 걸을 척)

사람 인 변(亻)에 획이 하나 더 있어서 두 인 변(彳)이라고 한다. 천천히 움직이는 모양을 나타낸다.

"서울에서 부산까지 왕복(往復) 6시간이다"는 서울에서 부산까지 갔다 돌아오는 데 6시간이 걸린다는 이야기이다. 두 인 변(彳)에 주인 주(主) 자를 합하면 갈 왕(往) 자가 된다.

"왕년에 내가 춤을 좀 췄지" 왕년(往年)은 지나간 옛날이다. 기왕(既往)은 이미, 벌써라는 뜻이다. "기왕 하기로 했으니 확실히 하자"는 하기로 정한 이상 확실히 해야 한다는 말이다.

갖은등글월 문(殳)에 부수로 두 인 변을 붙이면 부릴/일 역(役) 자가 된다. 갖은등글월 문은 몽둥이이다. 천천히 움직이는 사람을 빨리 일하라고 몽둥이로 때리는 글자가 부릴 역 자이다.

징역(懲役)은 죄수에게 강제노동을 시키는 형벌이다. 벨/나눌 할(割) 자를 더한 역할(役割)은 자기가 할 일이다.

두 인 변에 모 방(方) 자가 붙으면 거닐 방(彷) 자가

갈 왕(往)
- 왕복
- 왕년
- 기왕

부릴/일 역(役)
- 징역
- 역할

나온다. 정처없이 돌아다니는 것은 방황(彷徨)이다.

야구나 농구 등 스포츠 팀이 홈을 떠나 상대 팀 고장에 가서 경기를 하면 원정(遠征) 경기이다. 멀 원(遠) 자에 두 인 변을 부수로 하는 칠 정(征) 자를 쓴다.

"인류의 과학은 수많은 질병을 정복했다"에서 정복(征服)은 쳐서 복종시키는 것이다. 수많은 질병 중에 코로나19도 들어가리라 기대한다.

"그렇게 하는 편이 피차에 편하겠다" 피차(彼此)의 피는 가죽 피(皮) 자에 두 인 변을 부수로 붙인 저 피(彼) 자이다. 피차는 이쪽, 저쪽 양쪽이다.

두 인 변과 관청 시(寺) 자를 합하면 기다릴/대접할 대(待) 자이다. 준비하고 때가 오기를 기다리는 것은 대기(待機)이다.

기대(企待)는 바라면서 기다리는 것이다. 기약할 기(期) 자를 넣어 기대(期待)라고도 쓴다. "우리 학교 야구부는 이번에 전국대회에서 우승하리라는 기대를 받고 있다" 등으로 쓴다.

인간 세상은 법률(法律)로 통치된다. 율은 붓 률(聿)

거닐 **방(彷)**
- 방황

칠 정**(征)**
- 원정
- 정복

저 **피(彼)**
- 피차

기다릴/대접할
대(待)
- 대기
- 기대

자가 붙은 법 률(律) 자이다. 사람들이 사회에서 지켜
야 하는 규칙, 좁게는 그 규칙 중 헌법 다음의 것을 법
률이라고 한다.

률(律) 자에는 '가락'이라는 뜻도 있다. 율동(律動)은
리듬에 맞추어 추는 춤이다. 율동을 만드는 것, 그렇
게 짠 율동을 가르치는 것은 안무(按舞)이다.

| 법 **률(律)** |
| - 법률 |
| - 율동 |

"후환이 두렵지도 않니?" 어떤 일을 함으로 해서
뒤에 생기는 걱정이 후환(後患)이다. 두 인 변에 작을
요(幺)와 뒤쳐져 올 치(夂)가 합쳐져 뒤 후(後) 자가 되
었다.

| 뒤 **후(後)** |
| - 후환 |

두 인 변에 나 여(余) 자를 합하면 느릴 서(徐) 자가
나온다. "여기서부터 빙판이기 때문에 서행해야 합니
다"에서 서행(徐行)은 속도를 줄이고 천천히 가는 것을
말한다.

| 느릴 **서(徐)** |
| - 서행 |

"무위도식하는 사람이 되어서는 안 되겠다"의 무위
도식(無爲徒食)은 놀고먹는 것이다. 도는 달릴 주(走) 자
를 합한 헛될/무리 도(徒) 자이다.

이 글자에는 걷다, 맨손이라는 뜻도 있다. "도보(徒
步)로 가기로 했다"는 걸어서 가기로 했다는 말이다.

| 헛될/무리 **도(徒)** |
| - 무위도식 |
| - 도보 |
| - 도수(치료) |

물리치료 중의 도수(徒手)치료는 맨손으로 척추나 팔다리의 이상을 바로잡는 치료이다.

도수치료

얻을 득(得) 자의 부수도 두 인 변이다. "그 사람은 이해득실(利害得失)을 따지지 않고 움직일 사람이 아니다" 득은 얻을 득(得) 자로, 손해와 이익을 생각한 다음에만 움직이는 사람이라는 말이다. 터득(攄得)은 깨우쳐 익히는 것이다.

얻을 득(得)
- 이해득실
- 터득

집을 옮기는 것은 이사(移徙)이다. 사는 옮길 사(徙) 자이다.

옮길 사(徙)
- 이사

민방위 훈련은 사람들이 종사하는 생업에 지장을 주지 않도록 새벽에 잠깐 하고 마친다. 좇을 종(從) 자가 들어간 종사(從事)는 어떤 일을 직업으로 삼는 것이다.

좇을 종(從)
- 종사

"조자룡은 종횡무진 적진을 누비고 다녔다" 종횡무진(縱橫無盡)은 가로세로 거칠 것 없이 다니는 것이다. 조자룡은 삼국지에 나오는 인물이다. 여기서의 종은 위의 좇을 종 자에 실 사 변(糸)을 붙인 세로 종(縱) 자이다.

세로 종(縱)
- 종횡무진

횡단(橫斷)은 가로, 즉 동서로 그어서 건너는 것이다. 1927년에 린드버그는 처음으로 미국 뉴욕에서 프랑스 파리까지, 중간에 다른 곳에 착륙하지 않고 대서양을 혼자서 비행기로 횡단했다. 비행기 성능이 지금처럼 좋지 않았기 때문에 당시로서는 큰 모험이었다.

강화도에서 동해 고성까지 횡(橫)으로 휴전선이 그어져 있다. 부산에서 신의주까지 철도가 종단(縱斷)하고 신의주에서 포르투갈 리스본까지 유라시아 철도가 횡단하는 날이 오기를 바란다.

회복할 복(復) 자도 두 인 변이 부수이다. 이 글자에는 돌아가다, 되풀이하다, 갚다 등의 뜻이 있다.

복고(復古) 패션은 옛날 패션으로 돌아가는 것이다. 옷 시장에서 복고풍은 주기적으로 돌아온다. 회복(回復)은 손상된 것이 예전의 상태로 돌아오는 것이다.

복습이 중요하다. 복습(復習)은 지난 시간에 배운 것을 다시 보는 것이다.

이 복 자는 다시 살아난다는 부활(復活) 등에서 다시 부(復) 자도 된다. 쇠퇴한 것을 다시 일으키는 것은 부흥(復興)이다.

흑치상지는 백제 부흥운동을 일으켰다. 교회에서는

- 횡단 ⇔ 종단

국토종단

회복할 **복(復)**
- 복고
- 회복
- 복습

다시 **부(復)**
- 부활
- 부흥(회)

신자들의 믿음을 부흥시키기 위해서 특별 기도집회를 하는데 이것이 부흥회(復興會)이다.

피가 잘 돌아야 건강하다. 혈액순환(循環)이 잘 되지 않으면 시도때도 없이 졸음이 오고 몸에 좋지 않은 증상이 생긴다. 순환은 끊임없이 도는 것으로, 순은 방패 순(盾) 자가 들어간 돌 순(循) 자를 쓴다.

돌 순(循)
- 혈액순환

"멀리 희미한 불빛이 보였다" 미는 작을/몰래/어렴풋할 미(微) 자이다. 희미(稀微)한 것은 어렴풋한 것이다. 소리내지 않고 잔잔하게 웃는 것은 미소(微笑)이다.
알아차리기 힘들 만큼 작고 묘한 것은 미묘(微妙)한 것이다. 미묘한 차이를 불어로는 뉘앙스(nuance)라고 한다.

작을/몰래/어렴풋할 미(微)
- 희미
- 미소
- 미묘

덕 덕(德) 자를 보자. "도와주신 덕택에 시험에 합격했습니다"는 도움에 힘입어 합격했다는 말이다. 덕택(德澤)은 은덕과 혜택이다.

덕 덕(德)
- 덕택

우리나라 병역 제도는 징병제이다. 부를/거둘 징(徵) 자를 쓰는 징병(徵兵)제는 국민이 모두 군대에 가는 제도이다. 일부에서는 가고 싶은 사람만 군대에 가

부를/거둘 징(徵)
- 징병

도록 하는 모병(募兵)제로 바꾸어야 한다고 한다. 어느 쪽이 좋을까?

징수(徵收)는 나라에서 세금과 같이 돈이나 물건을 거두는 것이다. 이 징 자에는 '조짐'이라는 뜻도 있다. 징조(徵兆)는 어떤 일이 생길 기미이다. 특징(特徵)은 눈에 띄는 점이다.

두 인 변에 기를 육(育) 자, 등글월 문(攵)을 합하면 뚫을 철(徹) 자가 된다. 철저(徹底)는 바닥을 뚫는다는 말이다. "프랑스 대혁명은 사회를 철저하게 바꾸어 놓았다" 이로 인해 프랑스뿐만 아니라 유럽, 세상이 바뀌게 된다.

- 징수
- 징조
- 특징

뚫을 **철(徹)**
- 철저

으뜸 **원(元)**

9-3 어진 사람 인 발(儿)

사람 인 자는 원래의 사람 인(人) 자가 있고 사람 인 변(亻)이 있으며, 어진 사람 인 발(儿)이라는 형태도 있다. 부수로서 다른 글자의 밑에 들어가기 때문에 발이라고 한다.

두 이(二) 자 밑에 어진 사람 인(儿)이 들어가면 으뜸 원(元) 자가 된다. 맛있는 음식이 인기를 끌 때마다 어디가 원조라는 말을 수없이 듣는데, 원조(元祖)는 원래의 조상, 즉 맨 처음 시작한 곳을 비유적으로 일컫는 말이다.

- 원조
- 원금
- 원기
- 원소

돈을 빌릴 때 이자가 붙기 전 액수가 원금(元金)이다. 원래의 금액이라는 말이다. '원기가 왕성하다', '원기 회복에 좋다'의 원기(元氣)는 원래 지니고 있는 기운이다.

다른 물질의 근본이 되는 물질이 원소(元素)이다. 산소, 수소와 같은 원소는 한 종류의 원자로만 이루어졌기 때문에 더 작은 것으로 쪼갤 수 없다고 한다.

흉악할 흉(兇)

- 원흉

"안중근 의사는 일제 침략의 원흉 이토 히로부미를 사살했다" 나쁜 일을 획책한 우두머리는 원흉(元兇)으로, 흉은 흉악할 흉(兇) 자이다. 흉할 흉(凶) 자에 사람

안중근 의사의 하얼빈 의거

인(儿)이 붙었으니 흉한 인간이라는 글자이다.

흉기(凶器로도 쓰고 兇器로도 씀)는 사람을 해치려고 휘두르는 흉악한 물건이다. 주로 칼 따위의 날카롭고 뾰족한 것을 가리킨다.

큰형, 둘째형 하는 형 형(兄) 자는 형뿐만 아니라 언니를 가리키기도 한다. 그래서 같은 집에 시집 온 손아랫동서가 손윗동서를 '형님'이라고 부르는 것이다
(형의 아내와 동생의 아내는 서로 동서이다).

빛 광(光) 자가 들어가는 광명(光明)은 밝은 빛이다. "자수해서 광명 찾자"는 죄를 짓고 도망다니면 어두운 곳으로 숨을 수밖에 없으니 자수해서 빛을 보고 살자는 말이다.

"수업시간에 졸기만 하던 아이들이 점심시간이 다가오니 눈에서 광채가 나더라" 광채(光彩)는 반짝반짝하는 빛이다.

학교에 나보다 먼저 들어간 사람, 또는 어느 분야에 나보다 먼저 들어가 활동하는 사람은 선배(先輩)이다. 먼저 선(先) 자에도 어진 사람 인이 들어간다. 선견지명(先見之明)은 앞날을 밝게 내다보는 것이다.

형 **형(兄)**	
- 형님	

빛 **광(光)**	
- 광명	
- 광채	

먼저 **선(先)**	
- 선배	
- 선견지명	

억(億)의 만 배가 되는 조 조(兆) 자에서는 작은 점 네 개 사이의 큰 가지 두 개가 어진 사람 인(儿)이다. 억의 만 배가 되는 수인 조뿐 아니라 이 글자에는 조짐이라는 뜻도 있다.

"해운대에 나타난 개미떼가 경주 지진의 전조였다" 전조(前兆)는 무슨 일이 일어나기 전에 나타나는 조짐이다.

보충수업(補充授業)은 정규 수업만으로는 모자라는 수업을 채우는 의미이다. 충은 가득할/채울 충(充) 자이다.

"장학금만으로 모자라는 학비는 아르바이트를 해서 충당했다" 충당(充當)은 모자라는 만큼을 채워 넣는 것이다.

"에디슨은 온갖 고난을 극복하고 전구를 발명했다" 어려움을 이겨 내는 것을 이길 극(克) 자를 써서 극복(克服)이라고 한다.

극기(克己)는 자신을 이기는 것으로, 극기훈련(克己訓鍊)은 자신을 이기는 훈련이다. 날마다 자신을 이겨 내야 하는 현대인들은 날마다 극기훈련을 한다고 볼 수 있다.

조/조짐 **조(兆)**
- 전조

가득할/채울 **충(充)**
- 보충수업
- 충당

방과 후 보충수업

이길 **극(克)**
- 극복
- 극기훈련

⑩ 들 입(入)

어디로 들어간다, 시작한다는 의미의 말에 들 입(入) 자가 많이 쓰인다. 출입구(出入口)는 나가고 들어오는 문이다. 몰입(沒入)은 어떤 일에 완전히 집중해서 빠져드는 것이다.

안 내(內) 자가 들어간 내용(內容)은 그릇이나 포장에 담긴 알맹이, 말이나 글이 나타내는 사항이다. "대통령은 내란이나 외환을 범하지 않고는 탄핵당하지 아니한다" 내란(內亂)은 나라 안에서 일어나는 분란이다.

들 입 자에 임금 왕 자를 합치면 온전할 전(全) 자가 된다. "전부(全部) 모였다"는 하나도 빠짐없이 다 모인 것이고, 완전(完全)은 필요한 것을 모두 갖춘 상태이다.

성할 성(盛) 자를 붙여 전성(全盛)이라는 말도 만들 수 있는데, 전성기(全盛期)는 한창 잘 나갈 때이다. "제2의 전성기를 맞았다" 등으로 쓰인다.

들 입(入)
- 출입구
- 몰입

안 내(內)
- 내용
- 내란

온전할 전(全)
- 전부
- 완전

성할 성(盛)
- 전성기

"양가 부모님이 결혼을 허락하셨다" 두 량(兩) 자에는 들 입 자가 두 개 있다. **양가(兩家)**는 교제하는 남자의 집과 여자의 집 양쪽을 말한다.

두 량 자에 설 립(立) 자를 붙인 **양립(兩立)**은 동시에 존재하는 것이다. 반대되거나 늘 싸우는 양쪽에 대해 "양립할 수 없다"는 말을 할 때가 있다.

조선시대의 **양반(兩班)**은 행정 공무원인 문반(文班)과 직업 군인인 무반(武班)의 양쪽 벼슬을 일컫는 말이었다.

⑪ 여덟 팔(八)

"팔자가 좋다", "팔자가 사납다"라는 말을 더러 듣는다. 팔자(八字)는 태어난 해, 달, 일, 시각의 간지(干支) 여덟 글자이다.

올해가 계묘(癸卯)년이라면, 앞의 계(癸)는 '갑을병정……' 하는 십간(十干) 중 하나이고, 뒤의 묘(卯)는 '자축인묘진사……' 하는 십이지(十二支) 중 하나이다.

두 **량(兩)**
- 양가
- 양립
- 양반

여덟 **팔(八)**
- 팔자

갑(甲)	자(子)	쥐
을(乙)	축(丑)	소
병(丙)	인(寅)	호랑이
정(丁)	묘(卯)	토끼
무(戊)	진(辰)	용
가(己)	사(巳)	뱀
경(庚)	오(午)	말
신(辛)	미(未)	양
잉(壬)	신(申)	원숭이
계(癸)	유(酉)	닭
	술(戊)	개
	해(亥)	돼지

십간(좌)과 십이지(우)

임진왜란, 갑오개혁의 임진, 갑오도 이렇게 십간과 십이지에서 순서대로 한 글자씩 뽑아서 나온 연도이다. 임진왜란은 임진년이었던 1592년에 일어난 전쟁이다.

연도뿐 아니라 월, 일, 시에도 각각 해당하는 간지가 있다. 각 간지가 두 글자씩이니까 그것이 네 개 있으면 여덟 자, 그래서 팔자(八字)이다.

공공(公共)이라는 말을 많이 들어 보았는가? 여덟 팔 부수가 위에 올라가는 여러 공(公) 자, 여덟 팔이 밑에 들어가는 함께 공(共) 자이다. 그러니까 '여럿이 함께'가 된다.

공공시설(公共施設)은 여러 사람이 함께 쓰는 시설이다. 공공사업(公共事業)은 여러 사람이 함께 편의를 누릴 수 있게 하는 사업이다.

공익광고(公益廣告)는 여러 사람의 이익을 위한 광고이다. 공직(公職)은 영리(이윤)를 추구하는 민간 기업의 직무가 아닌 국가나 지방자치체의 공적인 직무이다.

여러 공 자는 사람을 높여서 부르던 말이기도 하다. 충무공(忠武公)은 나라를 지킨 장군에게 특별히 내린 칭호이다.

여러 공(公)
함께 공(共)
- 공공
- 공익광고
- 공직
- 충무공
- 공감
- 공존

충무공 김시민

이순신 장군 외에 다른 분들도 받았다. 임진왜란 때 진주성을 지키고 죽은 김시민 장군, 조선 전기에 크게 활약한 남이 장군 등의 칭호도 충무공이다.

"당신 말에 공감합니다" 할 때 공감(共感)은 저쪽이 느끼는 것을 나도 느끼는 것이다. "인간과 인공지능이 공존할 수 있는가?" 공존(共存)은 함께 존재하는 것이다.

보병, 공병 할 때의 군사 병(兵) 자에도 여덟 팔 자가 들어간다. 그 위에 있는 도끼 근(斤) 자는 도끼 같은 무기를 휘두르는 사람이 군인임을 나타낸다. 보병(步兵)은 걷거나 뛰면서 싸우는 병사이다.

구비서류(具備書類)는 입학이나 입사 등을 위해 갖추어야 할 서류이다. 여덟 팔 자가 갖출 구(具) 자의 부수이다. "이런저런 가구를 들여 놓고 나니 제법 신혼집 구색이 맞추어졌다" 구색(具色)을 맞춘다는 것은 갖출 것을 골고루 갖추는 것이다.

몸 체(體) 자를 쓰는 '구체적(具體的)이다'는 몸을 갖춘다, 즉 실제로 보거나 듣거나 만질 수 있는 모양 또는 실행 방법이 있다는 것이다.

군사 **병(兵)**
- 보병

갖출 **구(具)**
- 구비서류
- 구색
- 구체적

기간, 기타 할 때의 그 기(其) 자의 부수도 여덟 팔 자이다. 기간(其間)은 그 사이, 기타(其他)는 그것 말고 다른 것이다.

법 전(典) 자를 보자. 법과 같은 중요한 것을 기록한 책이다. 성경, 불경, 코란 등 종교의 교리를 기록한 책은 경전(經典)이다. 옛날에 지은 책 중 뛰어나서 후세에 길이 남는 책은 고전(古典, classic)이다.

낱말의 뜻을 적은 책은 사전(辭典)이다.

이 전 자는 행사나 의식에도 들어간다. 제전(祭典)의 원래 뜻은 제사를 지내는 의식인데, 요즘은 '올림픽 제전'과 같이 문화, 예술, 체육 등의 대규모 행사를 비유적으로 가리킨다.

"교사는 실력과 덕을 겸비(兼備)해야 한다" 겸할 겸 (兼) 자는 벼 두 포기를 손으로 잡은 모습이다. 겸비는 겸해서 갖춘다는 말이다.

그 기(其)
- 기간
- 기타

법 전(典)
- 경전
- 고전
- 사전
- 제전

겸할 겸(兼)
- 겸비

⑫ 멀 경 몸(冂)

무릅쓸 모(冒) 자를 보자. "기업을 경영하려면 모험을 할 필요도 있다"에서 모험(冒險)은 위험을 무릅쓰는 것이다.

책/묶을 책(冊, 册) 자의 테두리도 멀 경 몸이다. 옛날에 글을 쓴 대나무쪽 여러 개를 실로 묶어 책으로 만든 모양으로 볼 수 있다.

"그 회사의 제안은 재고해야 한다" 재고(再考)는 다시 생각하는 것으로, 다시 재(再) 자의 부수가 멀 경 몸이다. 재건축(再建築)의 재도 다시 재 자이다.

⑬ 안석 궤(几)

옛날에 책상 구실을 했던 가구이다.

무릅쓸 **모(冒)**
- 모험

책/묶을 **책(冊)**

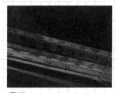

죽간

다시 **재(再)**
- 재고
- 재건축

"평범(平凡)하게 사는 게 제일 어려운 것 같아" 안석
궤 자 속에 점을 찍으면 평범할 범(凡) 자이다. 반댓말
은 비범(非凡)이다.

평범할 **범(凡)**
- 평범
- 비범

⑭ 칼 도(刀)

휜 획은 칼날을 나타낸다. 날붙이가 들어가는 사물
이나 날카로움을 표현하는 관념에 들어간다.

한의원에서 약 재료를 썰 때 썼고, 무당이 올라가
춤을 추는 작두는 작도(斫刀)의 발음이 변한 말이다.
작 자는 쪼갤 작(斫) 자로 작도는 나무나 풀을 써는 칼
이다.

쪼갤 **작(斫)**
- 작도

작두(작도)로 써는 모습

무엇인가를 잘 나누려면 칼로 자르듯이 확실히 해
야 할 때가 있다. 그래서 나눌 분(分) 자 아랫부분에
칼 도 자가 들어간다. 이익을 분배(分配)하는 것은 어
떤 일을 해서 생긴 수익을 골고루 나눈다는 말이다.
½, ¾ 같은 분수(分數)는 어떤 수를 다른 수로 나눈

나눌 **분(分)**
- 분배
- 분수

수이다. 분석(分析)의 석(析) 자는 쪼갤 석 자로, 어느 물건이나 현상을 나누어 쪼개듯이 잘게 구분하여 살펴본다는 뜻이다.

"교통사고로 팔을 절단했다" 칼 도 자가 들어가는 끊을 절(切) 자를 끊을 단 자와 합치면 절단(切斷)이 된다. 이 절 자에는 옷감을 마르는 재단사나 수술을 하는 의사가 필요한 곳에 칼질을 하듯이 꼭 맞다는 뜻이 있다. 그래서 "적절한 발언을 하셨습니다" 할 때 적절(適切)에 끊을 절 자가 들어간다.

끊을 절 자는 모두 체 자이기도 하다. 똑같은 글자의 낱말인데 일체(一切)는 다 취급한다는 말이고, 일절(一切)은 전혀 취급하지 않는다는 말이다.

마음에 든 물건을 점찍어 사려고 했는데 품절이라는 절망적인(?) 말을 접한 적이 있을 것이다. 품은 물건 품(品) 자이고, 이때의 절 자는 없어진다는 뜻이다. 들어온 물건이 동이 나 없어진 것이 품절(品切)이다.

칼 도 자가 옷 의(衣) 자를 만나면 처음 초(初) 자가 된다. 왼쪽 부분은 옷 의 자가 다른 글자에 부수로 들어갈 때의 모습인 옷 의 변(衤)이다. 옷감을 마르느라

쪼갤 **석(析)**
- 분석

끊을/모두 **절,체(切)**
- 절단
- 적절
- 일절
- 품절
- 일체

처음 **초(初)**
- 초심
- 초보

칼을 대는 것이 옷 만드는 일의 처음이라는 의미이다. 마른다는 것은 옷을 만들려고 옷감을 알맞은 크기로 자르는 것이다.

"초심을 지키자"의 **초심(初心)**은 처음에 먹은 마음이다. 초보운전 등에 쓰이는 **초보(初步)**는 처음 초 자에 걸을 보(步) 자로, 첫걸음이다.

차에 붙인 초보운전 스티커

승차권(乘車券), 할인권(割引券)처럼 표를 뜻하는 말 끝에 흔히 권 자가 들어간다. 역시 칼 도 자가 밑에 있는 문서 권(券) 자이다. 승차권은 차를 탈 수 있는 표, 할인권은 가격을 할인받을 수 있는 표이다.

문서 **권(券)**
- 승차권
- 할인권

칼 도 변형 부수

14-1 선 칼 도 방(刂)

칼 도(刀) 자를 다른 글자 오른쪽에 붙일 때 쓰기 쉽도록 바꾸는 모양이 선 칼 도(刂)이다. 한자 부수가 다른 글자의 오른쪽에 들어갈 때 방이라고 한다.

한여름에 산소나 공원 같은 곳에 풀이 무성해져서 베어야 할 때 예초기(刈草機)를 쓴다. 초는 풀 초(草) 자, 선 칼 도가 들어간 예 자는 풀 벨 예(刈) 자이다.

풀 벨 **예**(刈)
- 예초기

인쇄소에서 책을 찍을 때는 지면으로 나올 부분의 가장자리를 깎아야 한다. 그래서 책을 펴낸다는 한자말 간행(刊行), 출간(出刊)에 들어가는 책 펴낼 간(刊) 자에 선 칼 도 자가 들어간다.

책 펴낼 **간**(刊)
- 간행
- 출간

"선생님은 그 일의 예를 여러 가지 열거하셨다" 죽 늘어놓는다는 나열(羅列), 열거(列擧)의 열 자는 벌일/

벌일/여러 **렬**(列)
- 나열
- 열강

여러 렬(列) 자이다.

'열강의 식민지 침탈'에서 열강(列强)은 여러 강국이다. 서열(序列)은 집단의 여러 사람 중에서 차지하는 권력이나 권리의 차례이다. "찰스 왕세자가 영국왕위 계승 서열 1위였다"는 다음 영국 왕이 될 사람이 찰스 왕세자였다는 뜻이다. 그리고 그렇게 왕이 되었다.

한자가 만들어질 당시 고대 중국의 형벌 중에는 칼로 사람 몸을 못 쓰게 만드는 것이 많았다. 그래서 형벌 형(刑) 자에도 선 칼 도가 들어간다. 형법(刑法)은 죄를 지은 사람을 재판하는 법이다.

이익(利益), 편리(便利) 등에 들어가는 이로울/편할 리(利) 자에도 선 칼 도가 있다.

이 글자는 원래 날카롭다는 뜻이다. 잘 익은 벼(禾: 벼 화)를 칼(刂)로 베는 모양이 이로울 리(利) 자이니까.

돈을 빌려 주는 사람은 이윤을 바라기 때문에 이자(利子)를 받는다. "한국은행이 금리를 높였다" 할 때의 금리는 이율(利率), 즉 원금에 대한 이자의 비율이다.

다를/헤어질 별(別) 자를 보자. 어디에 포함시키지

형벌 **형(刑)**
- 형법

이로울/편할 **리(利)**
- 이익
- 편리
- 이자
- 이율

다를/헤어질 **별(別)**

않고 따로 생각하는 것이 별도(別途)이다. '택배비 별도'는 상품 값에 택배비까지 내야 하는 것이다. '여름 별미는 뭐니뭐니해도 냉면'에서 별미(別味)는 가끔씩 먹는 맛있는 음식이다.

반 반(半) 자 오른쪽에 선 칼 도가 붙으면 가를/판단할 판(判) 자가 된다. 판결(判決)은 재판 등에서 판단한 결과이다.

"3시에는 도착할 것 같아" 어디에 다다르는 것은 도착(到着)이다. 이를 지(至) 자에 선 칼 도를 합하면 이를 도(到) 자이다. 선 칼 도가 음을 나타내고, 뜻 역시 이를 지 자의 뜻을 빌려 왔다.

주도면밀하다, 용의주도하다 할 때 주는 두루 주(周) 자로, 주도(周到)는 잊고 빠뜨리는 곳 없이 주의가 두루 미친다는 말이다. "박대리는 주도면밀해서 잘 해낼 겁니다" 등으로 쓸 수 있다.

칼은 찌르기도 한다. 가시 자(束) 자에 선 칼 도를 이으면 찌를 자(刺) 자가 나온다. 어떤 반응이나 현상이 일어나도록 쿡쿡 찌르는 것이 자극(刺戟)이다.

- 별도
- 별미

가를/판단할 **판(判)**
- 판결

이를 **도(到)**
- 도착
- 주도(면밀)

찌를 **자(刺)**
- 자극

마를 제(制) 자는 칼로 불필요한 부분을 쳐내듯이 어떤 일을 하지 않도록 제어한다는 뜻이다. 제어함으로써 규칙 등을 정한다, 제정한다는 뜻도 있다.

"이를 위한 제도(制度) 마련이 시급하다"에서 제도는 사회생활의 법칙이나 구조, 형태이다. 제 자만으로 줄여서 쓸 수 있다.

대통령제(制)는 대통령이 정책 수행의 중심이 되는 정치 제도이며, 의원내각제(制)는 국회와 총리가 주도적으로 정책을 수행하는 정치 제도이다.

제어(制御)의 어는 말 몰/거느릴 어(御) 자로, 제어란 물건이나 사람의 움직임을 마음대로 조종하는 것이다. 리모컨(remote control)은 멀리서 조종하는 원격 제어 장치이다.

역시 제어할 제 자가 들어가는 낱말 중 제재(制裁)가 있다. 마를 재(裁) 자를 붙인 제재는 이쪽이 바라지 않는 일을 저쪽이 할 때 불이익을 주는 것이다.

한정 한(限) 자를 붙인 제한(制限)은 넘지 못하도록 정한 한도 또는 그 한도를 넘지 못하게 막는 것이다. '이면도로 차량 속도 시속 30km로 제한'은 큰길이 아닌 주택가나 학교 골목에서 차가 시속 30km 이하로 다녀야 한다는 말이다.

마를 **제(制)**
- 제도
- 대통령제
- 제어
- 제재
- 제한

제한속도 표시

"필요없는 자료는 삭제하자" 삭제(削除)는 지워서 없애는 것이다. 닮을 초(肖) 자에 선 칼 도 방을 붙이면 깎을/빼앗을 삭(削) 자이다.

조개 패(貝) 자 옆에 선 칼 도가 붙으면 곧 즉/법 칙(則) 자가 나온다. 규칙(規則)에서 규도 법 규(規) 자로, 함께 생활하는 공동체 구성원이나 경기 참가자들이 따르기로 약속하는 법칙이 규칙이다.

선 칼 도를 침 부(咅) 자와 합하면 쪼갤 부(剖) 자다. 속속들이 파헤치는 것이 해부(解剖)이다. 보통 생물학 연구를 위해 동물 시체를 갈라 보거나 의학 연구에서 죽은 사람 몸을 칼로 갈라 보는 일을 해부라고 한다.

운동선수가 도핑 테스트를 받아 양성 판정이 나올 때 잘못하면 선수권이 박탈(剝奪)될 수 있다. 나무 새 길 록(彔) 자에 선 칼 도를 붙이면 벗길 박(剝) 자이다.

"공직자 비리를 척결(剔抉)한다" 할 때 척은 뼈 바를 척(剔) 자로, 척결은 살을 도려내고 뼈까지 긁듯이 아주 뿌리를 뽑는다는 뜻이다.

깎을/빼앗을 **삭(削)**
- 삭제
곧 즉/법 **칙(則)**
- 규칙
쪼갤 **부(剖)**
- 해부
벗길 **박(剝)**
- 박탈
뼈 바를 **척(剔)**
- 척결

가득할 복(畐) 자 옆에 선 칼 도를 세우면 버금 부(副) 자이다. 버금간다는 것은 으뜸은 아니지만 그 다음 간다는 말이다.

"삼촌은 부업(副業)을 시작했다"에서 부업은 본업의 수입을 보충하기 위해 하는 다른 일이다. 부통령(副統領)은 대통령에게 무슨 일이 생길 때 대신 대통령 직무를 수행하는 사람이다.

부작용(副作用)은 약이나 치료법의 원래 작용 외에 나타나는 작용이다. 주로 해로운 것이다.

곳간 창(倉) 자에 선 칼 도를 넣으면 비롯할 창(創) 자가 된다. 비롯한다는 것은 처음 시작한다는 말이다. 창조(創造)는 없던 것을 만들어내는 것이다.

"규진이는 창의력이 뛰어나구나"의 창의력(創意力)은 창조하는 능력이다. 의가 생각, 아이디어를 가리키는 뜻 의(意) 자이니 아이디어를 떠올려 새 것을 만드는 능력이 창의력이다.

신용카드를 많이 쓰다 보니 어느 정도 값이 나가는 물건을 구입할 때는 할부(割賦)로 하는 사람이 많다. 할은 가를 할(割) 자로 물건 값을 나누어 내는 것이 할부이다.

버금 **부(副)**
- 부업
- 부통령
- 부작용

비롯할 **창(創)**
- 창조
- 창의력

가를 **할(割)**
- 할인
- 분할

역시 가를 할 자가 들어가는 **할인**(割引)의 인은 당길 인(引) 자이니 할인은 높은 가격을 깎아서 끌어내리는 것이다.

프랑스, 독일, 이태리는 프랑크 왕국이라는 나라에서 시작되었다. 이 큰 왕국이 세 나라로 분할된 것이다. **분할**(分割)은 나누어 쪼개는 것이다.

잉여인간(剩餘人間)은 사회에 필요한 사람이 아닌 쓸모없이 남는 인간이다. 1958년에 손창섭 선생이 발표한 단편소설 제목이기도 하다. 잉 자는 수레 승(乘) 자에 선 칼 도를 붙인 남을 잉(剩) 자이다.

남을 잉(剩)
- 잉여인간

칼을 한자로는 검과 도로 구분한다. 다 첨(僉) 자에 선 칼 도를 붙이면 칼 검(劍) 자가 된다. 보통 검은 곧은 양날 칼이며, 도는 한 쪽에만 날이 있고 약간 구부러진 칼이다.

심신 수련을 위해 하는 **검도**(劍道)의 도는 태권도나 합기도의 도처럼 길 도(道) 자이다.

칼 검(劍)
- 검도

검도

⑮ 힘 력(力)

힘 력(力) 자를 보자. 다른 글자들처럼 힘 력 자가 들어가는 글자들도 힘 자체만이 아니라 힘에 관련된 모든 것을 나타낸다.

누가 더 무거운 역기를 들어올리나 겨루는 경기는 역도(力道)이다. 지구가 물체를 끌어당기는 힘은 중력(重力)이다. 중은 무거울 중(重) 자이다. 무게는 중력이 있을 때 생긴다. 우주선을 타고 중력이 없는 우주공간으로 가면 무게가 사라지기 때문에 둥둥 떠 다닌다.

전력(電力)은 불빛을 내고 냉난방을 하며 자동차를 굴리는 등 여러 일을 하는 전기의 힘이다.

"역부족으로 패했다" 역부족(力不足)은 힘이 부족한 것이다. 듣는 사람들이 잊지 않도록 강력하게 말하는 것을 역설(力說)한다고 한다.

힘 력 자의 오른쪽에 입 구 자가 붙으면 더할/더욱 가(加) 자이다. 가공식품은 가공을 한 식품으로, 가공(加工)이란 자연 재료에 인공적인 재료나 처치를 더하

힘 력(力)
- 역도
- 중력
- 전력
- 역부족
- 역설

더할/더욱 가(加)
- 가공
- 가입

는 것이다. 반대는 천연식품이다.

이미 다른 구성원들이 활동하는 모임에 새 멤버로 들어가는 것을 가입(加入)이라고 한다. 회원가입이 흔한 예이다.

무엇을 이루기 위해 크게 애를 쓸 때 노력(努力)한다고 한다. 종 노(奴) 자 밑에 힘 력 자를 넣어 힘쓸 노(努) 자를 만들었다. 계속 노력하다 보면 한자도 차츰 익숙해질 것이다.

힘쓸 **노(努)**
- 노력

여러 사람이 힘을 모으는 글자를 보자. 또 차(且) 자에 힘 력을 합하면 힘이 있는 곳에 또 힘을 댄다, 즉 도울 조(助) 자가 된다. 도울 원(援) 자를 앞에 쓴 원조(援助)는 돕고 돕는다는 말로 '개발도상국 원조' 등에 쓰인다.

도울 **조(助)**
- 원조

"대통령을 탄핵했다" 탄핵(彈劾)은 고발하기 힘든 고위 공무원이 심각한 죄를 지었을 때 국회에서 해임한 다음 처벌하는 절차이다. 돼지 해(亥) 자에 힘 력 자를 붙이면 캐물을 핵(劾) 자이다.

캐물을 **핵(劾)**
- 탄핵

면할 면(免) 자에 힘 력을 붙이면 힘쓸 면(勉) 자가

힘쓸 **면(勉)**
- 면학

된다. '면학 분위기를 조성하다'의 면학(勉學)은 힘써서 공부하는 것이다.

"실수를 인정하는 것이 진정한 용기(勇氣)" 길 용(甬) 자 아래에 힘 력 자가 들어가면 용감할 용(勇) 자이다.

"모든 사항을 감안하여 결정했다"의 감안(勘案)은 헤아려 생각한다는 말로, 감은 심할 심(甚) 자와 힘 력 자가 만난 헤아릴 감(勘) 자이다.

자연 상태의 에너지를 사람 생활에 필요한 일을 하는 힘, 즉 기계를 돌리는 힘으로 바꾼 것이 동력(動力)이다. 움직일 동(動) 자는 왼쪽의 무거울 중(重) 자와 힘 력 자의 결합이니 무거운 것을 움직이려면 힘이 필요하다는 뜻이다.

"어떤 동기로 그 일을 하셨나요?"에서 동기(動機)는 어떤 일이나 행동을 일으키는 계기이다.

알맞게 해야 하는 운동(運動)은 부릴/나를 운(運) 자에 움직일 동 자를 쓴다. 몸을 부려서 움직인다는 말이다.

전기동력 장치 모터

일을 나타내는 힘쓸/일 무(務) 자를 보자. 창 모(矛) 자, 칠 복(攵), 힘 력 자가 모여서 이루어진 글자이다. **사무실(事務室)**은 일하는 공간이다.

"의무감에서 한 일인가요?" 할 때 **의무(義務)**는 마땅할 의(義) 자에 일 무 자를 붙인 것으로 당연히 할 일이다.

일하느라 힘을 쓴다는 글자로 힘쓸 로(勞) 자가 있다. 불 화(火) 자 두 개에 민갓머리(冖), 힘 력 자가 모인 글자이다. 힘 력 자 위에 불꽃이 타오르는 것으로 보아 몸에서 불이 나도록 애쓰는 모양을 그린 글자 같다.

근로(勤勞), 일을 하는 것은 국민의 의무만이 아니라 권리이기도 하다. 일자리를 찾아도 취업을 할 수 없을 때 일할 수 있도록 국가에 취업을 요구할 권리가 **노동권(勞動權)**이다. 헌법이 보장하는 기본권이다.

"회사에는 대부분 노조가 있다"에서 노조(勞組)는 **노동조합(勞動組合)**의 줄임말이다. 노동자의 권리를 지키기 위해 만든 조합이 노동조합이다.

고생하는 사람의 괴로움을 덜어 주거나 슬픈 일을 당한 사람을 달래는 **위로(慰勞)**에 힘쓸 로 자가 들어간다. 피곤하다는 **피로(疲勞)**에도 같은 로 자가 있다.

힘쓸/일 **무(務)**
- 사무실
- 의무

힘쓸 **로(勞)**
- 근로
- 노동권
- 노동조합

- 위로
- 피로

경쟁이나 싸움에서 이기려면 힘이 필요하니까 이
길 승(勝) 자의 오른쪽 아래에 힘 력 자가 있다. 승부
차기의 승부(勝負)는 이기고 진다는 승패(勝敗)와 같은
말이다.

진흙 근(堇) 자에 힘 력 자가 부수로 들어가면 부지
런할 근(勤) 자이다. 힘쓸 면(勉) 자와 합한 근면(勤勉)
은 부지런히 노력하는 것이다.

하루도 결석하지 않고 1년 동안 학교에 가면 개근
상(皆勤賞)을 받는다. 여기서 개는 다 개(皆), 상은 상 상
(賞) 자이다.

이 근 자에는 한 곳에서 일정 시간 동안 일한다는
뉘앙스도 있다. 그래서 근무(勤務)는 보통 시작 시간과
마치는 시간이 있는 일이다. 근속기간의 속(續)은 이을
속 자로 근속(勤續)이란 한 직장에서 계속 근무하는 것
이다.

사람이나 물자를 모으는 데도 힘이 필요한다. 그래
서 뽑을/모을 모(募) 자 밑에도 힘 력 자가 부수로 있
다. 필요한 만큼 병사를 뽑는 것은 모병(募兵)이다.

"동생 작품이 표어 현상공모에 당선되었다" 현상
공모(懸賞公募)는 상을 걸고 작품을 공개적으로 모으는

이길 **승(勝)**
- 승부
- 승패

부지런할 **근(勤)**
- 근면
- 개근상
- 근무
- 근속

뽑을/모을 **모(募)**
- 모병
- 현상공모
- 모금

것이다. '수재민 돕기 성금을 모금하다'의 모금(募金)은 사람들이 기부하는 돈을 걷는 것이다.

심을 예(埶) 자 아래에 힘 력 자를 부수로 넣으면 세/기세 세(勢) 자이다. 세력이란 일정한 지역에서 자기 마음대로 하는 힘이다. 세력권(勢力圈)은 세력이 미치는 범위이다.

어린 대나무인 죽순은 부드러워서 반찬으로 먹지만 다 자란 대는 아주 강해서 날카로운 칼로도 베기 힘들다고 한다. "아군은 파죽지세로 적의 전선을 돌파했다"에서 파죽지세(破竹之勢)는 그런 대쪽을 쪼개는 기세로 쳐들어가는 것이다.

갈(칼 등을 갊) 려(厲) 자에 힘 력 자가 붙으면 힘쓸 려(勵) 자가 나온다. 장려(獎勵)는 애쓰도록 권한다는 말로, 혜택 등을 줌으로써 어떤 일을 많이 하도록 유도하는 것이다.

출산 장려(出産 獎勵)는 양육비를 보조해서 아이를 낳도록 하는 것이다. 청주시는 첫째 아이는 30만 원, 둘째 아이는 50만 원, 셋째부터는 100만 원을 출산 장려금으로 지급한다고 했고, 2016년에 네쌍둥이를 본 집은 시가 공고한 대로 280만 원을 받았다.

세/기세 세(勢)
- 세력권
- 파죽지세

파죽지세의 중세 십자군

힘쓸 려(勵)
- (출산) 장려

"손님께 자리를 권했다" 할 때의 권할 권(勸) 자에
도 힘 력이 부수로 붙는다. 왼쪽 부분은 황새 관(雚) 자
이다. "선생님의 권유로 태권도를 시작했다"에서 권
유(勸誘)는 어떤 일을 하도록 권하는 것이다.

홍부와 놀부, 콩쥐팥쥐처럼 나쁜 짓을 하면 화를 당
하고 좋은 일을 하면 복을 받는 이야기에 권선징악(勸
善懲惡)이 들어 있다고 한다. 선은 착할 선(善), 악은 나
쁠 악(惡) 자이다.

권할 **권(勸)**
- 권유
- 권선징악

⑯ 쌀 포 몸(勹)

쌀 포(包) 자를 감싸는 부수이다.

쌀 **포(包)**
- 포장
- 포섭
- 포위

제품을 보호하고 보기 좋게 할 목적으로 알맹이를
싸는 것이 포장(包裝)이다. 쌀 포 자에 꾸밀 장(裝) 자를
쓴다. 포섭(包攝)은 쌀 포 자와 끌어잡을 섭(攝) 자를 합
한 말로, 상대편을 자기 편으로 끌어들이는 것이다.
둘레 위(圍) 자를 붙인 포위(包圍)는 둘러싸서 빠져나오
지 못하게 하는 것이다.

쌀 포 몸을 부수로 하는 다른 글자로는 말 물(勿) 자가 있다. 하지 말라는 뜻이다. 당연하기에 말할 필요가 없는 것은 '물론(勿論)'이다.

흉할 흉(凶) 자를 쌀 포 몸으로 싼 글자도 음이 같은 흉(匈)인데 민족 이름이다. 옛날 중앙아시아에 있었던 흉노(匈奴)족을 가리킨다. 유럽인들은 훈족이라고 불렀다.

"포복 실시!" 군대에서 훈련을 받을 때 툭하면 하는 것이 포복(匍匐)이다. 기어가는 것이다. 둘 다 쌀 포 몸을 부수로 해서 각각 클 보(甫) 자와 가득할 복(畐) 자를 넣었고, 각각 길 포(匍), 길/엎드릴 복(匐) 자이다.

⑰ 비수 비(匕)

비수는 날카로운 단검이니까 비수처럼 한 손에 쥐는 작고 가는 물건을 가리킨다. 숟가락은 그러할 시(是) 자에 비수 비 자를 붙인 시(匙)로 쓴다. 열 명이 한

| 말 물(勿) |
| - 물론 |

| 오랑캐 흉(匈) |
| - 흉노족 |

| 길 포(匍) |
| 길/엎드릴 복(匐) |
| - 포복 |

| 숟가락 시(匙) |
| - 십시일반 |

숟갈씩 떠 주어 밥 한 그릇을 만든다는 사자성어는 **십시일반**(十匙一飯)이다.

사람 인 변(亻)에 비수 비 자를 합하면 될 화(化) 자가 된다. 변하는 것은 **변화**(變化)이고, 물질의 변화를 다루는 과목이 화학(化學)이다.

둘 이상의 물질이 섞이면서 서로 성질을 변화시켜 이전의 물질들과 전혀 다른 제3의 물질이 나오는 것이 **화합**(化合)이다. 기체인 수소와 산소를 섞으면 액체인 물이 나오는 것이 좋은 예이다.

"우리 집 앞에서 공룡 화석을 발견했다!" 멀고 먼 옛날에 살던 공룡의 뼈나 뼈 모양의 흔적이 암석에 남아 돌처럼 된 것은 **화석**(化石)이다. 중생대나 신생대 지층이 많이 남은 곳에서 볼 수 있다.

될 화 자는 사람 인(亻)이 붙은 글자이니만큼 원래는 사람이 변하는 것을 보여주는 글자이다. 이 글자가 붙는 말 중 가장 많이 쓰는 낱말은 글월 문(文) 자가 들어가는 **문화**(文化)이다. 집단이 공유하고 후손에게 전달하는 의식주 형태, 언어, 종교, 예술, 제도 등 생활 양식이 모두 문화이다.

될 **화(化)**
- 변화
- 화합
- 화석
- 문화

물고기의 화석

비수 비 자가 오른쪽에 들어가는 글자로 북녘 북/ 달아날 배(北) 자가 있다. 질 패(敗) 자가 들어가는 敗北는 패북이 아니라 패배이다. 싸우다가 져서 도망가 는 것이다.

우리나라는 북쪽을 빼고 삼면이 동해, 서해, 남해로 이루어져 있다. 독일 같은 경우는 다 없고 북해만 있 다. 이름이 북해(北海)는 아니지만 바다가 북쪽으로만 나 있다.

⑱ 열 십(十)

열 십 자는 부수가 되어 다른 수, 방향, 단위 등을 나타낸다.

십진법(十進法)은 수를 셀 때 십이 모일 때마다 단위 를 올리는 방법이다. 우리는 10진법에 너무 익숙해 있 어서 수를 세는 다른 방법이 있는 줄은 거의 모르고 있지만, 5진법, 12진법, 60진법 등 많은 방법이 있다.

북녘/달아날 **북,배** **(北)**
- 패배
- 북해

열 **십(十)**
- 십진법

세계 4대 문명 발상지 중 하나인 메소포타미아에서 60진법을 썼다고 한다. 60진법은 아주 복잡할 것 같지만 지금 우리도 쓰고 있다.

쉬지 않고 재깍재깍 돌아가는 시계가 60진법의 산물이다. 60초가 차야 다음 단위인 1분으로 치고, 60분이 지나야 다음 단위인 1시간으로 치는 셈법이 바로 60진법이다.

"내일 정오에 만날까요?" 낮 오(午) 자의 부수도 열 십 자이다. 해가 가장 높은 한낮의 시각이 정오(正午)이다. 해가 올라가는 정오 전까지가 오전(午前)이고 해가 내려가는 정오 후가 오후(午後)이다.

열 십 자를 부수로 하는 다른 글자로 반 반(半) 자가 있다. 얼핏 봐도 무엇인가를 절반으로 나누는 느낌이다. 반신반의(半信半疑)는 반은 믿고 반은 의심하는 것이다.

반도(半島)는 반은 섬이나 마찬가지인 땅, 우리나라처럼 삼면이 바다로 둘러싸인 곳이다. 우리나라 중에서도 남한은 사실 섬이다. 어째서일까? 배나 비행기를 타지 않고는 다른 나라로 갈 수 없으니 말이다.

낮 **오(午)**
- 정오
- 오전 / 오후

반 **반(半)**
- 반신반의
- 반도

한반도

풀 훼(卉) 자의 부수도 열 십 자이다. 이 글자 역시 모양이 풀과 비슷하다. 꽃 화(花) 자와 합친 **화훼(花卉)**는 꽃이 피어서 주로 관상용으로 기르는 풀이다.

열 십 자가 아래쪽에 들어가는 글자로 군사 졸(卒) 자가 있다. **졸병(卒兵)**은 지휘관에게 명령을 받는 병사이다. 이 글자에는 '마치다/갑자기'라는 뜻도 있다.

학교에서 학업을 마치고 나오는 것이 **졸업(卒業)**이다. "충격을 받고 졸도하셨다"에서 도 자는 넘어질 도(倒) 자로, **졸도(卒倒)**는 갑자기 쓰러지는 것이다.

높을/탁자 탁(卓) 자에도 열 십 자가 들어가 있다. 네트를 친 테이블을 사이에 두고 라켓으로 공을 쳐 승부를 겨루는 운동이 **탁구(卓球)**이다.

"채선이의 탁월한 그림 솜씨에 감탄하신 선생님은 홍대 미대에 원서를 내 보라고 하셨다" 높을 탁 자와 넘을 월(越) 자가 만나면 다른 것을 훨씬 뛰어넘는 **탁월(卓越)**이다.

탁상공론(卓上空論)은 현장에서 일이 어떻게 되는지는 보지 않고 책상머리(卓上)에서 실행 가망이 없는 헛된 말로 시간을 보내는 것이다.

풀 **훼(卉)**
- 화훼

군사 **졸(卒)**
- 졸병
- 졸업

높을/탁자 **탁(卓)**
- 탁구
- 탁월
- 탁상공론

남쪽을 가리키는 남녘 남(南) 자에도 위에 열 십 자가 있다. **남북(南北) 정상회담**은 남한과 북한의 정치 지도자들이 만나서 이야기하는 것이다.

넓을/노름 박(博) 자의 부수도 열 십 자이다. 이것저것 다양한 물건을 전시해서 볼 수 있게 한 곳이 **박물관(博物館)**이다. **박람회(博覽會)**는 여러 산업 분야의 생산물을 진열해 놓고 사람들이 와서 보는 가운데 홍보, 판촉까지 하는 자리이다.

"그 사람은 박식한 사람이다" **박식(博識)**의 식은 알식(識) 자로, 박식은 두루두루 안다는 말이다. 혁명을 통해 태어난 프랑스 공화국의 3대 정신은 자유, 평등, 박애이다. **박애(博愛)**는 사람을 가리지 않고 사랑한다는 말이다.

돈을 걸고 하는 놀이가 노름이고, 한자로는 **도박(賭博)**이라고 한다. 두 글자 다 노름이라는 뜻이다. 노름은 '놀음'을 소리나는 대로 쓴 것이다.

열 십 자 오른쪽에 힘 력 자 세 개를 붙이면 화할/도울 협(協) 자가 된다. **협동(協同)**과 **협력(協力)**은 마음을 함께하여 힘을 합치는 것이다.

농어민이나 소비자 등 특정 분야의 사람들이 생업

남녘 **남(南)**
- 남북

넓을/노름 **박(博)**
- 박물관
- 박람회
- 박식
- 도박

화할/도울 **협(協)**
- 협동조합
- 협력
- 협주곡
- 협회

이 잘 되기를 바라며 협동해서 운영하는 조합이 **협동조합**(協同組合)이다. **농협**(農協)은 농업협동조합이다.

협주(協奏)는 독주 악기와 오케스트라가 함께 연주하는 것으로, **협주곡**(協奏曲)은 피아노나 바이올린 같은 악기가 중심이 되어 관현악단과 협주를 하는 곡이다. 이태리어로 콘체르토(concerto)이다.

"우리나라는 협회공화국이야" **협회**(協會)는 같은 목적을 지닌 사람들이 세워서 협동 운영하는 모임이다. 건설협회, 공인중개사협회, 의사협회, 변호사협회, 손해보험협회, 한국커피협회 등이 있다.

피아노 협주곡

⑲ 점 복(卜)

복채(卜債)는 점을 보고 주는 돈이다. 채가 빚 채(債) 자이므로 점집에 주어야 할 돈이라는 말이다.

점 복 자 밑에 입 구(口) 자가 들어가면 차지할 점(占) 자이다. 땅에 깃발을 꽂은 모양이다. **점령**(占領)은 무력이나 다른 방법을 써서 땅을 차지하는 것이다.

점 **복**(卜)
- 복채

차지할 **점**(占)
- 점령

⑳ 병부절(卩)

병부의 모습을 본떴다.

옛날 중국에서 군대를 동원하는 장수는 황제로부터 병력 동원 권한을 받았음을 증명해야 했는데, 그 증명서가 **병부(兵符)**이다. 그래서 도장 인(印) 자처럼 신분 확인과 관계된 글자에 들어간다.

위태할 위(危) 자를 보자. **위급(危急)**한 상황은 당장 나쁜 일을 당하거나 숨이 넘어갈 위태로운 상황이다.

갈 거(去) 자에 병부절을 붙이면 물리칠 각(却) 자가 된다. 민법 소송을 접수한 법원이 그 소송이 필요한 형식을 갖추지 않았다고 여겨 취급하지 않는 것을 **각하(却下)**한다고 한다. 어떤 일을 까맣게 잊어버리는 것이 **망각(忘却)**이다. 물건을 팔아 치우는 것은 팔 매(賣) 자를 쓴 **매각(賣却)**이다.

"북한은 한미연합 공중훈련에 **즉각(卽刻)** 반응했다"

도장 **인(印)**
- 병부

위태할 **위(危)**
- 위급

물리칠 **각(却)**
- 각하
- 망각
- 매각

즉은 곧 즉(卽) 자, 즉각은 '~하자마자'라는 의미이다. 곧 즉 자에는 '나아가다'라는 뜻도 있는데, '광개토대왕은 374년에 즉위했다'의 즉위(卽位)는 왕의 자리에 나아가 앉는다는 말이다.

병부절의 모습이 약간 달라졌지만 알 란(卵) 자에도 들어간다. 알을 낳는 동물은 **난생**(卵生) 동물, 새끼를 낳는 동물은 태생(胎生) 동물이다.

책 권(卷) 자 아래에도 병부절이 있다. 인쇄 책자가 나오기 전에는 대나무쪽을 엮은 죽간이나 비단, 종이 두루마리를 책으로 했다. 말아서 보관했기 때문에 이 글자의 병부절은 둘둘 말리는 모습을 형상화한 것으로 여긴다.

㉑ 마늘 모(厶)

마치 마늘쪽처럼 생겼다.
"그 집과 거래를 텄다/끊었다" 거는 사람이 양팔을

곧 **즉(卽)**
- 즉각
- 즉위

알 **란(卵)**
- 난생 ⇔ 태생

책 **권(卷)**

두루마리 책

흔들면서 가는 갈 거(去) 자이다. 거래(去來)는 주로 상품이나 서비스의 매매 관계를 말한다.

갈 **거(去)**
- 거래

마늘이 세 개나 들어간 글자도 있다. 석/참여할 삼/참(參) 자는 그래서 석 삼인가 보다. 이 글자도 두 이(貳) 자처럼 계약서 등에서 금액을 바꾸지 못하게 적는 갖은자다. 참가(參加)한다는 뜻일 때는 음이 참으로 바뀐다.

석/참여할 **삼,참(參)**
- 참가
- 참고
- 참작

발음이 참일 때에는 살필 참 자도 된다. 'A를 참고(參考)한다'는 어떤 일을 결정하기 전에 A라는 사항도 생각한다는 말이다. 형사재판에서 피고인의 행위가 그럴 만했다고 인정되면 정상을 참작(參酌)해서 처벌을 가볍게 할 수 있다.

㉒ 입 구(口)

속 빌 강(腔) 자와 합한 구강(口腔)은 입 안이다. 구강위생(口腔衛生)은 입 안을 청결히 하는 위생이다.
구두계약(口頭契約)은 계약서를 쓰지 않고 말로만 하

입 **구(口)**
- 구강위생
- 구두계약

는 계약이다.

가족과 나라 공동체를 표현하는 말에 입 구 자가 들어간다. 같이 밥을 먹는 사람들이 **식구(食口)**이고, 사람 수는 **인구(人口)**이다. "세계 인구가 60억이다"는 지구에 먹고 살아야 할 입이 60억 개 있다는 말이다.

입 구 자는 문, 통로를 가리키기도 한다. **비상구(非常口)**는 화재와 같은 사고가 났을 때 평소에 쓰던 출입구가 막히는 경우 살 길을 찾아 나가는 다른 문이다.

"출구조사 결과 ○○○ 후보의 득표율이 가장 높았습니다" **출구조사(出口調査)**는 선거 날 투표를 마치고 나오는 사람들에게 설문을 해서 누구를 찍었는지 알아보는 여론조사이다.

옳을/가능할 가(可) 자를 보자. **가능(可能)**은 할 수 있다, 그렇게 될 수 있다는 말이고 가망은 그렇게 하거나 될 희망이다. "낙하산 없이 비행기에서 뛰어내려서 살 **가망(可望)**이 있을까?"와 같이 쓸 수 있다.

"내 사전에 불가능이란 없다" 가능의 반대말은 **불가능(不可能)**이다. 사실은 나폴레옹이 "프랑스어에 불가능은 없다"고 한 말을 옮길 때 약간 바뀐 것이다. **가결(可決)**은 회의에서 어떤 안건을 논의해서 통과시켜

- 식구
- 인구

- 비상구
- 출구조사

옳을/가능할 **가(可)**
- 가능 ⇔ 불가능
- 가망
- 가결 ⇔ 부결

도 좋다고 하는 것이다. 결은 정할 결(決) 자이다.

원래의 아니 부(不) 자에 입 구 자가 붙으면 그렇지 않음을 입으로 확인한다는 아니 부(否) 자가 나온다. 가결의 반대말은 **부결(否決)**로, 그 안을 통과시키지 않는 것이다.

"이 안건의 가부를 투표로 결정하겠습니다" **가부(可否)**는 해도 되는가 안 되는가를 말한다. 예문은 어떤 안을 실행할지 하지 않을지를 회의 참가자들의 투표로 결정한다는 말이다.

표결에서 찬성과 반대의 수가 같을 때 **가부동수(可否同數)**라고 한다. 된다는 쪽과 안 된다는 쪽의 수가 같다는 말이다.

여부(與否)의 여는 그러할 여(與) 자로, 무슨 일이 그러한지 그렇지 않은지를 말한다. "암의 전이 여부에 따라 치료법이 달라집니다" 암이 다른 곳으로 퍼졌을 때와 퍼지지 않았을 때의 치료 방법이 다르다는 것이다.

인정(認定)의 반대, 그렇지 않다고 하는 것이 **부정(否定)**이다. "진실을 부정하지 마라"는 뻔히 그런 것을 아니라고 우기지 말라는 말이다.

"엄마는 유학 간 누나에게서 안부 전화 한 통 없다

아니 **부(否)**
- 부결 ⇔ 가결
- 가부(동수)
- 여부
- 부정
- 안부
- 가연성

고 속상해했다" 안부(安否)는 편안한가 편안하지 않은 가이다.

불에 잘 타는 물질은 가연성(可燃性) 물질이다. 연은 불 화(火) 자가 들어가는 불 탈 연(燃) 자이다.

"동서고금(東西古今)을 막론하고 ~는 항상 있었다"는 동양에서든 서양에서든, 옛날이나 지금이나 그 일은 늘 있는 일이라는 말이다. 입 구 자 위에 열 십(十) 자를 얹으면 옛 고(古) 자가 된다.

고미술품(古美術品)은 옛날 사람들이 제작한 미술품이다. 고고학(考古學)은 유물이나 유적을 바탕으로 옛날 사람들이 살던 모습을 재구성하는 학문이다.

옛 고(古)
- 고미술품
- 고고학

"비명 소리와 피가 낭자한 바닥 등 사고 현장은 그야말로 아비규환이었다" 부를/소리칠 환(喚) 자가 있는 아비규환(阿鼻叫喚)은 불교의 가장 끔찍한 지옥인 아비지옥에 떨어진 인간들이 살려달라고 부르짖는 소리이다.

방송 프로그램이나 모임에서 진행을 맡는 사람을 사회(司會) 또는 사회자(司會者)라고 한다. 사는 입 구자가 들어간 맡을 사(司) 자이다.

우리나라는 삼권분립의 나라이다. 삼권은 행정권,

부를/소리칠 환(喚)
- 아비규환

맡을 사(司)
- 사회자
- 사법

입법권, 사법권이다. **사법**(司法)은 사람 사이나 조직 사이에 갈등이 생겼을 때 무슨 법을 어떻게 적용할지 정하고 적용시키는 사법부, 곧 법원에서 하는 일이다.

역사 사(史) 자도 많이 쓰이는 글자이다. 우리나라의 역사는 **국사**(國史)이고 세계 역사는 **세계사**(世界史)이다. 역사를 한문으로 하면 지낼 력(歷) 자를 붙인 **역사**(歷史)가 된다.

오른 우(右) 자를 보자. 오른쪽으로 돌면 **우회전**(右回轉)이다. 정치 성향이 보수적인 사람이나 단체를 **우파**(右派), **우익**(右翼)이라고 한다.

"**동감**(同感)이야" 상대의 말에 공감할 때 하는 말이다. 느낌이 같다는 뜻이다. 역시 같을 동(同) 자가 들어가는 **동갑**(同甲)은 나이가 같은 사람들이다.

입 구 자가 아래에 들어간 각 각(各) 자를 보자. "올림픽은 각국의 대표 선수가 참가하는 운동 경기이다" **각국**(各國)은 각 나라이다.
"오늘은 우리 가족 등산 가는 날, 물은 **각자**(各自) 챙기기로 했다"에서 각자의 자는 사람 자(者) 자가 아닌

역사 **사(史)**
- 국사
- 세계사
- 역사

오른 **우(右)**
- 우파 ⇔ 좌파
- 우익 ⇔ 좌익

같을 **동(同)**
- 동감
- 동갑

각 **각(各)**
- 각국
- 각자

스스로 자(自)다. **각양각색(各樣各色)**은 모양과 색깔이 다 다르다는 뜻으로, 많은 사람들의 개성이 뚜렷하다는 말이다.

각계각층(各界各層)은 여러 업계와 여러 계층이다. 특정한 이익 집단이 아닌 사회 전체의 사람들이 힘을 합칠 때 "각계각층의 사람들이 참가했다"고 한다. 부패한 정부를 타도한 2016년의 촛불시위는 각계각층의 사람들이 참가한 시위이다.

선비 사(士) 자가 들어가면 길할 길(吉) 자가 된다. 좋은 운수가 예상되는 것을 길하다고 한다. 결혼이나 이사는 좋은 날, 즉 **길일(吉日)**을 택해서 한다. "불길한 예감이 든다"에서 **불길(不吉)**은 운수가 좋지 않은 것이다.

각 각 자와 헷갈리기 쉬운 글자로 이름 명(名) 자가 있다. 입 구 자 윗부분이 저녁 석(夕) 자라는 것을 기억하면 된다. '**명실공(名實共)**히'는 유명한 사람이나 물건이 실제로 뛰어날 때 쓰는 말이다.

반대로 소문은 대단한데 막상 보니 별 것 아닐 때에는 '**유명무실(有名無實)**', 즉 이름은 있는데 실속이 없다고 한다. 경치가 뛰어나 이름이 난 곳은 **명승지(名勝地)**이다.

- 각양각색
- 각계각층

길할 길(吉)
- 길일
- 불길

이름 명(名)
- 명실공
- 유명무실
- 명승지

"합석하시지요?", "합석해도 될까요?" 합할 합(合) 자가 들어간 합석(合席)은 식당이나 택시 등의 좌석을 함께 하는 것이다. 석은 자리 석(席) 자이다.

이치에 맞는 것을 보고 합리적(合理的)이라고 한다. "400미터 계주를 할 때 트랙 바깥쪽의 선수를 앞선 출발점에 세우는 것이 합리적이다" 등으로 쓴다.

흙 토(土) 자와 만나면 토할 토(吐) 자가 나온다. 토할 때 입을 땅바닥에 대는 형상이다. 먹은 음식을 게우는 것이 구토(嘔吐)이다.

토할 토 자에는 음식뿐 아니라 말을 토한다는 뜻도 있다. "결국 비밀을 실토하고 말았다"에서 실토(實吐)는 숨겼던 사실을 고백한다는 말이다.

"대통령 선거에서 충청도 유권자들의 향배가 주목된다" 향할 향(向) 자는 방향을 가리킨다. 향배(向背)는 향하거나 등지는 것이다. 충청도 사람들이 어느 후보에게 투표할지가 중요하다는 말이다.

경향(傾向)은 사고방식이나 행동, 현상 등의 흐름이다. 경은 기울 경(傾) 자이다. '예습과 복습은 성적 향상의 지름길'에서 성적 향상은 성적이 오르는 것이다. 향상(向上)은 위로 향하는 것, 즉 나아지는 것이다.

합할 **합(合)**
- 합석
- 합리적

토할 **토(吐)**
- 구토
- 실토

향할 **향(向)**
- 향배
- 경향
- 향상

"네 휴대폰 요금을 낸 지 얼마 안 된 것 같은데 또 고지서가 왔구나" 요금 고지서는 요금을 내야 함을 알리는 문서이다. 알릴 고(告) 자가 알 지(知) 자와 합쳐진 **고지(告知)**는 알리는 것이다.

일이나 현상의 경과를 윗사람이나 대중에게 알리는 것을 보고(報告)한다고 한다. 인구 증가 실태 보고는 인구가 늘어나는 추이를 보고하는 것이다.

고백(告白)은 숨기는 것 없이 명백하게 알린다는 말이다. 백 자는 흴 백(白) 자이다.

알릴 고 자에는 고발한다는 뜻도 있다. **고발(告發)**은 세상에 드러나지 않은 잘못이나 부조리를 알리는 것이다. 범죄자의 죄를 신고하여 처벌을 요구하는 것도 고발이다.

입 구 자에 다스릴 윤(尹) 자를 얹으면 임금 군(君) 자가 된다. 입으로 명령하여 다스리는 사람이 임금이기 때문이다. 왕이 정치에 관여하지 않아서 나온 "군림하되 통치하지 않는다"라는 말에서 **군림(君臨)**은 지도자로서 다스리는 것이다.

'~군(君)'은 왕자를 비롯한 왕의 친척, 큰 공을 세운 신하를 부르는 말이다. 왕자 중에서 양녕대군, 충녕대군 등의 **대군(大君)**은 왕의 정비가 낳은 왕자이다.

알릴 **고(告)**/알 **지(知)**
- 고지
- 보고
- 고백
- 고발

임금 **군(君)**
- 군림
- 대군

태종의 셋째, 충녕대군(세종)

아까워서 주기 싫은 것은 인색(吝嗇)이다. 글월 문
(文) 자 밑에 입 구 자가 들어가면 인색할 린(吝) 자가
된다. 꼭 써야 하는 것도 쓰지 않을 만큼 인색한 사람
을 '자린고비'라고도 부른다.

입 구 자에 이제 금(今) 자가 붙으면 읊을/끙끙 앓을
음(吟) 자가 나온다. 음미(吟味)는 시를 읊거나 노래를
부르며 깊은 맛을 느끼는 것으로, 음식이나 술의 맛을
그윽히 느낄 때에도 음미한다고 한다.

몹시 아파 끙끙 앓는 소리는 신음(呻吟) 소리이다.
신 역시 끙끙댈 신(呻) 자로 이 글자에도 입 구 자가
들어간다. 신음도 입으로 하기 때문이다.

아홉째 천간 임(壬)을 붙이면 드릴 정(呈) 자이다. 줄
증(贈) 자가 붙은 증정품(贈呈品)은 호의를 전하기 위한
선물 또는 판촉 등을 위해 끼워 주는 물건이다.

"이래봬도 100만 원을 호가하는 물건이야" 호가(呼
價)는 값을 부르는 것이다. 부를 호(呼) 자를 쓴다.

이제 금 자와 나란히 위아래로 붙인 머금을/넣을

인색할 **린(吝)**
- 인색

읊을/끙끙 앓을 **음(吟)**
- 음미

끙끙댈 **신(呻)**
- 신음

드릴 **정(呈)**
- 증정품

부를 **호(呼)**
- 호가

함(含) 자를 보자. 포함(包含)은 작은 것을 큰 것에 넣는 것이다. 식대 포함은 밥값까지 포함한 금액이다.

'단백질 20% 함유(含有)'는 어떤 음식물이 단백질을 20%까지 포함하고 있다는 말이다. "시는 함축미(含蓄美)가 있어야 한다"의 함축은 간단한 표현 안에 풍부한 의미를 넣는 것이다.

죽을 듯 죽을 듯 갖은 고비를 넘기고 살아남는 사람을 보고 명(命)도 길다고 한다. 목숨 명 자이다. 정치적 이유로 자기 나라에 있지 못하고 다른 나라에 몸을 의탁하는 것은 망명(亡命)이다.

"이거 뺏어 먹으면 저주할 거야" 씹을 저(咀), 저주할 주(呪)의 저주(咀呪) 두 글자 모두 입 구 자가 부수이고, 각각 망설일 저(且) 자, 형 형(兄) 자를 붙였다.

사람이 사는 데 먹는 것이 얼마자 중요한지는 화목할 화(和) 자를 보면 알 수 있다. 입에 벼 화(禾) 자가 붙어 있다. 벼는 쌀, 곧 밥이다. 입에 밥이 들어가야 평화가 온다는 말이다.

화기애애(和氣藹藹)는 화목한 기운이 고운 아지랑이 피어나듯 감돈다는 말이다. 기는 기운 기(氣), 애는 아

머금을/넣을 **함(含)**
- 포함
- 함유
- 함축미

목숨 **명(命)**
- 망명

씹을 **저(咀)**
저주할 **주(呪)**
- 저주

화목할 **화(和)**
- 화기애애
- 화합
- 화해
- 온화

지렁이/노을 애(靄) 자이다.

"우리 회사는 다른 직원들과 **화합(和合)**할 수 있는 사람이 필요합니다" 화합은 화목하게 어울리는 것이다. 합은 합할 합(合) 자이다.

싸워서 사이가 틀어진 사람들도 **화해(和解)**하면 다시 잘 지낼 수 있다. 해는 풀 해(解) 자로, 화해는 좋지 않은 감정을 푼다는 뜻이다.

화목할 화(和) 자에는 부드럽다/순하다는 뜻도 있다. **온화(溫和)**한 기후는 따뜻하고 부드러운 날씨가 계속되는 것이다.

두루 주(周) 자가 들어가는 **주변(周邊)**은 어떤 기준점의 근처, 사람의 활동 영역이다. "주변에 이 일 할 만한 사람 있는가 찾아봐"는 아는 사람 중에 적임자가 있는지 알아봐 달라는 부탁이다.

입은 슬픔을 표현하기도 한다. 슬플 애(哀) 자에도 입 구 자가 있다. "이 대목에서 그 친구는 애도의 표시로 고개를 숙였다" **애도(哀悼)**는 사람이 죽은 것을 슬퍼하는 것이다.

이 글자에는 서럽다/한스럽다 등의 가슴 아픈 느낌

두루 주(周)
- 주변

슬플 애(哀)
- 애도
- 애원

이 다 들어 있다. **애원(哀願)**은 애처롭도록 간절히 부탁하는 것이다.

목이 아파서 들여다보려면 입을 벌려야 한다. 그래서 목구멍 인(咽) 자에도 입이 들어간다. **이비인후과**(耳鼻咽喉科)는 연결되어 있는 귀, 코, 목 안을 다 살펴보는 곳이다.

목구멍 인(咽)
- 이비인후과

"유족들은 시신 앞에서 오열했다" **오열(嗚咽)**에서는 목 멜 열 자가 된다. 오는 탄식할 오(嗚) 자이다.

탄식할 오(嗚)
- 오열

입이 세 개 있으면 물건 품(品) 자가 된다. **품질(品質)**은 제품이나 상품의 질이다. **품격(品格)**은 사람이나 물건이 지니는 품위이다.

물건 품(品)
- 품격

둘 다 입 구 자를 부수로 하는 자 척(尺) 자와 다만 지(只) 자를 합하면 가까울 지(咫) 자가 된다. "집에서 학교가 **지척(咫尺)**이다"는 학교가 집에서 엎어지면 코 닿을 데 있다는 말이다.

가까울 지(咫)
- 지척

잡채에 빠질 수 없는 것이 **당면(唐麵)**이다. 당은 당나라 당(唐) 자이다. 면, 즉 국수가 처음에 중국에서 왔

당나라 당(唐)
- 당면

다는 설이 있다. 그래서 여기에 당나라 당 자가 들어
가는 모양이다.

황당(荒唐)은 말이나 행동, 상황이 어안이 벙벙할 정
도로 터무니없는 것이다.

옳을 가(可) 자가 두 개면 성씨 가(哥) 자가 된다. "어
이, 김가(金哥)야?"처럼 보통 그 성을 가진 사람을 약
간 낮추어서 말할 때 쓴다. 하지만 중국에서는 이 글
자가 존댓말이다. 따꺼(大哥)는 형님, 오빠이다.

"살인 교사(敎唆)로 징역 4년을 선고받았다" 천천히
걸을 준(夋) 자에 입 구 자를 붙이면 부추길 사(唆) 자
가 된다. 여기서 교사는 다른 사람이 범죄를 저지르도
록 부추긴다는 뜻이다.

세상의 근본 원리를 연구하는 학문을 철학(哲學)이
라고 한다. 꺾을 절(折) 자 아래에 입 구 자를 붙이면
밝을 철(哲) 자이다.

입 구 부수 밑에 조개 패(貝) 자를 넣으면 인원 원
(員) 자가 된다. 사람 수를 셀 때 "현재 인원(人員) ~명"
이라고 한다. 역시 사람 수를 헤아릴 때는 입이 기준

- 황당
성씨 가(哥) - 김가 - 따꺼
부추길 사(唆) - 교사
밝을 철(哲) - 철학
인원 원(員) - 인원

이 되는 모양이다.

입 구 자에 클 보(甫) 자를 합하면 먹일 포(哺) 자가
된다. 젖을 먹이는 것을 포유(哺乳)라고 한다. 그래서
개, 고양이, 토끼, 고래, 사슴, 호랑이 등 새끼에게 젖
을 먹여 기르는 동물이 **포유류(哺乳類)**이다.

세계사 시간에 나오는 계몽군주는 밝은 문명으로
몽매한 백성을 깨우치는 왕이다. **계몽(啓蒙)**은 어리석
음을 깨우치는 것이다. 입 구 자가 밑에 있는 열 계
(啓) 자에 깨우친다는 뜻이 있다.

계도(啓導)기간은 미리 알려서 정책에 따라오도록
여유를 주는 기간이다. 새로운 도로교통법이 통과되
었다고 해서 곧바로 적발되는 운전자에게 벌금을 물
리는 것은 좋지 않으므로 한시적으로 예고를 한다.

숨은 재능이나 소질을 발휘할 수 있도록 해주는 것
은 **계발(啓發)**이다.

"**동문서답(東問西答)**하지 마" 문 문(門) 자에 입 구를
넣으면 물을 문(問) 자가 된다. 동문서답은 묻는 말에
엉뚱한 대답을 하는 것이다.

먹일 **포(哺)**
- 포유(류)

열 **계(啓)**
- 계몽
- 계도
- 계발

물을 **문(問)**
- 동문서답

장사하는 가게가 많은 곳은 **상가**(商街)이다. 상은 장사 상(商) 자이다. **상권**(商圈)은 장사를 할 때 우리 가게로 손님이 찾아올 수 있는 범위이다.

입 구 자에 새 추(隹) 자를 붙이면 오직 유(唯) 자가 나온다. 하나밖에 없는 것은 **유일**(唯一)한 것이다.

입 구 자에 음이 되는 버금 아(亞) 자가 붙으면 벙어리 아(啞) 자이다. 너무 놀라거나 기가 막혀서 말을 못하는 모습을 아연하다고 한다. **아연실색**(啞然失色)은 얼굴 색이 바뀔 정도로 아연해지는 지경이다.

근력 운동할 때 드는 아령에도 뜻이 있다는 사실. **아령**(啞鈴)의 령은 방울 령(鈴) 자로 아령은 벙어리 방울, 즉 소리가 나지 않는 방울이다.

"수화는 농아자를 위해 꼭 필요하다" 귀가 들리지 않는 사람은 귀머거리 롱(聾) 자로 표현한다. 귀 이(耳) 자가 들어간다. 시각, 청각 장애인을 아울러 **농아자**(聾啞者)라고 한다.

"콘서트는 대성황이어서 갈채를 받았다" 어찌 갈(曷) 자가 입 구 자와 짝이 되면 큰소리 낼 갈(喝) 자이다. 잘했다고 박수를 치거나 소리치는 것이 **갈채**(喝采)

장사 **상(商)**
- 상가
- 상권

오직 **유(唯)**
- 유일

벙어리 **아(啞)**
- 아연실색
- 아령
- 농아자

큰소리 낼 **갈(喝)**
- 갈채

이다.

한자 중에는 글자 하나가 꽤 다른 소리를 내는 것도 있다. 홑 단/선우 선(單) 자 같은 것이다.

단가(單價)는 단위 가격, 물건 하나의 값이다. 이렇게 홑 단 자로 쓰일 때는 '짝이 없이 하나만, 간단하게'라는 뜻이 있다. 복잡하지 않아서 금방 생각할 수 있는 것은 간단(簡單)한 것이다.

선우(單于)란 옛날 흉노의 왕이다. 고대 이집트 왕을 파라오라고 했듯이 흉노의 왕은 선우라고 했다. 선우 선 자 앞에 보일 시(示) 자가 오면 불교 종파 선종의 참선할 선(禪) 자가 된다.

거문고 같은 현악기의 줄을 당겨 연주하는 것은 홑 단(單) 자에 활 궁(弓) 자를 붙인 튕길 탄(彈) 자로 쓴다. 충주에 위치한 탄금대(彈琴臺)는 가야의 위대한 음악가 우륵이 가야금을 탔다는 곳이다.

"걱정 마, 공포탄이야" 튕길 탄 자는 총알을 뜻하기도 한다. 공포탄(空砲彈)은 사람을 죽이기 힘든 탄두 없는 총알이다. 진짜 총알은 실탄(實彈)이다.

탄성(彈性)은 물체가 힘을 받아 모양이 변했다가 고무줄처럼 원 상태로 돌아가는 성질이다. "제도를 탄

홑 단/선우 선(單)
- 단가
- 간단
- 선우

튕길 탄(彈)
- 탄금대
- 공포탄
- 실탄
- 탄성

탄성체인 용수철과 고무줄

력(彈力) 있게 운용한다"는 어떤 제도를 곧이곧대로 적
용시키지 않고 융통성 있게 운용하는 것이다.

입 구 자가 두 개 들어간 초상 상(喪) 자를 보자. 초
상 난 집은 상가(喪家)이다. '상갓집'은 '역전 앞'처럼
중복된 말이다.

초상 당했을 때 입는 옷은 상복(喪服)이다. 상주(喪主)
는 상을 당한 사람 중 맏이뻘의 사람이다.

"전에 와 봤던 곳인데도 밤이 되니까 방향감각을
상실했다" 물건 또는 능력을 잃는 것을 상실(喪失)이라
고 한다.

좋을/착할 선(善) 자는 입으로 양(羊: 양 양)을 먹는
모습으로 생각할 수 있다. 맛있는 양고기를 뜯으니 좋
다는 말이다.

어떤 문제가 생겼을 때 좋은 방향으로 잘 처리해 주
십사 하면서 "선처(善處)를 바랍니다"라고 한다. 선악
(善惡)을 분간하지 못한다는 말은 무슨 일이 좋은지 나
쁜지 분별하지 못한다는 말이다.

늘 자기 생각만 옳다고 하는 사람을 독선(獨善)적이
라고 한다. 독은 홀로 독(獨) 자이다. 독선적인 사람이
되어서는 안된다.

초상 **상(喪)**
- 상가
- 상복
- 상주
- 상실

초상을 알리는 표시

좋을/착할 **선(善)**
- 선처
- 선악
- 독선

입 구 자에 그러할 유(兪) 자를 합하면 비유할 유(喩) 자이다. '이것은 무엇이다'라고 드러내서 말하지 않고 다른 것에 견주어서 말하는 것이 비유(比喩)이다. '원숭이처럼 나무를 잘 탄다', '내 마음은 새까만 숯덩이가 되었다'처럼 말이다.

천식은 숨 쉬기가 힘든 질병이다. 그래서 숨 찰 천(喘) 자를 넣어 천식(喘息)이라고 한다.

다 함(咸) 자가 들어간 소리칠 함(喊) 자를 보자. 함 자는 음이 되는 동시에 '여럿'이라는 뜻을 더해 준다. 함성(喊聲)은 여러 사람이 동시에 지르는 소리이다.

"월드컵에서 한국과 독일의 희비가 엇갈렸다" 희비 는 기쁠 희(喜), 슬플 비(悲) 자이다. "합격 소식을 들은 철수의 얼굴에는 희색이 만연했다" 희색(喜色)은 기쁜 표정이다.

밥처럼 필요해서 먹는 것이 아니라 커피, 술, 차처럼 맛이나 즐거움, 자극을 위해 먹는 것이 기호식품(嗜好食品)이다. 입 구 자에 늙은이 기(耆) 자가 붙으면 즐길 기(嗜) 자이다.

비유할 **유**(喩)
- 비유

숨 찰 **천**(喘)
- 천식

소리칠 **함**(喊)
- 함성

기쁠 **희**(喜)
- 희비
- 희색

즐길 **기**(嗜)
- 기호식품

코가 막히면 맛을 못 느낀다. 냄새 맡는 기관과 맛을 보는 기관은 연결되어 있기 때문이다. 후각(嗅覺)의 냄새 맡을 후(嗅) 자에도 입 구 자가 들어간다. 입 구 자 오른쪽은 냄새 취(臭) 자이다.

TV 등에서 고래가 물을 뿜는 모습을 본 적이 있을 것이다. 뿜을 분(噴) 자의 부수도 입 구 자이다. 오른쪽은 클 분(賁) 자이다. 공원 같은 곳에서 여름에 시원하게 물을 내뿜는 것은 분수(噴水)이다.

"결국 대기만성하는구나!" 그릇 기(器) 자에는 입이 네 개나 있다. 발전하는 속도가 느리지만 마지막에는 크게 되는 사람을 대기만성(大器晩成)이라고 한다.

"철수의 자기중심적인 행동이 친구들의 빈축(嚬蹙)을 샀다" 싫은 행동을 하면 다른 사람들이 얼굴을 찡그린다. 빈은 자주 빈(頻) 자에 입 구 자를 붙인 찡그릴 빈(嚬) 자이다.

엄할 엄(嚴) 자에는 입이 두 개이다. "민지네 담임 선생님은 엄한 분이시다"처럼 쓸 수 있다. 무겁고 정숙해서 말을 꺼내기는커녕 숨을 크게 쉬기도 어려운

냄새 맡을 **후(嗅)**
- 후각

뿜을 **분(噴)**
- 분수

그릇 **기(器)**
- 대기만성

찡그릴 **빈(嚬)**
- 빈축

엄할 **엄(嚴)**
- 엄숙

분위기를 엄숙(嚴肅)하다고 한다.

　붙을 속(屬) 자 왼쪽에 입 구 자를 붙이면 바랄 촉(囑) 자가 된다. "장래가 촉망되는 청년이다"에서 촉망(囑望)은 잘 되기를 기대하는 것이다.

바랄 **촉(囑)**

- 촉망

입 구 변형 부수

22-1 큰 입 구 몸(口)

입 구 자 안에 다른 글자가 들어가서 새로운 글자를
만들기도 한다. 대표적인 글자가 넉 사(四) 자이다. 사
방(四方)은 앞뒤 양옆 네 방향이다.

넉 **사(四)**
- 사방

큰 입 구 몸에 사람 인(人) 자가 들어가면 가둘 수
(囚) 자이다. 사람이 좁은 감방에 갇힌 모양이다. 감옥
에 갇힌 죄인을 죄수(罪囚)라고 한다.

가둘 **수(囚)**
- 죄수

"그로 인해 ~"는 그것 때문에라는 말이다. 큰 입 구
몸 안에 클 대(大) 자가 있으면 이유를 나타내는 인할
인(因) 자다. 인과(因果)관계는 원인과 결과의 관계다.

이 글자에는 이어받다/따르다는 뜻도 있다. 옛 것이
면 도움이 되는지 되지 않는지 생각하지 않고 무조건
따르는 것이 인습(因習)이다.

전통은 옛날부터 내려오는 삶의 양식 중에 지금의

인할 **인(因)**
- 인과관계
- 인습
- 인연

문화 창조에 도움이 되는 것이다. "옷깃만 스쳐도 인연인데……" 할 때의 **인연**은 因緣(연 자도 인연 연)이다.

입 구 자가 안팎에 이중으로 있으면 돌 회(回) 자이다. 환갑과 같은 말인 **회갑**(回甲)은 태어나 나이를 먹으면서 60갑자를 한 바퀴 돌았다는 의미이다.

반도체 회로의 **회로**(回路)는 전기 신호가 복잡하게 빙빙 도는 길이다.

"드레퓌스는 간첩 혐의로 군사재판에 회부되었다"에서 **회부**(回附)는 사람을 재판에 넘기는 것이다.

이메일 등에서 "회신 바랍니다" 할 때의 **회신**(回信)은 연락을 받은 사람이 하는 답신이다. 고려를 무너뜨린 이성계가 한 압록강 하류에 위치한 위화도에서의 **회군**(回軍)은 고려 말 요동정벌을 위해 출병한 군사를 개경으로 되돌린 사건이다.

피곤하다 할 때 쓰는 곤할 곤(困) 자를 보자. 입에 나무토막(木)이 들어 있는 느낌이니까 **피곤**(疲困)하다는 말이다.

무슨 일을 더이상 하기 힘든 상태는 **곤란**(困難)한 상태이다. "자꾸 이러시면 곤란합니다"와 같이 쓴다.

돌 회(回)
- 회갑
- 회로
- 회부
- 회신
- 회군

이성계의 위화도 회군

곤할 곤(困)
- 피곤
- 곤란

큰 입 구 몸 안에 옛 고(古) 자가 있으면 굳을 고(固) 자가 된다. '한국 고유의 멋'에서 고유(固有)는 원래부터 한국에 있었다는 뜻도 되고, 특별하게 한국에만 있다는 뜻도 된다.

"라이트 형제는 사람들이 아무리 안 된다고 해도 날 수 있다는 신념을 고수했다" 고수(固守)는 굳게 지키는 것이다. 그렇게 라이트 형제는 비행기를 만들었다.

책 권(卷) 자를 큰 입 구 몸에 넣으면 우리 권(圈) 자가 나온다. 우리는 짐승 우리이다. 어떠한 일의 범위, 영향이 미치는 곳을 가리킨다. "월요일부터는 전국이 태풍의 영향권(影響圈)에 들겠습니다"처럼 쓴다.

큰 입 구 몸이 부수인 글자 중 제일 친숙한 글자가 나라 국(國) 자이다. 국기(國旗)는 태극기같이 나라를 대표하는 기이고, 국기(國伎)는 그 나라를 대표하는 기예이다. 한국의 국기는 태권도, 말레이시아의 국기는 세팍타크로이다.

시험 때마다 "선생님, 시험 범위(範圍) 좀 좁게 해주세요" 하는 말이 나온다. 위(圍)는 둘레 위 자로 큰 입

굳을 **고(固)**
- 고유
- 고수

우리 **권(圈)**
- 영향권

나라 **국(國)**
- 국기

구 몸 안에 있는 다룸가죽 위(韋) 자가 음이 된다.

"그는 주위를 둘러보았다"에서 주위(周圍)의 주는 둘레 주(周) 자이다. 주위는 주변과 비슷한 말이다.

아주 익숙하게 연기를 하는 배우더러 원숙(圓熟)한 배우라고 한다. 원은 인원 원(員) 자를 큰 입 구 몸에 넣은 둥글 원(圓) 자로, 원숙이란 완전히 둥근 원처럼 흠잡을 데 없이 숙달된 수준이다.

육상 경기에서 던지기 종목 중 원반 던지기가 있다. 원반(圓盤)은 둥근 쟁반이다. 3.14........로 표시되는 원주율(圓周率)은 원의 지름에 대한 원의 둘레, 즉 원주(圓周)의 비율이다. 그리스 글자 파이(π)로 쓰기도 한다.

옷 치렁거릴 원(袁) 자가 큰 입 구 몸에 들어가서 동산 원(園) 자를 만들었고, 이 글자에는 뜰, 밭의 뜻도 있다. 꽃밭이나 잘 가꾸어 놓은 뜰이 정원(庭園)이다.

"날씨 좋은데 공원에 나갈까?" 누구나 들어가서 쉴 수 있는 공간은 공원(公園)이다. 롯데월드, 어린이대공원처럼 즐겁게 놀 수 있는 시설이 유원지(遊園地)이다.

그릴 도(圖) 자의 부수도 큰 입 구 몸이다. "설계도대로 하면 탈이 없다"에서 설계도(設計圖)는 공사를 이

둘레 **위(圍)**
- 범위
- 주위

둥글 **원(圓)**
- 원숙
- 원반
- 원주율

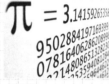

원주율

동산 **원(園)**
- 정원
- 유원지

그릴 **도(圖)**
- 설계도

렇게 하라고 그려 놓은 그림이다.

그림을 그리는 종이는 도화지(圖畵紙)이다. 도화지를 묶어 놓은 것이 스케치북이다. 어떤 사항을 그림으로 나타낸 표는 도표(圖表)이다.

그릴 도 자에는 어떤 일을 꾀한다는 뜻도 있다. "시도(試圖)는 해 봐야지" 포기하기 전에 한번 해 봐야 한다는 뜻이다.

연말연시에는 경찰이 음주단속을 많이 한다. 단속(團束)의 단은 오로지 전(專) 자를 큰 입 구 몸에 넣은 모을/단속할 단(團) 자이다.

"우리 반은 단합이 잘 된다" 굳게 뭉치는 것을 단합(團合)이라고 한다. 어떤 목적을 지니고 모인 집단은 단체(團體)이다.

집안 식구나 친한 사람들이 모여서 오붓하게 즐기는 것을 단란(團欒)하다고 하는데, 란은 즐거울 락(樂) 자의 음이 달라진 것이다.

- 도화지
- 도표
- 시도

모을/단속할 **단(團)**
- 단속
- 단합
- 단체
- 단란

22-2 튼 입 구 몸(匚: 상자 방)

입 구(口) 자의 오른쪽이 트였다고 해서 튼 입 구라고 한다.

도끼/날 근(斤) 자가 들어가면 장인 장(匠) 자가 된다. 조각칼과 같은 연장으로 재료를 깎고 다듬어 물건을 만드는 사람이 장인(匠人)이고, 장인처럼 창의력과 끈기를 발휘해 일하는 사람들에게 장인 정신이 있다고 한다.

"이 조각상은 르네상스 시대의 거장 미켈란젤로의 작품이다" 거장(巨匠)은 어느 예술 분야에서 두드러지는 사람이다.

튼 입 구 몸에 갑옷 갑(甲) 자를 넣으면 갑 갑(匣) 자이다. 돈이나 신용카드, 증명서를 넣어 다니는 지갑(紙匣)에 들어간다.

22-3 감출 혜 몸(匸)

튼 입 구 몸과 거의 구분이 되지 않지만 감출 혜 몸이라는 부수도 있다. 어진 사람 인 발(儿)을 넣으면 짝 필(匹) 자이다. 필적(匹敵)은 실력이 비슷해서 상대로 걸맞은 적수가 되는 것이다.

장인 **장(匠)**
- 장인
- 거장

《피에타》 미켈란젤로

갑 **갑(匣)**
- 지갑

짝 필(匹)
- 필적

감출 혜 몸에 물건 품(品) 자를 넣으면 구역/구별할 구(區) 자가 된다. **구별**(區別)은 성질이나 종류가 다른 것들을 구분하는 것이다.

안 내(內) 자와 함께 쓰는 **구내**(區內)는 일정한 구역의 안으로, 역 구내의 편의점은 역 안에 자리잡은 편의점이다.

"가장 많이 기부하는 사람은 익명으로 기부하는 사람이다" 이름을 숨기는 것이 **익명**(匿名)이다. '체납자 은닉재산 신고하면 최대 1억원 포상금!' 감추거나 숨기는 것은 **은닉**(隱匿)이다. 감출 혜 몸에 만약 약(若) 자가 들어가면 숨길 닉(匿) 자이다.

22-4 위 튼 입 구 몸(ㄴ: 입 벌릴 감)

속에 획 두 개를 교차시키면 흉할 흉(凶) 자이다. 농사가 안 되어 수확이 적은 해는 **흉년**(凶年)이다. 반대로 농사가 잘 되어 수확이 많은 해는 풍년(豊年)이다.

구역/구별할 **구(區)**
- 구별

안 **내(內)**
- 구내

숨길 **닉(匿)**
- 익명
- 은닉

흉할 **흉(凶)**
- 흉년 ⇔ 풍년

㉓ 흙 토(土)

땅에 흙무더기를 쌓은 모습이다.

부식토(腐植土)는 나뭇잎 따위가 썩은 흙이다. 유기질이 많고 기름져서 좋은 거름이 된다.

토목(土木)공사는 나무, 흙, 돌, 금속 등을 써서 도로, 다리, 항만, 철도 등을 건설하거나 유지하는 공사이다. 물론 콘크리트도 쓴다.

태양계 행성 중 토성(土星)을 나타내는 영어 단어 새턴(Saturn)은 로마 신화에서 땅과 농사의 신 사투르누스이다. 흙 토 자와 통한다.

흙, 땅은 만물의 근원이라고 생각했다. 있을 재(在) 자를 보면 밑에 부수로 흙 토 자가 버티고 있다. 역시 있을 존(存) 자를 앞에 붙이면 존재(存在)가 된다.

재일동포(在日同胞)는 일본에 사는 동포이고, 재미동포는 미국에 사는 동포이다.

흙 토 자가 부수인 글자 중 가장 익숙한 글자는 아

흙 토(土)
- 부식토
- 토목공사
- 토성

토성(Saturn)

있을 재(在)
- 존재
- 재일동포
- 재미동포

마도 땅 지(地) 자일 것이다. 농사를 짓거나 건물을 짓는 데 쓰는 땅이 토지(土地)이다. 지하수(地下水)는 땅 아래에 있는 물이다.

진시황이 책을 태우고 유학자를 생매장했다는 고사성어가 분서갱유(焚書坑儒)이다. 갱은 구덩이/묻을 갱(坑) 자이다.

"심청이 이야기는 방방곡곡에 소문이 났다" 동네 방(坊) 자는 흙 토 자에 모 방(方) 자를 음으로 붙이면 나온다. 방방곡곡(坊坊曲曲)은 이 동네 저 동네 구석구석이다.

요즈음 워라밸이라고 해서 일과 여가의 균형을 중요하게 생각한다. Work and life's balance의 밸런스는 균형(均衡)이다. 균은 고를 균(均) 자로, 땅을 평평하게 고른다는 의미에서 흙 토 자가 들어간다.

앉을 좌(坐) 자는 땅바닥(土)에 사람 둘이 앉아 있는 모습이다. "약한 애들을 괴롭히는 것을 좌시하지 않겠어!" 좌시(坐視)는 가만히 앉아서 보는 것이다.

땅 **지(地)**
- 토지

구덩이/묻을 **갱(坑)**
- 분서갱유

동네 **방(坊)**
- 방방곡곡

고를 **균(均)**
- 균형

앉을 **좌(坐)**
- 좌시

정림사지 5층 석탑, **경천사지** 10층 석탑 등의 지는 터 지(址) 자로, 오른쪽의 그칠 지(止) 자가 음을 나타낸다. **사지**(寺址)는 절의 터이다.

항우와 유방은 중국 천하를 놓고 싸웠다. 이런 큰 싸움을 두고 모든 것을 걸고 주사위를 던진다는 뜻으로 **건곤일척**(乾坤一擲)이라고 한다. 흙 토 자에 납 신(申) 자를 붙인 땅 곤(坤) 자가 들어간다.

흙 토 자에 왕후 후(后) 자를 붙이면 때 구(垢) 자가 된다. 아이들을 보고 **순진무구**(無垢)하다고 하는 것은 아직 세상 때가 묻지 않았다는 말이다.

철기 시대부터 칼을 쇠로 만든다. 거푸집에 쇳물을 부어 식혔다 꺼내면 칼날이다. 거푸집 형(型)이다. 윗부분의 형벌 형(刑) 자가 음이고, 땅바닥에 대고 일한다고 해서 흙 토 자가 들어간다.

"우리 할머니 집은 **전형**(典型)적인 남부 지방 한옥이다" 할 때 전은 법 전(典) 자로 표준을 나타낸다. 위 예문은 할머니 집이 남부 지방 한옥의 성격을 모두 갖추었다는 말이다.

터 **지(址)**
- 사지

부여의 정림사지 5층 석탑

땅 **곤(坤)**
- 건곤일척

때 **구(垢)**
- 순진무구

거푸집 **형(型)**
- 전형

고구려 장수 양만춘은 안시성에서 당나라의 침입을 막았다. 성 성(城) 자를 만들 때 중국 사람들이 주로 살았던 황토 고원에는 흙이 많아서 성을 흙으로 쌓았다. 안시성도 토성(土城)이었고, 백제 몽촌토성이나 풍납토성의 흙벽은 지금까지 남아 있다.

시(詩) '성북동 비둘기'의 무대인 성북동(城北洞)은 한양 도성의 북쪽(城北)에 있는 동네이다. 서울 같은 성곽 도시에는 성 성 자가 들어가는 지명이 더러 있다.

성동구(城東區)는 도성의 동쪽에 있는 구이다. 경기도 성남(城南)시는 왜 성남일까? 한번 짐작해 보자.

"북한에는 천연 자원이 많이 매장되어 있다" 매장(埋藏)의 매는 묻을 매(埋) 자이다. 지하 자원 등이 땅속에 숨어 있다는 의미로 숨길 장(藏) 자를 쓴다.

굳을 고(固) 자 앞에 굳을 견(堅) 자를 붙이면 견고(堅固)이다. 뜻이 비슷한 글자를 반복해서 굳고 튼튼하다는 것을 강조하는 말이다. "우리 대표팀은 상대방의 견고한 수비를 뚫고 골을 넣었다" 등으로 쓸 수 있다.

집을 지을 때도 땅에 지으니까 집 당(堂) 자 밑에 흙토 자가 있다. 떡볶이로 유명한 서울 신당동은 원래

성 **성(城)**
- 토성
- 성북동
- 성동구
- 성남
묻을 **매(埋)**
- 매장
굳을 **견(堅)**
- 견고
집 **당(堂)**

무당이 모여 살던 곳으로 신을 모신 **신당동(神堂洞)**이었다. 지금은 새로울 신 자를 넣어 **신당동(新堂洞)**이라고 부른다.

당당하다의 한자도 堂堂이다. 땅에 건물이 버티고 서듯이 당당하다는 의미이다. "진정한 민주주의는 다수결에 앞서 소수도 당당히 의견을 밝히는 것이다" 등으로 쓴다.

수학은 **기초(基礎)**가 튼튼해야 한다. 그 기(其) 자 밑에 흙 토 자를 넣으면 터 기(基) 자가 된다. 건설 공사를 할 때도 보통 기초를 닦는 데 시간이 오래 걸린다.

항구에서는 **부두(埠頭)**에 배를 댄다. 부두 부(埠) 자는 흙 토 자에 기슭/언덕 부(阜) 자를 합해 만들었다.

채소나 과일, 나무 등을 심어서 기르는 것을 **재배(栽培)**라고 한다. 배는 흙 토 자와 침 부(咅) 자로 이루어진 북돋을 배(培) 자이다. 북돋는다는 것은 식물이 잘 자라도록 주위에 흙을 덮어 주는 것이다.

일정한 기준으로 나누어 놓은 지역이 구역이다. 서울특별시, 경기도, 수원시, 팔달구 등은 **행정구역(區域)**

- 신당동
- 당당

터 **기(基)**
- 기초

부두 **부(埠)**
- 부두

북돋을 **배(培)**
- 재배

양파 재배

이다. 지경 역(域) 자는 흙 토 자와 혹시 혹(或) 자를 붙여서 만들었다.

"저 사람은 집념의 사나이다"에서 집념(執念)은 마음에 새겨서 잊지 않는 생각이다. 집은 잡을 집(執) 자로 왼쪽 위에 흙 토 자가 부수로 들어가 있다.

얼마 전까지 청와대의 대통령 집무실(執務室)은 대통령이 일을 보는 곳이었다. 집권당(執權黨)은 정권을 잡은 당으로 여당(與黨)을 말한다.

강물은 상류에서부터 흙을 실어 나르다가 하류에 쌓는다. 이렇게 쌓이는 것이 퇴적(堆積)이다. 쌓을 퇴(堆) 자에는 새 추(隹) 자가 들어간다.

"그 일을 감당할 수 있을까?" 감당(堪當)은 어떤 일을 맡아서 해내는 것, 포기하지 않고 견디는 것이다. 흙 토 자에 심할 심(甚) 자를 붙이면 견딜/맡을 감(堪) 자가 된다.

갚을 보(報) 자에도 왼쪽 위에 흙 토 자가 있다. 일을 해준 사람에게 대가로 주는 것이 보수(報酬)이다. "보복이 두려워 신고를 하지 못했다" 보복(報復)은 남

지경 **역(域)**
- (행정)구역

잡을 **집(執)**
- 집념
- 집무실
- 집권당

쌓을 **퇴(堆)**
- 퇴적

견딜/맡을 **감(堪)**
- 감당

갚을 **보(報)**
- 보수
- 보복

이 싫은 짓을 했을 때 앙갚음하는 것이다.

은혜를 갚는 것이 보은(報恩)이고 이 말이 들어가는 고사성어로는 결초보은(結草報恩)이 있다. 자신을 도와준 사람이 적에게 쫓길 때 풀을 묶어 적이 걸려 넘어지게 해서 구했다는 옛이야기로 반드시 은혜를 갚는다는 뜻이다.

충청북도 보은군의 이름도 그 보은(報恩)이다. 보은 사람들은 은혜를 잊지 않는 마음씨 좋은 사람들인가 보다.

부수에 어떤 글자가 붙느냐를 보면 합성 글자의 뜻을 짐작할 수 있다. 담/집 도(堵) 자는 흙 토 자에 사람 자(者) 자가 있다. 글자의 뜻이 담/집이니까 그 안에 들어 있는 사람을 보호하는 담 내지는 집이라는 뜻이 된다.

불안에 떨다가 불안하던 일이 없어지면 "안도의 한숨을 쉬었다"고 하는데 안도(安堵)는 담으로 둘러싸인 집 안에 들어와 안전해졌다는 말이다.

흙 토 자가 볕 양(昜) 자와 짝이 되면 마당 장(場) 자가 나온다. 무슨 일을 하는 장소이다. 물건을 사고 파는 시장(市場), 학교 운동장(運動場) 등 여러 곳에 들어

- 보은
- 결초보은

담/집 도(堵)
- 안도

마당 장(場)
- 시장
- 운동장
- 장면

간다.

"여기가 제일 중요한 장면이야!" 연극이나 영화의 한 컷은 장면(場面)이라고 한다.

파도를 막는 바닷가의 방파제같이 물을 막는 둑이 제방(堤防)이다. 흙 토 자에 그러할 시(是) 자를 붙이면 둑 제(堤) 자이다.

금은 돈의 가치를 보증한다. 각 나라의 중앙은행에서는 금을 보통 덩어리로 보관하며, 이런 금덩어리가 금괴(金塊)이다. 덩어리 괴(塊) 자는 원래 흙덩어리를 뜻하는 말로 흙 토 자에다 음을 나타내는 귀신 귀(鬼) 자를 붙였다.

집의 벽지가 오래되었을 때나 새 집으로 이사를 갈 때는 도배(塗褙)를 한다. 벽에 종이를 바르는 것이다. 도는 바를 도(塗) 자이다. 액체인 풀을 발라 종이를 붙이니까 삼수변(氵)이 들어간다.

미술대학에 조소과가 있다. 조소(彫塑)는 조각과 소상(塑: 흙 빚을 소)인데, 소상(塑像)이란 찰흙과 같은 재료를 빚어서 인물이나 어떠한 모양을 만드는 미술 기법이다. 이렇게 빚은 형체가 굳으면 원래의 흐물흐물한 상태로 돌아가지 않는다. 이전 상태로 돌아가지 않는 성질을 소성(塑性)이라고 하고, 석유를 가공해서 소성을 지니는 물체로 만든 것이 플라스틱이다.

소상

잘 된 일이 불행의 씨앗이 되고 못 된 일이 액막이가 되는 경우가 있다. 이를 고사성어로 새옹지마(塞翁之馬)라고 한다. 인생의 행복과 불행은 변수가 많아 예측, 단정하기가 어렵다는 뜻이다. 새(塞) 자는 변방/요새 새 자이자 막을 색 자이다. 군사적으로 중요한 지점에 요새(要塞)를 쌓았다.

변방/요새 새(塞)
- 새옹지마
- 요새

산 사람은 물론 죽은 사람과도 관련되는 것이 흙이다. 무덤 총(塚) 자에도 부수로 흙 토 자가 붙어 있다.
흙 토 자 옆의 글자는 음을 나타내는 클 총(冢) 자이다. 장군총(將軍塚)은 압록강 근처에 있는 고구려 지배층의 무덤으로, 장수왕릉으로 추정된다.

무덤 총(塚)
- 장군총

고구려의 장군총

무덤을 가리키는 다른 글자로 무덤 묘(墓) 자가 있다. 저물 모(莫) 자를 붙였다. 저물 모 자는 비슷한 음이 되기도 하고, '인생이 저물어 죽어서 가는 곳이 무덤이다' 하는 뜻도 있다.

무덤 묘(墓)
- 묘비

묘 앞에 그 사람이 태어나고 죽은 때, 자손의 이름, 생전의 행적 등을 적어 세운 비석을 묘비(墓碑)라고 한다.

클 분(賁) 자 앞에 부수로 흙 토 자를 붙이면 무덤 분(墳) 자이다. 고분(古墳)은 옛날 무덤이고, 공주 송산리 고분군, 서울 석촌동 고분군 등은 옛 무덤이 무리지어 있는 곳이다.

무덤 **분(墳)**
- 고분

서울 석촌동 고분

건축물로 탑 탑(塔) 자를 보자. 흙 토 자, 초두머리(艹), 합할 합(合) 자를 이은 글자이다. 우리나라에는 주로 돌로 쌓은 석탑(石塔)이 많이 남아 있다.

탑을 돌로 쌓았는데 왜 흙 토 자가 들어갈까? 옛날에는 벽돌로 많이 쌓았고 벽돌의 재료가 진흙이기 때문이다.

탑 탑(**塔**)
- 석탑

전기충전소는 전기자동차를 충전하는 곳이다. 충전(充塡)은 가득할 충(充) 자와 메울/채울 전(塡) 자를 합한 낱말로, 모자라는 것을 가득 채운다는 뜻이다.

메울/채울 **전(塡)**
- 충전

흙 토 자에 마침내 경(竟) 자가 붙으면 지경/경계 경(境) 자이다. 환경(環境)은 생물이나 사람을 둘러싼 자

지경/경계 **경(境)**
- 환경

연적, 사회적 조건이다. 국경(國境)은 나라와 나라 사이의 경계이다.

"비가 올 경우(境遇)에는 경기를 다음으로 미룬다"에서 경우는 처하는 형편이다.

"탐관오리의 가혹한 수탈로 백성들은 풀뿌리와 나무껍질로 연명하는 지경이 되었다"의 지경(地境)은 닥친 처지이다.

붓글씨를 쓰는 먹은 검은 색이다. 그래서 먹 묵(墨) 자에는 검을 흑(黑) 자가 있다. 수묵화(水墨畵)는 물로 먹의 농도를 조절해서 그리는 그림이다.

"추락하는 것은 날개가 있다"에서 추락(墜落)의 추는 떨어질 추(墜) 자로, 무리 대/떨어질 추(隊) 자에 흙 토 자를 붙인 글자이다. 높은 곳에서 땅바닥에 떨어지는 것을 표현한다.

그런가 하면 정신적으로 해이해져서 바람직하지 못한 길로 가는 것을 타락(墮落)이라고 하는데, 흙 토 자에 떨어질 타(隋) 자를 얹으면 역시 땅바닥에 떨어진다는 떨어질 타(墮) 자가 된다.

- 국경
- 경우
- 지경

먹 묵(墨)
- 수묵화

떨어질 추(墜)
- 추락

떨어질 타(墮)
- 타락

"실업률이 증가세로 돌아섰다"에서 증가(增加)는 늘어나는 것이다. 증은 더할/겹칠 증(增) 자이다. 흙에 흙을 겹쳐 얹는다는 의미이다.

옛 터 허(墟) 자를 보자. 빌 허(虛) 자가 들어가서 땅이 비었음을 나타낸다. 전에 건물이 있던 자리나 사람들이 많이 살던 곳이 황폐해지면 폐허(廢墟)라고 한다.

새 땅에서 농사를 시작하는 것이 개간(開墾)이다. 간은 발 없는 벌레 치(豸) 자, 머무를 간(艮) 자에 흙 토 자를 합한 개간할 간(墾) 자이다. 여기서 벌레는 지렁이 같이 농사에 도움을 주는 벌레이다.

한자가 생길 당시에는 집도 흙으로 많이 지었다. 그래서 벽 벽(壁) 자에도 흙이 들어간다. 벽에 그린 그림은 벽화(壁畵)이고, 여러 사람이 보라고 벽에다 써 붙이는 글은 벽보(壁報)이다.

화할 옹(雍) 자에 흙 토 자를 붙이면 막힐 옹(壅) 자가 된다. 성품이 너그럽지 못하고 생각이 좁은 사람을 옹졸(壅拙)하다고 한다.

더할/겹칠 증(增)
- 증가
옛 터 허(墟)
- 폐허
개간할 간(墾)
- 개간
벽 벽(壁)
- 벽화
- 벽보
막힐 옹(壅)
- 옹졸

한자어, 이것만 알면 쏙쏙

"이승만은 사퇴를 요구하는 시민들의 압력으로 대통령직을 내놓았다" 누를 압(壓) 자는 싫을 염(厭) 자 밑에 흙 토 자를 넣은 글자이다. **압력**(壓力)은 누르는 힘이다. "우리 팀은 압도적인 전력으로 상대방을 몰아붙였다"에서 **압도**(壓倒)는 월등한 힘으로 누르는 것이다. 그런가 하면 **압권**(壓卷)은 비슷한 여러 작품 중 가장 잘 된 것을 이른다.

야구에서 주자가 나가서 밟아야 사는 곳이 루(壘)이다. 1, 2, 3루가 있다. 여기에도 흙 토 자가 들어가니, 밭 전(田) 자 세 개를 합한 밭 갈피 뢰(畾) 자 밑에 부수로 들어가 보루 루/누(壘) 자가 된다. **보루**(堡壘)는 적의 침입을 막기 위해 돌 따위로 튼튼하게 쌓은 구축물을 말한다.

옛날 콜럼버스 같은 유럽인들이 배를 타고 지구 이곳저곳을 항해할 때 **괴혈병**(壞血病)에 많이 걸렸다고 한다. 대서양을 건너려면 몇 달이 걸렸는데 중간에 채소를 실을 수가 없었기 때문이다.

무너질 괴(壞) 자에 피 혈(血) 자를 넣은 괴혈병은 피가 상한다는 병으로 비타민 C가 모자라서 생기는 병이다. 빈혈이 잦아서 기운이 없고 잇몸이나 살갗에 피

누를 압(壓)
- 압력
- 압도
- 압권

보루 루/누(壘)
- 1루, 2루, 3루
- 보루

무너질 괴(壞)
- 괴혈병

가 난다. 신선한 채소를 먹어야 괴혈병을 예방할 수
있다.

농단의 농(壟)은 용 룡(龍) 자 밑에 흙 토 자를 넣은
밭두둑 롱(壟) 자이다. 단(斷)은 끊는다는 뜻이니 농단
(壟斷)은 자기 마음대로 밭두둑을 끊는 것, 즉 좋은 밭
을 자기가 다 차지하는 것이다. 국가적 차원에서 자행
되면 국정농단(國政壟斷)이 된다.

농사를 지을 때 중요한 것은 햇빛과 물, 흙이다. 오
를/도울 양(襄) 자에 흙 토 자를 붙이면 부드러운 흙
양(壤) 자가 된다. 토양(土壤)에 들어가는 글자이다.

㉔ 선비 사(士)

사가 글 읽는 선비라고 많이 알고들 있지만 원래는
무사이다. 그래서 장기판에서 왕을 지키는 작은 말 두
개가 사(士)이다. 지금도 무관, 장교를 양성하는 학교
는 사관(士官)학교라고 한다.

밭두둑 **롱(壟)**
- (국정)농단

부드러운 흙 **양(壤)**
- 토양

선비 **사(士)**
- 사관학교
- 하사관
- 부사관

군대에서 하사, 중사, 상사, 원사를 예전에는 사관 (장교) 밑에 있는 계급이라 해서 하사관(下士官)이라고 했다. 지금은 격을 높여서, 버금 부(副) 자로 바꾸어 부사관(副士官)이라고 한다. 장교에 버금가는 계급이라는 말이다.

장수 장 변(爿)에 선비 사 자를 붙이면 씩씩할 장(壯) 자가 된다. 힘이 세고 씩씩한 사람이 장사(壯士)이다. 씨름에는 체급에 따라 태백장사, 금강장사, 한라장사, 백두장사, 체중 무제한의 천하장사가 있다.

"금강산에 갔더니 과연 장관이더라"에서 장관(壯觀) 은 1) 입이 딱 벌어질 만큼 웅장한 모습이다. 관은 볼 관(觀) 자이다. 반대로 2) 보기 싫은 꼬락서니를 비꼬 아서 장관이라고 하기도 한다.

"그 사람 교수 되더니 거들먹거리는 꼴이 아주 장 관이던데" 등으로 쓸 수 있고 이 때의 장관은 볼 만하 다는 뜻의 가관(可觀)과 바꾸어 쓸 수 있다.

"이번 추석 대목은 굉장했다"에서처럼 꽤 크거나 활발해서 대단한 모양에는 클 굉(宏) 자를 붙여서 굉장(宏壯)하다고 한다.

같은 집안의 형제들과 결혼한 여자들을 동서(同壻) 라고 한다. 같은 집안의 자매들과 결혼한 남자들도 동

씩씩할 장(壯)
- 장사
- 장관2) ⇨ 가관
- 굉장

사위/며느리 서(壻)
- 동서

서이다. 사위/며느리 서(壻) 자의 오른쪽 부분은 서로
서(胥) 자이다.

모양이 복잡한 한자 중 몇 개는 학교에서 한문 선생
님이 쉽게 외우는 법을 알려 주실 것이다. 맨 위에 선
비 사 자가 얹힌, "사일이와 공일이는 구촌(士 ─ 工 ─
口 寸)간이다"처럼 외운다는 목숨 수(壽) 자 같은 것 말
이다.

수명이 길다 짧다 할 때의 **수명(壽命)**은 몇 살까지
사는가이다. 몹시 놀라거나 했을 때의 "십 년 감수했
네"에서 감은 줄어들 감(減) 자로, **감수(減壽)**는 수명이
줄었다는 말이다.

목숨 **수(壽)**
- 수명
- 감수

㉕ 천천히 걸을 쇠(夊)

이 부수가 들어가는 글자로는 여름 하(夏) 자가 있
다. 교복 중 겨울에 입는 옷이 **동복(冬服)**이라면 여름
에 입는 옷은 **하복(夏服)**이다.

여름 **하(夏)**
- 하복 ⇔ 동복

㉖ 저녁 석(夕)

달을 그린 글자로 달이 뜬 저녁을 표현한다.

여기에 점 복(卜) 자를 붙이면 바깥 외(外) 자이다. 어머니의 집안은 **외가**(外家)이고, 아이가 어머니를 많이 닮으면 외탁 했다고 한다. 반대는 친탁이다.

"나는 외교관이 될 거야" 한 나라가 외부, 즉 외국과 교류하는 것은 **외교**(外交)이다. 이를 담당하는 사람이 외교관(外交官)이다.

저녁 석 자가 둘이면 많을 다(多) 자이다. 같은 글자를 중복시켜서 많음을 나타낸다. 여기의 저녁 석 자는 고깃덩어리를 나타낸다는 것이 거의 정설이다.

어떤 사항을 결정할 때 더 많은 사람이 주장하는 쪽을 따르는 것이 **다수결**(多數決)이다. 결은 정할 결(決) 자이다. 다수결이 민주적이라고 인정받으려면 소수와 충분히 토의를 하고 납득을 시킨 후에 해야 한다.

낮보다 밤에 더 활발하게 돌아다니는 동물이나 사람을 **야행성**(夜行性)이라고 한다. 밤 야(夜) 자는 저녁

바깥 외(外)
- 외가
- 외탁 ⇔ 친탁
- 외교

많을 다(多)
- 다수결

밤 야(夜)
- 야행성

석 자를 부수로 하고 돼지 해 머리(亠)와 사람 인 변(亻)을 합친 글자이다.

"아빠는 또 야근이야" 밤이 오는 것을 반기는 올빼미족도 있겠지만 낮에 일을 한 사람들은 싫어하는 것이 있으니 바로 야근(夜勤)이다. 근은 부지런할/힘 쓸/일 할 근(勤) 자로 밤에 일하는 것이 야근이다.

눈이 맞은 남녀가 주위의 반대를 피해서 또는 빚 독촉에 몰린 사람이 도저히 갚을 길이 없을 때 밤을 타 도망가는 것이 야반도주(夜半逃走)이다.

꿈은 밤에 잠을 자면서 꾼다. 그래서 꿈 몽(夢) 자에 저녁 석 자가 있다. 아이를 가질 징조가 나오는 꿈은 태몽(胎夢)이다. 말도 안 되는 것을 바라는 사람에게 환한 대낮에 꿈을 꾼다는 뜻으로 백일몽(白日夢)을 꾼다고 한다.

- 야근
- 야반도주

꿈 **몽(夢)**
- 태몽
- 백일몽

㉗ 클 대(大)

사람이 팔다리를 크게 뻗은 모습이다.

"꽃은 대개(大概) 봄에 핀다" 꽃은 보통 봄에 핀다는 말이다. 개는 대개 개(概) 자이다.

남편과 아내는 부부(夫婦)이다. 사내 부(夫) 자가 남편이다. 클 대 자에 한 일(一) 자를 가로지른 모양, 곧 남자가 짐을 지고 성큼성큼 걸어가는 모습이다. 아내는 아내 부(婦) 자이다. 여자 녀 자가 들어가 있다.

농사 짓는 사람은 농부(農夫), 고기 잡는 사람은 어부(漁夫), 석탄이나 금은을 캐면 광부(鑛夫)이다.

다 자라서 한 사람 몫을 하는 사내는 어른 장(丈) 자를 쓴 장부(丈夫)이다. 강하고 믿음직함을 강조할 때는 대장부(大丈夫)라고 한다.

클 대 자의 다리에 점을 찍으면 더 큰 클 태(太) 자가 된다. 한여름 낮의 햇빛을 계속 쬐다가는 화상을 입을 지경인데 그 근원인 해는 얼마나 크고 뜨거울까? 이 커다란 불덩어리가 태양(太陽)이다.

하늘 천(天) 자를 보자. 사람을 나타내는 클 대(大) 자의 머리 위에 획을 그었다. 하늘은 사람 머리 위에 있으니까. 한자는 이런 식으로 만들어졌다.

"이렇게 포장지를 많이 쓰다가는 지구가 쓰레기 천

- 대개

사내 부(夫)
- 부부
- 농부
- 광부
- (대)장부

클 태(太)
- 태양

하늘 천(天)
- 천지

지가 될지도 몰라." **천지**(天地)는 세상을 가리키는 하늘과 땅으로, 여기서는 '아주 많음'을 말한다.

클 대 자에 ㄱ을 겹치면 깍지 결(夬) 자가 된다. 터 놓을 쾌 자라고도 한다. 발음이 **결, 쾌** 두 가지로 된다는 것만 알면 된다.

다른 글자와 결합할 때 소리가 결로 나는 경우는 결정하다 할 때의 정할 결(決), 헤어질 결(訣) 등이 있고, 쾌로 소리 나는 경우는 상쾌하다 할 때 시원할 쾌(快) 자가 있다.

가운데 앙(央) 자를 보자. 척 봐도 좌우대칭인 것이 중심을 나타내는 것 같지 않은가. 한가운데는 한자어로 **중앙**(中央)이다.

사내 부 자에 삐침 별(丿)을 찍으면 잃을 실(失) 자이다. 일자리를 잃은 사람이 **실업자**(失業者)이다.

"상대편의 실책으로 득점했다" 스포츠에서 들을 수 있다. **실책**(失策)은 부주의로 인해 보통 때라면 하지 않을 실수를 하는 것이다.

육상이나 수영 등 속도를 다투는 스포츠 종목에서 부정출발을 한 번 하면 경고, 두 번째는 실격 되는 수

깍지/터 놓을 **결/쾌** (夬)
+ 氵 : 정할 결(決)
+ 言 : 헤어질 결(訣)
+ 忄 : 시원할 쾌(快)

가운데 **앙(央)**
- 중앙

잃을 **실(失)**
- 실업자
- 실책

가 있다. 실격(失格)시킨다는 것은 자격을 박탈하는 것으로, 그 대회에 참가하지 못하게 하는 것이다.

실패(失敗)는 목적을 이루지 못하는 것으로 성공의 반대말이다. 물론 실패는 성공의 어머니이기도 하다.

도저히 말이 안 되는 일이 실제로 벌어졌을 때 **기적**(奇跡)이라고 한다. 기는 큰 대 자를 부수로 하는 이상할 기(奇) 자이다.

남을 위해 일하는 것이 봉사(奉仕)이다. 봉은 받들 봉(奉) 자이다. 대가를 바라지 않고 스스로 하는 봉사는 **자원봉사**(自願奉仕)이다.

불교에서는 지옥을 **나락**(奈落)이라고 한다. 큰 대 자가 들어가는 어찌 나(奈) 자에 떨어질 락(落) 자이다. "파산에 이어 찾아온 교통사고로 절망의 나락에 빠졌다" 나락은 빠져나오기 힘든 극한 상황이다.

큰 대 자가 밑에 들어가는 글자도 있다. 빛날 환(奐) 자가 그렇다. 역시 재방변이 붙으면 바꿀 환(換) 자가되어 **교환**(交換), **환전**(換錢) 등으로 쓰인다.

- 실격
- 실패

이상할 **기**(奇)
- 기적

받들 **봉**(奉)
- 자원봉사

어찌 **나**(奈)
- 나락

바꿀 **환**(換)
- 교환
- 환전

직장에 들어가 일을 시작할 때 근로계약서를 쓴다. 계약(契約)의 계도 클 대 자가 아랫부분에 들어가는 맺을 계(契) 자이다.

"이번 일을 계기로 유럽 시장에 진출하는 것도 고려하게 되었습니다"에서 계기(契機)는 무슨 일의 발단이 되는 기회이다.

별 이름 규(奎) 자를 보자. 서옥 규(圭) 자가 들어간 글자로 임금이 지은 글이 규장(奎章)이다. 정조는 창덕궁 후원에 역대 왕들이 쓴 글을 보관하는 도서관으로 규장각(奎章閣)을 지었다.

클 대 자 밑에 풀 훼(卉) 자를 넣으면 바쁠/달릴 분(奔) 자가 된다. 바쁘니까 달린다. "어머니는 손님 맞을 준비를 하느라 분주(奔走)하셨다" 등으로 쓸 수 있다.

뜻이 깊고 묘해서 잘 알기 힘든 것을 오묘(奧妙)하다고 한다. 속/그윽할 오(奧) 자의 부수도 클 대 자이다. 묘는 묘할 묘(妙) 자이다. "제갈공명의 오묘한 병법에 모두 혀를 내둘렀다" 등으로 쓸 수 있다.

클 대 자와 새 추 자(隹)를 합한 모양은 날개 칠 순

맺을 **계(契)**
- 계약
- 계기

별 이름 **규(奎)**
- 규장(각)

창덕궁 내 규장각

바쁠/달릴 **분(奔)**
- 분주

속/그윽할 **오(奧)**
- 오묘

(隹) 자이다. 이 밑에 마디 촌(寸) 자를 붙여 보자. 마디 촌 자는 사람의 손이다. 날아 오르려는 새를 손으로 잡아 자유를 빼앗는다고 해서 빼앗을 탈(奪) 자가 되었다. 남의 것을 빼앗아 갖는 것은 탈취(奪取)이다.

반대로 새가 땅에서 힘차게 날아 오르는 글자는 떨칠 분(奮) 자이다. 밭 전(田) 자가 있으니 밭에서 곡식을 쪼던 새가 활개를 치면서 후드득 날아가는 모양이다.
하던 일을 더욱 진전시키기 위해 기운을 내서 노력하는 것을 분발(奮發)이라고 한다.

❷❽ 여자 녀(女)

역시 손 모양인 또 우(又) 자와 합하면 종 노(奴) 자이다. 손으로 잡아서 종으로 만들었다는 말이다.

"그 간사한 술수에 놀아날 내가 아니다"의 간사(奸邪)는 정직하지 않게 나쁜 꾀를 부리는 것이다. 간사할 간(奸) 자 오른쪽의 방패 간(干) 자가 음을 나타낸다.

빼앗을 **탈(奪)**
- 탈취

떨칠 **분(奮)**
- 분발

종 **노(奴)**

간사할 **간(奸)**
- 간사

임금의 아내는 **왕비**(王妃)이다. 왕비 비(妃) 자에도 여자 녀 자가 있다. 역시 여자 녀 자가 부수인 아내/궁녀 빈(嬪)은 후궁이다. 빈 중 유명한 사람이 **장희빈**(張禧嬪)이다.

무엇을 하다가 잘 안 될 것 같으면 "여의치 않으면...... 하자"고 한다. 여는 여자 녀 자에 입 구(口) 자를 붙인 같을 여(如) 자로, **여의**(如意)는 내 뜻대로 되는 것이다. **여의봉**(如意棒)은 내 마음대로 길어졌다 짧아졌다 하는 봉, 손오공의 무기이다. 옛날 사람들은 무슨 소원이든 들어 주는 **여의주**(如意珠)도 상상해 냈다.

남자와 여자가 만나면 좋다는 뜻으로 좋을 호(好) 자가 생겼다. 오른쪽의 아들 자(子) 자는 남자를 가리키기도 한다.

"저 사람한테 호감 간다" **호감**(好感)은 좋은 감정이다. 신기한 것에 끌리거나 모르는 것을 알려고 하는 마음이 **호기심**(好奇心)이다.

젊고 예쁨을 나타내는 글자와 신비롭다는 글자가 같다. 젊을/적을 소(少) 자가 들어간 묘할 묘(妙) 자는 젊은 여자를 보고 만든 글자이다. 스무 살 안팎의 꽃다운 아가씨 나이를 **묘령**(妙齡)이라고 한다.

| 왕비 **비(妃)** |
| - 왕비 |
| 아내/궁녀 **빈(嬪)** |
| - 장희빈 |

| 같을 **여(如)** |
| - 여의봉 |
| - 여의주 |

여의주를 움켜진 용

| 좋을 **호(好)** |
| - 호감 |
| - 호기심 |

| 묘할 **묘(妙)** |
| - 묘령 |
| - 교묘 |

교묘(巧妙)하다는 어떻게 했는지는 모르지만 신기하게 잘 한 것이다. "마술사의 교묘한 솜씨는 관객들의 탄성을 자아냈다"처럼 긍정적으로 쓰지만, "해커의 수법이 너무 교묘해서 잡을 수 없다"처럼 부정적으로 쓰기도 한다.

"공사장 소음이 공부에 방해가 된다" 다른 사람이 무엇을 하기 힘들도록 훼방하는 것은 방해할 방(妨) 자를 쓴 방해(妨害)이다. 반대로 없을 무(無) 자를 써서 "그렇게 하셔도 무방(無妨)합니다"라고 하면 방해가 되지 않으니 걱정 말라고 안심시키는 말이다.

방해할 방(妨)
- 방해
- 무방

'임산부 및 노약자 입장 금지'에서 임산부(姙産婦)는 아이를 가진 사람, 낳은 사람을 아울러 이르는 말이다. 임은 아이 밸 임(姙) 자이고 아이를 갖는 것이 임신(姙娠)이다.

아이 밸 임(姙)
- 임산부
- 임신

요염(妖艶)은 넋을 빼 놓을 만큼 아름다운 것이다. 아리따울 요(妖) 자에는 이상하고 신기하다는 의미도 있다. 알라딘 이야기의 지니는 램프의 요정(妖精)이다.

아리따울 요(妖)
- 요염
- 요정

"최저임금을 보장하는 것이 타당하다고 생각합니

다"에서 **타당**(妥當)은 마땅하다는 말이다. 타는 온당할 타(妥) 자이다.

"운동장을 놓고 다투던 야구부와 축구부는 연습 시간을 조정해서 타협하기로 했다" **타협**(妥協)에서 협은 화할/도울 협(協) 자로, 대립하던 양쪽이 서로 양보해서 중간 방법을 찾는 것이 타협이다.

여자 녀 자는 성씨 성(姓) 자의 부수이다. **백성**(百姓)은 백 가지 성씨, 곧 온 국민이다. 성과 이름은 **성명**(姓名)이다. 성명을 높일 때는 **성함**(姓銜)이라고 한다. 함은 명함(名銜)에도 들어가는 직함 함(銜) 자이다.

누나, 언니와 같은 손위 누이는 자(姉)라고 한다. 누이동생은 매(妹)이다. 합쳐서 **자매**(姉妹)이다.

누나의 남편은 자신에게 형뻘이므로 **자형**(姉兄)인데 **매형**(妹兄)이라고도 한다. 남자에게 누이동생의 남편은 동생뻘이므로 **매제**(妹弟)가 된다.

모두 내 누이의 남편이니까 사내/남편을 이르는 부(夫) 자를 쓴 **매부**(妹夫)는 양쪽에 다 쓸 수 있다.

언니의 남편은 형부(兄夫)이고, 여자에게 자기 여동생의 남편은 제부(弟夫)이다.

온당할 타(妥)
- 타당
- 타협

노사 타협

성씨 성(姓)
- 백성
- 성명
- 성함

손위 누이 자(姉)
누이동생 매(妹)
- 자매
- 자형
- 매형
- 매제
- 매부

친목을 도모하고 서로 돕고자 하는 기관들도 자매가 될 수 있다. "서울시는 하노이 시와 **자매결연**(姉妹結緣)을 했다"와 같이 쓸 수 있다. 손위 누이 자 자의 원래 글자는 자(姊)이고, 姉는 쓰기 편하도록 바꾸어 쓰는 속자(俗子)이다.

"요즘은 부모를 모시고 사는 경우가 적어서 고부 간의 갈등이 줄었다"에서 **고부**(姑婦)는 시어미/고모 고(姑), 며느리 부(婦) 자이다.

시어미/고모 **고**(姑)
며느리 **부**(婦)
- 고부 (갈등)

열 십(十) 자, 돼지머리 계(크), 여자 녀 자를 합하면 아내 처(妻) 자이다. 아내의 친정은 **처가**(妻家)이고 아내의 형제는 **처남**(妻男)이다. 남편의 집은 시집이고 한 자로는 **시가**(媤家)라고 한다.

아내 **처**(妻)
- 처가
- 처남
- 시가 (시집)

여자 녀 자에 동쪽 오랑캐 이(夷) 자를 붙이면 이모 이(姨) 자이다. 이모는 **이모**(姨母)라고 쓴다. 아버지의 자매인 **고모**(姑母)에도, 어머니의 자매인 이모에도 나에게 어머니와 같다는 뜻에서 어미 모(母) 자가 붙는다.

이모 **이**(姨)

시작(始作)하다 할 때의 처음 시(始) 자의 부수도 여자 녀 자이다. 여자가 생명의 시작이라는 뜻이다. 옆의 글자는 별 이름 태(台) 자이다.

처음 **시**(始)
- 시작

판매 개시, 서비스 개시 등 무엇을 처음으로 한다는 개시(開始)의 시 자도 같은 글자이다. "그 사람은 시종일관 같은 말만 했다"에서 시종일관(始終一貫)은 처음부터 끝까지 꾸준하다는 뜻이다.

벼 화(禾) 자에 여자 녀 자를 붙이면 맡길 위(委) 자이다. 어떤 일을 다른 사람이나 기관에 맡기는 것이 위임(委任)이다. 비슷한 말로 부탁할 촉(囑) 자가 들어간 위촉(委囑)을 쓰기도 한다.

좋아하는 이성이 다른 사람과 시시덕거리는 것을 보면 질투가 난다고 한다. 시새울 질(嫉) 자에 시새울 투(妬) 자를 합한 질투(嫉妬)이다.

"태풍의 위력에 건물 지붕과 자동차가 날아갔다"에서 위력(威力)은 다른 것을 압도하는 강한 힘이다. 위는 위엄/두렵게 할 위(威) 자이다.
"위협에 의한 자백은 효과가 없다" 협은 으를 협(脅) 자로, 위협(威脅)은 겁을 주어 협박하는 것이다. 재판을 할 때 자백은 큰 증거이지만 협박을 받고 억지로 한 자백은 믿을 수 없다는 것이다.

- 개시
- 시종일관

맡길 위(委)
- 위임
- 위촉

시새울 질(嫉)
시새울 투(妬)
- 질투

위엄/두렵게 할
위(威)
- 위력
- 위협

"결혼식에서 신부의 고운 자태는 하객들의 탄성을 자아냈다" 자태(姿態)의 자는 버금 차(次) 자가 들어간 맵시/바탕/모양 낼 자(姿) 자이다.

"바른 자세로 앉아야 허리가 굽지 않는단다" 자세(姿勢)는 몸가짐이나 어떤 일에 임하는 마음가짐, 태도이다.

분만(分娩)은 아이를 낳는 것이다. 만은 면할 면(免) 자가 들어간 낳을 만(娩) 자이다. 나눌 분(分) 자는 어머니와 아이의 몸이 떨어지기 때문에 들어간다.

불가에서는 이 세상을 사바(娑婆)세계라고 한다. 발음이 비슷한 인도의 산스크리트어를 한문으로 음역한 것이다. 사는 춤출 사(娑) 자, 파는 할미/너울너울 춤출 파(婆) 자이다.

하지 않아도 될 걱정을 할 때 "노파심에서 하는 말인데......"로 운을 뗀다. 노파심(老婆心)은 노파의 마음, 곧 마음이 약해 무슨 일에나 염려하는 할머니의 마음이다. 할머니는 자나깨나 다 큰 자식 걱정이다.

"그 프로그램은 오락과 교양을 함께 갖추었다" 방

맵시/바탕/모양 낼
자(姿)
- 자태
- 자세

낳을 **만(娩)**
- 분만

춤출 **사(娑)**
할미/너울너울 춤출
파(婆)
- 사바세계
- 노파심

송 프로그램이 재미도 있고 배울 점도 있다는 말이다. 오는 나라 이름 오(吳) 자가 음으로 붙은 즐길 오(娛) 자로 오락(娛樂)은 즐겁게 노는 것이다.

숫자 수(數) 자의 바탕이 되는 글자는 별 이름 루(婁) 자이고, 아랫부분에 여자 녀 자가 부수로 들어간다. 오른쪽은 등글월 문(攵)이다.
"철수는 수학 성적이 형편없구나"와 "철수는 수학 빼고 다 잘하는구나" 중 어느 쪽이 부드러운가? 말하려는 점은 똑같이 철수가 수학(數學)을 못한다는 점이다. 하지만 아 다르고 어 다르다.

뒤의 표현처럼 듣는 사람이 마음을 상하지 않도록 넌지시 돌려 말하는 것을 완곡(婉曲)하다고 한다. 곡은 굽을 곡(曲) 자이니 돈다는 뜻이고, 여자 녀 자가 부수로 있는 완은 부드러울/아름다울 완(婉) 자이다.

결혼(結婚)에서 혼인할 혼(婚) 자의 오른쪽은 어두울 혼(昏) 자이다. 여기 여자 녀 자가 합쳐져서 혼인할 혼 자가 된다.

중매 결혼도 있다. 옛날에는 매파(媒婆)라고 해서 중

즐길 **오(娛)**	
- 오락	

숫자 **수(數)**	
- 수학	

부드러울/아름다울 **완(婉)**	
- 완곡	

혼인할 **혼(婚)**	
- 결혼	

매로 먹고 사는 노파들이 있었다. 그래서 중매 매(媒) 자에 여자 녀 자가 들어간다.

"쥐는 페스트균을 옮기는 매개체이다" 두 가지 이상을 중간에서 이어 주는 것도 중매 매 자로 표현한다. 매개(媒介)는 중간에서 잇는 것이다.

무엇인가를 전달하는 역할을 하는 것이 매개체(媒介體)이다. TV, 라디오, 인터넷 등 여러 사람에게 정보나 프로그램을 전달하는 것이 매스미디어이다. 매스(mass)는 여럿, 많은 사람이고 미디어(media)가 매개체이다.

"너 책임 전가하는 거야?" 책임을 다른 사람에게 미루는 것이 전가(轉嫁)이다. 가는 시집갈/떠넘길 가(嫁) 자이다.

"김씨는 6개월 동안 빈집을 돌며 금품을 훔친 혐의를 받고 있습니다"에서 혐의(嫌疑)는 죄를 지었다고 의심하는 것이다. 혐은 여자 녀 자가 부수로 들어간 싫어할/의심할 혐(嫌) 자가 된다.

싫어한다는 뜻으로 쓸 때는 "원숭이 골 요리는 보통 사람들에게는 혐오의 대상이다"처럼 미워할 오(惡) 자를 넣어서 혐오(嫌惡)로 쓸 수 있다.

무슨 말이나 행동을 할 때 사랑스럽고 귀여우면 애

중매 **매(媒)**
- 매개(체)

시집갈/떠넘길
가(嫁)
- 전가

싫어할/의심할
혐(嫌)
- 혐의
- 혐오

교가 있다고 한다. 사랑 애(愛) 자에, 여자 녀 자가 들어간 아리따울/사랑스러울 교(嬌) 자를 합한 **애교(愛嬌)**이다.

아리따울/사랑스러울
교(嬌)
- 애교

"모텔에서 자신의 아이를 살해한 20세 여성이 영아 살해죄로 입건되었습니다" **영아(嬰兒)**는 젖먹이다. 영 자에 있는 조개 패(貝) 자 두 개는 갓난아이이다. 여자가 갓난아이를 안고 있는 글자가 젖먹이 영(嬰) 자이다.

젖먹이 **영(嬰)**
- 영아

"김철수 군과 이지연 **양**의 결혼식을 거행하겠습니다" 결혼하지 않은 젊은 남자는 군(君), 결혼하지 않은 젊은 여자는 양이라고 한다. 여자 녀 자에 도울/오를 양(襄) 자를 붙인 아가씨 양(孃) 자를 쓴다.

아가씨 **양(孃)**
- ~양

㉙ 아들 자(子)

'자축인묘진사~'의 십이지 동물 중 첫째가 쥐다. 중국에서는 하루를 열두 시간으로 나누어 십이지 동물을 각 시각에 붙였다. 하루가 끝나고 시작되는 밤 11시부터 새벽 1시가 자시(子時), 자시 중의 한가운데가 밤 12시인 자정(子正)이다.

자식 식(息) 자를 아들 자 자와 합한 자식(子息)은 아들과 딸이다. 조금 격식을 갖출 때는 "자녀가 몇입니까?" 등으로 자녀(子女)라고 말한다.

"재현이 할아버지는 혈혈단신 월남해서 힘들게 자리를 잡으셨다"에서 단신은 홀몸이다. 아들 자 자의 가운데 획을 살짝 비끼면 외로울 혈(孑) 자이다. 그래서 혈혈단신(孑孑單身)은 어디에도 의지할 데 없는 외로운 신세를 일컫는다.

무엇엔가에 세게 얻어맞거나 부딪쳐서 정신을 잃은 사람이 응급실에 가면 눈꺼풀을 들추고 빛을 비추어 동공 반응을 살핀다. 동공(瞳孔)은 눈동자이다. 동은 눈동자 동(瞳) 자, 공은 외로울 혈 자가 있는 구멍 공(孔) 자이다.

글자 자(字) 자에도 아들 자 자가 부수로 들어간다. 글자를 한문으로는 글월 문(文) 자를 써서 문자(文字)라고 한다.

아들 **자(子)**
- 자시
- 자정 ⇔ 정오
- 자식
- 자녀

외로울 **혈(孑)**
- 혈혈단신

구멍 **공(孔)**
- 동공

글자 **자(字)**
- 문자

자식이 노인을 업은 형상이 효도할 효(孝) 자이다. 글자 밑에 아들 자 자가 있는 것처럼 열심히 부모를 보살펴 드리는 자식의 모습이다.

봄, 여름, 가을, 겨울 네 철을 사계절(四季節)이라고 한다. 철 계(季) 자의 부수가 아들 자 자이다.

올림픽은 여름에 한다. 말하자면 하계(夏季) 올림픽이고, 스키와 스케이트 종목이 주가 되는 올림픽은 겨울에 하기 때문에 동계(冬季) 올림픽이라고 한다.

가을을 낙엽과 고독의 계절이라고 한다. 고독(孤獨)의 외로울 고(孤) 자 왼쪽에 아들 자가 들어간다. 여기서는 외로울 혈 자로 보는 편이 더 정확할 것이다.

"트럼프 정부는 환경을 오염시키는 정책을 추진함으로써 국제 사회에서 고립을 자초했다"에서 고립(孤立)은 자기 편 없이 혼자 있는 것이다.

"안시성 군사들은 고군분투 끝에 당나라의 침입으로터 성을 지켰다"에서 고군분투(孤軍奮鬪)는 지원군 없이 힘겹게 싸우는 것이다. 분(奮) 자는 앞서 살펴본 떨칠 분 자이다.

아들 자 자가 윗부분에 올라가는 글자로 맏/맹랑할

효도할 **효(孝)**

철 **계(季)**
- 사계절
- 하계 ⇔ 동계

외로울 **고(孤)**
- 고독
- 고립
- 고군분투

맹(孟) 자가 있다. 아랫부분은 음이 비슷한 그릇 명(皿) 자이다. 처리하기 힘든 일이나 만만히 볼 수 없게 깜찍한 것을 두고 **맹랑(孟浪)**하다고 한다.

맹자(孟子)의 맹 자도 이 글자이다. **맹모삼천(孟母三遷)**은 맹자의 어머니가 자식 교육을 위해 세 번이나 이사를 했다는 이야기이다.

손자 손(孫) 자의 부수도 아들 자 자이다. 오른쪽은 이을 계(系) 자로, 아들을 잇는 아이니까 손자이다.

그 이후 대대의 자손들을 뒤 후(後) 자를 써서 **후손(後孫)**이라고 한다. 어머니의 부모가 외할아버지, 외할머니이듯이 부모가 볼 때 딸의 자식은 외손자, 외손녀의 **외손(外孫)**이다.

알에서 깨어 나오는 것이 **부화(孵化)**이다. 알 란(卵) 자에 미쁠 부(孚) 자가 붙어 알 깔 부(孵) 자가 나온다.

공부는 다 때가 있다고 한다. 기초적인 교양 **학문(學問)**은 어릴 때가 지나면 익히기 힘들다. 배울 학(學) 자를 보아도 그렇다. 밑에 부수로 아들 자 자가 들어가서 공부는 어릴 때부터 해야 함을 말한다.

"학창 시절에는 내가 날렸는데 말이야!" 창은 창 창

맏/맹랑할 **맹(孟)**
- 맹랑
- 맹모삼천

손자 **손(孫)**
- 후손
- 외손

병아리 인공 부화

알 깔 **부(孵)**
- 부화

배울 **학(學)**
- 학문

(窓) 자로, **학창(學窓)** 시절은 학교를 다녔던 때를 말한다. "그 사람 학력은 좋은데 말이야......" 력은 지낼 력(歷) 자로, **학력(學歷)**은 공부를 한 이력이다.

- 학창
- 학력

③⓪ 갓머리(宀: 집 면)

집 가 자의 머리라고 해서 붙은 이름이다. 집, 실내, 공간, 넉넉함, 받아들임, 관청 등을 의미한다.

집 가(家) 자는 갓머리 밑에 돼지 시(豕) 자가 들어간 글자이다. 이 글자를 만들 무렵의 사람들은 돼지를 많이 길렀던지 돼지가 있어야 집답다고 생각한 모양이다. 집안을 한자어로 **가문(家門)**이라고 한다.

한 집안에서 부모 자식, 형제 자매 등 피를 나눈 사람들은 **가족(家族)**이다. 족은 겨레 족(族) 자이다. 가족들이 편안하고 오붓하게 지낼 수 있는 울타리로서의 집은 **가정(家庭)**이다.

어느 방면에 뛰어나 그 일을 하는 사람을 '~가(家)'로 이르기도 한다. 그림을 그리는 사람은 **화가(畵家)**,

집 **가(家)**
- 가문
- 가족
- 가정

- 화가
- 작가

글을 짓는 사람은 **작가**(作家)이다. 실력이 출중해서 그 분야의 일가를 이루는 사람이라는 말이다.

"공격도 중요하지만 수비를 잘 해야 해" 갓머리 아래에 손을 나타내는 마디 촌(寸) 자가 들어가면 지킬 수(守) 자가 된다. 집을 지킨다는 뜻이다. **수비**(守備)는 적이나 상대가 침투하지 못하도록 지키는 것이다.

이를 지(至) 자를 갓머리 밑에 넣으면 방을 뜻하는 집 실(室) 자이다. 집 안에 들어가면 이르는 곳이 방이라는 말이다. 씻는 곳은 **욕실**(浴室), 잠 자는 방은 침실(寢室)이다.

두 글자 모두 부수가 갓머리인 **우주**(宇宙)는 집 우(宇), 집 주(宙) 자로 무한한 우주 공간이다. 각각 어조사 우(于) 자, 말미암을 유(由) 자를 붙였다.

가득할 복(畐) 자가 들어간 넉넉할 부(富) 자는 집에 쓸 것이 넉넉하다는 글자이다. 아쉬운 것 없이 집이 넉넉한 사람이 **부자**(富者)이다.

갓머리에 골 곡(谷) 자가 들어가면 담을/얼굴 용

지킬 **수(守)** - 수비
집 **실(室)** - 욕실
집 **우(宇)** 집 **주(宙)** - 우주
넉넉할 **부(富)** - 부자

(容) 자가 된다. '용량(容量) 500mL'는 들어가는 양이 500mL라는 말이다. 미용실(美容室)은 얼굴과 머리를 아름답게 꾸미는 곳이다.

"이 이상은 용납할 수 없다" 용납(容納)은 다른 사람의 언행을 너그럽게 받아들이는 것이다. 납은 들일 납(納) 자이다. "경찰은 절도 혐의로 용의자를 긴급 체포했다" 용의자(容疑者)는 의심을 받는 사람이다.

갓머리로 관청과 관련된 글자도 만든다고 했는데 공직을 나타내는 벼슬 관(官) 자가 대표적이다. 법무부 장관(長官), 외교부 차관(次官) 등 공무 직책을 나타내는 '~관'은 거의 모두 벼슬 관 자를 쓴다.

눈, 코, 혀, 귀 등은 감각 기관이고 허파, 기관지 등은 호흡 기관이다. 생물체를 구성하는 한 부분으로서 일정한 모양과 기능을 갖춘 것을 기관(器官)이라고 한다. 기는 그릇 기(器) 자이다.

임금이 살던 곳을 이르던 글자는 집 궁(宮) 자이다. 궁전(宮殿)과 궁궐(宮闕)은 왕이나 최고 주권자가 거처하던 집이었다. 사람에게도 쓰여, 왕비와 왕세자를 '~궁(宮)'으로 일컫는 일이 많았다. '혜경궁 홍씨(惠慶宮 洪氏)'가 그런 예이다.

담을/얼굴 **용(容)**
- 용량
- 미용실
- 용납
- 용의자

벼슬 **관(官)**
- 장관
- 차관
- 기관

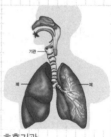

기관

폐

호흡기관

집 **궁(宮)**
- 궁전
- 궁궐
- 혜경궁 홍씨

식당 같은 곳에서 많은 사람들이 한꺼번에 앉을 수 있는 곳을 갖추고 '연회석 완비'라고 광고하는 것을 볼 수 있다. 연회(宴會)는 축하, 환영 등을 위한 잔치이다. 연이 잔치 연(宴) 자이다. 결혼식 피로연, 환갑이나 돌 잔치 같은 것을 연회라고 할 수 있다.

잘 숙(宿) 자는 자기 집은 아니지만 어느 건물에 들어가 지붕 아래서 잔다는 글자이다. 그렇게 자는 곳이 숙소(宿所)이다.

"난민들에게 노숙은 일상생활이 되었다" 여관, 호텔 등 숙박업(宿泊業)은 지나가는 사람들에게 그 날 잘 곳을 제공하는 업종이고, 이슬 로(露) 자가 있는 노숙(露宿)은 한데서 밤이슬을 맞으며 자는 것이다.

위험하지 않아서 안심할 수 있는 상태를 안전(安全)하다고 한다. 온전할 전(全) 자 앞에 갓머리가 들어가는 편안할 안(安) 자를 쓴다. 집에 있으면 안전하고 편안하다는 말이다.

갓머리에 으뜸 원(元) 자가 들어가면 완전할 완(完) 자가 된다. 흠 없이 완벽한 물건에도 이 글자를 쓰고, 어떤 일이 끝났다는 완결(完結)에도 쓴다. 가령, "해리

잔치 **연(宴)**
- 연회

잘 **숙(宿)**
- 숙소
- 숙박업
- 노숙

편안할 **안(安)**
- 안전

완전할 **완(完)**
- 완결

포터 완결편이 나왔나요?"처럼 쓸 수 있다.

'Mission complete'이라는 문구는 주로 게임을 하다가 목표를 달성하면 이따금 볼 수 있는 영문이다. 즉 임무 완수다. 완수(完遂)의 수 자는 드디어/이룰 수(遂) 자로 완수는 맡은 일을 완전히 해낸다는 뜻이다.

사람이 믿음을 두고 마음을 다스리는 데 도움을 받는 정신 체계가 종교(宗敎)이다. 마루 종(宗) 자에 가르칠 교(敎) 자이다. 마루란 방바닥 마루가 아니라 산마루처럼 높은 곳이다. 옛날 국가적인 제사는 산봉우리에 제단을 쌓고 지냈다.

마루 종 자에서 갓머리 밑의 보일 시(示) 자는 제사를 받는 신을 나타낸다. 명절마다 모이는 큰집을 종가(宗家)라고 하는데 집안 사람이 모여서 제사를 지내는 집이기 때문이다.

높다는 마루 종(宗) 자의 뜻은 종주국(宗主國)이라는 말에서도 볼 수 있다. "우리나라는 태권도의 종주국이다" 할 때의 종주국은 문화 현상이나 기술을 처음 시작한 나라이다. 유도의 종주국은 일본이다.

"정족수 미달로 통과하지 못했다" 정족수(定足數)는 제안된 안건을 통과시키는 데 필요한 수이다. 정은 정

- 완수

마루 종(宗)
- 종교
- 종가
- 종주국

태권도 종주국

정할 정(定)
- 정족수

할 정(定) 자, 족은 족할 족(足) 자이다.

"신석기인들은 정착해서 농사를 시작했다" **정착(定着)**은 붙을 착(着) 자를 써서 돌아다니지 않고 일정한 곳에 눌러 있는 것을 나타낸다.

"삼각형의 정의는 각이 세 개이고 세 직선으로 이루어진 도형이다" **정의(定義)**란 그것은 이런 것이다 하고 정해 놓은 뜻이다.

- 정착
- 정의

"객지 생활에 얼굴이 많이 상했구나" 할 때 **객지(客地)**는 고향이 아닌 곳이다. 나그네/손님 객(客) 자는 갓머리 부수 밑에 각 각(各) 자가 들어간 글자이다.

객관적(客觀的)이란 이해 당사자가 아닌 사람의 눈으로 보는 것으로, 반대는 주관적(主觀的)이다. 영화나 연극 등을 관람하는 사람은 **관객(觀客)**이다.

나그네/손님 **객(客)**
- 객지
- 객관적 ⇔ 주관적
- 관객

펼 선(亘) 자에 갓머리를 얹으면 베풀/퍼뜨릴 선(宣) 자가 된다. "스위스는 영세 중립국임을 선언했다" **선언(宣言)**은 앞으로 이렇게 하겠다는 방침을 대외적으로 알리는 것이다.

"선전포고도 없이 쳐들어오다니 비겁한 놈들이다!" **선전포고(宣戰布告)**는 전쟁을 하겠다고 알리는 것이다. 어떻게든 이겨야 하는 전쟁에서 알리고 시작한다는

베풀/퍼뜨릴 **선(宣)**
- 선언
- 선전포고

탑골공원 3.1 독립선언 부조

것이 이상하기는 하지만….

"가해자는 피해자와 전부터 알고 지내던 사이다" 가해와 피해는 해할 해(害) 자를 써서 해를 주고 받는 것으로, 해를 가한 사람이 가해자(加害者), 입은 사람이 피해자(被害者)가 된다.

모기, 파리, 바퀴벌레처럼 사람에게 해로운 벌레는 해충(害蟲), 꿀벌처럼 이로운 벌레는 익충(益蟲)이다. 하지만 무엇이 이롭고 해로운지는 그때그때 다르다.

갓머리에 매울 신(辛) 자를 넣으면 재상/주재할 재(宰) 자가 된다. 중국이나 우리나라 등에서 왕 바로 아래에 있던 관직인 재상(宰相)은 지금의 수상(首相)이나 총리이다.

"대통령은 국무회의를 주재(主宰)한다"에서와 같이 어떤 일을 책임지고 맡아 처리한다는 뜻도 있다.

이상할 기(奇) 자에 갓머리가 올라가면 부쳐 살/맡길 기(寄) 자가 나온다. 기생(寄生)에서처럼 다른 것에 붙어서 얹혀 산다는 글자이다. 겨우살이 같은 기생 식물이 있고 벼룩 같은 기생 동물이 있다.

어려운 사람들을 위해서 조금씩 기부하는 좋은 사

해할 **해(害)**
- 가해자 ⇔ 피해자
- 해충 ⇔ 익충

재상/주재할 **재(宰)**
- 재상
- 주재

국무회의 주재 모습

부쳐 살/맡길 **기(寄)**
- 기생

람들이 있다. **기부**(寄附)는 힘든 사람이나 어떤 목적을 지닌 단체에 돈이나 물자를 내놓는 것이다. 부는 붙일/줄 부(附) 자이다.

"그 출판사에 한 번 기고해 보지 그래?" 할 때 **기고**(寄稿)는 출판을 위해 원고를 보내는 것이다.

"이건 너한테만 알려 주는 비밀인데……" 하는 말은 비밀이 아니다. 비밀은 혼자만 아는 것이니까. **비밀**(祕密)은 숨길 비(祕) 자에 빽빽할/비밀 밀(密) 자이다.

밀수(密輸)는 수출입 신고를 하지 않고 몰래 물건을 수입하거나 수출하는 것이다.

"서울은 인구 밀도가 높다" **밀도**(密度)는 빽빽한 정도이다. 단위 넓이에 사람이 몇 명 사느냐가 인구 밀도이다. 꼭 붙어 있거나 관계가 아주 가까운 것을 **밀접**(密接)하다고 한다. 가깝고도 친한 사이는 **친밀**(親密)한 사이이다.

"주말에 한적한 교외로 나가는 편이 좋더라" **한적**(閑寂)은 다니는 사람이 별로 없어 조용한 것이다. 적은 아재비 숙(叔) 자를 넣은 고요할 적(寂) 자이다.

추운 것은 찰 한(寒) 자로 표현한다. "지난 겨울에는

- 기부
- 기고

빽빽할/비밀 밀(密)
- 비밀
- 밀수
- 밀도
- 밀접
- 친밀

고요할 적(寂)
- 한적

찰 한(寒)

이상 한파가 많이 찾아왔다"에서 한파(寒波)는 매섭게 찬 바람을 말한다. 사실은 춥지 않은데 으슬으슬 한기가 들고 움츠러드는 것은 오한(惡寒)이다.

여름에 북쪽의 차가운 한랭(寒冷)전선(오호츠크해 기단)과 남쪽의 따뜻한 온난(溫暖)전선(북태평양 기단)이 만나면 정체전선이 형성되어 장마가 온다.

정체전선의 형성

갓머리 부수 밑에 긴꼬리원숭이 우(禺) 자를 넣으면 부쳐 살 우(寓) 자가 된다. 다른 사물이나 대상을 통해서 말하고자 하는 바를 넌지시 이야기하는 것이 우화(寓話)이다. 그리스의 이솝 우화가 대표적이다.

제일 흔하게 하는 인사말이 '안녕'이다. 안녕(安寧)은 편안할 안(安) 자에 편안할 녕(寧) 자를 쓴다. 둘 다 부수로는 갓머리가 올라가 있다.

"3년간의 노력이 드디어 결실을 맺었다"는 바른 말일까? 그렇지 않다. 결은 결혼하다 할 때의 맺을 결(結), 실은 열매 실(實) 자이다. 따라서 "드디어 열매를 맺었다"나 "드디어 결실(結實)을 보았다"가 바른 표현이다.

열매 실 자에는 사람이나 물건이 실하다/믿을 수

있다는 뜻도 있다. "이 사람은 팔다리가 실한 것이 일을 잘 하게 생겼으니 데려가겠습니다"처럼 쓴다.

반대말은 아니 불(不) 자를 쓴 **부실(不實)**이다. "부실 경영을 거듭한 그 회사는 결국 문을 닫고 말았다"가 적당한 예문이다.

"증인으로서 사실만을 말할 것을 선서합니다" 거짓이 아닌 참을 진짜 있는 일이라는 뜻으로 **사실(事實)**이라고 한다.

집 면(갓머리의 다른 이름)과 제사 제(祭) 자를 합하면 살필 찰(察) 자가 된다. "국방장관은 전방 군부대를 시찰했다" **시찰(視察)**은 되어야 할 것이 잘 되는지를 살피는 것이다.

침대(寢臺)는 흔한 것이 되었다. 잠은 보통 집에서 자니까 침은 집 면이 들어간 잘 침(寢) 자이다. "너 보통 취침 시간이 몇 시니?" **취침(就寢)**은 잠드는 것이다.

"삼촌은 프리랜서 사진작가예요" 사는 베낄 사(寫) 자로 **사진(寫眞)**은 실물을 똑같이 베끼는 것이다.

"칭기즈칸은 항복한 적은 관대하게 용서해 주었다"

- 부실
- 사실

살필 **찰(察)**
- 시찰

잘 **침(寢)**
- 침대
- 취침

베낄 **사(寫)**
- 사진

관은 너그러울 관(寬) 자로 **관대(寬大)**는 너그러운 마음이다. 프랑스를 **관용(寬容)**의 나라라고 한다. 관용은 나와 다른 점을 인정하는 것이다. 불어로는 똘레랑스(tolérance)이다.

어떤 테스트에 통과시킬지 떨어뜨릴지, 콘테스트의 여러 후보 중 누구를 뽑을지 정하려고 자세히 살피는 것은 심사(審査)이다. 심은 갓머리에 차례 번(番) 자를 넣은 살필 심(審) 자이다.

심판(審判)은 누군가에게 죄가 있는지 없는지 살피는 일인데, 요즘은 운동 경기에서 선수들이 공정하게 플레이하는지 살피는 사람을 가리킨다.

한때 러일전쟁 때 **보물(寶物)**을 가득 싣고 울릉도 앞바다에 침몰한 러시아 전함 돈스코이 호를 찾았다는 주장이 있었지만 사기극이었다. 갓머리에 구슬 옥(玉), 장군 부(缶), 조개 패(貝) 자를 합하면 보배 보(寶) 자가 된다.

허준이 지은 **동의보감(東醫寶鑑)**은 동방 의학에서 보물처럼 삼은 책이다. 같은 보감으로 고려 충렬왕 때의 문신 추적이 중국 고전을 엮어 지은 어린이 한문 교양서 **명심보감(明心寶鑑)**이 있다.

너그러울 **관(寬)**
- 관대
- 관용

살필 **심(審)**
- 심판

야구경기의 심판

보배 **보(寶)**
- 보물
- 동의보감
- 명심보감
- 국보

국보(國寶)는 나라의 보물로 우리나라 국보 1호는 서울 숭례문이었다. 하지만 국보는 모두 귀중한 것이라서 번호를 매길 수 없다. 그래서 국보, 보물, 사적 등에서 전부 번호를 빼고 이름만 부르도록 법이 바뀌었다. '국보 원각사지 10층 석탑' 하는 식으로 말이다.

국보 원각사지 10층 석탑
(탑골공원 내)

갓머리 변형 부수

30-1 민갓머리(冖: 덮을 멱)

갓머리에서 꼭대기를 빼서 민둥민둥하다고 해서 민갓머리이다.

"삼가 고인의 명복을 빕니다"는 죽은 사람을 기리는 말이다. 명은 저승 명(冥) 자로 명복(冥福)은 저승에서 받는 복이다.

저승 **명(冥)**
- 명복

㉛ 작을 소(小)

담이 작아서 잘 나서지 못하고 무슨 일에나 몸을 사리는 사람을 **소심**(小心)하다고 한다. 중국어에서는 소심이 '조심'이라는 뜻이다.

어린아이에게 많이 일어나는 마비성 질병은 **소아**(小兒)**마비**이다.

작을 소 자 밑에 삐침 별을 찍으면 적을/젊을 소(少) 자다. 많은 수인 다수의 반대는 **소수**(小數)가 아닌 **소수**(少數)이다.

큰 것은 대(大), 많은 것은 다(多), 작으면 소(小), 적으면 소(少)임을 기억하자.

어린아이들은 **소년소녀**(少年少女)이고, 소년소녀가 자라서 **청소년**(靑少年)이 된다. 청소년은 중고등학생을 포함한 10대 후반을 일컫는다.

어떤 조직이나 단체에서 젊은 층이 모여 세력을 형성한 것을 **소장파**(少壯派)라고 한다.

클 대(大) 자 위에 작을 소(小) 자가 올라간 모양을 보

- 소심
- 소아마비
- 소수(小數)

적을/젊을 소(少)
- 소수(少) ⇔ 다수(多)
- 소년소녀
- 청소년

자. 점점 가늘어지는 뾰족할 첨(尖) 자이다. 이슬람 건축물에서 볼 수 있는 미나렛(minaret)처럼 꼭대기로 올라갈수록 뾰족해지는 탑이 **첨탑(尖塔)**이다.

"두 사람은 그 문제에서 **첨예(尖銳)**하게 날을 세웠다" 예는 날카로울 예(銳) 자로, 타협의 여지가 없이 팽팽히 맞서는 것을 첨예하게 대립한다고 한다.

"인공지능 연구소는 첨단 기술의 집약장이다" **첨단(尖端)**에서 단은 끝 단(端) 자이다. 시대의 사조, 유행, 기술 등에서 가장 앞서 나가는 것이 첨단이다.

취미나 몸가짐 따위가 수준 높고 품위 있는 사람을 **고상(高尙)**하다고 하는데, 상은 오히려/높을 상(尙) 자이다. 무예를 숭상하는 기풍은 **상무(尙武)** 정신이다. 고구려 사람들은 상무 정신이 있었다.

이 글자에는 아직이라는 뜻도 있다. "그런 위험이 아직 상존한다"고 하면 어색하다. **상존(尙存)**이 아직 있는 것이니까 중복된 말이다. "그런 위험이 아직 있다" 또는 "그런 위험이 상존한다"가 바른 표현이다.

이슬람 사원의 미나렛

뾰족할 **첨(尖)**
- 첨탑
- 첨예
- 첨단

오히려/높을 **상(尙)**
- 고상
- 상무(정신)
- 상존

㉜ 절름발이 왕(尢)

절름발이 왕(尢) 자에 점 주(丶)를 찍으면 더욱 우(尤)
자가 된다.

주로 공직자나 기업의 간부가 일을 시작하는 것을
취임(就任)이라고 한다. 취는 서울 경(京) 자에 더욱 우
자를 붙인 나아갈 취(就) 자이다.
"샛별 엄마 소원 성취했네" 이룰 성(成) 자가 들어간
소원 성취(成就)는 소원을 이루는 것이다.

㉝ 주검 시 엄(尸)

사람이나 동물이 죽어서 모로 쓰러진 모습이다. 엄
이란 한자의 위, 왼쪽에 걸친 부수이다.

밑에 죽을 사(死) 자가 들어간 주검 시(屍) 자의 엄이

더욱 **우(尤)**

나아갈 **취(就)**
- 취임
- 성취

주검 **시(屍)**
- 시체

다. 죽은 사람이나 짐승, 즉 송장은 시체(屍體)이다.

주검 시 엄은 죽은 듯이 누워 있는 사람, 짐승의 엉덩이를 나타낸다. 쭈그리고 앉아 볼일 보는 것을 보고 오줌 뇨(尿) 자를 만들었다. 오줌이니까 물(水)이 들어간다.

짐승 꽁무니에서 뻗어 나온, 털이 많은 것은 꼬리이다. 그래서 주검 시 엄에 털 모(毛) 자를 합해 꼬리 미(尾) 자를 만들었다.
"스티브는 누군가가 미행하는 것을 느꼈다" 남의 뒤를 몰래 밟는 것을 미행(尾行)이라고 한다.

주검 시 엄에 옛 고(古) 자를 붙이면 살 거(居) 자가 된다. "거주가 불분명한 사람은 가입할 수 없습니다" 거주(居住)는 한 곳에 사는 것, 그 집이다.

"여기는 굴곡이 너무 많아서 스키 타기가 어렵다" 굴은 날 출(屮) 자를 붙인 굽을 굴(屈) 자다. 굴곡(屈曲)은 여기저기 굽은 곳, 이리저리 변화가 많은 것이다.
한 예능 프로그램에서 '~의 굴욕'이라는 말이 유행했다. 굴욕(屈辱)이란 억눌려서 업신여김을 당하는 것

오줌 **뇨**(尿)
꼬리 **미**(尾)
- 미행
살 **거**(居)
- 거주
굽을 **굴**(屈)
- 굴곡
- 굴욕
- 굴지

이다.

"맨손으로 시작한 정주영은 한국 굴지의 기업인 현대그룹을 세웠다" 굴지(屈指)는 손가락을 구부려 순위를 세는 것으로, 손에 꼽을 만큼 우수하다는 말이다.

일이 되어 가는 형편을 국(局)이라고 한다. 판 국 자이다. "피고인의 자백으로 사건은 새로운 국면(局面)을 맞았다" 등으로 쓴다.

이 국 자는 특정 기관을 나타내기도 한다. 많이 들어 본 FBI는 미국 연방수사국이다. FBI 같은 곳의 우두머리는 국장(局長)이다.

건물을 나타내는 집 옥(屋) 자는 주검 시 엄 밑에 이를 지(至) 자를 넣어 만들었다. 지붕 위를 평평하게 만들어 놓은 곳이 옥상(屋上)이다.

펼 전(展) 자에서 주검 시 엄 밑부분은 사람의 허리춤, 그 밑은 옷자락이다. 옷자락이 펼쳐진다고 해서 펼 전 자이다.

"사건은 흥미롭게 전개되었다" 전개(展開)는 논리나 이야기 등이 점점 크게 펼쳐지는 것이다. "개발이 곧 발전은 아니다" 발전(發展)은 보다 나은 상태로 바뀌는

판 **국(局)**
- 국면
- 국장

집 **옥(屋)**
- 옥상

펼 **전(展)**
- 전개
- 발전

것이다.

고기는 거저 식탁에 오르지 않는다. 누군가가 돼지
나 소, 닭을 도살(屠殺)해야 한다. 도는 주검 시 엄에 사
람 자(者) 자를 넣은 잡을 도(屠) 자이다.

"우리 집은 2층 집이다" 층 층(層) 자는 일찍 증(曾)
자에 주검 시 엄을 얹은 것이다.

잡을 **도(屠)**
- 도살

층 **층(層)**
- 1층, 2층

㉞ 메 산(山)

메 산 자도 쉬운 상형문자로 한 번 보면 좀처럼 잊
히지 않는 글자이다. 척 봐도 산같이 생겼다.

산림청(山林廳)은 산과 숲을 보존하는 관청이다. 명
절마다 찾아뵙는 조상의 묘를 산에 있는 곳이라 해서
산소(山所)라고 한다.

큰 산 악(岳) 자와 합한 산악(山岳)은 크고 작은 산을

메 **산(山)**
- 산림청
- 산소
- 고산지대

큰 산 **악(岳)**
- 산악

모두 가리킨다. "한국과 일본에는 산악 지형이 많다" 등으로 쓴다.

우리나라 국토 대부분은 산이지만 서울이나 대구처럼 산으로 둘러싸인 대도시의 해발 고도는 그리 높지 않다. 해발 고도는 바다보다 얼마나 높은가이다.

그런데 남미 안데스 산맥에 있는 볼리비아의 수도 라파스는 해발 고도 6,485m의 이얌푸 산 바로 옆에 있다(그 옆에는 유명한 티티카카 호수가 있다). 이렇게 높은 산악 지대를 고산(高山)지대라고 한다.

"햄릿은 생사의 기로에서 고민했다" 기는 메 산 자에 가지/지탱할 지(支) 자를 붙인 갈림길 기(岐) 자이다. 따라서 생사의 기로(岐路)는 사느냐 죽느냐의 갈림길이다.

고속도로에서 자주 볼 수 있는 분기점(分岐點, JC-junction)은 나뉘어 갈라지는 지점, 즉 고속도로와 고속도로가 다른 방향으로 갈라지거나 합쳐지는 길목이다. 참고로 나들목이라고 부르는 IC(인터체인지)는 일반도로와 고속도로를 연결하는 지점이다.

지리산에서 제일 높은 봉우리는 천왕봉(天王峰)이다. 봉은 메 산 자에 이끌 봉(夆) 자를 붙인 봉우리 봉(峰)

갈림길 **기(岐)**
- 기로
- 분기점

호법분기점(중부-영동)

봉우리 **봉(峰)**
- 천왕봉

자이다. 천왕봉은 약 1,917m로 남한 내륙에서 가장 높은 산이다.

남한에서 가장 높은 산은 약 1,947m인 한라산이다. 한라산은 다른 산처럼 봉우리가 많지 않고 화산섬인 제주도에 거대한 화산 하나로 솟아 있다.

제주도를 행정구역으로는 길 도(道) 자를 넣어 제주도(濟州道)라고 하며, 섬임을 생각할 때는 섬 도(島)자를 넣어 제주도(濟州島)라고 한다.

섬 도(島) 자에도 밑에 메 산 자가 부수로 들어간다. 비교적 평평한 섬도 있지만, 섬은 바다 한가운데 산처럼 솟아 있기 때문이다.

섬이 작으면 작은 섬 서(嶼) 자로 표현한다. "이번 여름방학에는 남해 도서 지역으로 봉사활동을 가기로 했다" 도서(島嶼)는 크고 작은 섬을 다 이르는 말이다.

"고선지 장군의 부대는 험준한 파미르 고원을 목표로 전진했다" 험준(險峻)에서 준은 높을/가파를 준(峻) 자이다. 메 산 자 옆의 천천히 걸을 준(夋) 자가 음을 나타낸다.

"뇌물을 받은 부패 관리들은 모두 준엄한 법의 심

섬 도(島)
- 제주도

남해의 다도해

작은 섬 서(嶼)
- 도서

높을/가파를 준(峻)
- 험준
- 준엄

판을 받았다"의 **준엄**(峻嚴)에서 준 자는 엄하다는 뜻이다.

서울 충정로와 이화여대 사이에 아현이라는 곳이 있다. 야트막한 언덕이다. **아현**(阿峴)의 현이 재/고개 현(峴) 자이다. 아 역시 언덕 아(阿) 자이다.

"네 인생도 참 기구하구나"에서 구는 메 산 자에 구역 구(區) 자를 붙인 산 험할 구(嶇) 자이다. **기구**(崎嶇)하다는 것은 산길이 구불구불하고 가파르듯이 인생길이 험하다는 말이다.

육군의 강재구 소령은 1965년 부하가 떨어뜨린 수류탄을 몸으로 덮쳐 숭고한 살신성인 정신을 발휘했다고 한다. 숭은 높일 숭(崇) 자로 **숭고**(崇高)는 거룩하다는 말이다.

"마이클 잭슨은 청소년들의 숭배를 한 몸에 받았다" **숭배**(崇拜)는 엎드려 절할 정도로 우러러보는 것이다. 여기서는 열렬히 좋아함을 비유적으로 말한다.

겨울이면 강원도 산간에 맹추위가 엄습한다. 그런데 같은 강원도라도 영동은 그리 많이 춥지 않다. 영

재/고개 **현**(峴)
- 아현

산 험할 **구**(嶇)
- 기구

높일 **숭**(崇)
- 숭고
- 숭배

동(嶺東)의 영은 재 령(嶺) 자로, 대관령 동쪽이며, 그 너머는 영서(嶺西)이다.

암벽 등반의 암벽(岩壁)에서 바위 암(岩) 자는 메 산 자와 돌 석(石) 자로 이루어졌다. 산처럼 큰 돌, 곧 바위이다.

㉟ 개미허리(巛: 내 천(川))

시내가 흐르는 모양이다. 부수 이름으로는 개미허리라고 한다.

고향 산천(山川)은 고향의 산과 물이다. "산천은 의구하되 인걸은 간 데 없다" 고려가 망한 뒤에 옛 도읍 개성을 찾은 야은 길재가 산천만 그대로이고 사람이 없어 황폐해진 모습을 보고 탄식한 싯구이다.

내 천 자의 왼쪽과 물줄기 사이사이에 점을 찍으면 고을 주(州) 자가 된다. 지명에 이 글자가 많이 들어간

재 령(嶺)
- 영동, 영서

영서와 영동지방

바위 암(岩)
- 암벽

내 천(川)
- 산천

고을 주(州)

다. 청주(淸州), 공주(公州), 상주(尙州) 등 메 산 자와 함께 지명에 가장 많이 붙는 글자가 고을 주 자일 것이다.

중국 지명에도 이 글자가 많으며, 일본도 가장 큰 네 섬 중 혼슈(本州), 규슈(九州)에 고을 주 자가 들어간다. 미국의 가장 큰 행정구역인 스테이트(state)도 주(州)로 번역한다. 미국에는 50개의 주(州)가 있다.

범죄가 많이 일어나는 곳에서는 밤에 경찰차가 순찰(巡察)을 한다. 움직임을 나타내는 책받침(辶)에 개미허리를 부수로 붙이면 두루 돌 순(巡) 자이다. 돌아다니면서 이상이 없는지 살피는 것이 순찰이다.

"드디어 메카 순례를 하게 되었구나" 이슬람 교도는 일생에 한 번은 성지 메카를 순례(巡禮)해야 한다. 순례는 종교의 발상지, 성인의 묘 등을 찾아가 경배하는 것이다.

둥지 소(巢) 자를 보자. 개미허리 밑에 있는 글자는 열매 과(果) 자이니까, 소 자는 새가 나무에 둥지를 튼 모습이다. 악한 무리가 모여 있는 곳은 소굴(巢窟)이다.

두루 돌 **순(巡)**
- 순찰
- 순례

이슬람 교도의 메카 순례

둥지 **소(巢)**
- 소굴

㊱ 장인 공(工)

물건을 만드는 것이 공(工)이다. 제품을 대량 생산하는 곳은 공장(工場)이다. 공학(工學, engineering)은 가공한 재료나 기계, 장치를 써서 공업 효율을 높이고 새로운 제조 기술을 연구하는 학문이다.

- 공장
- 공학

모양이 좀 변했지만 클 거(巨) 자의 부수도 장인 공 자이다. "거대한 쓰나미가 인도네시아를 덮쳤다" 거대(巨大)는 크다는 말을 반복해서 강조하는 것이다.
"그는 2m가 넘는 거구였다" 체구가 유달리 큰 사람이 거구(巨軀)이다. 정치권이나 산업계에서 영향력이 큰 인물을 거물(巨物)이라고 한다.

클 거(巨)
- 거대
- 거구
- 거물

장인 공 자 양쪽에 사람이 한 명씩 있으면 무당 무(巫) 자이다. 무당(巫堂)은 신내림을 받아 굿을 해주는 것을 업으로 삼는 여성 무속인을 일컫고, 무당과 함께 일하는 남자를 '박수'라고 한다.

무당 무(巫)
- 무당

왼 좌(左) 자의 부수도 장인 공 자이다. 이랬다가 저

왼 좌(左)

랬다가 마음을 잡지 못하는 갈팡질팡을 한문으로 우왕좌왕(右往左往)이라고 한다.

　오른쪽의 '오른'은 '옳은'을 어원으로 하기 때문에 오른쪽이 옳고 왼쪽은 그르다는 인식이 있었다. 옛날에 아이가 왼손잡이면 때려서라도 오른손으로 밥을 먹게 만들었던 데는 이런 이유가 있는 것이다. 지금도 국가나 지방 공무원이 낮은 직위로 떨어지는 것을 왼 좌 자를 써서 좌천(左遷)이라고 한다.

- 우왕좌왕
- 좌천

　어긋날/병 나을/부릴 차(差) 자를 보자. 상태나 정도가 같지 않고 다르면 차이(差異)가 난다고 한다.

　"어머니의 병은 차츰 차도를 보입니다" 차도(差度)는 환자의 증세가 나아지는 것이다.

　"어서 길을 떠날 채비를 해라"에서 채비는 무슨 일을 하기 위해 준비한다는 차비(差備)가 변한 말이다.

　왕조 시대에 특수한 임무를 주어 파견하던 임시 관리를 차사(差使)라고 했다. 한번쯤 함흥차사(咸興差使)라는 말을 들어 보았을 것이다. 심부름 간 사람이 늦게 오거나 돌아오지 않을 때를 말한다. 조선 초, 태조 이성계를 모시러 함흥에 갔다 돌아오지 않은 사신을 가리키는 말에서 유래하며 흔히 "얘는 심부름 보내면 항상 함흥차사야!" 하는 식으로 표현한다.

어긋날/병 나을/부릴
차(差)
- 차이
- 차도
- 차비(채비)
- 함흥차사

❸❼ 몸 기(己)

자신을 의미한다. 영어로 self이다. 그 사람 자신을 스스로 자(自) 자를 써서 **자기**(自己)라고 한다.

반 획을 더하면 이미 이(已) 자가 된다. "이왕 이렇게 된 것 그렇게 하자" **이왕**(已往)은 이미 지나간 것이다. 기왕(旣往)과 바꾸어 쓸 수 있다.

"변별력을 높이기 위해 부득이 수학 문제를 어렵게 낼 수밖에 없었습니다" 부는 아니 부(不), 득은 얻을 득(得) 자이다. 얻지 못하여, 곧 '뜻대로 되지 않아, 어쩔 수 없이'라는 말이 **부득이**(不得已)이다.

❸❽ 수건 건(巾)

땅에 세운 막대기에 수건 빨래를 널어 놓은 형상이다. 수건을 한자로는 **수건**(手巾)으로 쓴다. 영화에서 카

- 자기

이미 **이(已)**
- 이왕
- 부득이

- 수건

리브 해적들이 머리에 쓰는 헝겊은 **두건(頭巾)**이다.

"정부는 국가보안법을 폐지한다고 공포했다"라는
예문에서 **공포(公布)**는 공공에 널리 알리는 것이다. 수
건 건 자를 부수로 하는 베/펼 포(布) 자를 쓴다.

수건 건 자에 돼지 해 머리(亠)를 얹으면 저자/시장
시(市) 자가 나온다. 사람들이 모여 물건을 사고 팔던
장터에서 도시가 생겼기 때문에 **도시(都市)**에 이 글자
가 들어간다.

행정구역인 시(市) 역시 이 글자를 쓴다. 장터를 한
자말로는 마당 장(場) 자를 넣어 **시장(市場)**이라고 한다.

횟집에 가면 생선마다 가격이 붙어 있는데 인기가
좋은 어떤 생선은 '시가'로 적어 놓은 경우가 있다. 이
시가(市價)란 시장 가격이다. 값을 정해 놓지 않고 그
날그날 횟집에 들어오는 도매가격에 따라 값을 정하
는 것이다.

그런가 하면 "스탈린그라드에서는 시가전이 치열
했다"에 나오는 **시가전(市街戰)**의 **시가(市街)**는 도시의
거리이다. 시가전은 들이나 산 같은 곳에서 싸우는 야
전이 아니라 도시에서 싸우는 것이다.

- 두건

베/펼 **포(布)**
- 공포

저자/시장 **시(市)**
- 도시
- 시장
- 시가(전)

"미국에서는 바이든 행정부가 출범했다"의 **출범(出帆)**에서 범은 돛 범(帆) 자이다. 배가 돛을 올려 나가는 것이 출범으로, 새로 만든 단체가 활동을 시작하는 것을 비유적으로 출범한다고 한다.

돛을 단 배는 **범선(帆船)**이다. 범선 하면 보통 콜럼버스 시대의 대형 범선만을 생각하기 쉽지만 그 전에도 범선은 다녔다. 스포츠의 하나인 요트도 엄격히 말해 범선이다.

아무리 힘든 상황에서도 희망을 잃지 않으면 살아날 수 있다고 한다. **희망(希望)**은 바랄 희(希), 바랄 망(望) 자이다.

신부가 시부모를 처음 뵐 때 음식을 올리며 인사 드리는 것을 **폐백(幣帛)**이라고 한다. 백 자가 수건 건을 부수로 하는 비단 백(帛) 자이다. 위의 흴 백(白) 자가 음을 나타낸다.

'제왕적 대통령', '제왕적 검찰총장' 공공기관의 맨 위에 있는 사람에게 지나치게 큰 권력이 몰리는 것을 빗대는 말이다. **제왕(帝王)**은 옛날 왕, 군주로 임금 제(帝) 자의 부수가 수건 건 자이다.

돛 **범(帆)**
- 출범
- 범선

범선 모형

바랄 **희(希)**
- 희망

비단 **백(帛)**
- 폐백

폐백 모습

임금 **제(帝)**
- 제왕

"깃발로 정지 신호를 하라" 수건 건(巾) 자는 하늘 높이 나부끼는 **깃발**을 의미하기도 한다. 옛날 전쟁터에서 목소리가 들리지 않는 곳에 있는 부대에게는 깃발로 신호를 보내 지휘를 했다.

장수 수(帥) 자를 보면 왼쪽 부분은 언덕 부 자이다. 깃발(巾)을 꽂은 언덕에 장수가 있다는 뜻이다.

대통령은 국군 통수권자다. 통은 거느릴 통(統) 자로, 거느려서 장수(帥) 노릇을 하는 것이 **통수(統帥)**이다.

장수 수 자에 한 획만 더 그으면 스승 사(師) 자이다. 태권도, 유도, 검도 같은 격투 스포츠를 가르치는 선생님을 **사범(師範)**이라고 한다.

자리 석(席) 자를 보자. 앉을 수 있는 자리는 **좌석(座席)**이다. **입석(立席)**은 기차나 버스 등에서 서서 가는 것을 말한다.

무엇을 하는 자리에 나가는 것이 **출석(出席)**이다. 참석자 명단은 그 자리에 **참석(參席)**하는 사람의 명단이다.

"행복은 성적순이 아니잖아요?" 성적표에서 없애야 한다고 말이 많은 **석차(席次)**는 자리의 순서인데 성

수건 **건(巾)** - 깃발을 의미
장수 **수(帥)** - 통수
스승 **사(師)** - 사범
자리 **석(席)** - 입석 - 출석 - 참석

적의 등수를 가리키게 되었다.

사극을 보면 임금 좌우로 영의정, 우의정, 좌의정 이하 높고 낮은 신하들이 마주보고 죽 서 있다. 왕에서 멀어질수록 관직 등급이 낮다. 원래는 이런 자리의 순서가 석차(席次)이다.

석차(서열)가 낮은 사람의 말은 옳더라도 주목받지 못한다. 그래서 서열을 없앤 것이 아더왕 이야기에 나오는 원탁(圓卓)이다. 상석(上席)이 없는 둥근 탁자에 둘러앉아 누가 말하든지 존중하는 회의를 하자는 취지이다.

그렇다고 상석이 불필요하지는 않다. 부모님과 함께 식당에 갔을 때 편한 자리를 내가 차지할 수 있을까? 이럴 때 앉기 편하고 전망 좋은 자리, 즉 상석(上席)은 부모님을 모셔야 할 자리이다.

비가 오나 눈이 오나 사철 푸른 나무가 상록수(常綠樹)이다. 늘/보통 상(常) 자의 부수도 수건 건 자이다. '언제나'는 한자말로 항상(恒常)이다.

"상식이 통하는 세상에서 살고 싶다"의 상식(常識)은 보통의 지식이다. 보통 사람이면 누구나 지니는 기본적인 생각과 양식이다.

바뀌지 않고 언제나 있는 이사가 상임(常任) 이사이

- 석차
- 상석

늘/보통 **상(常)**
- 항상
- 상식
- 상임(이사)

다. 국제연합(UN) 안전보장 이사회에서 큰 이익이 걸린 국제 문제를 결정할 때에는 미국, 중국, 러시아, 영국, 프랑스 등 다섯 상임 이사국의 영향력이 지대하게 작용한다.

UN 안보리 상임이사국

"철의 장막이 세계를 덮었다" 미국 등 서방 세계가 공산권 국가들과 교류하지 않던 시절에 나온 말이다. 철의 장막은 폐쇄된 공산국가를 비유적으로 일컫는 말로, 장막(帳幕)의 장은 수건 건(巾) 자를 부수로 하는 휘장(커텐) 장(帳) 자이다.

휘장 장(帳)
- 장막

오른쪽의 길 장(長) 자가 음을 나타내고, 동시에 수건 같은 천을 길게 늘어뜨린다는 의미도 있다. 막은 장막 막(幕) 자로 역시 수건 건 자가 부수이다.

연극에서 올리고 내리는 1막, 2막이 이 막(幕)이다. 막과 막 사이에 심심풀이로 짧게 보여주는 극을 막간극(幕間劇)이라고 한다.

장막 막(幕)
- (연극에서) 막
- 막간극

모자의 모자 모(帽) 자는 수건 건 자에 무릅쓸 모(冒) 자를 합한 글자이다. 머리에 뒤집어쓰는 것이 모자(帽子)이다.

모자 모(帽)
- 모자

무상 교복 지원, 무상 급식 지원 등으로 복지 예산이 대폭 증액되었다. 폭은 가득할 복(畐) 자를 붙인 폭 폭(幅) 자이다. 대폭(大幅)은 많은 양이다.

죽으려는 사람을 말리지 않고 도와주면 자살 방조(幫助)죄가 된다. 도울 방(幫) 자의 부수도 밑에 있는 수건 건 건 자이다. 방조는 좋지 않은 일을 거드는 것이다.

㉟ 방패 간(干)

방패 모양인데 방패라는 뜻으로는 거의 쓰지 않는다. "소금을 약간(若干) 더 넣어야겠다"에서의 약간은 조금이다.

이 글자에는 관계한다, 참견한다는 뜻도 있다. 자기일이 아닌데 이래라저래라 하는 사람에게 "남의 일에 간섭(干涉)하지 마라"고 한다.

획 두 개를 더하면 평평할 평(平) 자가 된다. 요즈음 나오는 TV는 대부분 평면 TV이다. 굴곡이 없이 평평

폭 **폭(幅)**
- 대폭

도울 **방(幫)**
- 방조

- 약간
- 간섭

한 면이 **평면**(平面)이다.

잔잔한 수면처럼 아무 일 없는 상황도 이 글자로 표현한다. 비상시가 아닌 평소를 **평상시**(平常時)라고 한다. 전쟁하지 않는 상태는 **평화**(平和)이다.

전체를 대표하는 값이 **평균**(平均)이다. 균은 고를 균(均) 자로, 높은 데를 깎고 낮은 데를 메워 고르게 만든 상태가 평균이다.

해 년(年) 자의 부수도 방패 간 자이다. "작년에 왔던 각설이~"의 **작년**(昨年)은 어제/지나갈 작(昨) 자를 쓴 지난해이다.

"내년에는 꼭 운동을 할 거야!" **내년**(來年)은 오는 해이다. 작년의 작년은 **재작년**(再昨年), 내년의 내년은 내**후년**(來後年)이다.

"목숨을 건졌으니 불행 중 다행입니다" **불행**(不幸)은 운이 없는 것, **다행**(多幸)은 운이 좋은 것이다. 행은 다행 행(幸) 자이다.

서울에서 파란 버스는 간선 버스이고 녹색 버스는 지선 버스이다. 선은 실 선(線) 자로 노선을 말한다. 줄기 간(幹) 자를 쓴 **간선**(幹線) 버스는 나무의 큰 줄기같

평평할 **평**(平)
- 평면
- 평상시
- 평화
- 평균

해 **년**(年)
- 작년
- 내년
- 재작년
- 내후년

다행 **행**(幸)
- 불행
- 다행

줄기 **간**(幹)
- 간선(버스) ⇔ 지선

이 도심을 관통하는 도로를 길게 지나는 버스이다.

지선의 지는 가지 지(支) 자로, 나뭇가지처럼 비교적 짧은 도로를 다니는 버스가 지선(支線) 버스이다.

㊵ 작을 요(幺)

실타래를 본뜬 모습으로 작음을 나타낸다.

허깨비/홀릴 환(幻) 자를 보자. 현실에 없는 것을 있는 것처럼 상상하면 환상(幻想)이다. 대학만 가면 애인이 생길 줄 알았는데 그렇지 않더라 하면 환상이 깨지는 것이고, 이렇게 환상이 깨지는 것은 환멸(幻滅)이다.

그런가 하면 허깨비를 보거나 듣는 것은 환상(幻像)이다. 상은 모양 상(像) 자이다. 사막이나 바다의 신기루도 환상이다.

자신의 모습에 만족하는 사람은 많지 않다. 그래서 인도 같은 나라에서는 다음 세상에 다시 태어난다는 믿음, 즉 환생(還生) 신앙이 생겼다. 여기서의 환은 돌아올 환(還) 자이다.

허깨비/홀릴 **환(幻)**
- 환상
- 환멸
- 환상

어릴 유(幼) 자는 작을 요 자와 힘 력(力) 자를 합한 글자로, 어려서 힘이 약하다는 말이다. 생각하는 것이 어린 사람을 유치(幼稚)하다고 한다.

어린아이들이 학교에 가기 전에 가는 곳이 유치원(幼稚園)이다. "행복한 유년기를 보냈다"에서 유년기(幼年期)는 어린 시절이다.

어릴 유(幼)
- 유치(원)
- 유년기

산(山) 골짜기 사이사이에 작을 요 자가 하나씩 들어가면 그윽할/아득할 유(幽) 자이다. 숲이 우거진 깊은 계곡은 어둡다. 그래서 어두운 곳에 가둔다, 귀신, 저승 등의 뜻을 지닌 글자다.

"병을 이기지 못하고 결국 유명을 달리했다" 유가 그윽할 유(幽) 자이다. 밝을 명(明) 자와 합한 유명(幽明)은 어두움과 밝음으로, 죽음과 삶을 이른다. 병마로 세상을 떠났다는 말이다.

사람을 가두고 나오지 못하게 문을 잠가 버리는 것은 유폐(幽閉)이다. 폐는 닫을 폐(閉) 자이다. 왕건이 고려의 영토를 넓힐 때 후백제의 신검은 아버지 견훤을 김제 금산사에 유폐했다.

인도 무굴 제국의 5대 황제 샤 자한은 죽은 아내 뭄타즈 마할의 묘인 타지마할을 만들었다. 뒤이어 황제가 된 아들 아우랑제브도 아버지를 타지마할 옆의 아

그윽할/아득할
유(幽)
- 유명
- 유폐

타지마할 무덤

그라 성에 유폐했다. 샤 자한은 자신이 지은 타지마할을 바라보며 딸의 품에 안겨 죽었다고 한다.

죽은 사람의 넋이 나타나면 저 세상에서 온다 해서 유령(幽靈)이라고 한다. 실제로는 없는데 회계 장부에 꾸며 넣은 회사를 유령회사(幽靈會社)라고 하듯이 이름뿐이고 실체는 없는 것도 유령이라고 한다.

- 유령
- 유령회사

㊶ 엄호(广: 집 엄)

민엄호(厂)와 비슷한 모양으로, 건물을 나타내는 부수 중에 집 엄이 있다.

한쪽 벽이 트여서 사람들이 드나들게 지은 건물이다. 대표적인 예가 가게 점(店) 자이다. 음식을 파는 곳은 음식점(飲食店), 이것저것 수많은 물건을 쌓아 놓고 파는 곳은 백화점(百貨店)이다.

가게 **점(店)**
- 음식점
- 백화점

들을 청(聽) 자에 집 엄을 씌우면 관청 청(廳) 자이다. 면사무소, 동사무소, 구청, 시청 등 관청(官廳)은 민원을 넣는 사람들의 말을 듣는 곳이라서 이렇게 만든

관청 **청(廳)**
- 관청

듯하다.

엄호에 아들 자(子) 자를 넣으면 차례/실마리 서(序) 자이다. 실마리는 실타래가 풀리는 첫머리, 즉 시작이다. 그래서 글의 첫머리가 서론(序論)이다.

"드디어 인공지능 시대의 서막이 올랐다" 첫머리, 출발을 뜻하는 서막(序幕)은 원래 연극을 시작하는 막이다.

차례를 정해서 바꾸지 않기로 하면 질서(秩序)이다. 네거리에서는 파란 신호를 받은 쪽이 먼저 간다 하는 것이 교통질서이다.

나무 목(木) 자가 엄호를 받치면 평상 상(床) 자가 된다. 나무로 만든 평평한 상에 동네 어른들이 앉아 이야기도 하고 장기도 두고, 시골에서는 한여름 밤에 누워 별 보기도 좋다.

앉아서 공부하는 상은 책상(冊床 또는 冊床)이다. 잠을 자는 자리는 침상이라고 했다. 잠자리에서 일어나는 것은 일어날 기(起) 자를 쓴 기상(起床)이다.

"네 저의가 무엇이냐?" 상대의 속셈을 알 수 없을 때 하는 말이다. 근본 저(氐) 자에 엄호를 걸치면 바닥

차례/실마리 **서(序)**
- 서론
- 서막
- 질서

평상 **상(床)**
- 책상
- 기상

저(底) 자이다. **저의(底意)**는 속마음이다.

부엌은 **주방(廚房)**이다. 부엌은 한 쪽이 트여야 요리 재료를 들이고 음식 쓰레기를 빼기가 쉽다. 그래서 식당에는 주방에 문이 하나 더 있는 곳이 많다. 부엌 주(廚) 자의 부수도 한 쪽 면이 트인 엄호이다.

국가의 정치 기능을 맡은 곳이 **정부(政府)**이다. 부는 관청 부(府) 자이다.

길이, 넓이, 부피 등 단위는 수치라는 **정도(程度)**로 나타낸다. 정도 도(度) 자의 부수도 엄호이다. 따뜻하고 찬 정도는 **온도(溫度)**, 안경을 쓸 때 얼마나 잘 보이는지 나타내는 정도는 안경 **도수(度數)**이다.

"귀중품은 저희 금고에 보관해 드립니다" 엄호에 수레 차(車) 자를 넣으면 곳간 고(庫) 자가 된다. 물건을 넣어 보관하는 곳은 **창고(倉庫)**이고 돈이나 금품을 보관하는 곳은 **금고(金庫)**이다.

집 엄은 사람이 들어가 자리를 잡을 수 있는 건물의 일부이다. 앉을 좌(坐) 자가 들어간 자리 좌(座) 자를

바닥 **저(底)**
- 저의
부엌 **주(廚)**
- 주방
관청 **부(府)**
- 정부
정도 **도(度)**
- 온도
- (안경) 도수
곳간 **고(庫)**
- 창고
- 금고
자리 **좌(座)**
- 좌우명

보면 알 수 있다.

좌우명의 우 자가 오른 우(右) 자이기 때문에 좌 자는 왼 좌(左) 자로 알고 있는 사람도 있을 테지만, 사실은 자리 좌(座) 자이다. 늘 자리 옆에 놓고 가르침으로 삼는 것이 **좌우명(座右銘)**이다.

뜰 정(庭) 자는 조정 정(廷) 자에 집 엄을 얹은 글자이다. **친정(親庭)**에 들어간다.

학교에는 서무실이 있다. 여러 서(庶) 자를 쓴 **서무실(庶務室)**은 행정적인 여러 사무를 처리하는 곳이다.
서민(庶民)은 여러 사람, 정치적으로나 경제적으로 특권이 없는 보통 사람들이다.

"나폴레옹은 신분을 가리지 않고 인재를 등용했다" 용은 쓸/떳떳할 용(庸) 자로 **등용(登庸)**은 인물을 뽑아 쓰는 것이다. 서민도 재능만 있으면 발탁해 썼다는 이야기이다.

"돈을 잃으면 조금, 명예를 잃으면 많이, 건강을 잃으면 다 잃는다"고 한다. **건강(健康)**의 편안할 강(康) 자는 엄호에 미칠 이(隶) 자를 합한 글자이다.

뜰 **정(庭)**
- 친정

여러 **서(庶)**
- 서무실
- 서민

쓸/떳떳할 **용(庸)**
- 등용

엄호와 겸할 겸(兼) 자를 합하면 쌀/청렴할/살필 렴(廉) 자가 된다. 원래 가게(广)에서 파는 물건 값이 쌀 때 저렴(低廉)하다는 표현을 쓴다. 관청(广)에 있는 관리가 뇌물을 받지 않고 청빈하게 지내는 것까지 나타내면서 청렴하다는 뜻이 들어갔다.

염탐(廉探)은 남의 사정을 몰래 살피는 것이다.

여러 번 남의 신세를 진 사람이 또 도와주려는 상대에게 "염치가 있지, 어떻게 받기만 하겠나" 할 때의 염치(廉恥)는 부끄러움을 살펴서 아는 마음이다. 낯부끄러운 짓을 뻔뻔스럽게 하는 사람은 파렴치(破廉恥)하다고 한다.

"슬슬 사업의 윤곽이 잡힌다" 사물의 대략적인 모습이나 일의 줄거리를 윤곽(輪廓)이라고 한다. 성곽 곽(郭) 자에 엄호를 얹어서 둘레 곽(廓) 자가 나왔다.

경복궁에서 볼 때 오른쪽(서쪽)에는 곡식의 신에게 제사 지냈던 사직이 있고, 왼쪽(동쪽)에는 역대 왕과 왕비에게 제사를 지낸 종묘(宗廟)가 있다. 묘는 아침 조(朝) 자가 있는 사당 묘(廟) 자이다.

누를 황(黃) 자에 엄호를 얹으면 넓을 광(廣) 자이다. 유튜브를 보다 보면 이것, 등하교길 버스 라디오에서

편안할 **강(康)**
- 건강

쌀/청렴할/살필
렴(廉)
- 저렴
- 염탐
- 염치
- 파렴치

둘레 **곽(廓)**
- 윤곽

사당 **묘(廟)**
- 종묘

종묘

넓을 **광(廣)**

이것이 나온다. 무엇일까? 그렇다, 널리 알리는 **광고**(廣告)이다.

"광개토대왕은 광활한 만주 벌판을 호령했다"에서 **광활**(廣闊)의 활 자 역시 넓을 활(闊) 자로, 광활은 넓고도 넓다는 말이다.

집 엄에 필 발(發) 자를 합하면 폐할 폐(廢) 자가 된다. 영업을 하다가 접는 것은 **폐업**(廢業)이다.

- 광고
- 광활

광개토대왕릉비

폐할 **폐**(廢)
- 폐업

엄호 변형 부수

41-1 민엄호(厂: 언덕 엄)

언덕이나 물가의 기슭을 뜻하는 언덕 엄(厂) 자를 부수로 취급할 때는 민엄호라고 부른다.

아래에 서옥 규(圭) 자를 넣은 언덕/물가 애(厓) 자가 있다. 뜻을 분명히 하려고 메 산 자를 위에 얹은 언덕 애(崖)도 같은 글자이다. 마애불(磨崖佛)은 산비탈을 깎아 만든 불상으로, 충남 서산에 백제의 미소라 부르는 마애삼존불이 있다.

"액땜한 셈 쳐라" 액은 재앙 액(厄) 자이다. 이때의 병부절(卩)은 사람 모습으로, 무너지는 산(厂)에 사람이 깔리는 형상이다. 그야말로 재앙이다.

"그 집 사람들은 인심이 후하다" 민엄호에 해 일(日), 아들 자(子) 자를 넣으면 두터울 후(厚) 자가 된다.

언덕/물가 **애(厓)**
- 마애불

서산 마애삼존불

재앙 **액(厄)**
- 액땜

두터울 후(**厚**)
- 후(한 인심)

어두운 곳에 있는 사람에게 햇빛이 비치는 모습을 표현하여 '따뜻한, 충분한'이라는 뉘앙스를 지닌다.

근원 원(原) 자에서 민엄호 아래는 샘이다. 따라서 이 글자는 산 속(厂)에서 샘이 솟는 곳, 즉 물의 근원이다. 경기도 수원시는 도시 이름이 水原이다.

한강의 수원은 두 군데이다. 북한강은 그 상류인 소양강을 거슬러 올라가서 인제를 거쳐 올라가는 설악산이 주된 수원지다. 남한강의 수원은 충주호(제천호)를 지나면 나오는 태백의 검룡소이다. 북한강, 남한강이 만나는 곳은 양수리(兩水里)이며, 두물머리는 양수리의 순우리말이다.

사람이 쓰고 나서 내보내는 물이 하수(下水)이다. 반대로 쓰기 전의 물, 마시거나 씻거나 하려고 수도에서 받는 물은 상수(上水)이고, 상수원(上水原)은 그러한 상수가 나오는 근원이다.

"원리는 간단하다"에서 원리(原理)란 어떤 일이 돌아가는 기본 이치이다.

민엄호가 부수인 다른 글자로 싫어할 염(厭) 자가 있다. "좋은 말이지만 자꾸 들으니 염증이 난다" 염증(厭症)은 싫어하는 증상, 곧 싫증이다.

근원 **원(原)**
- 수원
- 상수원
- 원리

한강의 두 발원지(© 환경청)

싫어할 **염(厭)**
- 염증

세상에 실망해서 인생은 살 가치가 없다고 비관하는 사상을 염세주의라고 한다. 세는 세상 세(世) 자이므로 염세(厭世)는 세상을 싫어하는 것이다.

- 염세(주의)

달력 력(曆) 자를 보자. 벼 화(禾) 자 두 개, 날 일(日) 자를 합했다. 한자가 나온 옛날 농경사회의 달력은 1년 중 농작물을 심고 기르고 거둘 시기를 알기 위해서 만든 것이라 할 수 있다.

달력 력 자에 나오는 벼는 벼만이 아니라 농사를 지어 수확하는 곡식 전체이다. 또 달력은 수없이 많은 날(日)로 이루어져 있으므로 날 일 자를 마지막에 넣은 것이다.

달력 **력(曆)**
- 달력

지낼 력(歷) 자에는 날 일 대신 그칠 지(止) 자가 있는데, 이 글자는 발의 모양을 본뜬 것이다. 이력서(履歷書)에 들어가는 이력(履歷)은 사람이 죽 걸어 온 경력이다.

지낼 **력(歷)**
- 이력서
- 이력

㊷ 스물 입 발(廾: 받들 공)

스물 입(廾) 자가 부수로 다른 글자에 들어갈 때의 모양이다. 양손으로 물건을 받치는 형상이라고 해서 받들 공 자라고도 한다.

웃자고 하는 말은 **농담(弄談)**이다. 농 자는 구슬(玉: 구슬 옥)을 양손으로 갖고 노는 모양을 표현한 희롱할 롱(弄) 자이다.

"그 일은 폐단이 너무 커서 그만두었다" 스물 입 발에 해질 폐(敝) 자를 얹으면 나쁠/폐단 폐(弊) 자이다. 번거롭고 해가 되는 일이 **폐단(弊端)**이다.

희롱할 **롱(弄)**
- 농담

나쁠/폐단 **폐(弊)**
- 폐단

㊸ 주살 익(弋)

주살은 화살의 일종이다. 장인 공(工) 자를 더하면

법식 식(式) 자가 된다. 일을 하는 데 정해진 형식과 모양이 양식(樣式)이다.

죽이는 것을 뜻하는 한자가 여러 가지 있는데 그 중 하나가 죽일 시(弑) 자이다. 부모나 임금을 죽이는 것은 해로울 해(害) 자를 덧붙여서 시해(弑害)라고 한다.

㊹ 활 궁(弓)

척 봐도 시위를 팽팽하게 당긴 활처럼 생겼다. 올림픽 등의 종목이기도 한 양궁(洋弓)은 서양의 활쏘기다. 우리나라의 활쏘기는 국궁(國弓)이라고 한다.

활 궁 자에 뚫을 곤(丨) 자를 붙이면 당길 인(引) 자가 된다. 별과 별 사이에 작용하는 인력(引力)은 서로 끌어당기는 힘이다. 달의 인력 때문에 바다에 밀물과 썰물이 생긴다.

가격 인상(引上)은 값을 끌어올리는 것이다. 당길 인 자에는 이끈다, 넘긴다는 뜻도 있다. 역시 이끌 도(導)

법식 **식(式)** - 양식
죽일 **시(弑)** - 시해
- 양궁 - 국궁
당길 **인(引)** - 인력 - 인상

자와 함께 쓰면 가르쳐 이끈다는 뜻의 **인도**(引導)가 된다.

"가이드는 관광객들을 인솔해서 경복궁으로 들어갔다"에서 **인솔**(引率)은 책임진 사람들을 데리고 다니는 것이다.

뚫을 곤 자를 활 궁 자에 겹치면 조상할 조(弔) 자가 된다. **근조**(謹弔)는 죽음에 대해 삼가(조심스럽고 정중하게) 슬픈 마음을 나타내는 것이다. 상을 당한 집에 가서 상주와 슬픔을 함께하는 것이 **조상**(弔喪), **조문**(弔問)이다.

활 궁 자에 삐침(丿)과 뚫을 곤 자를 겹치면 아닐/달러 불(弗) 자가 된다. 미국 달러화를 한자로 **불**(弗)이라고 한다. 100불은 100달러이다.

"요가와 스트레칭은 긴장한 근육을 이완시킨다"에서 **이완**(弛緩)의 이는 늦출/느슨할 이(弛) 자다. 활 궁 자를 부수로 넣어 활시위가 느슨해지는 것을 표현한다.

"그런 해이한 정신상태로는 시합에서 이길 수 없어" 해이의 해는 풀 해(解) 자이니, **해이**(解弛)는 마음이나 정신이 느슨하게 풀리는 것이다.

- 인도
- 인솔

조상할 조(弔)

- 조상
- 조문
- 근조

아닐/달러 불(弗)

- 100불(= 100달러)

늦출/느슨할 이(弛)

- 이완
- 해이

아우 제(弟) 자에도 활 궁 자가 부수로 들어간다. 제자(弟子)는 말 그대로는 동생과 자식이지만 남에게 가르침을 받는 사람을 말한다. **사제(師弟)지간**은 스승과 제자 사이다.

활 궁 자에 오이 과(瓜) 자를 합하면 활 호(弧) 자가 된다. 다른 글자나 숫자와 구분하려고 앞뒤로 치는 묶음표가 괄호(括弧)이다.

약할 약(弱) 자를 보자. 활 궁 자 두 개에 깃 우(羽) 자 두 개가 붙어서 단단하지 않고 깃털같이 하늘하늘한 모습이다. 버스나 전철의 **노약자석(老弱者席)**은 노약자, 장애인, 임산부, 영유아 동반자를 위한 자리로 요즘은 '배려석' 또는 '교통약자석'으로 부른다.

약골(弱骨)은 허약한 뼈라는 뜻으로 비실비실한 사람이다. "헝가리는 약체 팀이지만 월드컵에서 선전했다" **약체(弱體)**는 실력이 좋지 않은 팀이다. 월드컵같이 큰 경기에서는 약체가 좋은 성적을 거두는 일이 심심찮게 일어난다.

"그 사람은 일이 이 지경에 이르게 한 **장본인(張本人)**입니다" 장본인은 어떤 일을 주도한 당사자이다.

아우 **제(弟)**
- 사제

활 **호(弧)**
- 괄호

약할 **약(弱)**
- 노약자석
- 약골
- 약체

장은 길 장(長) 자가 들어간 베풀/당길 장(張) 자로, 활을 당기듯이 늘인다, 벌인다는 뜻이 있다.

과장(誇張)은 실제보다 부풀려서 말하는 것이다. 베풀 장 자를 넓힐 확(擴) 자와 같이 쓴 확장(擴張)은 범위를 더 넓히는 것이다.

"인도네시아는 중국 어선의 불법 조업에 강력히 대응했다"에서 강할 강(强) 자를 쓴 강력(强力)히 대응한다는 것은 자기 할 말을 똑바로 하는 것이다.

자기 영해에 들어온 중국 어선단의 배를 폭파, 침몰시켜 버린 인도네시아 기사를 보고 부러웠다.

강력(强力)은 가능성이 크다는 뜻도 있다. 강력한 우승 후보는 우승할 확률이 높은 후보이다.

"영국과 프랑스는 식민지의 문화재 수천 점을 강탈했다"에서 강탈(强奪)은 강제로 빼앗는 것이다. 제국주의 시절의 영국, 프랑스, 에스파냐는 아시아, 아프리카, 남미 식민지를 착취했다.

문제를 근본적으로 해결하지 못하고 잠시 동안만 상황 악화를 막는 것을 미봉책(彌縫策)이라고 한다. 미는 활 궁 자를 부수로 한 꿰맬 미(彌) 자이다.

베풀/당길 **장(張)**
- 장본인
- 과장
- 확장

강할 **강(强)**
- 강력한 대응
- 강탈

강탈당한 우리 문화재

꿰맬 **미(彌)**
- 미봉책

㊺ 튼 가로 왈(彑: 돼지머리 계)

가로 왈(曰) 자에서 한 쪽이 트였다고 해서 튼 가로
왈이라고 한다.

"오늘밤 전국에서 핼리혜성을 볼 수 있을 것이다"
혜는 비 혜(彗) 자이다. 흔히 빗자루라고 하는데 빗자
루는 비의 손잡이고 '비'가 바른 말이다. 혜성(彗星)은
비처럼 길게 꼬리를 그리며 날아가는 별이다. 참고로
핼리혜성은 76년 주기로 태양을 공전하는 혜성이다.
영국의 천문학자인 에드먼드 핼리가 발견했다.

튼 가로 왈은 모양이 바뀌어(彑) 들어갈 때도 있다.

외국어를 잘 하려면 낱말을 많이 알아야 한다. 한
언어의 낱말 전체가 어휘(語彙)이다. 휘는 돼지머리 계
가 부수인 무리 휘(彙) 자이니까 어휘는 낱말의 무리
이고, 낱말을 많이 아는 사람은 어휘력(語彙力)이 뛰어
난 사람이다.

비 **혜(彗)**
- (핼리)혜성

1986년 회귀한 핼리혜성
다음 회귀는 2061년이다.

무리 **휘(彙)**
- 어휘(력)

㊻ 터럭 삼(彡)

이 부수는 터럭 발(髮) 자의 오른쪽 위에 있는 석 삼 (彡) 자 모양을 따 와서 부수로 했기 때문에 터럭 삼이 라고 한다. 터럭은 머리카락과 같은 털이다. 주로 모 양이나 빛깔을 나타낸다.

"아사달이 짓는 다보탑은 제법 형태를 갖추었다" 평평할 견(幵) 자에 터럭 삼을 붙이면 형상 형(形) 자가 된다. 형태(形態)는 생긴 모습이다.

형편(形便)은 일이 되어 가는 모양이고, 형용사(形容 詞)는 사람이나 사물의 모양, 성질, 상태를 나타내는 품사이다.

형상 **형(形)**
- 형태
- 형편
- 형용사

그림에 색칠을 하는 것을 채색(彩色)이라고 한다. 캘 채(采) 자에 터럭 삼을 붙이면 빛깔/무늬 채(彩) 자가 나온다.

여러 빛깔이나 모양, 종류가 풍성하게 어우러진 것 은 다채(多彩)로운 모습이다.

빛깔/무늬 **채(彩)**
- 채색
- 다채

넓은 캠퍼스를 갖춘 대학에는 조각상이 많다. 조각(彫刻)의 조는 두루 주(周) 자에 터럭 삼을 부수로 붙인 새길 조(彫) 자이다.

글 장(章) 자에 터럭 삼을 붙이면 드러날/빛날 창(彰) 자가 된다. 표창(表彰)은 좋은 일을 한 사람의 행적이 드러나도록 상을 주는 것이다.

터럭 삼은 빛의 반대쪽을 표현하기도 한다. 그림자 영(影) 자는 경치 경(景) 자에 터럭 삼을 부수로 붙인 글자이다. 영향(影響)을 받는다는 말은 어떠한 세력의 작용을 받는다는 말이다.

㊼ 마음 심(心)

심장과 마음을 표현하는 글자는 염통/마음 심(心) 자이다. 염통의 한자말이 심장이다. 마음에 품은 감정과 생각은 심정(心情)이다. 사물이나 지역의 한가운데, 중요하고 기본이 되는 곳은 중심(中心)이다.

새길 **조(彫)**
- 조각

드러날/빛날 **창(彰)**
- 표창

그림자 **영(影)**
- 영향

염통/마음 **심(心)**
- 심정
- 중심

웃어른께는 **공손**(恭遜)해야 한다. 공은 함께 공(共) 자가 들어간 공손할 공(恭) 자이다.

"겨울에 등산을 가려면 아이젠이 필요해" 필은 반드시 필(必) 자로, **필요**(必要)는 꼭 있어야 한다는 말이다. **필수과목**(必須科目)은 선택과목과 달리 반드시 들어야 하는 과목이다.

"건의사항이 있을 때는 기탄없이 해라"에서 **기탄**(忌憚)은 꺼리는 것이다. 몸 기(己) 자 밑에 마음 심 자가 들어간 꺼릴 기(忌) 자를 쓴다.

참을 인(忍) 자는 마음 위에 칼날(刃: 칼날 인)이 있는 형상이다. 참는 능력은 **인내력**(忍耐力)이다.

이 글자에는 잔인하다는 뜻도 있다. **잔인**(殘忍)은 심장을 칼로 찌르듯이 인정사정 보지 않고 무자비한 것이다.

가수 **지망생**(志望生)은 가수가 되고자 하는 사람이다. 선비 사(士) 자에 마음 심 자가 합쳐지면 뜻/기록할 지(志) 자로, **지망**(志望)은 무엇인가에 뜻을 두는 것이다.

공손할 **공(恭)**
- 공손

반드시 **필(必)**
- 필요
- 필수과목

꺼릴 **기(忌)**
- 기탄

참을 **인(忍)**
- 인내력
- 잔인

뜻/기록할 **지(志)**
- 지망(생)
- 삼국지

소설로 익숙한 삼국지(三國志)는 원래 역사책이다. 중국 삼국을 통일한 진(晉)나라 때 진수라는 사람이 위, 촉, 오 세 나라의 역사를 기록한 책이다. 한참 뒤 명나라 때 나관중이 살을 붙여서 소설 『삼국지연의』를 썼다.

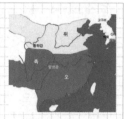

삼국(위촉오) 지도

뜻 의(意) 자의 부수도 마음 심 자이다. 말이나 글의 뜻은 의미(意味)이다. "고지식한 사람은 상대의 진의를 잘 파악하지 못한다" 진의는 속마음이다. 고지식하면 상대방 말을 곧이곧대로 믿기 때문에 그 사람이 말하려는 바를 놓칠 때가 많다.

뜻 **의(意)**
- 의미
- 의사
- 의지
- 의견
- 의기투합

"의사 표시를 분명하게 하십시오" 어떻게 하겠다는 것인지 똑바로 밝히라는 말이다. 의사(意思)는 무엇을 하려는 생각이다.

의의는 행동이나 현상의 가치이다. "참가하는 데 의의가 있다"는 상을 받지 못하더라도 경기에 참가하는 것이 중요하다는 말이다.

의지(意志)는 어떤 일을 완수하려는 마음, 그에 필요한 정신력이다.

"제 의견을 말씀드리자면..."의 의견(意見)은 어떤 문제나 대상에 대해 지니는 생각이다. 다른 사람과 뜻이 잘 맞는 것은 의기투합(意氣投合)이다.

"반드시 컴퓨터용 사인펜으로 작성할 것을 유념하기 바랍니다" 유념(留念)은 잊지 않고 기억하는 것이다. 이제 금(今) 자 밑에 마음 심 자를 넣은 생각 념(念) 자를 쓴다.

생각 **념(念)**
- 유념

말 물(勿) 자에 마음 심 자를 붙이면 문득/소홀할 홀(忽) 자이다. 어떤 일을 주의하지 않고 대충 하는 것을 소홀(疏忽)하다고 한다.

문득/소홀할 **홀(忽)**
- 소홀

화를 내는 것도 감정의 표현이니까 분노(憤怒)의 성낼 노(怒) 자에도 마음 심이 들어간다. 위에 있는 종 노(奴) 자가 음을 나타낸다.

성낼 **노(怒)**
- 분노

KTX나 SRT는 다른 열차보다 훨씬 더 빠른 급행열차이다. 급행(急行)은 빨리 가는 것으로 급은 급할/서두를 급(急) 자이다. 마음이 급하면 몸도 빨리 움직이기 마련이니 여기도 마음(心)이 들어간다.

급행열차 SRT와 KTX

"급전이 필요해서 돈을 빌리게 되었다" 급전(急錢)은 급히 필요한 돈이다. 몸에서 다치면 죽을 수 있는 부분은 급소(急所)이다. 코와 윗입술 사이의 인중(人中)과 가슴뼈 아래 음푹 들어간 명치 등 여러 곳이 있다.

급할/서두를 **급(急)**
- 급행
- 급전
- 급소

생각 사(思) 자는 밭 전(田) 자에 마음 심 자가 합쳐진 글자이다. 생각하는 방식과 태도를 사고방식(思考方

생각 **사(思)**
- 사고방식

式)이라고 한다.

좋아하는 사람이 자나깨나 생각나서 밥도 못 먹고 잠도 못 잔 경험이 있는가? 상사병일지도 모른다. 상사병(相思病)은 마음에 둔 이성이 몹시 그리워서 걸리는 병이다.

이성에 눈을 뜨는 시기는 봄을 생각한다는 사춘기(思春期)이다. 구체적이거나 추상적인 문제의 답을 찾기 위해 깊이 생각하는 것은 사색(思索)이다.

- 상사병
- 사춘기
- 사색

"시험에 떨어져도 나를 원망하지 마라" 원은 누워 뒹굴 원(夗) 자 아래에 마음 심 자가 부수로 들어간 원망할 원(怨) 자이다. 남을 못마땅하게 여기고 탓하는 것이 원망(怨望)이다.

"여러 사람 앞에서 망신을 당한 데 원한을 품고 폭행을 저질렀다"에서 원한(怨恨)은 큰 미움으로 품은 한이다.

원망할 원(怨)
- 원망
- 원한

되지도 않는 말을 늘어놓는 친구에게 공갈치지 말라고 할 때가 있다. 공갈(恐喝)은 재물을 빼앗으려고 협박하는 일인데 거짓말도 속된 말로 공갈이라고 한다. 공은 장인 공(工), 무릇 범(凡) 자를 넣은 무서울 공(恐) 자이다.

무서울 공(恐)
- 공갈
- 공포

전쟁에서 쉽게 이기는 방법 중 하나는 적에게 공포 (恐怖), 즉 두려움을 심어주는 것이다. 그래서 인도와 동남아시아에서는 코끼리를 앞세워 싸웠고, 1차 대전에서 처음 등장한 탱크도 큰 공포를 유발했다.

다른 사람의 잘못을 용서(容恕)하려면 그 사람과 같은 마음이 되어 왜 그랬는지 이해해야 한다. 같을 여 (如) 자와 마음 심 자를 합하면 용서할 서(恕) 자이다.

용서할 서(恕)
- 용서

"선배가 유학을 간 뒤로도 카카오톡과 페이스북으로 소식을 주고받았다" 소식(消息)은 멀리 떨어진 사람이 형편을 알리는 것이다. 식은 마음 심이 들어간 숨쉴/소식 식(息) 자이다.
동식물이 어느 곳에 깃들이고 사는 것은 서식(棲息)이다. "서해안 개펄은 여러 생물들의 서식지이다" 등으로 쓸 수 있다.

숨쉴/소식 식(息)
- 소식
- 서식

바다생물 서식지, 개펄

인할 인(因) 자에 마음 심 자가 붙으면 은혜 은(恩) 자가 된다. 자신을 가르친 스승을 높여 은사(恩師)님이라고 한다.

은혜 은(恩)
- 은사

"치사해서 안 먹는다"의 치사(恥事)는 상대하기 창

피할 정도로 쩨쩨하고 아니꼬운 것이다. 귀 이(耳) 자에 마음 심 자가 붙은 치는 부끄러울 치(恥) 자이다.

우리나라는 유구한 역사를 자랑한다. 유구(悠久)는 멀고 오래된 것이다. 아득할 유(攸) 자가 들어간 멀 유(悠) 자를 쓴다.

멀 유 자에는 한가하다, 여유롭다는 뜻도 있다. "도둑은 CCTV 전원을 차단하고 마음껏 훔치고는 유유히 사라졌다" 유유(悠悠)히는 걱정 없이 느긋하게 움직이는 모양이다.

가운데 중(中) 자에 마음 심 자를 붙인 글자가 충성/정성 충(忠) 자이다.

듣기 좋은 말로 사탕발림하지 않고 싫은소리라도 그 사람을 위해 하는 마음이 충심(忠心)이다. 충고(忠告)는 다른 이의 잘못을 있는 그대로 말하고 고치도록 설득하는 것이다.

근심 환(患) 자를 보자. 병에 걸린 사람은 환자(患者)이다. 웃어른의 병을 높여서 병환(病患)이라고 한다.

한자에는 같은 글자에 음이 두 개 이상인 것이 있다. 나쁠 악(惡) 자는 미워할 오 자이기도 하다. 남이

부끄러울 **치(恥)**
- 치사

멀 **유(悠)**
- 유구
- 유유

충성/정성 **충(忠)**
- 충심
- 충고

근심 **환(患)**
- 환자
- 병환

못 되기를 바라는 나쁜 소리는 악담(惡談)이다.

"악의는 없었으니 오해하지 마"에서 악의(惡意)는 남을 해치려는 못된 마음이다. 증오(憎惡)는 싫어하는 것이다.

햄릿, 로미오와 줄리엣처럼 결말을 슬프게 꾸민 연극이 비극(悲劇)이다. 비는 아닐 비(非) 자를 쓴 슬플 비(悲) 자이다.

백설공주는 사과장수로 둔갑한 왕비의 유혹에 빠져 독사과를 먹고 쓰러졌다. 유혹(誘惑)은 남을 꾀어서 평소와 다른 행동을 하도록 하는 것 또는 이성(異性)을 꾀는 것이다. 혹은 미혹할 혹(惑) 자이다.

"나는 동생이 내민 생일선물에 감격했다" 감격(感激)은 크게 고마움을 느끼거나 격렬하게 감동하는 것이다. 감은 느낄 감(感) 자이다.

감상(感想)은 마음에 일어나는 느낌이나 생각이다. 기쁨, 화, 슬픔, 즐거움 등 마음의 상태는 감정(感情)이다.

긴꼬리원숭이 우(禺) 자 아래에 마음 심 자가 들어가면 어리석을 우(愚) 자가 된다. 우문현답(愚問賢答)은 어

나쁠 **악(惡)**
- 악담
- 악의
- 증오

슬플 **비(悲)**
- 비극

미혹할 **혹(惑)**
- 유혹

느낄 **감(感)**
- 감격
- 감상
- 감정

어리석을 **우(愚)**
- 우문현답

리석은 질문에 지혜롭게 답하는 것이다.

마음 심 자가 부수인 글자 중 가장 부드러운 글자는 사랑 애(愛) 자가 아닐까. 사랑하는 마음은 애정(愛情)이다.

좋아서 즐기는 것은 애호(愛好)이다. 추리소설 애독자(愛讀者)는 추리소설을 즐겨 읽는 사람이다.

"네가 상상한 것 말고 실제로 일어난 일을 말해라" 서로 상(相) 자가 음이 되고 마음 심 자가 들어가면 생각할 상(想) 자가 나온다. 상상(想像)은 보거나 듣지는 않았지만 머릿속으로 생각한 것이다.

앞으로 무슨 일이 닥칠지 미리 생각하는 것은 예상(豫想)이다. 지난 일을 돌이켜 생각하는 것은 회상(回想)이라고 한다.

"쉬울 줄 알고 시작했는데 은근히 어렵네요" 은근(慇懃)하다는 것은 보기와 달리 정도가 큰 것이다. 은은 은나라 은(殷) 자에 마음 심 자를 합한 은근할 은(慇) 자이다.

검을 자(玆) 자를 넣은 사랑 자(慈) 자를 보자. 자애(慈愛)는 어머니의 사랑이다. 자비(慈悲)는 고통받는 사

사랑 애(愛)
- 애정
- 애호
- 애독자

생각할 상(想)
- 상상
- 예상
- 회상

은근할 은(慇)
- 은근

사랑 자(慈)
- 자애
- 자비

람을 사랑해서 가엾게 여기는 마음이다.

"수련하는 태도가 좋다고 사범님이 칭찬해 주셨어요" 능할 능(能) 자를 넣어 모양 태(態) 자를 만든다. 태도(態度)는 마음 자세와 몸가짐이다.

기념할 만큼 좋은 일이 났을 때 현수막에 '경(慶)○○○○축(祝)'이라고 써서 붙일 때가 있다. 경은 경사 경(慶) 자이다. 경사(慶事)는 축하할 만한 기쁜 일이다.

우울증(憂鬱症)은 일상생활이 힘들 만큼 침울한 기분이 오래 가는 증상이다. 우는 근심 우(憂) 자이다. 우울증을 예방하기 위해 늘 긍정적으로 생각하고 자신을 다독여야 한다.

"생태계 파괴를 고려하면 메콩 강 댐 건설을 승인할 수 없다" 범 호 엄(虍) 밑에 생각 사(思) 자를 넣으면 생각할 려(慮) 자가 된다. 고려(考慮)는 어떤 일을 결정하기에 앞서 관련되는 사항을 생각하는 것이다.

"건물 붕괴 사고의 사상자가 무려 200명에 이르렀습니다" 없을 무(無) 자가 들어간 무려(無慮)는 생각할수 없다는 말로, 너무 많아서 헤아릴 수 없는 지경이

모양 **태(態)**
- 태도

경사 **경(慶)**
- 경축
- 경사

근심 **우(憂)**
- 우울증

생각할 **려(慮)**
- 고려
- 무려

다. 자그마치와 같은 뜻이다.

"심려를 끼쳐 드려 죄송합니다"는 걱정을 시켜서 죄송하다는 말이다. 심려(心慮)는 마음속으로 염려하는 것이다.

욕심이 전혀 없는 사람은 살아가기 힘들겠지만 너무 많은 사람도 곤란할 것이다. 욕심(慾心)은 하고자 하거나 가지려는 마음이다. 바랄 욕(欲) 자에 마음 심자를 합한 욕심 욕(慾) 자를 쓴다.

"아버지를 여읜 슬픔을 어떻게 위로해야 할지 모르겠다" 위로(慰勞)는 따뜻한 말이나 행동으로 괴로움을 덜어 주는 것이다. 위는 벼슬 위(尉) 자를 쓴 위로할 위(慰) 자이다.

위문공연(慰問公演)은 군인과 같이 고생하는 사람들을 위로하기 위해 그 사람들이 있는 곳으로 가서 펼치는 공연이다.

사리 판단을 잘 해서 일을 훌륭히 처리하는 능력을 슬기라고 한다. 한문으로 지혜(智慧)이다. 비 혜(彗) 자에 마음이 합쳐지면 슬기 혜(慧) 자가 된다.

그럴듯해서 믿을 만한 이야기를 신빙성이 있다고

- 심려

욕심 욕(慾)
- 욕심

위로할 위(慰)
- 위로
- 위문공연

슬기 혜(慧)
- 지혜

한다. 빙은 마음 심이 부수가 되는 증거 빙(憑) 자이다. "증빙서류를 제출하세요" 증빙서류(證憑書類)는 증거가 되는 서류이다.

헌법재판소는 법률이 헌법에 위배되지 않는지 판결하는 재판소이다. 헌은 법 헌(憲) 자로, 헌법(憲法)은 법의 기초이다.

"남편을 전쟁터에 보낸 여인들은 살아 돌아오기를 간절히 기도했다" 간절할 간(懇) 자를 넣은 간절(懇切)은 아주 절실하게 바라는 것이다.

"세 번이나 카톡을 보낸 다음에야 응답이 왔다" 응답(應答)은 물음에 답하는 것으로, 응은 응할 응(應) 자이다. 응접실(應接室)은 손님을 맞는 방이다.
바둑, 장기 등의 게임이나 경쟁에서 상대의 움직임에 대응해 움직이는 것은 응수(應手)이고, 이론을 구체적인 경우에 적용하는 것은 응용(應用)이다.
남녀 사이의 애틋한 사랑은 그릴 련(戀) 자를 쓰는 연애(戀愛)이다.

"그 문제는 현안을 처리한 다음에 논의합시다" 현

증거 **빙(憑)**
- 증빙서류
법 **헌(憲)**
- 헌법
간절할 **간(懇)**
- 간절
응할 **응(應)**
- 응답
- 응접실
- 응수
- 응용
그릴 **련(戀)**
- 연애

안(懸案)은 걸려 있는 안건, 즉 해결해야 하는 안건이다. 현은 매달/고을 현(縣) 자가 있는 걸 현(懸) 자이다.

"연쇄살인범의 목에 현상금 5백만 달러가 걸렸다" 현상금(懸賞金)은 어떤 일을 하는 데 상으로 거는 돈이다. 걸 현 자에는 크게 떨어졌다는 뜻도 있다. 현격(懸隔)한 차이는 매우 큰 차이이다.

걸 **현**(懸)
- 현상금
- 현격

현상금 광고

마음 심 변형 부수

47-1 심방변(忄)

마음 심(心) 자가 글자의 왼쪽 변에 들어갈 때의 변형 부수이다.

바쁠 망(忙) 자는 정신이 없을 정도로 바쁜 모양이다. 망중한(忙中閑)은 바쁜 가운데 잠시 한가한 것이다.

많은 사람을 초대한 행사장에서 "공사다망하신 가운데 많이 참석해 주셔서 감사드립니다" 하는 말을 들을 수 있다. 공사다망(公私多忙)은 공적인 일과 사적인 일로 매우 바쁜 것이다.

심방변에 터놓을 쾌(夬) 자를 붙이면 시원할/빠를 쾌(快) 자가 된다. 마음을 터놓으니 시원하다. 상쾌(爽快)는 시원하게 거뜬한 기분이다.

쾌활(快活)은 씩씩하고 활발한 것, 쾌속(快速)은 속이 시원하도록 빠른 것이다.

바쁠 망(忙)
- 망중한
- 공사다망

시원할/빠를 쾌(快)
- 상쾌
- 쾌활
- 쾌속

심방변을 부수로 하는 겁 겁(怯) 자도 재미있는 글자이다. 갈 거(去) 자를 붙였는데, 겁이 나는 것을 마음(용기)이 떠난다고 표현했다.

"비겁한 변명입니다!" 낮을 비(卑) 자와 겁 겁 자가 합쳐지면 비열하고 겁이 많다는 비겁(卑怯)이 된다.

괴이할 괴(怪) 자를 보자. 괴물(怪物)은 괴상하게 생긴 물건 또는 생김새나 행동이 이상한 사람이다. 한강을 배경으로 한 봉준호 감독의 2006년 영화《괴물》의 괴물은 정말 괴물같이 생겼다.

영화《여고괴담》 등의 괴담(怪談)은 실제로 있기 힘든 괴상한 이야기이다. "괴한은 대낮에 거리에서 칼을 휘두르며 묻지마 살인을 저질렀다"에서 괴한(怪漢)은 행동이 괴상한 사나이이다.

똑똑하고 눈치가 빠르면 영리하다고 한다. 영리(怜悧)의 두 글자는 영리할 영(怜) 자, 영리할 리(悧) 자로, 심방변에 각각 명령 령(令) 자와 이로울 리(利) 자를 붙였다.

날 생(生) 자를 심방변과 합한 성품 성(性) 자를 보자. 성격(性格)은 사람이나 사물 특유의 성질이다.

겁 **겁(怯)**	
- 비겁	

괴이할 괴(怪)
- 괴물
- 괴담
- 괴한

영리할 영(怜)
영리할 리(悧)
- 영리

성품 성(性)
- 성격

동성(同性)은 남자와 남자 또는 여자와 여자의 같은 성이고, **이성**(異性)은 남자와 여자의 다른 성이다.

"범인은 그 회사에서 해고된 데 앙심을 품고 건물에 불을 질렀다" 앙은 가운데 앙(央) 자가 들어간 원망할 앙(怏) 자로, **앙심**(怏心)은 분하게 여겨 원한을 품은 마음이다.

심방변에 머무를 간(艮) 자를 합하면 한 한(恨) 자이다. "신세 한탄 그만하고 일어나 하렴" **한탄**(恨歎)은 한스러워 탄식하는 것이다.

늘, 언제나와 같은 한자어는 **항상**(恒常)이다. 항은 항상 항(恒) 자이다. 해와 같이 스스로 빛을 내는 별을 **항성**(恒星)이라고 한다.

비슷할 흡(恰) 자의 음은 심방변과 결합한 합할 합(合) 자의 소리에서 왔다. **흡사**(恰似)는 비슷하다는 뜻이다.

미안하다는 말을 존댓말로는 죄송하다고 한다. **죄송**(罪悚)의 송은 송구스러울/두려울 송(悚) 자이다. 부

- 동성
- 이성

원망할 **앙**(怏)
- 앙심

한 **한**(恨)
- 한탄

항상 **항**(恒)
- 항상
- 항성

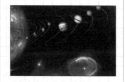
항성의 하나인 태양

비슷할 **흡**(恰)
- 흡사

송구스러울/두려울
송(悚)
- 죄송

수 오른쪽의 묶을 속(束) 자가 비슷한 음을 나타낸다.

　"각오는 되어 있겠지?" 힘든 일을 감당할 준비가 되어 있냐는 물음이다. 각오(覺悟)의 오는 나 오(吾) 자를 쓴 깨달을 오(悟) 자이다. 앞으로 있을 일을 깨닫고 마음의 준비를 하는 것이 각오이다.

　심방변에 기쁠 열/바꿀 태(兌) 자가 붙으면 기쁨을 강조한 기쁠 열(悅) 자가 나온다. 희열(喜悅)은 기쁘고 즐거운 것이다.

　매번 매(每) 자 왼쪽에 심방변이 들어가면 뉘우칠 회(悔) 자이다. 후회(後悔)는 지나간 잘못을 깨닫고 뉘우치는 것이다.

　"마음 푹 놓고 계세요" 마음을 놓는다는 순우리말에는 안심한다는 긍정적인 뜻도 있지만, 똑같이 마음을 놓는다는 방심(放心)은 "절대 방심해서는 안돼"처럼 부정적인 이미지가 강하다.

　높을 탁(卓) 자에 심방변을 부수로 곁들이면 사람의 죽음을 조상하는 슬퍼할 도(悼) 자가 된다. 애도(哀悼)

깨달을 **오(悟)**
- 각오

기쁠 **열(悅)**
- 희열

뉘우칠 **회(悔)**
- 후회

슬퍼할 **도(悼)**
- 애도

는 누군가의 죽음을 슬퍼하는 것이다.

아끼던 사람이 죽거나 기대하던 일이 어긋나면 애석(哀惜)한 마음이 든다. 석은 옛 석(昔) 자에 심방변이 부수로 붙은 아까울/안타까울 석(惜) 자이다.

이길 수 있었는데 아깝게 진 것은 석패(惜敗)이다. "한국 대표팀은 선취골을 넣으며 선전했으나 2:1로 석패하고 말았다" 등으로 쓸 수 있다.

"캠프파이어에서 만나 친해진 학생들은 돌아갈 날이 되어 석별의 정을 나누었다"에서 석별(惜別)은 아쉽고 서운하게 헤어지는 것이다.

심방변이 들어가는 글자 중 많이 쓰는 글자로 정 정(情) 자가 있다. 감정을 나타낸다. 정이 많은 사람은 다정(多情)한 사람이다. 격정(激情)은 격렬한 감정이다.

"왜 이렇게 초췌해졌니?" 야위고 수척하다는 초췌(憔悴)는 심방변에 각각 태울 초(焦), 졸 졸(卒) 자를 붙인 파리할 초(憔), 파리할 췌(悴) 자이다.

그러할 유(兪) 자 왼쪽에 심방변이 붙으면 즐거울 유(愉) 자가 된다. 유쾌(愉快)는 즐겁고 상쾌한 것이다.

아까울/안타까울
석(惜)
- 애석
- 석패
- 석별

정 **정(情)**
- 다정
- 격정

파리할 **초(憔)**
파리할 **췌(悴)**
- 초췌

즐거울 **유(愉)**
- 유쾌

"대문 앞에 버려진 아이를 보니 측은한 생각이 들었다" 측은 곧 즉(則) 자가 들어간 가엾이 여길 측(惻) 자이다. 측은(惻隱)은 가엾고 애처로운 것이다.

괴팍(乖愎)하다는 것은 붙임성이 없고 너무 까다로워 걸핏하면 성을 내는 것이다. 괴팍할 팍(愎) 자를 쓴다. "베토벤은 귀머거리가 된 뒤 점점 괴팍해졌으나 음악에서는 전보다 뛰어난 작품을 내놓았다"처럼 쓸 수 있다.

무서운 영화를 보면 오싹해지면서 떨리는데 이를 전율(戰慄)이라고 한다. 율은 심방변에 밤 율(栗) 자가 붙은 두려울/떨 율(慄) 자이다.

"영희는 지난번 일로 근신하느라 밖에 나가지 못했다"에서 신은 삼갈 신(愼) 자로, 근신(謹愼)은 삼가서 조심하는 것이다. 경솔하게 움직이지 않고 잘 살펴서 조심하는 사람을 신중(愼重)하다고 한다.

관습(慣習)은 오랫동안 전해 내려와 사람들이 따르는 풍습이나 질서이다. 버스나 전철에서 노인에게 자리를 양보하는 것, 새로 가게를 차리고 고사를 지내는

가엾이 여길 **측(惻)**
- 측은

괴팍할 **팍(愎)**
- 괴팍

두려울/떨 **율(慄)**
- 전율

삼갈 **신(愼)**
- 근신
- 신중

것, 결혼식에 초대받아 축의금을 내는 것 등이 관습이다. 버릇 관(慣) 자를 쓴다.

보기 싫을 정도로 건방진 태도는 오만(傲慢)하다고 한다. 만성(慢性) 질환은 오래 끌면서 잘 낫지 않는 병이다. 둘 다 심방변에 길게 끌 만(曼) 자를 붙인 거만할/느릴 만(慢) 자를 쓴다.

"어릴 때부터 멋진 영화배우를 동경했다" 아이 동(童), 경치 경(景) 자에 모두 심방변이 붙어서 그릴 동(憧), 그릴 경(憬) 자가 되었다. 동경(憧憬)은 잊지 못하고 늘 그리는 것이다.

고민(苦悶)에 들어가는 답답할/번민할 민(悶) 자는 마음(心)이 문 밖으로 나오지 못하고 갇힌 모습이다. 괴로울 수밖에 없다.

"비참한 모습에 연민의 정을 금할 수 없었다" 연민(憐憫)은 불쌍하고 딱하게 여기는 것이다. 심방변에 각각 도깨비불 린(粦), 위문할 민(閔) 자를 붙인 가엾을 련, 가엾을 민(憫) 자이다.

"사랑하는 사람을 잃고 절망한 모습은 정말 가련했다"의 가련(可憐)은 옳을/가능할 가(可) 자에 가엾을 련

| 버릇 **관(慣)** |
| - 관습 |

| 거만할/느릴 **만(慢)** |
| - 오만 |
| - 만성 |

| 그릴 **동(憧)** |
| 그릴 **경(憬)** |
| - 동경 |

| 답답할/번민할 **민(悶)** |
| - 고민 |

| 가엾을 **민(憫)** |
| 가엾을 **련(憐)** |
| - 연민 |
| - 가련 |

(憐) 자로 가엾이 여길 만하다, 불쌍하다는 말이다.

느낀 것이나 겪은 일을 잊지 않고 생각하는 것이 기억(記憶)이다. 억은 생각할 억(憶) 자이다. 생각에도 마음이 작용하니까 심방변이 들어간다. 머리에 기록해둔 것을 생각한다는 말이다.

"젊은이는 나약해져서는 안 된다"에서 나약(懦弱)은 겁이 많고 무기력한 것이다. 쓰일 수(需) 자에 심방변이 부수로 붙은 나약할 나(懦) 자를 쓴다.

게으를/나른할 라(懶) 자에는 음이 비슷한 의지할 뢰(賴) 자가 있다. 나태(懶怠)는 느리고 게으른 것이다.

"오랜만에 만난 두 친구는 술잔을 기울이며 회포를 풀었다" 회포(懷抱)는 가슴 속에 품은 생각이다. 회는 품을 회(懷) 자이다.

뉘우칠 참(懺) 자를 쓴 참회(懺悔)는 저지른 잘못을 뉘우치는 것이다. 윤동주 시인은 '참회록(懺悔錄)'이라는 시를 남겼다.

윗사람이 과분한 친절을 베풀거나 내 잘못을 용서

생각할 억(憶)
- 기억

나약할 나(懦)
- 나약

게으를/나른할
라(懶)
- 나태

품을 회(懷)
- 회포

뉘우칠 참(懺)
- 참회록

할 때 "송구(悚懼)스럽습니다"라고 하면 죄송하다는 뜻이다. 구는 심방변에 놀랄 구(瞿) 자를 합한 두려울 구(懼) 자이다.

두려울 **구(懼)**
- 송구

㊽ 창 과(戈)

창을 들고 휘두르는 모습이다.

경계(警戒)는 범죄나 사고 같은 나쁜 일이 생기지 않도록 조심하는 것이다. 계는 창 과 자에 받들 공(廾) 자가 붙은 경계할 계(戒) 자이다. 손으로 창을 잡고 공격에 대비하는 모습이다.

성공(成功)은 목표를 이루는 것이다. 성은 창 과 자가 부수인 이룰 성(成) 자이다. 성숙(成熟)은 몸과 마음이 자라서 어른스러워지는 것이다.

"혹시 비가 올지 모르니까 우산을 가져가라"에서 혹시(或是)는 만일에, 행여나 하는 뜻이다. 혹은 창 과(戈) 자가 부수인 혹시 혹(或) 자이다.

옛날 전쟁에서 앞장 선 사람들은 창으로 싸웠다. 그래서 싸울 전(戰) 자에도 창 과 자가 들어간다. 전쟁에 나가면 무서우니까 이 글자에는 앞서 본 전율(戰慄)에

경계할 **계(戒)**
- 경계

이룰 **성(成)**
- 성공
- 성숙

혹시 **혹(或)**
- 혹시

싸울 **전(戰)**
- 전율

서처럼 두려워 떤다는 뜻도 있다.

"언니 옷을 몰래 입고 나갔다가 찢어서 온 지영이는 전전긍긍했다" 벌벌 떨며 조심하는 것은 전전긍긍(戰戰兢兢)이다.

극심한 경쟁을 전쟁에 빗대기도 한다. 그래서 경제 전쟁이니 무역 전쟁이니 한다. 전술(戰術)은 싸우는 기술이고 전략(戰略)은 전체적인 면에서 전술을 운용하는 계획이다.

기원전 중국에서는 여러 나라가 생겨나서 오랫동안 전쟁이 끊이지 않았다. 기원전 약 403년부터 221년까지가 전국시대(戰國時代)이다.

놀 희(戱) 자의 부수도 창 과 자이다. 연극 대본은 희곡(戱曲)이다. 초창기 중국 연극은 창을 갖고 싸우는 전쟁 장면을 보여주었다.

"프랑스 왕들은 랭스 대성당에서 대관식을 올렸다" 창 과 자가 부수인 받들 대(戴) 자가 들어간 대관(戴冠)은 왕관과 같은 관(冠)을 쓰는 것이다.

- 전전긍긍
- 전술
- 전략
- 전국시대

전국시대(기원전 403~221)

놀 희(戱)
- 희곡

받들 대(戴)
- 대관

나폴레옹의 대관식

㊾ 지게 호(戶)

문 문(門) 자는 양쪽 문이다. 한쪽만 있는 문이 지게 호(戶) 자이다.

"가가호호 태극기를 걸었기에 무슨 날인지 생각해 보니 광복절이었다" 가가호호(家家戶戶)는 집집마다를 말한다.

모 방(方) 자가 음이 되어 지게 호 자에 들어가면 방 방(房) 자가 된다. 월세집 같은 곳의 세입자가 방을 빌린 대가로 내는 돈은 방세(房貰)이다.

지게 호 자에 도끼 근(斤) 자가 붙으면 바 소(所) 자가 된다. "당선 소감 한 마디 하시죠" 소감(所感)은 느낀 바이다.

제주도 옆의 우도와 같은 화산 봉우리는 산 봉우리가 있어야 할 곳이 편평하다. 편평(扁平)은 넓고 평평한 것으로 편은 납작할 편(扁) 자이다.

지게 **호(戶)**
- 가가호호

방 **방(房)**
- 방세

바 **소(所)**
- 소감

납작할 **편(扁)**
- 편평

지게 호 자 밑에 깃 우(羽) 자가 들어가면 부채 선 (扇) 자이다. 부채처럼 바람을 일으키는 기계가 **선풍 기**(扇風機)다. 부채는 수동 선풍기라 할 수 있다.

부채 **선(扇)**
- 선풍기

50 손 수(手)

손바닥 모양을 나타낸 글자이다.

사람을 자기 손발처럼 부릴 때 '마치 **수족**(手足) 부리듯 한다'라고 한다. 손으로 물건을 만드는 기예는 **수공예**(手工藝)이다. 손에 채워서 움직이지 못하게 하는 고랑은 **수갑**(手匣)이다.

아픈 곳을 찢거나 자르는 등 외과적으로 치료하는 방법은 **수술**(手術)이다.

군인이나 경찰은 거수 경례를 한다. **거수**(擧手) 경례 는 손을 들어 경례하는 것이다. 어떤 일에 대단한 솜씨를 지닌 사람은 **명수**(名手)이다. 달인(達人)과 같은 말이다.

손 **수(手)**
- 수공예
- 수술
- 거수(경례)
- 명수(달인)

거수 경례

"동생의 제안을 승낙했다" 받들/도울 승(承) 자의 부수도 손 수 자이다. 다른 사람의 부탁을 들어 주거나 제안을 받아들이는 것을 승낙(承諾)이라 한다.

절을 할 때는 손을 땅에 짚는다. 그래서 절 배(拜) 자에도 손 수 자가 들어간다. 새해를 맞아 웃어른을 찾아뵙고 절하는 것이 세배(歲拜)이다.

주먹도 손을 말아 쥐는 것이므로 주먹 권(拳) 자의 부수도 손 수 자이다. 주먹으로 치고 받으며 겨루는 시합은 권투(拳鬪), 한 손에 쥐고 쏘는 총은 권총(拳銃)이다.

장난기 없이 정색하고 이야기할 때 진지하다고 한다. 지는 손 수 자에 잡을 집(執) 자를 얹은 잡을/도타울 지(摯) 자로, 진지(眞摯)는 태도와 행동이 참된 것이다.

적이나 상대를 치는 것은 공격(攻擊)이다. 격은 칠/마주칠 격(擊) 자이다. "교통사고 목격자를 찾습니다"에서 목격(目擊)은 눈으로 직접 보는 것이다.

"조선왕조를 타파하려던 홍경래와 동지들은 모월

받들/도울 **승(承)**
- 승낙
절 **배(拜)**
- 세배
주먹 **권(拳)**
- 권투
- 권총
잡을/도타울 **지(摯)**
- 진지
칠/마주칠 **격(擊)**
- 공격
- 목격

모일을 기해 거사하기로 했다"의 거사에서 거는 들거(擧) 자로, 거사(擧事)는 큰일을 일으키는 것이다.

검거(檢擧)는 수사 기관에서 죄를 지은 사람을 잡는 것이다. "곤충에는 베짱이, 귀뚜라미, 나비, 개미, 벌 등이 있다"는 곤충의 종류를 열거한 것이다. 열거(列擧)는 같은 성질의 것을 죽 늘어놓는 것이다.

북한산 같은 바위산에는 암벽 등반을 하는 사람들이 있다. 등반(登攀)은 높거나 험한 산을 오르는 것이다. 반은 끌어잡고 오를 반(攀) 자이다.

들 **거(擧)**
- 거사
- 검거
- 열거

끌어잡고 오를
반(攀)

암벽 등반

- 등반

손 수 변형 부수

50-1 재방변(扌)

손 수(手) 자를 간략하게 바꾸어 넣은 것이다. 재주 재(才) 자의 모습을 바꾸어 변으로 했다고 해서 재방변이다.

칠 타(打)를 쓴 타격(打擊)은 때리는 것이다. 타격을 준다, 타격을 받는다고 표현한다. 타박상(打撲傷)은 얻어맞거나 부딪혀서 입은 상처이다.

"전태일은 열악한 노동 현실을 타개하기 위해 분신 자살했다" 타개(打開)는 막히고 얽힌 일을 헤쳐나가는 것이다. "시민과 학생들은 4·19의거를 일으켜 이승만 독재 정권을 타도(打倒)했다" 타도는 좋지 않은 세력을 거꾸러뜨리는 것이다.

투표(投票)는 선거에서 어느 후보에게 표를 던지는 것이다. 던질 투(投) 자 역시 손으로 하는 동작이라 부

칠 타(打)
- 타격
- 타박상
- 타개
- 타도

1987년 6.10 항쟁 시위

던질 투(投)
- 투표

수가 재방변이다. 당구(撞球)의 당은 칠 당(撞) 자이다.

당착(撞着)은 모순에 빠지는 것이다. "서투른 사기꾼은 자가당착에 빠졌다"에서 자가당착(自家撞着)은 자기가 한 말의 앞뒤가 맞지 않는 것이다.

재방변과 가지 지(支) 자를 합하면 재주 기(技) 자가 된다. 기술(技術)은 과학을 실제로 응용하여 생활을 풍요롭게 만드는 방법이기도 하고, 어떤 분야에서 일을 정확하고 능률적으로 하는 솜씨이기도 하다.

사내 부(夫) 자에 재방변을 붙이면 붙들/도울 부(扶) 자가 된다. 넘어지려는 사람을 손으로 붙들어 일으키는 글자이다.

"형도 결혼해서 부양할 식구가 생겼다" 기를 양(養) 자를 붙인 부양(扶養)은 가족을 먹여 살리는 것이다.

배우는 보통 분장(扮裝)을 하고 무대에 나온다. 재방변에 나눌 분(分) 자를 합하면 꾸밀/섞을 분(扮) 자가 된다. 분장은 출연 배우가 극의 등장 인물로 꾸미는 것이다.

비할 비(比) 자가 재방변에 붙으면 비평할 비(批) 자

칠 당(撞)
- 당구
- 자가당착
재주 기(技)
- 기술
붙들/도울 부(扶)
- 부양
꾸밀/섞을 분(扮)
- 분장

이다.

　비판은 비난과는 다른 말이다. 비난(非難)은 남의 잘못을 흠잡아 나쁘다고 몰아세우는 것이다. 비판(批判)은 잘했으면 잘했다고, 잘못했으면 잘못했다고 하는 것이다. 비판이 더 객관적이라고 할 수 있다.

비평할 **비(批)**
- 비난
- 비판

　사투리의 재미는 낱말에도 있지만 그 억양(抑揚)에 있다. 억양은 말소리의 세기를 세게 했다가 약하게 했다가, 어조를 낮추었다가 높였다가 하는 것이다. 각각 재방변을 부수로 한 누를 억(抑), 날릴 양(揚) 자이다.

누를 **억(抑)**
날릴 **양(揚)**
- 억양

　재방변에 도끼 근(斤) 자를 붙이면 도끼를 손에 든 모양이 된다. 도끼를 들고 무엇을 쳐서 쪼개는 글자, 꺾을 절(折) 자가 만들어진다. 절반(折半)은 하나를 쳐서 둘로 꺾은 반쪽이다.

꺾을 **절(折)**
- 절반
- 절충

　"좌절하면 안돼!" 무엇인가를 하려고 마음먹었다가 낙담하고 의지가 꺾이는 것은 좌절(挫折)이다. 좌도 꺾을 좌(挫) 자이다. 반대 의견에 부딪힐 때 둘 중 한쪽으로 결정할 수 없다면 중간 방법으로 절충(折衷)을 해야 한다.

꺾을 **좌(挫)**
- 좌절

"그제서야 상황을 파악했다"의 파악(把握)은 일이 어떻게 돌아갔는지 이해하는 것이다. 잡을 파(把), 잡을 악(握) 두 글자 다 재방변이 들어간다.

만나거나 헤어질 때 손을 잡는 것은 악수(握手), 손 안에 넣듯이 이권이나 권력을 차지하는 것은 손바닥 장(掌) 자와 합쳐 장악(掌握)이라고 한다.

축구나 야구, 농구 등에서 경기가 격렬해질 때면 선수들이 심판 판정에 항의하는 것을 볼 수 있다. 항은 재방변 부수에 음을 나타내는 목 항(亢) 자를 붙인 대항할 항(抗) 자로, 항의(抗議)는 반대 의견을 표출하는 것이다.

"김대리는 신입사원에게 데이트 신청을 했다가 거절당했다" 거절(拒絶)은 상대의 제안을 승낙하지 않고 물리치는 것이다. 거는 재방변에 클 거(巨) 자를 합한 막을 거(拒) 자이다.

교통사고를 당한 환자가 피를 많이 흘려 급하다고 아무 피나 수혈하면 위험하다. 혈액형이 다른 피를 넣으면 몸이 거부반응을 일으킨다. 거부반응(拒否反應)은 몸이 다른 사람의 피나 장기를 물리치려고 하는 반응이다.

잡을 **파(把)**
잡을 **악(握)**
- 파악
- 악수
- 장악

대항할 **항(抗)**
- 항의

막을 **거(拒)**
- 거절
- 거부반응

죄를 지었다는 의심을 받는 피의자는 구속 또는 불구속 상태에서 재판을 받는다. 구속(拘束)은 잡을 구(拘), 묶을 속(束) 자로, 피의자 등을 체포해서 도망치지 못하게 하는 것이다.

가끔씩 어린아이를 유괴해서 몸값을 요구하는 사건이 있다. 괴는 재방변과 헤어질 령(另) 자를 합한 후릴 괴(拐) 자로, 유괴(誘拐)는 속여서 끌고 가는 것이다.

납치(拉致)는 사람이나 차, 배 등을 억지로 끌고 가는 것이다. 납은 서 있는 사람(立: 설 립)을 손으로 잡아 가는 모양, 끌고 갈 랍(拉) 자이다.

히틀러는 유태인 말살(抹殺) 정책을 폈다. 말은 음을 나타내는 끝 말(末) 자가 들어간 바를/스칠 말(抹) 자로, 말살은 지워서 없애 버리는 것이다.

영조는 아들 사도세자를 뒤주에 가두어 굶겨 죽였다. 그리고 나서 후회했다고 한다. 일말의 후회도 없었다면 그는 냉혈한이 아닐까. 일말(一抹)은 한 번 스치는 정도로 아주 작은 양을 뜻한다.

"사물놀이패의 공연에 청중들은 박수로 장단을 맞

잡을 **구(拘)**
- 구속

후릴 **괴(拐)**
- 유괴

끌고 갈 **랍(拉)**
- 납치

바를/스칠 **말(抹)**
- 일말

추었다" 박수(拍手)의 박은 소리 부분인 흴 백(白) 자가 재방변에 합쳐진 칠/장단 박(拍) 자이다.

"아이의 천진난만한 대답에 모두 박장대소했다" 박장대소(拍掌大笑)는 손뼉을 치며 크게 웃는 것이다.

"세종대왕은 신무기 개발에 박차를 가했다" 박차(拍車)는 말을 탈 때 속도를 높이기 위해 말의 배를 차도록 신발 뒤축에 단 쇠붙이이다. 어떤 일이 빨리 진행되도록 하는 것을 비유해서 박차를 가한다고 한다.

무슨 종목이든 국가대표가 되기는 쉽지 않다. 선수가 되어야 하고 여러 단계의 시합을 거쳐 국가대표에 선발(選拔)되어야 한다. 발은 뺄/가릴 발(拔) 자이다. 선발은 여러 명 가운데서 뛰어난 사람을 뽑는 것이다.

"파키아오가 발군의 실력을 지녔음은 확실하다" 군은 무리 군(群) 자이므로 발군(拔群)은 많은 사람 중에서 뽑는 것이다.

필리핀의 국민 권투선수 파키아오는 여러 체급의 세계대회를 석권했다. 대전료의 상당 부분을 형편이 어려운 사람들에게 기부한 것으로 유명하다.

여름에 잠 못 들게 만드는 모기를 발본색원(拔本塞源)하려면 어떻게 해야 할까? 발본은 근본을 뽑는 것, 막을 색(塞) 자를 넣은 색원은 근원을 막는 것이다.

칠/장단 **박(拍)**
- 박수
- 박장대소
- 박차

말의 박차(원안)

뺄/가릴 **발(拔)**
- 선발
- 발군
- 발본색원

모기가 집안에 한두 마리만 있어도 예민한 사람은 잠들지 못한다. 그래서 모기를 보고 칼을 뽑는다는 고사성어 견문발검(見蚊拔劍)이 나왔나 보다.

아닐 불(弗) 자가 들어간 털/치를 불(拂) 자를 보자. 여기서 턴다는 것은 의심이나 걱정을 털어 버린다, 금전 관계를 청산한다는 뜻이다. "평화로운 촛불 시위는 과격한 불법 시위가 될 것이라는 우려를 불식시켰다" 등으로 쓸 수 있다.

물건이나 서비스의 값을 치르는 것은 지불(支拂)이다. 불식(拂拭)은 털고 훔치는 것이다.

누를 압(押) 자를 쓴 압정(押釘)은 머리가 납작해서 손으로 눌러 박는 작은 못이다. 채무자가 빚을 갚을 때까지 법원이 채무자의 특정 재산을 빼앗아 두는 것은 압류(押留)이다.

"그 녀석 참 집요한 데가 있어"의 집요(執拗)는 고집이 세서 끈질기게 물고 늘어지는 것이다. 재방변을 부수로 하는 꺾을/비뚤 요(拗) 자와 잡을 집(執) 자가 합쳐져서 끈질긴 고집을 나타낸다.

- 견문발검

털/치를 불(拂)
- 지불
- 불식

누를 압(押)
- 압정
- 압류

꺾을/비뚤 요(拗)
- 집요

근본 저(氐) 자에 재방변이 붙으면 막을/거스를 저(抵) 자이다. 자기 뜻을 강요하는 상대에게 굽히지 않고 맞서 대항하는 것은 저항(抵抗)이다.

걸작의 반대는 졸작(拙作)이다. 재방변에 날 출(出) 자를 합한 서투를/못날 졸(拙) 자를 쓴다. 졸작은 정말 못 만든 작품이기도 하고 자신의 작품을 겸손히 이르는 말이기도 한다.

우리나라는 무엇이든 빠른 것을 좋아한다. 행정 관청이 민원을 처리하는 속도도 세계적으로 빠른 편이다. 빨리 하면서 야무지게 하면 좋지만 그렇지 않을 때는 문제가 되는데 이런 경우를 졸속행정(拙速行政)이라고 한다.

새만금, 삽교천변, 시화, 평택 등에는 간척지가 있다. 간척(干拓)은 바다나 호수를 메워서(干: 방패 간. 막는다는 뜻) 육지로 만드는 것이다. 땅이 모자랄 때 좋은 방법이 될 수도 있지만 갯벌과 같은 귀중한 생태계 파괴를 막지 못한다.

여기서 재방변을 부수로 하는 척은 넓힐 척(拓) 자이다. 돌 석(石) 자가 비슷한 음이 된다. 맨땅을 일구어서 농경지로 바꾸는 것이 개척(開拓)이고, 새로운 분야

막을/거스를 저(抵)
- 저항

서투를/못날 졸(拙)
- 졸작
- 졸속행정

넓힐 척(拓)
- 간척
- 개척

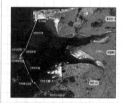
새만금 간척사업

를 시작하는 것을 비유적으로 이르기도 한다.

넓힐 척 자는 박을 탁(拓) 자도 된다. 돌, 금속에 새긴 그림이나 글을 종이에 그대로 박는 기술이 탁본(拓本)이다.

"무분별한 자원 개발은 재앙을 초래한다" 초는 재방변에 부를 소(召) 자가 붙은 부를 초(招) 자로, 초래(招來)는 불러들이는 것이다.

"네가 자초한 거야" 스스로 부르는 것은 스스로 자(自) 자를 쓴 자초(自招)이다. 외부에서 닥친 재난은 피할 수 있어도 자초한 재난은 피할 수 없다고 한다.

"정답을 맞히신 분께는 추첨을 통해 푸짐한 경품을 드립니다" TV나 라디오 프로그램 끝에서 자주 들을 수 있는 멘트이다. 추는 말미암을 유(由) 자가 들어간 뽑을 추(抽) 자로, 추첨(抽籤)은 제비뽑기이다.

"네 말은 너무 추상적이야" 이야기가 구체적이지 않고 두리뭉실하다는 것이다. 추상(抽象)은 구체적인 여러 사물에서 이를 대표할 수 있는 이미지를 뽑는 것이다.

안을/잡을 포(抱) 자가 들어간 포옹(抱擁)은 품에 껴

박을 **탁(拓)**
- 탁본

단양적성비 탁본(ⓒ 계명대)

부를 **초(招)**
- 초래
- 자초

뽑을 **추(抽)**
- 추첨
- 추상

안을/잡을 **포(抱)**
- 포옹

안는 것이다. 옹 역시 안을 옹(擁) 자이다.

"그는 신도시 건설에 대한 자신의 의견을 남김없이
피력했다"의 피력(披瀝)은 속마음을 숨기지 않고 드러
내는 것이다. 피는 가죽 피(皮) 자가 음이 되는 헤칠/
드러낼 피(披) 자이다.

하던 일을 중도에 그만두는 것은 포기(抛棄)이다. 포
는 절름발이 왕(尢) 자, 힘 력(力) 자가 들어간 던질/버
릴 포(抛) 자이다. 던진 물체가 날아가며 그리는 궤적
은 포물선(抛物線)이다.

미국 중앙정보부 CIA가 테러 용의자에게 고문을
한 것이 밝혀져 비난을 받았다. 고문(拷問)의 고는 칠
고(拷) 자이다. 문이 물을 문(問) 자이니까 원하는 말이
나올 때까지 때리면서 묻는 것이 고문이다.

재방변에 조 조(兆) 자가 붙으면 돋울 도(挑) 자가 된
다. 시합을 해서 승부를 겨루자고 신청하는 것은 도전
(挑戰)이다.

"이때의 혼란은 도저히 수습할 수 없을 지경이었

안을 **옹(擁)**
헤칠/드러낼 **피(披)** - 피력
던질/버릴 **포(抛)** - 포기 - 포물선

포물선 운동

칠 **고(拷)** - 고문
돋울 **도(挑)** - 도전

다"에서 수습(收拾)은 어수선한 상황이나 흩어진 물건을 정리하는 것이다. 습은 주울 습(拾) 자이다.

"갈색 지갑을 습득하신 분은 돌려주시면 사례하겠습니다" 습득(拾得)의 득은 얻을 득(得) 자로, 습득은 줍거나 해서 얻는 것이다.

뭉친 근육을 주무르거나 두들겨 부드럽게 풀어 주는 것은 안마(按摩)이다. 안은 어루만질/살필 안(按) 자이다.

무엇이든 빨리 처리해야 하는 무한경쟁 시대지만 가끔은 속도보다 더 중요한 것이 있다. 지구력이다. 지는 지닐/버틸 지(持) 자, 구는 오랠 구(久) 자로서 지구력(持久力)은 오래 버티는 힘이다.

"신분증과 필기도구를 지참하기 바랍니다"에서 지참(持參)은 가지고 다니는 것이다. 지속(持續)은 오래 계속되는 것이다. "운동은 꾸준히 해서 지속적인 효과를 보아야 한다"가 예문이 되겠다.

"범인은 지문을 남기지 않는 치밀함을 보였다" 지문(指紋)은 손가락 끝에 있는 무늬다. 사람마다 달라 신원을 확인할 때 이용한다. 지는 손가락 지(指) 자이다.

주울 **습(拾)**
- 수습
- 습득

어루만질/살필
안(按)
- 안마

지닐/버틸 **지(持)**
- 지구력
- 지참
- 지속

손가락 **지(指)**
- 지문

서류에 서명 대신 손가락 도장인 **지장(指章)**을 찍기도 한다. 보일 시(示) 자가 있는 **지시(指示)**는 손가락으로 가리키듯이 보여주거나 일을 시키는 것이다.

"부정행위를 하다가 적발되면 답안지가 무효 처리됩니다" 어느 시험장에서나 볼 수 있는 경고 문구이다. 딸 적(摘) 자가 들어간 **적발(摘發)**은 드러나지 않은 것을 들추는 일이다.

전혀 근거없는 이야기를 지어내는 것을 **날조(捏造)**라고 한다. 반죽할 날(捏) 자와 지을 조(造) 자를 쓴 날조는 원래 찰흙 따위를 빚어 물건을 만드는 것이다.

"주위 사람들의 만류를 뿌리치고 결국 그 일을 하기로 했다"에서 **만류(挽留)**의 만은 당길 만(挽) 자이다. 앞으로 나가지 못하게 끌어당기는 것이므로 만류는 무슨 일을 하지 못하게 말리는 것이다.

"대표팀은 전반 만회 골에 이어 역전 골을 성공시킴으로써 승리를 거두었다"에서 **만회(挽回)**는 잘못된 것을 바로잡거나 손해를 회복하는 것이다.

"그 팀은 성적이 부진하여 해체되고 말았다" 진은

- 지장
- 지시

딸 **적(摘)**
- 적발

반죽할 **날(捏)**
- 날조

당길 **만(挽)**
- 만류
- 만회

떨칠 진(振) 자이다. 활발한 활동이나 좋은 성과가 없는 것이 아닐 부(不) 자가 들어간 부진(不振)이다.

흔들리는 것은 진동(振動)이다. 물체가 중심 주위를 주기적으로 왔다갔다하는 것이 진동이다. "이 차는 진동이 심하다" 등으로 쓸 수 있다. 냄새가 심하게 나는 것도 진동한다고 한다.

잡을 착(捉) 자를 보자. 부수인 재방변 오른쪽은 발 족(足) 자이다. "범죄 현장을 포착했다"의 포착(捕捉)은 붙잡는 것, 여기서는 꼼짝 못하게 증거를 확보하는 것이다.

"그런 어리숙한 협잡에 당할 내가 아니다" 협은 낄 협(挾) 자로, 협잡(挾雜)은 옳지 못한 짓으로 남을 속이는 야바위 등을 말한다.

"무령왕릉은 도굴되지 않은 그대로 발굴되었다" 발굴(發掘)은 땅에 묻힌 물건을 파내는 것이다. 굴이 팔 굴(掘) 자이다. 도굴(盜掘)은 귀한 문화재 등을 혼자 차지하려고 몰래 파내는 것이다.

지하 자원 등을 캐낼 때는 팔 굴 자를 캘 채(採) 자와 합한 채굴(採掘)이라는 말도 많이 쓴다.

떨칠 **진**(振) - 부진 - 진동
잡을 **착**(捉) - 포착
낄 **협**(挾) - 협잡
팔 **굴**(掘) 캘 **채**(採) - 발굴 - 도굴 - 채굴

마라톤에서는 체력 안배가 중요한다. 힘이 넘친다고 초반에 질주하다가는 금방 따라잡히고 만다. 밀/벌일 배(排) 자가 들어간 안배(按排)는 힘이나 자원을 때와 장소에 맞게 배분하는 것이다.

건강하려면 잘 먹기도 해야 하지만 잘 싸기도 해야 한다. 배설(排泄)의 배 역시 밀 배(排) 자이다.

비가 올 때 배수가 되지 않으면 온통 물에 잠기니 큰일이다. 배수(排水)는 물을 빼는 것이다.

발전하고 목표를 이루기 위해서는 잘 얻는 만큼 잘 버려야 한다. 취사선택(取捨選擇)이 중요하다. 사는 집 사(舍) 자가 들어간 버릴 사(捨) 자이다.

학교에서는 수업을 한다. 수는 받을 수(受) 자에 재방변이 붙은 줄 수(授) 자로, 수업(授業)은 선생님이 학생에게 학업을 전수해 주는 일이다.

수수(授受)는 주고받는 것이다. 뇌물 수수는 뇌물을 주고받는 것이다.

손님을 맞는 것은 접대(接待)이다. 접대의 접은 재방변에 첩 첩(妾) 자를 붙인 접할 접(接) 자이다. 뒤집으면 대접(待接)이 된다.

밀/벌일 배(排)
- 안배
- 배설
- 배수

배수로

버릴 사(捨)
- 취사선택

줄 수(授)
- 수업
- 수수

접할 접(接)
- 접대
- 대접

접촉(接觸)은 다가가서 닿거나 다른 사람과 교섭을 갖는 것이다. '접근 금지'의 접근(接近)은 가까이 가는 것이므로 접근 금지는 가까이 오지 말라는 말이다.

접객업(接客業)은 손님을 맞아 접대하는 업종으로 식당, 찻집, 미용실 등 서비스 업종이 해당한다. 접경(接境) 지대는 국경 지대처럼 양쪽의 경계가 맞닿은 곳이다.

신청 사항을 말이나 문서로 받는 것은 접수(接受)라고 한다. 사이에 다른 사람이나 물건을 통하지 않고 바로 접촉하는 것은 직접(直接)이다.

"박대리가 말한 방안이 채택되었다" 택은 가릴 택(擇) 자이다. 채택(採擇)은 여러 가지 작품, 의견, 제도 중 한 가지를 골라서 쓰는 것이다.

한산도 대첩, 진주 대첩, 행주 대첩은 임진왜란 3대 대첩(大捷)이다. 첩은 크게 이길/빠를 첩(捷) 자로, 대첩은 대승리이다. 능란하고 재빠른 사람을 민첩(敏捷)하다고 한다.

지뢰 탐지기는 땅속에 묻힌 지뢰를 찾는 장비이다. 탐은 찾을 탐(探) 자로 탐지(探知)는 드러나지 않은 물

우크라이나 접경지대

- 접촉
- 접근
- 접경(지대)
- 접수
- 직접

가릴 **택(擇)**
- 채택

크게이길/빠를
첩(捷)
- 대첩
- 민첩

찾을 **탐(探)**
- 탐지

건이나 사실을 더듬어 알아내는 것이다.

어떤 사실이나 소식 따위를 알기 위해 찾아가는 것은 탐방(探訪)이다. 방은 찾을 방(訪) 자이다. 탐색전(探索戰)은 상대의 실력이나 능력을 떠보는 싸움이다.

재방변에 새 추(隹) 자를 붙이면 밀 추(推) 자이다. 일이 진행되도록 밀고 나가는 것이 추진(推進)이다. 아는 사실을 바탕으로 모르는 사실을 추측하는 것은 추리(推理)다. 추리소설은 이런 추리 과정을 담은 소설이다.

추이(推移)는 일이나 형편이 차차 변해 가는 흐름이다. 다른 사람을 어떤 직책에 기용하도록 책임지고 소개하는 것은 추천(推薦)이다.

이 글자는 퇴(推)로 읽을 때도 있다. 글을 쓰고 나서 다듬어 고치는 것이 퇴고(推敲)이다. 그밖에는 보통 새 추(隹) 자의 음을 따라 추로 읽는다.

"승진자 명단은 사내 게시판에 공고했음" 게시판(揭示板)은 여러 사람에게 알릴 내용을 써붙이거나 내건 판이다. 게는 어찌 갈(曷) 자가 들어간 높이 들 게(揭) 자이다.

- 탐방
- 탐색전

밀 **추/퇴(推)**
- 추진
- 추리
- 추이
- 추천
- 퇴고

높이 들 **게(揭)**
- 게시판

재방변에 볕 양(昜) 자를 붙이면 날릴 양(揚) 자이다. 농업용수 등을 퍼올리는 기계는 양수기(揚水機)이다. 국경일에 국기를 매다는 것은 국기 게양(揭揚)이다.

"김동인은 심리 묘사가 뛰어난 작가이다" 묘는 싹묘(苗) 자가 들어간 그릴 묘(描) 자로, 묘사(描寫)는 대상이나 현상을 실감나도록 그리는 것이다.

목탄으로 그리는 소묘(素描). 소는 흴/바탕 소(素) 자로, 목탄이나 연필, 파스텔 등을 써서 한 가지 색으로만 대상의 특징을 표현하는 그림이 소묘이다.

야구에서 지쳤거나 심리적으로 압박을 받는 투수의 부담을 덜기 위해 투입하는 투수를 구원투수라고한다. 구원(救援)의 구는 구할 구(救), 원은 재방변을 부수로 하는 도울 원(援) 자이다.

야구장이나 농구장에서는 응원도 빠질 수 없는데, 응원(應援)의 원 자 역시 도울 원 자이다. 응원은 경기를 하는 선수가 힘이 나도록 북돋는 것이다.

강타자와의 대결을 피하고 볼넷을 반복하는 투수는 관중의 야유(揶揄)를 받는다. 두 글자는 각각 재방변에 아비 야(耶) 자, 그러할 유(兪) 자를 붙인 빈정거릴

날릴 양(揚)
- 양수기
- 게양

그릴 묘(描)
- 묘사
- 소묘

양배추 연필 소묘

도울 원(援)
- 구원
- 응원

빈정거릴 야(揶)
빈정거릴 유(揄)
- 야유

야(揶), 빈정거릴 유(揄) 자이다.

"생태학자들은 4대강 사업에 부작용이 없다는 말에 의문을 제기했다" 제는 그러할 시(是) 자가 들어간 끌/던질 제(提) 자이다. 제기(提起)는 문제나 의견을 내놓는 것이다.

"임금은 노동력을 제공하는 대가이다" 제공(提供)은 가져다 주는 것이다.

어떤 문제, 내용, 방향 등을 가리켜 보이는 것은 제시(提示)라고 한다. 끌 휴(携) 자가 들어간 제휴(提携)는 공동의 목적을 위해 서로 돕는 것이다.

밀폐된 실내에 오래 있으면 산소 부족으로 머리가 아프기 때문에 환기를 해야 한다. 환은 빛날 환(奐) 자가 들어간 바꿀 환(換) 자로, 환기(換氣)는 공기를 바꾸는 것이다.

환율(換率)은 나라끼리 돈을 바꿀 때의 교환 비율이다. 한국 원의 미국 달러 환율은 달러당 1,100원 정도다(수시로 바뀐다). 중국 위안 환율은 약 170원, 일본 엔은 약 9.8원, 유럽연합의 유로 환율은 약 1,300원이다.

"파운드 단위는 그램 단위로 환산하기 어렵다" 환산(換算)은 어떤 단위를 다른 단위로 바꾸어 계산하는

끌/던질 **제(提)**
- 제기
- 제공
- 제휴

투자유치 기술제휴

바꿀 **환(換)**
- 환기
- 환율
- 환산

것이다. 1파운드는 453.59그램이다.

재능이나 역량을 드러내 보이는 것을 발휘(發揮)라고 한다. 휘는 군사 군(軍) 자가 들어간 휘두를/흩을 휘(揮) 자로, 손(扌)으로 군대를 지휘하여 이리저리로 움직이는 것을 나타낸 글자이다.

현미를 도정한 백미를 밥으로 먹는다(현미를 먹는 집도 꽤 있다). 쌀 껍질을 벗겨 씨눈을 빼는 도정(搗精)의 도는 섬 도(島) 자가 들어간 찧을 도(搗) 자이다.

일반 반(般) 자에 재방변이 붙으면 옮길 반(搬) 자가 된다. 식당 중에 '외부 음식 반입 금지'라고 써 놓은 곳이 있다. 반입(搬入)은 물건을 가지고 들어가는 것이다. "일제는 경천사지 10층 석탑을 불법으로 반출했다" 반출(搬出)은 가지고 나가는 것이다. 경천사지 10층 석탑은 그 후 우리나라로 돌아왔다. 일본에서 심하게 훼손되어 두 번 복원한 다음 지금은 국립중앙박물관에 있다.

"아이를 기를 형편이 되지 않았던 부부는 결국 소파 수술을 하지 않을 수 없었다" 소파의 소는 벼룩 조

휘두를/흩을 **휘(揮)**
- 발휘

찧을 **도(搗)**
- 도정

도정 과정 ⓒ 쌀박물관

옮길 **반(搬)**
- 반입
- 반출

(蚤) 자가 들어간 긁을 소(搔) 자다. 소파(搔爬) 수술은 뱃속 아이를 죽여 긁어 내는 낙태 수술이다.

3대 거짓말 중 하나가 장사꾼이 밑지고 판다는 말이다. 밑지는 것은 손해(損害)이다. 손은 인원 원(員) 자가 들어간 덜 손(損) 자이다.

물건이 깨져 상하는 것은 상할 상(傷) 자를 써서 손상(損傷)이라고 한다.

수사 기관에서 범인의 행방이나 증거를 수집하는 것을 수사(搜査)라고 한다. 수는 늙은이 수(叟) 자가 들어간 찾을 수(搜) 자이다.

"법원은 수색영장을 발부했다"에서 수색(搜索)은 범죄자나 범죄에 쓰인 물건을 뒤져서 찾는 것이다. 없어진 사람을 찾는 것도 수색이라고 한다.

'요람에서 무덤까지'는 사람이 태어날 때부터 죽을 때까지 나라에서 복지를 책임진다는 말로, 20세기 중반 광범위한 영국 사회보장제도를 단적으로 표현한 말이다.

요는 재방변을 부수로 한 흔들 요(搖) 자이고, 요람(搖籃)은 아기를 눕히고 흔들어서 재우는 바구니이다.

긁을 소(搔)
- 소파(수술)

덜 손(損)
- 손해
- 손상

찾을 수(搜)
- 수사
- 수색

요람

흔들 요(搖)
- 요람

생각이나 마음이 굳지 못하고 흔들리는 것을 동요(動搖)한다고 한다.

재방변에 좁을 착(窄) 자가 붙으면 짤 착(搾) 자이다. 착취(搾取)는 원래 세게 누르거나 비틀어서 즙을 짜낸다는 말인데, 즙을 짜듯이 사람의 노동력을 짜내는 것, 즉 임금은 적게 주고 일은 많이 시키는 것을 비유적으로 표현하는 말이 되었다.

자동차나 비행기, 배 따위에 타는 것을 한자어로 탑승(搭乘)이라고 한다. 탑은 탈/태울 탑(搭) 자이다. 탈 것에 짐을 싣거나 전차, 전투기, 전함 등에 무기를 싣는 것은 탑재(搭載)이다.

"정부는 인플레이션의 수렁에서 빠져나올 방법을 모색했다" 모는 저물 모(莫) 자가 들어간 더듬을 모(摸) 자로, 모색(摸索)은 더듬어 찾는 것이다.

"집단폭행 사건이 일어난 학교에서는 사건을 무마하기에 급급했다" 무는 없을 무(無) 자가 들어간 어루만질 무(撫) 자이다. 무마(撫摩)는 어루만지듯이 달랜다는 말인데 분쟁이나 사건 등을 어물어물 덮어 버린

- 동요

짤 **착(搾)**
- 착취

탈/태울 **탑(搭)**
- 탑승
- 탑재

더듬을 **모(摸)**
- 모색

어루만질 **무(撫)**
- 무마

다는 뜻으로도 쓴다.

"코로나19로 영업시간을 밤 9시까지로 제한한다는 말에 상인들은 반발했다" 발은 재방변을 부수로 하고 필 발(發) 자를 붙인 튕길 발(撥) 자로, 반발(反撥)은 어떤 행동에 반대하는 것이다.

액체나 가루 따위를 흩뿌리는 것은 살포(撒布)이다. 뿌릴 살(撒) 자는 재방변에 흩을 산(散) 자를 붙인 글자이다. 땅이 넓어서 손으로 씨를 뿌리기 어려운 농가에서는 드론으로 씨앗을 살포하기도 한다.

한국은 1964년부터 베트남에 군대를 보냈고 1973년에 철수시켰다. 철은 재방변을 부수로 한 걷을 철(撤) 자로, 철수(撤收)는 진출한 곳에서 시설이나 장비를 걷고 인력을 복귀시키는 것, 즉 사람과 물건을 다 빼는 것이다.

"촬영감독님 나오세요" 사진을 찍거나 영화, 동영상을 찍는 것은 촬영(撮影)이다. 촬은 가장 최(最) 자에 재방변이 붙은 사진 찍을 촬(撮) 자이다.

튕길 **발(撥)**
- 반발

뿌릴 **살(撒)**
- 살포

걷을 **철(撤)**
- 철수

사진 찍을 **촬(撮)**
- 촬영

재방변에 차례 번(番) 자가 붙으면 뿌릴 파(播) 자가
나온다. "코로나 균이 전파되지 않도록 조심해야 한
다" 전파(傳播)는 널리 전해서 퍼뜨리는 것이다.

"이런 사업은 한 사람의 힘으로는 지탱하기 힘들
다" 탱은 버틸 탱(撑) 자로, 지탱(支撑)은 물건을 받쳐
서 버티거나 힘든 일을 배겨내는 것이다.

"휴전 협정에 의거해서 휴전선이 그어졌다" 의거(依
據)는 어떤 사실이나 원리에 근거를 두는 것이다. 거는
의지할 거(據) 자이다. 어떤 활동의 근거지는 거점(據
點)이라 한다.

학교에서 한 반의 학생들을 책임진 선생님을 담임
선생님이라고 한다. 담임(擔任)의 담은 넉넉할 담(詹)
자가 들어간 멜 담(擔) 자이다.
돈을 갚지 않을 때에 대비해서 값나가는 물건이나
땅, 집 등 채무자의 재산을 잡아 놓는 것은 담보(擔保)
이다. 어떤 일을 맡는 것은 담당(擔當)이다.
"결국 브루투스도 카이사르 암살 음모에 가담했다"
에서 가담(加擔)은 참가해서 힘을 보태는 것이다. 카이
사르는 칼을 맞고 쓰러질 때 "브루투스, 너마저...... "

뿌릴 **파(播)**
- 전파

버틸 **탱(撑)**
- 지탱

의지할 **거(據)**
- 의거
- 거점

멜 **담(擔)**
- 담임
- 담보
- 담당
- 가담

라고 했다.

브루투스는 로마 내전에서 카이사르에 맞서 싸우다가 패했지만 카이사르는 그를 살려주었을 뿐 아니라 요직에 앉히기까지 했다. 그러나 그 뒤 독재자가 되려는 야심을 보이는 바람에 배신당했다.

조심(操心)은 마음을 잡는 것이다. 조는 잡을 조(操) 자이다. 조업(操業)은 자신의 일을 하는 것이다. "태풍이 온다는 소식에 조업을 중단하고 뱃머리를 포구로 돌렸다"가 예문이 되겠다.

항공기를 몰도록 훈련받은 사람은 조종사(操縱士)다. 공군 조종사는 가속도 훈련을 비롯해 혹독한 훈련을 받는다. 민간 항공기 조종사도 중력 가속도의 2~3배는 견딜 수 있어야 한다니 공군 조종사는 어느 정도일까? 새삼 영화 《탑건: 매버릭》이 떠오른다.

잡을 조(操)
- 조심
- 조업
- 조종사

"임진왜란의 상처를 치유할 때쯤 북동쪽에서 힘을 기른 여진족이 대두했다" 대두(擡頭)는 머리를 드는 것으로 잠잠하던 세력이 몸을 일으키는 것이다. 대는 대(臺) 자를 붙인 들 대(擡) 자이다.

들 대(擡)
- 대두

개굴개굴, 꼬꼬댁, 풍덩 등 소리를 옮긴 말은 의성

어(擬聲語)이다. 의는 의심할 의(疑) 자에 재방변이 붙은 비길/흉내낼 의(擬) 자이다.

시험을 치기 전에 비슷하게 한번 쳐 보는 것은 모의고사(模擬考査)이다. 본뜰 모(模) 자와 함께 쓰는 모의(模擬)는 실제로 하는 것처럼 해보는 것이다.

"세종은 신분에 관계 없이 인재를 발탁해서 썼다" 탁은 꿩 적(翟) 자가 들어간 뽑을 탁(擢) 자로, 발탁(拔擢)은 여러 명 중에서 사람을 추려 기용하는 것이다. 장영실은 천민이었지만 세종이 그 과학적 재능을 알아보고 등용했다.

여름에는 이열치열이라고 하는데 겨울에도 비슷한 것이 있다. 추울 때 차가운 수건으로 몸을 문지르는 냉수마찰이다. 찰은 살필 찰(察) 자를 붙인 문지를 찰(擦) 자로, 마찰(摩擦)은 붙여서 비비는 것이다.

양쪽 의견이 맞지 않아 부딪히는 것도 마찰이라고 한다. 스쳐서 살갗이 벗겨진 상처는 찰과상(擦過傷)이다.

"그 나라에서는 시민들의 소요 사태가 그치지 않았다" 요는 근심 우(憂) 자를 붙인 요란할 요(擾) 자로, 소요(騷擾)는 여러 사람이 폭동을 일으켜 질서를 어지럽

비길/흉내낼 의(擬)
- 의성어
- 모의(고사)

뽑을 탁(擢)
- 발탁

문지를 찰(擦)
- 마찰
- 찰과상

요란할 요(擾)
- 소요

히는 행위이다.

현미경으로 균을 관찰할 때 너무 작아서 잘 보이지 않으면 배율을 확대(擴大)한다. 확은 넓을 광(廣) 자가 들어간 넓힐/늘일 확(擴) 자이다.

"행정 도시를 조성하려면 먼저 인프라를 확충해야 한다" 확충(擴充)은 넓혀서 충실하게 하는 것이다. 신도시를 만들려면 도로, 전기, 상하수도 등 생활하는 데 기본적으로 필요한 시설부터 갖추어야 한다.

귀 세 개가 모이면 무엇이 될까? 귀 이(耳) 자가 세 개 있으면 소곤거릴 섭(聶) 자이다. 재방변이 붙으면 잡을 섭(攝) 자가 된다. 음식을 먹거나 해서 영양분을 흡수하는 것을 섭취(攝取)라고 한다.

어린 왕을 대신해서 나랏일을 돌보는 것을 섭정(攝政)이라고 한다. 보통 왕의 어머니인 모후나 삼촌이 섭정을 많이 했다. 고종을 대신해서 오랫동안 정치를 한 흥선 대원군도 섭정이었다.

"적의 교란작전에 말려들어서는 안된다" 교는 재방변에 깨달을 각(覺) 자를 붙인 휘저을/어지럽힐 교(攪) 자이다. 교란(攪亂)은 적을 혼란에 빠뜨려 실제로 공격을 할 때 방어하지 못하게 하는 전술이다.

넓힐/늘일 **확(擴)**
- 확대
- 확충

잡을 **섭(攝)**
- 섭취
- 섭정

휘저을/어지럽힐
교(攪)
- 교란

일확천금(一攫千金)은 힘들이지 않고 한번에 거금을 손에 넣는 것이다. 확은 움켜잡을 확(攫) 자이다.

확 자 오른쪽 윗부분에는 새 추(隹) 자 위에 눈 목(目) 자 두 개가 있다. 새가 놀라서 눈을 크게 뜬 놀랄 구(瞿) 자이다. 그 밑에 손을 나타내는 또 우(又) 자, 왼쪽에도 손을 뜻하는 재방변이 붙어 양손으로 새를 꽉 붙든 모양이다.

50-2 또 우(又)

안에 점을 찍으면 깍지낄 차(叉) 자가 나온다. 양손을 깍지낀 모양의 갈래길을 교차로(交叉路)라고 한다.

"너무 예민하게 반응하지 마" 뒤집을/돌이킬 반(反) 자를 보자. 어떤 자극을 받을 때 일어나는 현상이 반응(反應)이다.

손을 뻗어 바라는 것을 잡는다는 의미의 미칠/이를 급(及) 자도 있다. 넓을 보(普) 자와 합한 보급(普及) 은 널리 퍼뜨리는 것이다. 요즈음은 사람들이 대부분 스마트폰을 갖고 있다. '스마트폰이 보급되었다'고 할 수 있다.

움켜잡을 **확(攫)**
- 일확천금

교차로

깍지낄 **차(叉)**
- 교차로

뒤집을/돌이킬
반(反)
- 반응

미칠/이를 **급(及)**
- 보급

보급(補給)은 음이 같지만 다른 낱말이다. 필요한 물건이 떨어지지 않도록 계속 공급하는 것이다. "이순신은 바닷길을 장악해 적이 보급을 받지 못하게 만들었다"가 예문이 되겠다.

돌이킬 반 자와 비슷해서 헷갈리기 쉬운 글자로 벗우(友) 자가 있다. 친구 사이의 정이 우정(友情)이다. "회담이 우호(友好)적인 분위기에서 진행되었다"는 양편이 서로를 적대하지 않고 마음을 터 놓고 회담했다는 이야기이다.

받을 수(受) 자에는 손이 두 개 들어갔다. 부수는 아래의 또 우 자이고, 맨 위에도 손을 나타낸 손톱 조(爪) 자가 있다. 위에서 한 손이 물건(冖으로 표현)을 주고 밑의 다른 손이 받는 형상이다.

"퇴사 전에 인수인계를 부탁드립니다" 누군가 하던 업무 등을 넘겨받고 물려주는 것을 인수인계(引受引繼)라고 한다.

아재비 숙(叔) 자를 보자. 아재비는 아저씨의 낮춤말이며, 아저씨는 예전에는 작은아버지를 가리키던 말이다. 작은아버지의 아내는 숙모(叔母)이다.

벗 **우(友)**
- 우정
- 우호

받을 **수(受)**
- 인수인계

아재비 **숙(叔)**
- 숙모

귀 이(耳) 자 옆에 또 우 자가 붙으면 취할 취(取) 자이다. 손으로 귀를 잡는 모양이다. 일설에 전쟁에서 적을 죽이고 나서 공을 세웠다는 표시로 귀를 잘라 챙겼던 관습에서 나온 글자라고 한다.

"자격증을 취득(取得)했다" 시험에 합격해서 자격증을 땄다는 것이다. 득은 얻을 득(得) 자이다.

취할 **취(取)**
- 취득

50-3 마디 촌(寸)

서옥 규(圭) 자에 마디 촌 자가 붙으면 봉할 봉(封) 자가 된다. 밀봉(密封)은 열거나 뜯기 어렵도록 단단히 봉하는 것이다. 봉투(封套)는 편지나 문서를 넣고 봉하는 종이나 비닐 주머니이다.

열 개(開) 자와 봉할 봉 자를 합하면 봉한 것을 연다는 개봉(開封)이다. 새 영화를 처음 상영할 때도 개봉이라고 한다. '20xx년 개봉 블록버스터'는 20xx년에 선보일 블록버스터 영화이다.

봉할 **봉(封)**
- 밀봉
- 봉투
- 개봉

총이나 포를 쏘아 공격하는 것을 사격(射擊)이라고 한다. 쏠 사(射) 자는 몸(身: 몸 신)을 손(寸)으로 겨누는 형상이다.

쏠 **사(射)**
- 사격

군대에서 소위 이상의 계급을 장교(將校)라고 한다. 장은 마디 촌을 부수로 하는 장수/나아갈 장(將) 자이다. 여기서 나아간다는 것은 미래를 뜻한다.

앞날을 뜻하는 미래를 다른 말로 장래(將來)라고 한다. 올 래(來) 자가 들어갔으니 앞으로 오는 때라는 말이다. "장래가 촉망된다" 등으로 쓸 수 있다.

"오빠는 전공이 뭐예요?"에서 전공(專攻)은 전문적으로 배운 분야이다. 마디 촌 자가 밑에 부수로 들어간 오로지 전(專) 자를 쓴다.

세계사 시간에 루이 14세니 프리드리히 대왕이니 하는 사람들이 유럽의 전제 군주였다는 이야기를 들어 보았을 것이다. 오로지 전 자가 들어간 전제(專制)는 모든 일을 혼자서 결정하는 것을 말한다.

나라의 중요한 일을 모두 한 명이 마음대로 하는 것이 전제정치(專制政治)이다. 반대말은 공화국에 들어가는 공화(共和)정치이다.

우두머리 추(酋) 자 밑에 부수로 마디 촌 자가 들어가면 높을/높일 존(尊) 자가 된다. "나이가 어리더라도 존중해야 한다" 존중(尊重)에는 무거울 중(重) 자가 들어간다. 가볍게 여기지 않고 귀중히 여기는 것이 존

장수/나아갈 **장(將)**
- 장교
- 장래

오로지 **전(專)**
- 전공
- 전제
- 전제정치 ⇔ 공화정치

프랑스 루이 14세

높을/높일 **존(尊)**
- 존중

중이다.

"존경받고 싶으면 존경받도록 행동하라" 존경(尊敬)은 다른 사람의 됨됨이나 생각, 행동을 우러르는 것이다. 처음 보는 사람에게 존댓말을 해야 한다. 존대(尊待)는 존중해서 대하는 것이니 높임말이 존댓말이다.

마주볼 대(對) 자를 보자. 대결(對決)은 둘이 마주보고 겨루어 우열을 정하는 것이다. 대답(對答)은 상대의 물음에 답하는 것이다.

'~에 대해'라는 영어 번역투 표현을 많이 쓴다. "경찰청장은 그 문제에 대한 해결책 마련을 지시했다"에서 '문제에 대(對)한'은 영어를 그대로 옮긴 말이다. '문제의 해결책'이 바람직한 국어 표현이다.

길 도(道) 자에 손 모양을 본뜬 마디 촌 자를 합하면 이끌 도(導) 자가 나온다. 손으로 길을 가리키는 형상이다. 지도(指導)는 어떤 목적이나 방향으로 이끄는 것으로, 지는 손가락/가리킬 지(指) 자이다.

- 존경
- 존대

마주볼 **대(對)**
- 대결
- 대답

이끌 **도(導)**
- 지도

(51) 가지 지(支)

가지, 지탱하다, 지불하다 등 여러 뜻이 있다. 지점(支店)은 영업을 확장하기 위해 본점 외에 따로 차린 점포이다.

지지(支持)는 넘어지지 않도록 버티는 것으로 사람이나 단체의 주장, 정책 등에 찬동하는 것을 비유적으로 말하기도 한다.

"이대리는 영업지원팀에서 일하게 되었다"에서 지원(支援)은 어떤 일이 잘 되도록 지지하고 돕는 것이다. 지출(支出)은 어떤 목적을 위해 돈을 쓰는 것이다.

가지 **지(支)**
- 지점
- 지지
- 지원
- 지출

52 칠 복(攴)

"백제의 역사를 서술하시오" 서술(敍述)은 사건이나 생각 등을 차례대로 진술하는 것이다. 서는 칠 복 자가 부수인 차례/베풀 서(敍) 자이다. 『일리아드』, 『오딧세이』처럼 영웅이나 민족 집단의 흥망을 길게 이야기한 시는 서사시(敍事詩)이다.

차례/베풀 **서(敍)**
- 서술
- 서사시

칠 복 변형 부수

52-1 등글월 문(攵)

칠 복(攴) 자가 다른 글자에 부수로 붙을 때에는 대부분 등글월 문(攵)으로 모양이 바뀌어 들어간다. 다른 글자의 오른쪽에 방으로 붙는다.

얽힐 구(丩) 자에 등글월 문을 붙이면 거둘/잡을 수(收) 자가 된다. 가을에 곡식을 걷는 것이 추수(秋收)이다.

"그 사람은 뇌물을 준 혐의를 받고 수감되었다" 죄수를 잡아서 감옥에 넣는 것을 수감(收監)이라고 한다. 돈이나 물자 등을 얻는 이익은 수입(收入)이다.

바람직하지 못한 점을 좋도록 고치는 것은 고칠 개(改) 자를 붙인 개선(改善)이다. 서비스 개선, 이미지 개선, 외교 관계 개선 등으로 쓸 수 있다.

130년 전만 해도 양반, 상놈 차별이 심했고 여자는

거둘/잡을 수(收)
- 추수
- 수감
- 수입

고칠 개(改)
- 개선

남편이 죽어도 재혼을 못하고 평생 과부로 늙어야 했다. 이런 악습을 뜯어고친 개혁 운동이 **갑오개혁**(甲午改革)이다. 이처럼 옛 것을 새롭게 고치는 것을 개혁(改革)이라고 한다.

"이대로 방치하면 이가 다 썩어 버립니다. 어서 빼야겠어요" **방치**(放置)는 놓을 방(放) 자, 둘 치(置) 자를 쓴다. 말 그대로 내버려두는 것이다.

낚시하다 잡은 물고기나 거북 따위를 도로 놓아 주는 것은 **방생**(放生)이다. 어떻게 되든지 신경쓰지 않고 마음대로 하도록 내버려두는 것은 **방임**(放任)이다.

가르칠 교(教) 자에도 둥글월 문이 있다. **교수**(教授)는 대학에서 학문을 가르치고 연구하는 사람이다.

정치 하면 거창한 나랏일부터 생각나지만 정치는 누구나 한다. 위층 소음이 심해서 위층에 올라가 조금만 조용히 해 달라고 부탁하는 것도 정치, 겨울에 집 앞에 눈이 쌓이면 같이 치우자고 옆집과 이야기하는 것도 **정치**(政治)다. 정은 다스릴/정사 정(政) 자이다.

"한화 이글스의 연고지는 대전이다" 혈연이나 인척

관계, 애정 등에서 생긴 관계는 **연고**(緣故)이다. 고는
등글월 문이 붙은 연고 고(故) 자이다. 가족이나 애인
등은 **연고자**(緣故者)이다.

세상을 떠나서 없는 사람을 이야기할 때 '**고**(故) ○
○○'라고 한다.

어떤 일을 함으로써 목표를 이루었거나 목표에 가
까워질 때 **효과**(效果)가 있다고 한다. 효는 사귈 교(交)
자가 들어간 보람 효(效) 자이다.

거래 계약을 하면 한쪽이 취소하기 전까지는 **유효**
(有效)하다. 상대를 속이고 한 계약은 처음부터 **무효**(無
效)이다.

"**구급차**(救急車)에게는 반드시 길을 비켜 주어야 한
다" 위급한 사람을 구해 주는 구급차의 구는 구할 구
(救) 자가 된다. 살기가 어려워진 사람을 도와주는 것
은 **구제**(救濟)이다.

개의 후각은 사람보다 훨씬 더 예민한다. **예민**(銳
敏)하다는 것은 무엇인가를 빠르게 느끼는 것이다. 민
은 매번 매(每) 자에 등글월 문을 붙인 빠를 민(敏) 자
이다.

연고 고(故)
- 연고(자)
- 고 ○○○
보람 효(效)
- 효과
- 유효 ⇔ 무효
구할 구(救)
- 구급차
빠를 민(敏)
- 예민

임진왜란에서 승승장구하던 조선 수군은 딱 한 번 진 칠천량 해전에서 전멸하다시피 한다. 이순신 장군이 말했다.

"신이 살아 있는 한 적은 감히 우리를 업신여기지 못할 것입니다" 만만히 생각하고 덤빈다는 뜻에서 감히 감(敢) 자에도 등글월 문(칠 복)이 있다. 이때 같이 나온 말이 "신에게는 아직 12척의 배가 있사옵니다"이다.

"적은 야간 기습을 감행해 왔다" 감행(敢行)은 하기 두려운 일을 하는 것이다. 언감생심(焉敢生心)은 어찌 감히 그런 마음을 먹겠느냐는 뜻이다. "언감생심 꿈도 못 꿀 일이다" 등으로 쓰인다.

"전국에 산재해 있는 전통 탈춤을 계승 발전시켜야 한다" 흩을 산(散)의 산재(散在)는 여기저기 흩어져 있는 것이다. 재가 있을 재(在) 자이므로 '산재해 있는'이라는 말은 바르지 않다. '산재한' 또는 '흩어져 있는'이 올바른 표현이다.

원수 적(敵) 자의 부수도 등글월 문이다. 적수(敵手)는 실력이 비슷해서 경쟁 상대가 되는 사람이다. 적개심(敵愾心)은 누군가를 적으로 알고 느끼는 분노이다.

감히 **감(敢)**
- 감히
- 감행
- 언감생심

흩을 **산(散)**
- 산재

원수 **적(敵)**
- 적수
- 적개심

경부선 철도는 1901년부터 1904년까지 부설되었다. 부는 펼 부(敷) 자로 부설(敷設)은 철도나 다리, 해저 케이블 따위를 설치하는 것이다. "그 이야기에는 부연 설명이 필요하다" 부연(敷衍)은 알기 쉽게 덧붙여 자세히 말하는 것이다.

숫자 수(數) 자를 보자. 사무직 직장인의 필수 기능 중 하나는 엑셀이고 엑셀에서 유용한 기능이 복잡한 계산을 빨리 해주는 수식이다. 수식(數式)은 수치를 나타내는 숫자나 문자를 계산 기호로 연결한 식이다.

많은 사람은 어지러운 곳보다는 정리가 잘 된 곳에 있는 편을 좋아한다. 정은 가지런히 할 정(整) 자이다. 정리(整理)는 어수선한 것을 일정한 질서나 형식에 따라 보기 좋게 맞추는 것이다.

우주는 끝없이 팽창한다고 한다. 수학적으로 말하면 발산(發散)이라 할 수 있다. 발산의 반대는 수렴(收斂)이다. 염은 둥글월 문이 들어간 거둘 렴(斂) 자로, 수렴은 일정한 값에 한없이 가까워지는 것이다.
"여러분의 의견을 수렴해서 결정하겠습니다" 여러 사람의 생각을 잘 듣고 반영하겠다는 말이다.

펼 **부**(敷)
- 부설
- 부연

숫자 **수**(數)
- 수식

가지런히 할 **정**(整)
- 정리

거둘 **렴**(斂)
- 수렴 ⇔ 발산

"조류독감으로 수많은 닭이 폐사했다" 폐사(斃死)는 죽어 없어지는 것이다. 해질 폐(敝) 자 밑에 죽을 사(死) 자가 들어가면 죽을 폐(斃) 자가 된다.

죽을 폐(斃)

- 폐사

㊼ 글월 문(文)

원래 사람의 몸에 새긴 문신이라고 한다.

우리나라는 문맹률이 아주 낮은 편이다. 문맹(文盲)은
글 장님, 글을 모르는 사람을 일컫는다. 한글이 널리 보
급되지 않던 시절에는 우리나라도 문맹률이 높았다.

글을 적은 서류는 문서(文書)이다. 문신(文身, tatoo)은
살갗에 바늘을 찔러 그림이나 글자를 새겨 넣는 것이
다. 요즘은 그렸다가 지울 수 있는 헤나 문신이 유행
하지만 피부 속에 물감을 집어넣는 원조 문신은 지울
수 없으므로 신중해야 한다.

"주영이는 문학소년이야" 문학(文學)은 시, 소설, 수
필, 희곡처럼 인간의 생각과 감정을 언어로 그리는 예
술이다. 예술이니까 문예(文藝)라고도 한다.

얼룩말이나 얼룩소, 바둑이같이 여러 색깔이 몸에
섞여 있는 동물이 있다. 얼룩을 한자로는 반(斑)이라
고 한다. 구슬 옥(玉) 자 두 개 사이에 글월 문 자가 들
어간 모양이다. 여기서 글월 문(文) 자는 글자가 아니

글월 **문(文)**
- 문맹
- 문서
- 문신
- 문학
- 문예

얼룩 **반(斑)**
- 반점

라 색깔, 무늬이다.

우리와 같은 몽골 인종은 갓난아이 때 엉덩이에 몽골 반점(斑點)이 있다. 자라면서 없어지는데 흑인, 남유럽인들에게서도 나타난다고 하니 혼혈이 되어 황인종 피가 있으면 몽골 반점이 나타나는 모양이다.

⑤④ 말 두(斗)

부피를 재는 고유 단위로 되, 말, 섬이 있다. 되는 1.8리터, 말은 18리터, 섬은 180리터이다. 말 두(斗) 자는 국자로 곡식을 담아 떠 내는 모습이다. 북두칠성(北斗七星)은 큰곰자리의 꼬리 부분에 보이는 국자 모양의 별 일곱 개를 지칭한다.

쌀 미(米) 자에 말 두 자를 붙이면 헤아릴/값 료(料) 자다. 전기 요금, 택시 요금같이 다른 사람이 제공하는 서비스를 사용한 대가로 내는 돈은 요금(料金)이다.

"누룽지를 만들 요량으로 쌀을 많이 샀다" 요량(料量)은 앞으로 어떻게 해야겠다고 생각하는 것이다. 음

말 두(斗)
- 북두칠성

부피 재는 도구들 ⓒ 위키백과

헤아릴/값 료(料)
- 요금
- 요량
- 요리

식을 만드는 일이나 만든 음식은 요리(料理)이다.

"북한산엔 올라가는 길이 많아" 북한산 길 경사는 어느 쪽은 급하고 어느 쪽은 완만해서 각각 다르다. 나 여(余) 자에 말 두 자가 붙으면 기울 사(斜) 자가 되고, 이것이 기울 경(傾) 자와 합쳐지면 기울기를 뜻하는 경사(傾斜)이다.

심할 심(甚) 자에 말 두 자가 붙으면 술 따를/짐작할 짐(斟) 자이다. 사정이나 형편을 미루어 헤아리는 것이 짐작(斟酌)이다. 작 역시 술 따를 작(酌) 자이다.

취업 알선 등과 같이 다른 사람의 일이 잘 되도록 주선하는 것은 알선(斡旋)이다. 알은 말 두 자가 부수로 들어간 돌/주장할 알(斡) 자이다.

55 도끼 근(斤)

물건을 자르는 도끼 날의 모습을 본뜬 글자이다. 근

은 무게 단위이기도 한다. 고기나 약재의 무게 한 근은 600g이다.

도끼 근 자에 점을 찍으면 물리칠 척(斥) 자가 된다. 받아들이지 않고 거부해서 밀어내는 것은 배척(排斥)이다. 홍선 대원군은 서양이 화친하자는 것을 거부해서 척화비(斥和碑)를 세웠다.

나무를 때서 난방을 하고 밥을 짓던 시절에는 나무 토막을 장작으로 패서 썼다. 작은 돌 석(石) 자에 도끼 근 자가 붙은 쪼갤 작(斫) 자로, 장작(長斫)은 나무를 길쭉하게 자른 땔나무이다.

"뭐 참신한 아이디어 좀 없어?" 참신(斬新)은 베어낸 자리처럼 새로운 것이다. 수레 차(車) 자에 도끼 근 자를 붙이면 벨 참(斬) 자이다.

매일 보는 신문(新聞)은 새롭게 들리는 이야기이다. 신은 역시 도끼 근 자가 들어간 새로울 신(新) 자, 문은 들을 문(聞) 자이다.
"아버지는 신설된 부서의 부장이 되셨다" 신설(新設)은 새롭게 설치하는 것이다. 어떤 부문에 새롭게 진

물리칠 척(斥)
- 배척
- 척화비

남해의 척화비

쪼갤 작(斫)
- 장작

벨 참(斬)
- 참신

새로울 신(新)
- 신문
- 신설
- 신진

출하는 것은 신진(新進)이다. 고려 말 새로운 유교 사상을 들고 정치에 뛰어든 정도전, 정몽주 등의 인물이 신진사대부다.

끊을 단(斷) 자에도 도끼 근 자가 들어간다. 생각했던 것을 포기하는 것은 단념(斷念), 딱 잘라서 판단하는 것은 단정(斷定)이다.

끊을 **단(斷)**
- 단념
- 단정

⑤⑥ 모 방(方)

주로 방향을 나타내는 글자이다.

북부지방, 열대지방 등 일정한 지역을 지방(地方)이라고 한다. 각 나라에서 수도가 아닌 곳도 지방이라고 한다.

방침(方針)은 방향을 가리키는 바늘인데 행동 지침을 말한다. "정부는 곧 코로나 대응 단계를 4단계로 올릴 방침입니다" 등으로 쓸 수 있다.

방금(方今)은 지금 막이다. 방법(方法)은 일을 하는 방

모 **방(方)**
- 지방
- 방침
- 방금
- 방법

식이나 수단이다. "더 좋은 방안이 있으면 말씀해 주십시오" 방안(方案)은 일을 처리할 계획이다.

"처방전 받아가세요" 병의 증세에 따라 약을 배합하는 방법이 처방(處方), 처방을 적은 종이가 처방전(處方箋)이다.

어중간(於中間)은 거의 중간이다. 어조사 어(於) 자가 '~에'라는 뜻이다. 이러기도 그렇고 저러기도 그런 상황이 어중간이다.

베풀 시(施) 자를 보자. 시설(施設)은 도구나 장치, 기계 등을 설비하거나 구조물을 짓는 것이다. 난방시설(煖房施設)은 온풍기(히터)와 같이 추운 날 따뜻하게 하기 위한 시설이다.

올림픽 등 운동경기에서 결승전을 치르고 나면 종목별로 시상식을 한다. 금메달, 은메달, 동메달을 받을 선수들이 시상대(施賞臺)에 올라 국가가 연주되기를 기다린다. 시상(施賞)은 상을 주는 것이다.

"부정청탁 금지법을 시행합니다" 시행(施行)은 법령을 공포한 뒤에 그대로 실행하는 것이다. 돈이나 물건을 절의 살림에 보태는 것은 시주(施主)이다.

- 방안
- 처방(전)

어조사 어(於)
- 어중간

베풀 시(施)
- 시설
- 시상(대)
- 시행
- 시주

길을 가는 나그네는 한자로 려(旅)이다. 나그네가 자고 가는 집은 **여관**(旅館)이다. 물론 모텔, 호텔도 있지만. 다른 나라로 여행하는 데 필요한 표는 **여권**(旅券)이다.

여행(旅行)은 자기가 사는 곳을 떠나 객지를 다니는 일이다.

나그네 **려(旅)**
- 여관
- 여권
- 여행

한 쪽 지방에 모여 사는 피붙이는 겨레이다. 그래서 겨레 족(族) 자에 모 방 자가 있다. 겨레 중 가장 작은 단위는 **가족**(家族)이다. 언어, 역사, 문화를 공유하는 집단을 **민족**(民族)이라고 한다.

겨레 **족(族)**
- 가족
- 민족

"그 가수는 선풍적인 인기를 끌었다" 선은 돌/회오리 선(旋) 자로, **선풍**(旋風)적인 인기는 거센 회오리바람과 같은 대단한 인기이다.

전쟁에서 이기고 돌아오는 것은 **개선**(凱旋)이다.

파리의 **개선문**(凱旋門)은 에펠탑과 함께 파리를 상징하는 대표적인 명소이다. 세계 여러 나라에서 이 개선문을 본뜬 구조물을 만들었다. 우리나라 독립문도 그중 하나다.

돌/회오리 **선(旋)**
- 선풍
- 개선(문)

파리의 개선문

㊗ 이미 기 방(旡: 목멜 기)

이미 기(旣) 자의 부수이기 때문에 이미 기 방이라고 한다. 방은 부수 중 다른 글자의 오른쪽에 들어가는 부수를 말한다.

"기득권을 포기하기는 쉽지 않다" 부, 권력, 명예 등 사회적 특권을 전부터 갖고 있다면 기득권(旣得權)이 있는 것이다.

기성복(旣成服)은 이미 지어 놓은 옷이다. 양복 정장은 자신이 입고 싶은 옷을 만들어 달라고 주문해 입었는데, 산업 혁명으로 대량 생산이 가능해지면서 정해진 디자인 중에서 골라 사 입게 되었다.

처음 보는 것인데 전에 봤던 듯한 착각이 들면 기시감(旣視感)이다. 불어 데자뷔(déjà-vu)에서 온 말이다.

이미 **기(旣)**
- 기득권
- 기성복
- 기시감

58 날/해 일(日)

날마다 하는 일은 **일과**(日課)이다. 그 날 일한 보수를 그 날 주는 것은 **일당**(日當)이다. 하루치에 해당하는 돈이라는 말이다.

낮에 달이 태양과 지구 사이에 끼어 해를 가리는 것은 **일식**(日蝕)이다. 벌레가 먹어치우듯이 보이지 않게 된다고 해서 벌레 먹을 식(蝕) 자를 쓴다.

한 일(一) 자 위에 날 일 자를 얹은 글자는 지면에서 해가 떠오르는 모양을 그린 아침 단(旦) 자가 된다. "이 방송은 새해 **원단**(元旦) 특집 방송입니다" 원단은 설날 아침이나 어떤 일을 처음 시작하는 날을 뜻한다. 이 글자는 홀로는 잘 쓰이지 않지만 다른 글자에 많이 들어가니까 알아 두는 편이 좋다.

쌀 포 몸(勹)에 날 일 자가 들어가면 열흘 순(旬) 자가 된다. "다음 달에 할머니 칠순 잔치를 한단다" 열흘 순 자는 10년이 될 때도 있는데 일흔 살을 뜻하는 **칠순**(七旬)이 그러한 경우이다.

날/해 **일(日)**
- 일과
- 일당
- 일식

개기일식

아침 **단(旦)**
- 원단

열흘 **순(旬)**
- 칠순

한 달을 열흘씩 나눌 때 **상순**(上旬)은 1일부터 10일까지, 중순(中旬)은 11일부터 20일까지, **하순**(下旬)은 21일부터 말일까지이다.

극장에서 아침 일찍 오는 사람들에게 싸게 영화를 보여주는 것을 **조조할인**(早朝割引)이라고 한다. 앞의 조는 이를 조(早) 자이다.

사람이나 동식물이 평균보다 더 일찍 자라면 **조숙**(早熟)하다고 한다. 몸이 아프거나 중요한 일이 있어서 학교나 직장에서 일찍 나오는 것은 **조퇴**(早退)이다.

날 일 자에 면할 면(免) 자가 붙으면 늦을 만(晚) 자이다. **만년**(晚年)은 일생 중 나이가 든 후반부이다.

"너 먼저 가 있으면 조만간 나도 갈게" 늦을 만(晚) 자를 넣은 **조만간**(早晚間)은 이른 때와 늦은 때의 사이, 즉 머지않은 때이다.

"이번 행사의 취지를 잘 설명해 드리게" 뜻 지(旨) 자는 비수 비(匕) 자 밑에 날 일 자가 들어간 글자이다. **취지**(趣旨)는 하고자 하는 일의 근본적인 목적이다.

날 일 자와 달 월(月) 자를 합하면 밝을 명(明) 자이

- 상순
- 하순

이를 조(早)
- 조조할인
- 조숙
- 조퇴

늦을 만(晚)
- 만년
- 조만간

뜻 지(旨)
- 취지

밝을 명(明)

다. 해와 달을 합했으니 얼마나 밝을까. **명확(明確)**은 분명하고 확실한 것이다.

날 일 자에 비할 비(比) 자를 합한 글자는 맏/많을 곤(昆) 자이다. **곤충(昆蟲)**은 수많은 종류의 벌레이다. 머리, 가슴, 배로 구분되고 다리가 여섯 개다.

어렵고 쉬운 정도를 **난이도(難易度)**라고 한다. 이는 날 일 자에 말 물(勿) 자가 붙은 쉬울 이/바꿀 역(易) 자이다. 나라와 나라, 지방과 지방이 물건을 사고 파는 것은 **무역(貿易)**이다.

지역의 인구는 빠져나가기도 하고 들어오기도 하기 때문에 행정구역은 그대로 있지 않고 바뀐다. 군이 시로 바뀌면 승격되는 것이다. 승은 날 일 자에 되 승(升) 자가 붙은 오를 승(昇) 자로, **승격(昇格)**은 격이 올라가는 것이다.

드라이아이스에서는 김이 오르듯이 하얀 연기가 피어 오른다. 이처럼 고체가 액체를 거치지 않고 곧바로 기체로 바뀌는 것을 **승화(昇華)**라고 한다.

"아내 잃은 슬픔을 예술혼으로 승화했다" 극복하기 힘든 감정을 긍정 에너지로 바꾸는 것도 승화이다.

- 명확

맏/많을 **곤(昆)**
- 곤충

쉬울/바꿀 **이/역(易)**
- 난이도
- 무역

오를 **승(昇)**
- 승격
- 승화

큰 충격을 받아 기절하면 혼수상태에 빠진다. 혼은 어두울 혼(昏) 자로, **혼수**(昏睡)는 깊은 잠에 빠지듯이 정신을 잃는 것이다.

해 일 자와 날 생(生) 자를 합하면 별 성(星) 자가 된다. 항성, 행성, 혜성 등 많은 별이 있는데 밤하늘에 보이는 별은 거의 모두 태양과 같은 **항성**(恒星)이다.

중국 국기는 붉은 바탕에 별 다섯 개가 있어서 **오성홍기**(五星紅旗)이고 베트남 국기에는 노란 별이 하나 있다. 미국 국기인 **성조기**(星條旗)에 있는 별 50개는 미국의 주 50개를 상징한다.

"오빠 또 만화 삼매경에 빠졌어" 한 가지에 몰두해서 헤어나오지 못하면 **삼매경**(三昧境)에 빠졌다고 한다. 매는 아닐 미(未) 자가 붙은 어두울 매(昧) 자이다.

날 일 자에 필 필(疋) 자가 붙으면 그러할/옳을 시(是) 자가 된다. **시인**(是認)은 그렇다고 인정하는 것이다. 옳고 그름을 가리거나 서로 내가 옳다고 다투는 것은 **시비**(是非)이다.

"극장에 가서 영화를 볼 수 있을까?" **영화**(映畫), 영

어두울 **혼(昏)**
- 혼수

별 **성(星)**
- 항성
- 오성홍기
- 성조기

성조기와 오성홍기

어두울 **매(昧)**
- 삼매경

그러할/옳을 **시(是)**
- 시인
- 시비

상(映像) 등의 영은 빛을 나타내는 해 일 자에 가운데 앙(央) 자가 붙은 비칠 영(映) 자이다.

"너희들 의견을 반영해서 시험 범위를 좁게 해 주마" 반영(反映)은 빛이 반사되어 물체의 모습이 다른 곳에 나타나는 것이다. 정책이나 행동을 결정하는 사람에게 관계자들의 의견이 전달되는 것도 반영이라고 한다.

봄에는 겨울에 잘 받지 못했던 햇빛을 쬘 수 있어서 봄 춘(春) 자에 해 일 자가 들어간다. 옛날에는 봄과 가을을 맞는 것을 한 해를 보내는 것, 나이를 먹는 것으로 생각했다. 그래서 어르신의 나이를 춘추(春秋)라고 한다.

봄이 오면 나른해진다. 춘곤증(春困症)이다. 겨우내 추운 날씨에 익숙해졌던 몸이 따뜻한 봄바람에 적응할 때 신체 리듬의 불균형이 생겨 춘곤증이 온다고 한다.

해가 뜬 높이를 보면 대략 시간을 알 수 있기 때문에 때 시(時) 자에 해 일 자가 들어간다. 오른쪽의 관청 시(寺) 자가 음이 된다.

시사(時事)는 요즈음에 일어난 일이다. 정치, 사회, 문화 등 이즈음의 사건을 평하고 토론하는 것은 시사

비칠 **영(映)**
- 영화
- 영상
- 반영

봄 **춘(春)**
- 춘추
- 춘곤증

때 **시(時)**
- 시사

토론이다.

"이왕이면 주간 근무가 좋겠지" 주간(晝間)은 낮 시간이다. 낮 주(晝) 자는 붓 율(聿) 자 밑에 아침 단(旦) 자를 넣은 글자이다.

어느 곳의 풍경이 볼 만하면 경치(景致)가 좋다고 한다. 경은 서울 경(京) 자를 해가 비추는 모습인 경치 경(景) 자이다.

벌어진 일의 형편이나 모양은 광경(光景)이다. "믿을 수 없는 광경에 모두 넋을 잃었다" 등으로 쓸 수 있다. 이 글자에는 해가 비치듯이 밝다, 크다는 뜻도 있다. 경복궁(景福宮)은 커다란 행복이 깃든 궁궐이다.

넓을 보(普) 자에도 날 일 자가 부수로 들어간다. 특별하지 않고 흔한 것은 보통(普通)이다. "집에 들어가면 보통 몇 시니?" 이렇게 쓴다.

수정(水晶)이나 에메랄드 같은 보석은 빛이 난다. 해세 개를 모아서 빛남을 강조한 글자가 수정 정(晶) 자이다.

휴가(休暇)는 일을 하다가 쉬는 짬이다. 날 일 자에

낮 **주(晝)**
- 주간

경치 **경(景)**
- 경치
- 광경
- 경복궁

경복궁 전경

넓을 **보(普)**
- 보통

수정 **정(晶)**
- 수정

음을 나타내는 빌릴 가(叚) 자를 결합하면 겨를 가(暇) 자가 된다.

"한가할 때 연락주고 한 번 오세요" **한가(閑暇)**는 할 일이 없어서 시간이 남는 때이다. 그것이 겨를이다.

소리/그늘 음(音) 자에 날 일 자가 붙은 어두울 암(暗) 자는 어두움, 몰래 함, 외움 등을 나타낸다. 깜깜해서 아무것도 보이지 않는 것은 **암흑(暗黑)**, 시를 외워서 읊으면 **암송(暗誦)**이다.

"조선 글을 배우지 못하게 하고 조선 말도 하지 못하게 한 무단 통치 시대는 암담하기만 했다" 일제 시대에 있었던 일이다. **암담(暗澹)**은 희망이 없고 암울한 것이다.

이것은 무엇이다 하고 직접적으로 말하지 않고 넌지시 말하는 것은 **암시(暗示)**이다. 어사임을 숨기고 몰래 다니는 어사는 **암행어사(暗行御史)**이다.

따뜻할 난 자는 불 화(火) 자를 넣어서 煖으로 쓰기도 하고 해 일 자를 넣어서 暖으로 쓰기도 한다. **난류(暖流)**는 남쪽 바다에서 북쪽 바다로 흐르는 따뜻한 해류이다. 더 정확히 말하면 적도 부근에서 온대, 한대 지역으로 가는 해류이다.

겨를 가(暇)
- 휴가
- 한가

어두울 암(暗)
- 암흑
- 암송
- 암담
- 암행어사

암행어사의 상징, 마패

따뜻할 난(暖, 煖)
- 난류

더위 서(暑) 자만큼 재미있는 한자도 없을 것이다. 사람을 뜻하는 사람 자(者) 자 위를 해(日)가 사정없이 비추는 모양이다. 더울 수밖에 없다. 무더위를 피해 시원한 곳으로 옮겨가는 것이 피서(避暑)이다.

"이렇게 화창한 날은 오랜만이야!" 창은 납 신(申) 자에 볕 양(昜) 자를 붙인 화창할 창(暢) 자이다. 화창은 온화하고 맑은 날씨이다.

이 글자에는 잘 통한다는 뜻도 있다. 외국어를 막힘 없이 구사하는 사람을 보고 외국어가 유창(流暢)하다고 한다.

폭염(暴炎)은 찌는 듯한 더위다. 성질이 더럽고 나쁜 인간은 포악(暴惡)하다고 한다. 사나울 폭/포(暴) 자의 부수도 해 일 자이다.

"기름값이 폭등해서 기름을 구할 수 없는 때가 있었다" 석유 파동 때는 기름 얻기가 힘들었다. 폭등(暴騰)은 물가나 주가가 갑자기 쑥 오르는 것이다. 폭리(暴利)는 부당하게 많이 남기는 이익이다.

"비가 잠깐 오더니 금방 그쳤다" 아주 짧은 동안을 뜻하는 잠깐은 잠간(暫間)이 변한 말이다. 잠은 벨 참

더위 **서(暑)**
- 피서

화창할 **창(暢)**
- 유창

사나울 **폭/포(暴)**
- 포악
- 폭등
- 폭리

(斬) 자가 들어간 잠깐 잠(暫) 자다.

"3학년 3반 담임은 김선생님이 맡으시기로 잠정 결정했습니다" 잠정(暫定)은 아주 정한 것이 아니라 잠시 동안만 그렇게 하기로 하는 것이다.

이것인지 저것인지 확실하지 않으면 애매하다고 한다. 해 일 자에 음을 나타내는 사랑 애(愛) 자를 붙여서 희미할 애(曖) 자를 만들었다. 경계가 분명치 않고 흐릿한 것은 애매모호(曖昧模糊)한 것이다.

힘든 상황에서 좋은 일이 일어나려는 징조가 보이면 서광이 비친다고 한다. 서는 날 일 자에 관청 서(署) 자가 붙은 새벽 서(曙) 자로, 서광(曙光)은 동틀 때의 빛, 좋은 일을 알리는 빛이다.

일요일 다음이 또 일요일이라면 얼마나 좋을까? 요일(曜日)의 요는 날 일 자에 꿩 적(翟) 자를 붙인 빛날 요(曜) 자이다.

잠깐 잠(暫)
- 잠간 ☞ 잠깐
- 잠정

희미할 애(曖)
- 애매모호

새벽 서(曙)
- 서광

빛날 요(曜)
- 요일

⑤⑨ 가로 왈(曰)

말한다, 이른다는 뜻이다. "우리가 왈가왈부할 일이
아니다" 왈가왈부(曰可曰否)는 된다, 안 된다 말한다는
뜻으로 위의 예문은 우리 일이 아니면 참견해서는 안
된다는 뜻이다.

가로 왈 자는 굽을/가락 곡(曲) 자의 부수이다. 줄타
기, 마술, 재주넘기 등 보통 사람이 하기 힘든 동작이
나 아슬아슬한 묘기를 곡예(曲藝)라고 한다.

곡절(曲折)은 구부러지고 꺾인 것, 즉 복잡하고 변화
가 많은 사정이다. "여기 오기까지 곡절이 많았어" 등
으로 쓸 수 있다.

고칠 경/다시 갱(更) 자의 부수도 가로 왈 자이다.
기록 등을 새 것으로 갈아치울 때는 경신(更新)이라고
하고, 기한이 다 된 운전면허증이나 여권 등을 새 것
으로 바꿀 때는 갱신(更新)이라고 한다.

"학교 근처 서점에는 참고서밖에 안 팔더라" 책을

가로 **왈(曰)**
- 왈가왈부

굽을/가락 **곡(曲)**
- 곡예
- 곡절

고칠/다시 **경/갱(更)**
- 경신
- 갱신

파는 가게는 글/책 서(書) 자가 들어간 **서점(書店)**이다. 문서를 작성하는 일정한 양식은 **서식(書式)**이다.

"이거 내 최애 간식이야!" 최는 가장 최(最) 자로 **최애(最愛)**는 제일 좋아한다는 말이다.

최고는 가장 높은 것이다. 북한산의 **최고봉(最高峰)**은 백운대(836m)이다. **최선(最善)**의 방법은 가장 좋은 방법이다.

"예고 다니는 친구가 다음주에 **연주회(演奏會)**에 오라고 했어" 회는 모일 회(會) 자로, 연주회는 음악 연주를 듣는 모임이다.

회심(會心)은 마음에 맞는 것으로, 회심의 미소는 무슨 일이 마음에 흡족할 때 짓는 미소이다. 어떤 일을 하는 데 알맞은 때나 경우는 **기회(機會)**이다.

모일 회 자에는 셈, 계산이라는 뜻도 있다. 돈이나 물건이 들어오고 나가는 것, 사업의 이익과 손해를 계산하는 활동은 **회계(會計)**이다.

글/책 **서(書)**
- 서점
- 서식

가장 **최(最)**
- 최애
- 최고
- 최고봉
- 최선

모일 **회(會)**
- 연주회
- 회심
- 기회
- 회계

⑥⓪ 달 월(月)

월급(月給)은 다달이 받는 급여이다. 월차(月次)는 달
마다 하루씩 생기는 휴가이다.

"유명(有名)한 사람들은 피곤할 것 같아" 있을 유(有)
자의 부수는 달 월 자이다. 변명의 여지가 없이 잘못
을 한 사람은 유구무언(有口無言), 즉 입이 있어도 할 말
이 없다.

"미국과 러시아는 이미 수천 기의 핵무기를 보유하
고 있다" 보유(保有)는 가지고 있는 것이다.

우울한 것보다는 명랑한 것이 좋다. 랑은 좋을 량
(良) 자에 달 월 자를 합한 밝을 랑(朗) 자로, 명랑(明朗)
은 흐린 빛이 없이 유쾌한 것이다.

옛날 사람들은 달을 바라보면서 소원을 빌었다. 그
래서 바랄 망(望) 자에 달이 들어간다. 앞으로 좋은 일
이 일어나가를 바라는 것이 희망(希望)이다.

쭉 펼쳐진 경치를 볼 수 있는 곳은 펼 전(展) 자가 들

달 월(月)
- 월급
- 월차

있을 유(有)
- 유명
- 유구무언
- 보유

밝을 랑(朗)
- 명랑

바랄 망(望)
- 희망
- 전망대

어간 **전망대**(展望臺)이다. 산에서 시야가 트인 곳이나 높은 곳에 위치한 관광지에는 전망대가 있다.

그 기(其) 자를 합하면 때 기(期) 자가 된다. 유통기한은 주로 식품과 같은 제품이 유통될 수 있는 기한으로 제품을 살 수 있는 기한이고 실제로 먹어도 되는 **소비기한**(消費期限)은 이보다 더 길다.

"이산가족들은 짧은 만남을 뒤로 하고 다시 기약없는 이별을 해야 했다" **기약**(期約)은 때를 정한 약속이다.

학교나 직장에서 아침에 하는 모임을 **조회**(朝會)라고 한다. 조는 아침 조(朝) 자다. 우리나라 역사에서 지금의 우리와 가장 가까운 나라는 신선한 아침의 나라, **조선**(朝鮮)이다.

나라를 세운 왕부터 마지막 왕까지의 계보가 **왕조**(王朝)이다. 우리나라 역사에는 수명이 긴 나라가 유달리 많다. 고려왕조 400년, 조선왕조 500년이다. 세계적으로 신라 1,000년에 필적하는 나라는 고대 로마 제국 말고는 거의 없다.

점심은 **중식**(中食), 저녁은 **석식**(夕食), 아침은 **조식**(朝食)이다. 아침밥을 먹어야 좋다는 사람이 있고 먹지 않아야 한다는 사람도 있다. 좋은 것은 각자 자신에게

때 **기(期)**
- 소비기한
- 기약

아침 **조(朝)**
- 조회
- 조선
- 왕조
- 조식

맞게 먹는 것이 아닐까.

⑥ 나무 목(木)

나무로 여러 가지 물건을 만드는 일은 목공(木工)이고 건축이나 목공의 재료가 되는 나무는 목재(木材)다. 걷기 불편한 사람이 겨드랑이에 끼고 다니는 도구는 목(木)발이다. 발은 한자가 아니다.

나무에 긴 가지가 하나 더 뻗어나간 모양의 글자는 끝 말(末) 자다. 위의 가지 부분이 아래쪽보다 짧으면 아닐 미(未) 자이므로 헷갈리지 않도록 한다.

"말단직원이지만 삼촌의 자부심은 대단했다" 나뭇가지 끝처럼, 공공기관이나 회사 조직에서 민원을 갖고 찾아오는 주민이나 고객을 직접 응대하는 사람은 말단(末端) 직원이다.

말초신경(末梢神經)은 중추신경이 되는 뇌와 척수의 밖에 있는 신경이다. 나무 끝 초(梢) 자와 합한 말초(末梢)는 나뭇가지나 물건의 맨 끝부분을 말한다.

나무 **목(木)**
- 목공
- 목재
- 목발

끝 **말(末)**
- 말단
- 말초(신경)

나무 목 자 아랫부분에 한 일 자를 그으면 뿌리를 나타내는 근본 본(本) 자가 된다. 생물이 배우지 않고도 저절로 하게 되어 있는 움직임을 본능(本能)이라 말한다.

기업에서 지사(支社)가 아닌 중심이 되는 회사는 본사(本社)이다. 어떤 일에 직접 관계가 있는 당사자는 본인(本人)이다.

"그가 드디어 본색을 드러냈다" 본색(本色)은 원래의 모습이다.

아닐 미(未) 자를 보자. 아직 오지 않은 시간은 미래(未來)다. 아직 결혼하지 않은 사람은 미혼(未婚)이다.

우리가 좋아하는 것 중 하나는 현찰이 아닐까. 찰은 돈/패 찰(札) 자이다. 현찰(現札)은 몸에 지니고 있어서 지금 바로 쓸 수 있는 돈이다. 주로 왼쪽 가슴에 달고 다니는 이름이나 소속을 적은 표찰은 명찰(名札)이다.

베토벤의 교향곡 5번《운명》은 불후의 명작이라고 할 수 있겠다. 후는 나무 목 자가 들어간 썩을 후(朽) 자로, 불후(不朽)는 썩지 않고 영원히 남는 것이다. 음악가로서 청각을 잃고 나서 그 운명을 이기기 위해 지

근본 **본(本)**
- 본능
- 본사 ⇔ 지사
- 본인
- 본색

아닐 **미(未)**
- 미래
- 미혼

돈/패 **찰(札)**
- 현찰
- 명찰

썩을 **후(朽)**
- 불후
- 노후

은 교향곡 《운명》은 베토벤의 혼이 들어간 곡이다.

"그 건물은 너무 노후해서 사용 가치가 거의 없다" 썩다시피 오래되어 못 쓰게 된 것을 노후(老朽)했다고 한다.

주황색(朱黃色)은 붉은색과 노란색의 중간이다. 붉은 물감에 노란 물감을 섞으면 주황이 된다. 주는 아닐 미(未) 자에 삐침(丿)이 들어간 붉을 주(朱) 자이다.

붉을 주(朱)
- 주황색

"소설을 쓴다고 세 달 동안 두문불출하던 그는 마침내 역작을 내놓았다" 두는 막을 두(杜) 자로 두문불출(杜門不出)은 문을 닫고 나가지 않는 것이다.

막을 두(杜)
- 두문불출

"그 일은 이미 걷잡을 수 없이 번져 속수무책이었다" 속수무책(束手無策)은 손이 묶여 어찌할 도리가 없는 것이다. 속은 나무에 사람을 묶어 놓은 모양인 묶을 속(束) 자이다.

얽어매서 자유롭지 못하게 하는 것은 속박(束縛)이다. 앞으로 어떻게 하자고 다른 사람과 미리 정하는 것은 약속(約束)이다.

묶을 속(束)
- 속수무책
- 속박
- 약속

철근, 시멘트 등은 건축 자재이다. 어떤 물건을 만

드는 기초 재료가 **자재(資材)**이다. 재는 나무 목 자가 부수인 재목 재(材) 자이다.

시골을 뜻하는 마을 촌(村) 자는 나무 목 자에 음을 나타내는 마디 촌(寸) 자를 합해 만들었다. 농사를 주로 짓는 시골은 **농촌(農村)**, 물고기를 많이 잡는 마을은 **어촌(漁村)**이다.

은행나무의 열매인 **은행(銀杏)**은 가래, 기침을 다스리고 자주 소변을 보는 사람에게 좋다고 한다. 나무 목 자 밑에 입 구(口) 자가 들어간 은행 행(杏) 자는 살구 행 자도 된다.

살구나 감 등 열매를 나타내는 글자는 열매 과(果) 자이다. 그러고 보니 나무에 무엇이 잔뜩 달린 모습이다. 과일에서 먹을 수 있는 부분인 껍질 안쪽의 살은 **과육(果肉)**이다.

"과연 당신 말대로 되었군요" **과연(果然)**은 정말로 그런 것이다. "현수는 과감하게 자신이 원하는 과로 진로를 잡았다" **과감(果敢)**은 결단력이 있고 용감한 것이다.

동쪽은 해가 뜨는 곳이다. 새벽에 동녘에서 나무 사

재목 **재(材)**
- 자재

마을 **촌(村)**
- 농촌
- 어촌

은행 **행(杏)**
- 은행

열매 **과(果)**
- 과육
- 과연
- 과감

이로 해가 떠오르는 모습을 그린 글자가 동녘 동(東)자이다.

인도가 동서양의 중심이라고 한다면 그 동쪽은 **동양(東洋)**, 서쪽은 **서양(西洋)**이라고 할 수 있다. 사실 동쪽, 서쪽이라는 관념도 상대적이다. 미국은 우리나라에서 볼 때 동쪽이다.

나무가 모이면 숲이 된다. 그래서 수풀 림(林) 자는 나무가 두 개이고 빽빽할 삼(森) 자는 세 개이다. 나무가 빽빽하게 우거진 숲을 **삼림(森林)**이라고 한다.

거리가 멀어서 가물가물하거나 소식, 행방을 알 길이 없을 때 **묘연(杳然)**하다고 한다. 해(日)가 먼 곳에 있는 나무에 가려서 잘 보이지 않는 글자가 아득할 묘(杳) 자이다.

한자를 만든 옛날에는 물이나 술도 나무 잔에 따라 마신 모양이다. 잔은 한자로 배(杯)이다. 기쁜 일을 축하하며 마시는 술은 **축배(祝杯)**이다.

침엽수 중에 대표적인 나무가 소나무이다. 소나무를 한자로 송(松)이라고 한다. 나무 목 자에 여러 공

동녘 **동(東)**
- 동양
- 서양

수풀 **림(林)**
빽빽할 **삼(森)**
- 삼림

아득할 **묘(杳)**
- 묘연

잔 **배(杯)**
- 축배

소나무 **송(松)**
- 해송

(公) 자를 합한 글자이다. 바닷가에서 자라는 소나무를 해송(海松)이라고 부른다.

"지엽적인 것에 집착하지 말라"는 중요하지 않은 일에 매달리는 사람에게 해 줄 수 있는 말이다. 지는 나무 목 자에 지탱할 지(支) 자를 붙인 가지 지(枝) 자로, 지엽(枝葉)은 나무의 가지와 잎, 즉 큰 흐름이 아닌 부수적인 부분이다.

돌이킬 반(反) 자 왼쪽에 나무 목 자를 붙이면 널빤지 판(板) 자가 된다. 얇은 나무 판을 여러 장 붙여서 만든 널빤지는 합판(合板)이다.

더할 가(加) 자 밑에 나무 목 자가 있으면 시렁/건너지를 가(架) 자가 된다. 나무 위를 건너질러 물건을 얹는 모양이다. 전선, 다리, 철도 등을 설치하는 것은 가설(架設)이다.

달 감(甘) 자에 나무 목 자를 붙이면 아무 모(某) 자가 된다. 이름을 밝히지 않을 때 쓴다. 김 某 씨는 김 아무개 씨를 말한다.
"그 사람은 모종의 병으로 세상을 떠났다" 알 수 없

가지 **지(枝)**
- 지엽

널빤지 **판(板)**
- 합판

시렁/건너지를
가(架)
- 가설

아무 **모(某)**
- (김) 모
- 모종

거나 밝히고자 하지 않는 사항을 모종(某種)이라고 한다.

가을에는 감이 많이 열린다. 딱딱하지 않고 잘 익은 감을 홍시나 연시라고 한다. 시가 감 시(柿) 자이다. 붉어서 홍시(紅柿), 부드러워서 연시(軟柿)이다.

겨울에는 유자차를 많이 마신다. 유자(柚子)도 나무에 달리는 열매라서 유자 유(柚) 자의 부수도 나무이다. 오른쪽은 음을 나타내는 말미암을 유(由) 자다.

예전에는 옷감 염색도 천연 염료(染料)로 했기 때문에 물들일 염(染) 자에도 나무가 있다. 염료를 써서 천, 머리카락에 물을 들이는 것은 염색(染色)이다. 감염(感染)은 전염병이 옮는 것이다.

"우리끼리는 격식 따지지 말고 편하게 하자" 격식 격(格) 자는 나무 목 자와 각 각(各) 자가 합쳐져 이루어진 글자이다. 격에 어울리는 방식이 격식(格式)이다.
사리에 맞아서 교훈이 될 만한 말은 격언(格言)이다. 바둑판이나 체크 무늬같이 가로세로가 교차되게 그린 무늬가 격자(格子) 무늬이다.

감 시(柿)
- 홍시
- 연시

유자 유(柚)
- 유자

물들일 염(染)
- 염료
- 염색
- 감염

격식 격(格)
- 격식
- 격언
- 격자

서옥 규(圭)에 나무 목이 붙어 계수나무 계(桂) 자가 되었다. 달면서도 약간 얼얼한 맛이 나는 **계피(桂皮)**는 계수나무 껍질이다. 사탕이나 한약, 요리 재료로 쓰인다.

추석을 즈음해서 많이 나오는 밤은 물기는 별로 없지만 과일이다. 나무에 달리기 때문이다. 밤 률(栗) 자에는 나무가 있다. 보통 잔치나 제사에 쓰는 넙죽하게 깎은 날밤을 **생률(生栗)**이라고 부른다.

반찬으로 많이 먹는 **연근(蓮根)**은 연의 뿌리로, 근이 뿌리 근(根) 자이다. **근거(根據)**는 어느 주장이나 일의 바탕이다. "무슨 근거로 그런 말을 하십니까?"의 꼴로 쓴다. 헛소문은 근거 없는 소문이다.

근성(根性)은 뿌리가 박히다시피 해서 좀처럼 바뀌지 않는 성질이다.

자신의 의지대로 움직일 수 있는데도 남이 시키는 대로 하거나 눈치만 보는 태도를 '노예근성'이라고 한다. "일제는 조선 사람에게 노예근성이 있다고 왜곡했다"가 그 예문이다.

"오빠는 근성이 있으니까 잘 해낼 거예요"처럼 쓸 수도 있다. 무슨 일을 끝까지 해내고자 하는 정신도

계수나무 **계(桂)**
- 계피

밤 **률(栗)**
- 생률

생률(날밤)

뿌리 **근(根)**
- 연근
- 근거
- 근성

근성(根性)이라고 한다.

삼국지의 세 영웅 유비, 관우, 장비는 복숭아 밭에서 의형제가 되는 '도원결의'를 맺었다. 도는 복숭아 도(桃) 자로, 도원(桃園)은 복숭아 밭이다.

회사에 투자한 증거로 받는 표가 주식(株式)이다. 주는 그루 주(株) 자이다. 주식이 있는 사람은 회사가 이윤을 낼 때 배당을 받을 수 있고, 다른 사람에게 주식을 팔 수도 있다. 주주들의 투자금으로 운영하는 회사를 주식회사(株式會社)라고 한다.

"삼촌은 처음이니까 네가 잘 안내해 드리렴" 어떤 내용을 소개하거나 길을 잘 모르는 사람이 가려는 곳까지 갈 수 있게 해 주는 것이 안내(案內)이다. 안은 편안할 안(安) 자와 결합한 생각/책상 안(案) 자인데 인도한다는 뜻도 있다.

수정란은 분할을 거듭한다. 이 과정 중 뽕나무 열매와 같은 모양이 되는 시기가 상실기(桑實期)이다. 상은 나무(木) 위에 열매가 많이 맺힌 모양인 뽕나무 상(桑) 자이다.

어느 곳이 예전과 전혀 다르게 변해 알아볼 수 없게 되면 상전벽해(桑田碧海)라고 한다. 뽕밭이 변해 바다가 되었다는 말이다.

과일에는 거의 모두 씨가 있다. 돼지 해(亥) 자와 나무 목 자가 결합하면 씨 핵(核) 자가 된다.

생물은 대부분 세포에 핵막(核膜)이 있지만 아메바, 세균 같은 원시 생물의 세포에는 핵막이 없다. 핵막이 있는 생물은 핵이 진짜라고 해서 진핵생물(眞核生物), 없는 생물은 핵이 원시적이라고 해서 원핵생물(原核生物)이다.

"이제부터가 핵심적인 부분이야" 가장 중심이 되는 부분이 핵심(核心)이다. 원자핵이 분열하거나 융합할 때는 어마어마한 에너지가 나온다. 이것을 응용한 원자폭탄이나 수소폭탄을 핵무기(核武器)라고 한다.

동양식 집을 지을 때 기둥과 기둥을 가로질러 얹는 나무를 들보라 한다. 들보 량(梁) 자의 부수도 나무 목 자이다. 들보처럼 가로질러 놓는 다리도 같은 글자로 표현한다. 교량(橋梁) 건설은 다리를 놓는 것이다.

이로울 리(利) 자 밑에 나무 목 자가 들어가면 배나

씨 **핵(核)**
- 핵막
- 핵심
- 핵무기

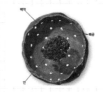

핵과 세포질을 나누는 핵막

들보 **량(梁)**
- 교량

무 리(梨) 자다. 배는 대소변이 잘 나오게 하고 가래, 기침을 없애 준다고 한다.

서울 서대문구에 있는 이화여자대학교는 배꽃(梨花)을 이름으로 했다. 스크랜턴 여사가 정동 집에서 학생 한 명을 가르치던 것이 시초였다고 하며 이화학당 시절 유관순 열사가 활약했다.

나무 목 자에 매번 매(每) 자를 합하면 매실 매(梅) 자가 된다. 매실은 배탈이나 식중독을 치료하고 갈증과 설사를 멈춘다고 한다. 매실로 담근 술을 매실주(梅實酒)라고 한다.

인도의 힌두교 경전이나 불경은 주로 산스크리트어로 썼다. 산스크리트어를 한자로 범어(梵語)라고 한다. 중의 글 범(梵) 자는 인도의 사제(제사장) 계급인 브라만과 그들의 가르침을 나타낸다.

어떤 일이 이루어지는 데 필요한 요소, 일을 자기 뜻대로 하려고 내놓는 요구 사항은 조건(條件)이다. 조는 조목 조(條) 자이다.

"동생은 어리지만 조리 있게 말을 잘 해요" 말이나 글에서 앞뒤가 맞는 갈피가 조리(條理)이다.

배나무 **리(梨)**
- 배꽃

매실 **매(梅)**
- 매실주

중의 글 **범(梵)**
- 범어

조목 **조(條)**
- 조건
- 조리

나무 목 자에 길 용(甬) 자를 붙이면 통 통(桶) 자가 된다. 준비나 대책이 튼튼해서 걱정이 없는 것을 **철통** (鐵桶)같다고 한다.

선사시대에는 죽은 사람을 흙으로 빚은 독에 넣어 묻었지만 역사 시대에는 나무나 돌로 된 관에 장사지 내는 일이 많아졌다. 보통 나무 관을 썼기 때문에 널 관(棺) 자의 부수도 나무 목 자이다. 장례 절차 중 시 신을 관에 넣는 것을 **입관**(入棺)이라 부른다.

권리를 버리고 쓰지 않는 것은 **기권**(棄權)이다. 기는 버릴 기(棄) 자이다. 투표를 할 수 있는데 하지 않는 것도 기권, 경기에 나가서 승부를 겨룰 수 있는데 출 전하지 않는 것도 기권이다.

"동식물의 서식지가 없어지면 사람의 서식지도 없 어진다" 새가 나무에 깃들인다는 글자가 깃들일 서 (棲) 자이다. **서식**(棲息)은 동식물이 어느 곳을 보금자 리로 삼아 사는 것이다.

빽빽할 삼(森) 자를 다시 보자. 무서울 만큼 엄숙한 분위기를 **삼엄**(森嚴)하다고 한다. "빈틈없는 경호로 삼

통 **통(桶)**
- 철통

널 **관(棺)**
- 입관

버릴 **기(棄)**
- 기권

깃들일 **서(棲)**
- 서식

빽빽할 **삼(森)**
- 삼엄

엄한 분위기 속에서 정상회담이 이루어졌다" 등으로
쓸 수 있다.

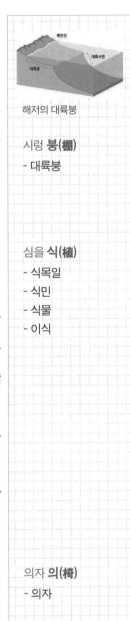

해저의 대륙붕

시렁 **붕(棚)**
- 대륙붕

나무 목 자에 벗 붕(朋) 자를 합하면 시렁 붕(棚) 자
로, **대륙붕(大陸棚)**은 해안에서 200m까지의 얕고 경사
가 완만한 해저이다. 바다의 물고기는 대부분 이 대륙
붕 해역에 서식한다.

곧을 직(直) 자가 나무와 만나면 심을 식(植) 자이다.
나무를 심는 날은 **식목일(植木日)**이다.

심을 **식(植)**
- 식목일
- 식민
- 식물
- 이식

식민(植民)은 원래 새로 차지한 곳에 자기네 나라 사
람을 옮겨 살게 하는 것이다. 땅이나 물에 몸의 일부
를 심듯이 붙박혀서 이동하지 않고 사는 생물이 **식물**
(植物)이다.

자신의 신체나 다른 생물의 신체 조직을 옮겨 심는
것은 **이식(移植)**이다. 피부, 신장, 간 등 여러 장기를 이
식할 수 있다. 뇌는 어떨까? 내 뇌를 빼고 다른 사람
뇌를 넣으면 나일까, 다른 사람일까?

의자 **의(椅)**
- 의자

앉아서 일하거나 공부를 하려면 책상과 의자가 필
요하다. **의자(椅子)**의 의는 나무 목 자가 부수로 들어
있는 의자 의(椅) 자이다.

첩 첩(妾) 자에 나무 목 자가 붙으면 접붙일 접(椄) 자다. 식물의 일부를 다른 식물에 붙여 살게 하는 것을 접목(椄木)이라 한다. 두 가지를 하나로 합쳐 융화시키는 것도 비유적으로 접목이라고 한다. 퓨전(fusion)과 비슷한 말이다.

나무 목 자에 맏 곤(昆) 자를 합하면 몽둥이 곤(棍) 자이다. 옛날에는 죄인을 엎어 놓고 몽둥이로 볼기를 치던 곤장(棍杖)이 있었다.

지극할 극(極) 자의 부수도 나무 목 자이다. "제갈공명은 적벽대전에서 병법의 극치를 보여주었다" 극치(極致)는 더 올라갈 수 없는 경지이다. 등극(登極)은 가장 높은 자리에 오르는 것, 곧 왕이 됨을 뜻한다.

"위험하다고 극구 만류했지만 듣지 않았다" 극구(極口)는 더할 수 없을 만큼 온갖 말을 하는 것이다.

땅의 끝이 극지(極地)로, 북극(北極)은 북쪽의 끝, 남극(南極)은 남쪽의 끝이다.

제일 보수적인 우파가 극우(極右), 제일 급진적인 좌파는 극좌(極左)이다.

일 업(業) 자를 보자. 생계를 위해 하는 일이 직업(職

접붙일 접(椄)	
- 접목	
몽둥이 곤(棍)	
- 곤장	
지극할 극(極)	
- 극치	
- 등극	
- 극우, 극좌	
일 업(業)	
- 직업	

業)이다. 두 가지 이상 일을 하는 사람의 원래 직업은 본업(本業)이다.

유방과 천하를 다툰 항우는 **초나라** 사람이다. 초나라 초(楚) 자의 부수도 나무 목 자이다. 항우와 유방의 싸움은 지금도 장기의 한(漢)과 초(楚)의 전쟁으로 계속되고 있다.

"곰은 햇빛을 보지 못하고 쑥과 마늘을 먹는 고초를 견뎌서 사람이 되었다" **고초**(苦楚)는 괴로움과 어려움이다. **청초**(淸楚)는 화려하지 않으면서 맑고 깨끗한 아름다움이다.

설계한 대로 여러 가지 요소를 짜 맞추어 만든 형태를 **구조**(構造)라고 한다. 구는 얽을/집 지을 구(構) 자다. 예술 작품의 미적 효과를 내기 위해 여러 요소를 조화롭게 배치한 것을 **구도**(構圖)라고 한다.

학생, 선생님, 교실은 학교를 **구성**(構成)하는 요소이다. 성은 이룰 성(成) 자로, 여러 부분이 전체를 이루는 것이 구성이다.

석류(石榴)는 둥근 열매 속에 신 맛이 나는 분홍빛 씨가 촘촘히 들어 있다. 류는 석류 류(榴) 자이다. 석류

- 본업

초나라 **초(楚)**
- 고초
- 청초

얽을/집 지을 **구(構)**
- 구조
- 구도
- 구성

석류 **류(榴)**
- 석류

열매같이 생겨서 손으로 던지게 된 폭탄을 **수류탄**(手榴彈)이라고 한다.

올림픽에서 입상하거나 자신의 분야에서 업적을 인정받는 것은 영광이다. 영은 영화 영(榮) 자로 **영광**(榮光)은 빛나는 영예이다.

"내가 이 나이에 무슨 영화를 보겠다고......" **영화**(榮華)는 귀한 몸이 되어서 화려하게 사는 것이다.

모범(模範)은 다른 사람이 본받을 만한 행동이다. 모는 저물 모(莫) 자가 음을 나타내는 법/본뜰 모(模) 자이다.

작품을 제작하기 전에 미리 만들어 보는 본보기 또는 똑같은 물건을 만들기 위한 틀은 **모형**(模型)이다. 영어로는 모델(model)이라고 한다.

음악은 마음을 편안하게 해준다. 그래서 음악 악(樂) 자는 즐길 락 자도 된다. 베토벤처럼 음악에서 대가의 경지에 이른 사람을 **악성**(樂聖)이라고 한다. 학교에서 음악 연주를 맡은 동아리 중 **악대부**(樂隊部)가 있다.

고통이 없고 즐거움만 있는 가상의 세계는 **낙원**(樂園)이다. 여러분이 생각하는 낙원은 어떤 곳인가? 시

- 수류탄

영화 **영(榮)**
- 영광
- 영화

법/본뜰 **모(模)**
- 모범
- 모형

음악/즐길 **악/락(樂)**
- 악성
- 악대부
- 낙원

험이 없는 곳인가?

본뜰 모 자와 모양 양(樣) 자를 합하면 모양(模樣)이
된다. 모양은 겉으로 보이는 생김새이다. "올 여름은
그렇게 덥지 않을 모양이다" '~할 모양이다'는 거의
그런 것 같다는 강한 확신이다.

나무 목 자에 높을 교(喬) 자를 붙이면 다리 교(橋)
자가 된다. 다리에도 여러 종류가 있다. 도개교(跳開橋)
는 큰 배가 밑으로 지나갈 수 있도록 위로 올렸다 내
렸다 하는 다리이다. 부산의 영도대교가 도개교이다.
현수교(懸垂橋)는 교각 사이에 와이어(여러 겹으로 꼰
굵은 쇠사슬) 같은 것을 건너지르고 거기에 매단 다리이
다. 미국 샌프란시스코의 금문교가 현수교이다. 그 외
에도 트러스교, 부유식 다리 등 종류가 많다.

기미 기(幾) 자에 나무 목 자를 붙이면 베틀 기(機)
자가 된다. 사람 대신 일을 하도록 만든 장치가 기계
(機械)이다.
"지금이 기회야!" 무슨 일을 하기에 알맞은 때가 기
회(機會)다. 어떤 일이 일어날 것 같은 낌새, 눈치는 기
미(機微)이다. 기미는 한자말이다.

모양 **양(樣)**
- 모양

다리 **교(橋)**
- 도개교
- 현수교

현수교

베틀 **기(機)**
- 기계
- 기회
- 기미

베짜기(김홍도)

나무를 많이 갖다 놓고 사람들이 볼 수 있게 한 곳을 수목원이라고 한다. 수는 나무 수(樹) 자로 수목(樹木)은 나무이다.

참나무같이 나뭇잎이 넓은 나무를 활엽수(闊葉樹), 소나무처럼 잎이 가시마냥 뾰족한 나무를 침엽수(針葉樹)라고 한다. 캐나다 같은 냉대지방에는 침엽수 숲이 많아서 온대지방과 다른 경치를 볼 수 있다.

가로 횡(橫) 자를 다시 보자. 가로지르는 것은 횡단이기 때문에 차도를 가로질러 설치한 보도가 횡단보도(橫斷步道)이다.

공금이나 다른 사람의 재물을 제멋대로 차지하는 것은 횡령(橫領)이다. 애쓰지 않았는데 요행으로 돈이 굴러들어오면 횡재(橫財)했다고 한다. 제 명에 못 죽고 갑자기 사고를 당해 죽는 것은 횡사(橫死)이다.

"경찰은 검찰의 권한 중 많은 부분을 가져오려고 한다" 검찰(檢察)의 검은 나무 목 자를 부수로 하고 다 첨(僉) 자를 붙인 살필/검사할 검(檢) 자이다. 검찰은 범죄 용의자를 기소한다.

네이버나 구글 같은 인터넷 검색 엔진으로 많이 하는 검색(檢索)은 보고자 하는 자료를 찾는 일이다.

나무 **수(樹)**
- 수목
- 활엽수
- 침엽수

가로 **횡(橫)**
- 횡단보도
- 횡령
- 횡사

살필/검사할 **검(檢)**
- 검찰
- 검색
- 검사

휴대폰 등 제품을 만드는 과정에서 중요한 공정 중 하나는 품질 검사다. 검사(檢査)는 물건이나 일의 상태를 조사해서 좋은지 좋지 않은지를 가리는 일이다.

우리 민족의 시조는 단군이라고 한다. 단군(檀君)의 단은 믿음 단(亶) 자를 붙인 박달나무 단(檀) 자이고 군은 임금 군(君) 자이다.

박달나무 **단(檀)**
- 단군

플라스틱이 없던 옛날에는 생활용품을 대부분 나무로 만들었다. 빗도 마찬가지였다. 빗 즐(櫛) 자에도 나무 목 자가 들어간다. 오른쪽 아래에 있는 곧 즉(卽) 자가 비슷한 음을 알려준다.

필자가 사는 서울 가좌동은 얼마 전까지도 옛 모습이 많이 남은 동네였다. 그런데 몇 년 전부터 아파트가 우후죽순 들어서더니 지금은 즐비(櫛比)하다. 즐비하다는 것은 빗살처럼 촘촘히 늘어선 모양이다.

빗 **즐(櫛)**
- 즐비

계단에서는 아래로 떨어질 위험이 있기 때문에 **난간(欄杆)**을 설치한다. 난간 란(欄) 자에도 나무 목 자가 들어 있다. 성적표의 **가정통신란**, 신문의 **사회란**, 경제란 등과 같은 칸 란(欄) 자도 같은 글자다.

난간/칸 **란(欄)**
- 난간
- 가정통신란
- 사회란

"보통 사람들이 참정권을 얻는 데는 오랜 세월이 걸렸다" 권세 권(權) 자가 들어가는 말을 보자. 어떤 일을 하거나 다른 사람에게 무엇을 요구할 힘, 그런 자격은 권리(權利)이다. 정치에 참여할 권리는 참정권(參政權)이다.

세상에서는 인권보다 돈의 힘이 우선하는 때가 많다. 상대적으로 돈이 많지 않은 사람들은 기본적인 권리를 잃는 경우가 있고, 이를 방지하는 장치가 사회보장 제도다. 사회보장을 받을 권리가 사회권(社會權)이다.

권세 **권(權)**
- 권리
- 참정권
- 사회권

투표를 통한 참정권 행사

㉒ 하품 흠(欠)

하품 흠 자를 부수로 하는 버금/매길 차(次) 자를 보자. 버금은 가장 좋은 것인 으뜸의 다음이다. 그래서 이 글자에는 다음이라는 뜻도 있다.

차기(次期)는 다음 시기다. "KT에서는 차세대 통신망을 개발하여..... " 차세대(次世代)는 다음 세대다. 차석(次席)은 일등인 수석 다음, 이등이다.

버금/매길 **차(次)**
- 차기
- 차세대
- 차석

차례(次例)의 차도 버금/매길 차 자이다.

"위원장은 회담을 공개로 하자는 제안을 흔쾌히 수락했다" 흔은 도끼 근(斤) 자에 하품 흠 자를 부수로 붙인 기뻐할 흔(欣) 자로, 흔쾌(欣快)히는 기꺼이다.

속일 기(欺) 자의 부수도 하품 흠 자이다. 남을 그럴 듯하게 속여 넘기는 것은 기만(欺瞞)이다. 상대를 속여서 금전적인 손해를 입히는 사람은 사기(詐欺)꾼이다.

"집을 헐값에 내놓을 수밖에 없었다" 헐은 어찌 갈(曷) 자와 하품 흠 자를 합한 쌀/쉴 헐(歇) 자이다. 헐값처럼 국어에는 순우리말과 한자가 섞인 말도 심심치 않게 있다. 완전한 한자어로 헐가(歇價)라고도 한다.
화산 활동이 활발한 곳의 온천 중에는 일정한 간격으로 뜨거운 물이나 수증기를 내뿜는 곳이 있는데, 이런 온천을 간헐천(間歇泉)이라고 한다. 간이 사이 간(間) 자이니까 사이를 두고 쉰다는 뜻이다.

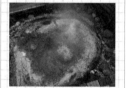

간헐천(일본 홋카이도)

하품 흠 자가 들어가는 글자 중 가장 신나는 글자는 노래 가(歌) 자일 것이다. 성씨 가(哥) 자가 들어간다. 노래하고 춤을 추는 것은 가무(歌舞)이다.

노래하는 것을 업으로 하는 사람은 **가수(歌手)**이다. 세간에 유행하는 노래는 **유행가(流行歌)** 또는 **대중가요(大衆歌謠)**이다.

안타까워서 한숨을 쉬는 것은 탄식할/감탄할 탄(歎) 자가 들어간 **탄식(歎息)**이다.

"약체라고 여겼던 팀이 골을 넣을 때마다 관중은 탄성을 내질렀다" **탄성(歎聲)**은 감탄하면서 내는 소리이다.

⑥③ 그칠 지(止)

가만히 섰을 때의 발 모양을 본뜬 글자라고 한다. 그래서 멈춘다는 뜻이 있다.

상처에서 피가 날 때 멎게 하는 것을 **지혈(止血)**이라고 한다. 범죄자를 감옥에 가두는 목적은 교화와 더불어 재발을 **방지(防止)**하는 데 있다. 방지는 어떤 일이 일어나지 않도록 막는 것이다.

- 가수
- 유행가(대중가요)

탄식할/감탄할
탄(歎)
- 탄식
- 탄성

그칠 **지(止)**
- 지혈
- 방지

싸움, 무력을 의미하는 무예 무(武) 자는 원래 먼저 치는 것이 아니라 들어오는 창(戈: 창 과)을 멈춘다(止)는 글자이다. 전쟁을 억제하는 것이 군인의 역할이라는 말이다.

싸우기 위해 만든 물건은 무기(武器)이다. 택견, 주짓수 등 싸우는 데 도움이 되는 기술은 무술(武術)이다.

"체대 입시에 합격한 재용이는 보무도 당당히 집에 들어갔다" 무예 무 자에는 발걸음이라는 의미도 있다. 보무(步武)는 씩씩하게 걷는 걸음이다.

바를 정(正) 자의 부수도 그칠 지 자이다. 거짓 없이 바른 마음은 정직(正直)한 마음이다. "이순신을 추천한 유성룡의 눈은 정확했다" 틀리지 않고 확실한 것이 정확(正確)이다.

"불편한 것은 피차 마찬가지이다" 비수 비(匕) 자를 붙이면 이 차(此) 자가 된다. 저 피(彼) 자와 함께 쓰는 피차(彼此)는 이쪽과 저쪽이니까, 피차 마찬가지라는 것은 서로 마찬가지라는 말이다.

김유정의 소설 『봄봄』에서 장인님은 주인공과 딸을 혼인시켜 준다는 약속을 차일피일 미루기만 하고 지키지 않았다. 차일피일(此日彼日)은 이 날 저 날, 차일피

일 미룬다는 것은 해줄 생각이 없다는 말이다.

걸을 보(步) 자를 보자. 걷는 것은 발의 구실이니 이 글자에도 발 모양을 나타낸 그칠 지 자가 들어간다. 차도와 구분해서 사람이 다니게 해 놓은 길은 **보도(步道)**이다. 인도(人道)라고도 한다.

걸을 도(徒) 자와 함께 써서 "**도보(徒步)**로 10분 걸립니다"는 걸어서 10분이라는 말이다.

"중국의 역사 왜곡을 막아야 한다" 사실과 달리 이야기를 바꾸는 것은 **왜곡(歪曲)**이다. 왜는 비뚤/기울 왜(歪) 자로, 사실과 어긋나게 구부린다는 말이다.

흐르는 **세월(歲月)**은 막을 수 없다고 했던가. 세는 해 세(歲) 자이다. 옛날에는 세월도 발이 있어서 달려간다고 생각했는지 이 글자에도 발을 나타내는 그칠 지 자가 맨 위에 얹혀 있다.

"만 19세 이상이 성인이다" 세가 해 세(歲) 자이다. **연세(年歲)**에도 들어간다.

대한 독립 만세에서처럼 쓰는 **만세(萬歲)**는 만 년과 같은 영원한 세월이다. 영원히 그 상태가 지속되기를 바라는 마음으로 외치는 말이다.

걸을 **보(步)**
- 보도(인도)
- 도보

비뚤/기울 **왜(歪)**
- 왜곡

해 **세(歲)**
- 세월
- 연세
- 만세

배화여학교 3.1 만세운동

개인이나 집단이 지내 온 내력은 **역사**(歷史)이다. 사람이 살아가는 것은 걸어가는 길과 같다고 생각할 수 있으므로 지낼 력(歷) 자의 부수도 그칠 지 자이다.

"요새 기업들은 주로 경력자를 뽑는다" **경력**(經歷)은 직업적인 면에서 지금까지 한 일이다. 경력자는 일한 경험이 있는 사람이다.

자취나 기미가 뚜렷하고 분명히 보이는 것을 **역력**(歷歷)하다고 한다. "화난 얼굴빛이 역력했다" 등으로 쓸 수 있다.

"마약 투약 혐의를 받은 가수 모씨는 10시간 검찰 조사를 받고 귀가했다" **귀가**(歸家)는 집에 돌아가는 것이다. 귀는 그칠 지 자가 있는 돌아갈 귀(歸) 자이다.

다른 나라에 갔다가 돌아오는 것은 **귀국**(歸國)이다. 외국에 이민을 가서 그 나라 국적으로 바꾸는 것은 **귀화**(歸化)라고 한다.

지낼 **력**(歷)
- 역사
- 경력
- 역력

삼국사기 © 문화재청

돌아갈 **귀**(歸)
- 귀가
- 귀국
- 귀화

⑥④ 죽을 사 변(歹: 살 바른 뼈 알)

죽을 사(死) 자의 부수가 되는 변으로 살을 발라낸 해골의 모습이라고 한다.

죽어서 세상에서 없어지는 것은 **사망**(死亡)이다. 생사(生死)를 모른다는 것은 살았는지 죽었는지 모른다는 말이다.

여러 번 죽을 고비를 넘기고 살아난 사람에게는 **구사일생**(九死一生)했다고 한다. 보이지 않아서 신경을 쓸 수 없는 곳은 **사각지대**(死角地帶)이다.

재앙(災殃) 중에 가장 무서운 재앙은 죽음이다. 그래서 재앙 앙(殃) 자는 음을 나타내는 가운데 앙(央) 자 옆에 죽을 사 변이 부수로 있다.

별 이름 태(台) 자에 죽을 사 변이 부수로 붙으면 위태로울/거의 태(殆) 자가 된다. 흔히 지피지기(知彼知己)면 백전백승(百戰百勝)이라고 해서 적을 알고 나를 알면 백 번 싸워 모두 이긴다고 한다.

죽을 사(死)
- 사망
- 생사
- 구사일생
- 사각지대

재앙 앙(殃)
- 재앙

위태로울/거의
태(殆)

그런데 이 말이 처음 나온 책에는 백전백승이 아니라 백전불태(百戰不殆), 즉 백 번을 싸워도 위태롭지 않다고 되어 있다. 하긴, 적을 알고 나를 안다고 해서 다 이길 것 같으면 세상이 참 만만하겠다.

"아프리카 돼지열병으로 전국 돼지의 태반이 폐사했다" 태반(殆半)은 거의 반이다.

"저 사람 수상한데" 할 때 수상(殊常)한 사람은 보통 사람들과 언행이 다른 사람이다. 수는 붉을 주(朱) 자가 있는 다를 수(殊) 자이다.

소방관이 불을 끄다가 죽으면 순직, 경찰관이 강도를 잡다가 죽으면 순직이다. 열흘 순(旬) 자에 죽을 사 변을 합하면 따라 죽을 순(殉) 자가 나온다. 순직(殉職)은 일을 하다가 죽는 것이다.

순교(殉教)는 자신이 믿는 종교를 위해 목숨을 바치는 것이다. 신라의 이차돈은 불교를 포교하기 위해 참수당했다. 우리나라에서 순교한 최초의 천주교 신자는 김대건 신부이다.

그런가 하면 나라를 위해 죽는 것은 순국(殉國)이다. 유관순 열사, 안중근 의사, 윤봉길 의사 등 수많은 독립운동가가 나라를 살리기 위해 목숨을 바쳤다.

- 백전불태
- 태반

다를 수(殊)
- 수상

따라 죽을 순(殉)
- 순직
- 순교
- 순국

순국열사의 묘 현충원

따라 죽을 순 자에 이런 좋은 이야기만 있지는 않다. 옛날에는 왕이나 권력자가 죽으면 처첩은 물론이고 종들까지 같이 죽여서 무덤에 집어넣었다고 한다. 주인이 죽었는데 너희만 살 수 없으니 따라가서 모시라고 말이다. 이것은 죽은 이와 함께 장례를 치르는 순장(殉葬)이다.

이 끔찍한 순장 풍습은 502년, 신라 지증왕 때에서야 사라졌다고 한다. 순장을 폐지한 이유도 따라 묻히는 사람들이 가엾어서가 아니라 농사를 짓고 부역에 나올 일손이 없어서였다고 한다.

창 과(戈) 자 두 개를 포갠 적을 전(㦮) 자와 합하면 남을 잔(殘) 자이다. 살을 뜯어먹고 뼈만 남았다는 글자이다.

"잔반을 남기시면 벌금 1,000원을 받습니다" 잔반(殘飯)은 먹다 남긴 밥이다. 잔액(殘額)은 결제를 다 하지 않고 남은 돈이다.

죽었다는 것을 높여 말하는 표현 중에 운명하셨다는 말이 있다. 운은 떨어질/죽을 운(殞) 자로 운명(殞命)은 목숨이 다했다는 말이다.

- 순장

남을 **잔(殘)**
- 잔반
- 잔액

떨어질/죽을 **운(殞)**
- 운명

⑥⑤ 갖은등글월 문(殳: 몽둥이 수)

긴 창을 들고 찌르려 하는 모습 또는 몽둥이를 형상
화한 것이라고 한다.

죽일 살(殺) 자의 부수가 갖은등글월 문이다. 사람
을 죽인 사건은 살인(殺人) 사건이다. 벌레를 죽이는
약은 살충제(殺蟲劑)이다.

"브리핑룸 문이 열리자마자 기자들이 쇄도해 들어
갔다" 한꺼번에 세차게 몰려간다는 쇄도(殺到)에서와
같이 쇄로 발음하기도 한다.

상쇄(相殺)는 이쪽과 저쪽의 효과나 수치(數値)가 비
겨서 0으로 되는 것이다.

목표를 이루기 위한 방법이나 도구를 수단(手段)이
라고 한다. '수단과 방법을 가리지 않고'라는 말이 있
다. 층계/수단 단(段) 자의 부수도 갖은등글월 문이다.

"부도가 난 회사는 단계적으로 해체 절차를 밟았
다" 단계적(段階的)은 하나씩 차근차근이다.

죽일/빠를 살/쇄(殺)
- 살인
- 살충제
- 쇄도
- 상쇄

층계/수단 단(段)
- 수단
- 단계적

지구의 겉을 싸고 있는 부분은 지각(地殼)이다. 각은 껍질 각(殼) 자이다. 커다란 영향을 미치는 근본적인 변화를 비유적으로 지각변동(地殼變動)이라고 한다.

게와 같이 껍데기가 갑옷처럼 단단한 동물을 갑각류(甲殼類)라고 한다.

물건을 못쓰게 만들거나 다른 사람의 명예를 손상시키는 것은 훼손(毀損)이다. 명예훼손죄는 법에 명시되어 있다. 훼는 헐 훼(毀) 자이다.

⑥⑥ 없을/말(하지 말) 무(毋)

없을 무(無) 자와 바꾸어 쓸 수 있는 글자이다.

말 무 자에 획을 하나 더 그으면 어미 모(母) 자가 된다. 어머니로서 갖는 성정을 모성(母性)이라 한다. 자신이 졸업한 학교는 모교(母校)이다.

큰 배에 실린 작은 배가 떨어져 나가면 큰 배는 작은 보트의 모선(母船)이 된다. 비행기를 싣고 나가서

껍질 **각(殼)**

- 지각
- 지각변동
- 갑각류

헐 **훼(毀)**

- 훼손

어미 **모(母)**

- 모성
- 모교
- 모선

항공모함

발진시키는 배는 항공모함(航空母艦)이다.

매번 매(毎) 자의 부수도 말 무 자이다. 매주(每週)는 주마다, 매월(每月)은 달마다이다.

옛날 왕들은 밥을 먹을 때마다 먼저 먹어 보는 시종을 두었다고 한다. 독이 들어 있나 없나를 보려고 그랬단다. 독 독(毒) 자에도 없을 무 자가 들어간다. 뱀의 독 등을 중화하는 해독제(解毒劑)는 독기를 푸는 약이다.

❻❼ 견줄 비(比)

두 사람이 어깨를 나란히 하고 선 모습을 그린 글자이다.

비견(比肩)은 어깨를 나란히 한다는 말로, 양쪽의 실력이 비슷해서 우열을 가리기 힘든 것이다. 비슷한 것끼리 얼마나 비슷한가, 무엇이 다른가 견주는 것은 비교(比較)이다.

- 항공모함

매번 매(毎)
- 매주
- 매월

독 독(毒)
- 해독제

견줄 비(比)
- 비견
- 비교

'힘은 질량과 가속도에 비례한다(뉴턴의 제2운동법칙)'
비례(比例)는 한 쪽의 수치가 변하는 정도만큼 다른 쪽
의 수치도 변하는 현상이다. 비율(比率)은 어떤 수량에
대한 다른 수량의 비(比)이다. 얼굴 길이와 키의 비율
이 1:8이면 팔등신이라고 한다.

- 비례
- 비율

$$\vec{F} = m\vec{a}$$
물체에 작용한 전체 힘   질량 가속도

가속도 법칙

⑥⑧ 털 모(毛)

짐승의 털로 짠 코트는 모피(毛皮)코트이다. 동맥과
정맥을 잇는, 털처럼 가느다란 혈관은 모세혈관(毛細血
管)이다. 머리카락이나 몸의 털이 나는 구멍은 모공(毛
孔)이라고 한다.

안타깝게 머리칼이 슴벅슴벅 빠지는 현상은 탈모
(脫毛)이다. 사막과 같이 메마른 곳은 곡식이 자라지
않는 불모지(不毛地)이다.

"나는 추호도 그럴 생각이 없다" 추호(秋毫)란 가을
에 가늘어진 짐승의 털같이 아주 적은 양이다. 호는
가는 털 호(毫) 자이다.

털 모(毛)
- 모피
- 모공
- 탈모
- 불모지

가는 털 호(毫)
- 추호

슬슬 날씨가 차가워지면 바닥에 앉을 때 **담요**를 깔거나 무릎에 덮기도 한다. 털 모 자에 아름다울 담(炎) 자를 붙이면 담요 담(毯) 자가 된다.

담요 **담**(毯)
- 담요

❻❾ 성씨/각시 씨(氏)

백성 민(民) 자의 부수가 성씨 씨 자이다.

정치인들이 아닌 일반 시민의 뜻은 **민의**(民意)이다. 국회에서 신경써야 하는 대중의 살림살이는 **민생**(民生)이다.

민주주의(民主主義) 국가는 소수 통치자의 의지가 아닌 민의로 다스려지는 나라이다. 민의를 대표하는 곳으로 국회가 있고, 행정부의 고위 관리들도 시민들이 선거로 뽑기 때문에 우리나라를 민주주의 국가로 여기는 것이다.

백성 **민**(民)
- 민의
- 민생
- 민주주의

민의를 대표해야 할 국회

⑦⓪ 기운 기 밑(气)

부수 형태 중 밑이라는 이름을 쓰기도 하고 쓰지 않기도 한다. 부수 이름이 밑이라는 것은 글자의 나머지 부분이 이것의 밑에 들어간다는 뜻이다.

기운 기(氣) 자의 부수이다. 숨, 공기, 자연 현상, 인간의 기 등을 의미한다. 척추동물의 목에서 허파로 이어지는 호흡의 통로는 **기관**(氣管)이다. **기관지**(氣管支)는 기관에서 좌우로 갈라져 허파(폐)에 이르는 가지를 일컫는다.

지구를 둘러싼 대기의 압력은 **기압**(氣壓)이다. 헥토파스칼(hPa) 등의 단위로 잰다.

충격 등으로 갑자기 의식을 잃고 쓰러지는 것을 **기절**(氣絶)이라고 한다. 몸에 흘러야 할 기가 흐르지 않고 끊어졌다는 말이다.

기운 **기**(氣)
- 기관
- 기관지
- 기압
- 기절

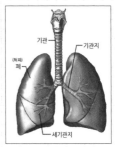
기관과 기관지

㉛ 물 수(水)

사람이 사는 데 물이 없어서는 안 된다. 하지만 순수한 물(H_2O)은 자연에 거의 존재하지 않을 뿐 아니라 마시면 곧 설사를 한다고 한다. 물에는 아주 조금이라도 다른 원소가 섞여 있게 마련이다.

잔잔한 수면처럼 평평한 것이 수평(水平)인데, 지구 중력 방향과 수직이므로 건물의 무게를 처리하는 건축에서 중요한 요소이다. 수평이 맞지 않는 건물은 피사의 사탑처럼 기울게 된다.

"생각보다 수준이 높은데" 그런가 하면 사물이나 사람의 가치, 실력 등을 물의 높이에 빗대어 표현하는 말이 수준(水準)이다.

물 수 자에 한 획을 더하면 길 영(永) 자가 된다. 영원(永遠), 영구(永久)는 언제까지나 그 상태를 유지하는 것이다.

영원히 다른 나라들의 전쟁에 끼어들지 않고 자신들도 영원히 다른 나라의 침략을 받지 않는 나라가 영

물 수(水)
- 수평
- 수준

길 영(永)
- 영원
- 영구

세중립국(永世中立國)이다. 라오스, 오스트리아, 스위스가 해당한다.

얼음은 물의 사촌이다. 얼음 빙(氷) 자도 물 수 자에 한 획을 더한 글자다. 팥빙수(氷水)가 어떤 음식인지는 잘 알 것이다.

구할 구(求) 자의 부수도 물 수 자이다. 취직이 힘든 오늘날 구직란(求職亂)이 문제이다. 구직은 일자리를 구하는 것이다.

"사람은 모두 행복을 추구한다" 끈기 있게 쫓아가서 구하는 것을 추구(追求)라고 한다.

맑은 것을 흰 색으로 표현할 때가 있다. 흰 백(白) 자 밑에 물 수 자가 있는 것이 샘 천(泉) 자이다. 맑은 물이 나오는 곳이 샘이다.

따뜻한 물이 나오는 샘은 온천(溫泉)이다. 원천(源泉)은 물이나 사물이 발생하는 근원이다.

강을 이루어 흐르는 물결은 세차고 크다. 그래서 클 태(泰) 자에 물 수 자가 들어간다. 많은 전설을 간직한 태산(泰山)은 중국 산동성에 있는 산이다. 태산의 동쪽

- 영세중립국

얼음 빙(氷)
- (팥)빙수

구할 구(求)
- 구직란
- 추구

샘 천(泉)
- 온천
- 원천

클 태(泰)
- 태산

에 있기 때문에 산동성(山東省)이다.

넘기 힘든 장애물을 태산에 빗대기도 한다. 동시에 클 태 자에는 편하다, 태평하다는 뜻도 있다. "할 일이 태산(泰山)인데 태평(泰平)하게 잠만 자고 있으니……"는 훌륭한 예문이 된다.

- 태평

중국 산동성 태산 계단길

물 수 변형 부수

71-1 삼수변(氵)

목욕을 하려면 물이 있어야 하는데 목욕(沐浴)에 물 수 자는 없다? 두 글자 모두 왼쪽에 부수로 있는 점 세 개가 물 수 자를 바꾼 형태이고, 삼수변(氵)이라고 한다. 물방울 세 개가 떨어지는 모습이다.

한강, 낙동강, 금강, 영산강 등 강(江)에 물이 들어간 다. 경포호, 대청호, 소양호 등 호수의 호(湖) 자에도 물이 있다.

물은 깨끗하기만 할 것 같지만 더러울 때도 있다. 더러울 오(汚) 자에 물이 들어간다. '역사에 오점(汚點) 을 남기다'는 깨끗하지 못한 일을 기록하게 되었다는 말이다.

"정국이 혼돈(混沌)에 빠졌다" 혼과 돈은 모두 물이

강 강(江)
- 한강, 영산강

호수 호(湖)
- 소양호, 대청호

더러울 오(汚)
- 오점

흐림을 나타낸다. 흐릴 혼(混), 혼탁할 돈(沌) 자이다. 돈 자의 오른쪽은 진 칠/모일 둔(屯) 자인데, 강처럼 흐르는 물은 깨끗하지만 모여서 고인 물은 흐리다는 의미이다.

"자유와 방종을 혼동해서는 안 된다"의 혼동(混同)은 다른 것을 구별하지 못하고 같은 것으로 잘못 아는 것이다.

물 따라 내려갈 연(沿) 자는 연안, 연혁 등에 들어간다. 연안(沿岸)은 바닷가나 강가와 같은 물가이고, 연혁(沿革)은 조직이 이제까지 물 흐르듯이 지내 온 내력이다. 연안어업은 육지에서 멀지 않은 앞바다에서 하는 어업이다.

물이 아니어도 흐르는 액체는 삼수변으로 표현한다. 그래서 기름 유(油) 자의 부수도 삼수변이다. 식용유(食用油)는 조리할 때 쓰는 기름이다. 휘발유(揮發油)는 빨리 증발하는 기름이다.

르느와르 같은 미술품을 보면 액자 밑에 '캔버스에 유채(油彩)'라고 쓰인 것이 있는데, 물감을 기름에 섞어 그린 유화(油畵)라는 말이다.

흐릴 혼(混)
혼탁할 돈(沌)
- 혼돈
- 혼동

물 따라 내려갈
연(沿)
- 연안
- 연혁

연안부두

기름 유(油)
- 식용유
- 휘발유
- 유채(유화)

유화(르느와르 작)

나일 강은 해마다 **범람**(氾濫)한다. 각각 삼수변에 병부 절(㔾), 볼 감(監) 자를 붙인 넘칠 범(氾), 넘칠 람(濫) 자를 쓴다. 범람이 홍수가 되면 집이 떠내려가고 이재민이 생긴다.

"배 농사가 잘 되는 큰아버지네는 배즙을 만들어 팔기로 했다" 열 십(十) 자 앞에 삼수변이 붙으면 즙 즙(汁) 자가 된다. 배즙, 포도즙, 사과즙 등 과일을 짠 즙은 **과실즙**(果實汁)이다.

높은 산이나 남극, 북극에서 눈이 쌓여 언 얼음이 무게 때문에 점점 낮은 곳으로 흐르는 것을 **빙하**(氷河)라고 한다. 하 자는 삼수변에 옳을/가능할 가(可) 자를 붙인 물 하(河) 자이다.

강과 시내 등 흐르는 민물은 **하천**(河川)이다. 낙동강 하굿둑의 **하구**(河口)는 강에서 바다로 들어가는 어귀이다. 낙동강 하구에 있는 을숙도는 철새가 찾아오기로 유명하다.

중국 **황하**(黃河)를 황하강이라고 하는 경우가 있다. 하(河)가 강과 같이 흐르는 물이기 때문에 황하강이라고 하면 같은 말을 두 번 적는 것이다. 양자강(장강)은 중국에서 가장 긴 강이다.

넘칠 **범**(氾)
넘칠 **람**(濫)
- 범람

즙 **즙**(汁)
- 과실즙

물 **하**(河)
- 빙하
- 하천
- 하구
- 황하

북극의 빙하

황하(위)와 양자강(아래)

목욕탕에 가면 한증막에서 땀을 푹 낸다. 한은 땀 한(汗) 자이다. 땀도 물이니까 삼수변이 들어가고 오른쪽은 방패 간(干) 자이다. 한증막(汗蒸幕)은 뜨거운 열로 땀을 내는 곳이다. 사우나는 한증막의 핀란드어.

옛날 중국 사람들은 일을 결정하는 것도 물이 흐르듯 자연스럽게 해야 한다고 생각했던 모양이다. 그래서 정할 결(決) 자에도 물(氵)이 들어 있다. 오른쪽은 깍지 결(夬) 자이다.

결정(決定)은 이렇게 하자고 매듭을 짓는 것이다. 형사 법정에서 하는 판결(判決)은 법정에서 유죄인지 무죄인지, 유죄라면 형은 얼마나 줄 것인지를 정하는 것이다.

결산(決算)은 예산을 세우고 집행한 뒤에 돈을 쓰기로 한 곳에 돈이 알맞게 쓰였는지 확인하는 것이다.

"한 차례 무산된 뒤에 어렵게 성사된 회담이었지만 결렬되고 말았다" 결렬(決裂)은 협상에서 의견이 맞지 않아 없었던 일로 하고 헤어지는 것이다.

갖은등글월 문(殳)에 삼수변을 붙이면 빠질 몰(沒) 자이다. "베토벤이 몇 년부터 몇 년까지 살았는지 아세요?"를 간단하게 말하면 "베토벤의 생몰연대를 아

한증막(사우나)

땀 한(汗)
- 한증막

정할 결(決)
- 결정
- 판결
- 결산
- 결렬

빠질 몰(沒)
- 생몰연대

세요?"이다. 생몰연대(生沒年代)는 태어나고 죽은 해를 말한다.

몰살(沒殺)은 남김없이 죽이는 것이다. 인정이 전혀 없는 사람을 몰인정(沒人情)하다고 한다. 몰수(沒收)는 법이 취급을 금하는 물건이나 범죄에 쓰인 물건을 빼앗는 일이다.

세력이 쇠퇴하여 보잘것없어지는 것은 떨어질 락(落) 자와 합친 몰락(沒落)이다. "나폴레옹은 러시아 원정을 계기로 몰락했다"처럼 쓴다.

"로댕은 조각에 골몰해서 조수가 아무리 불러도 대답하지 않았다" 두 글자에 모두 삼수변이 있는 골몰(汨沒)은 물에 잠기듯이 어떤 일에 빠져 다른 것을 돌아볼 정신이 없음을 말한다. 골은 잠길 골(汨) 자이다.

목이 몹시 마른 사람이 물을 마실 때는 다른 일을 돌아볼 겨를이 없다. 물(氵)에 미칠 급(及) 자를 붙이면 물 길을 급(汲) 자가 된다.

"평소에 으스대던 보안관은 악당이 쳐들어오자 사람들을 보호하기는커녕 도망치기에 급급(汲汲)했다" 마을을 지켜야 할 보안관이 제 목숨 살리려고 달아나

- 몰살
- 몰인정
- 몰수

떨어질 **락(落)**
- 몰락

잠길 **골(汨)**
- 골몰

물 길을 **급(汲)**
- 급급

기에 바빴다는 말이다.

삼수변에 기운 기(气) 자를 합하면 김 기(汽) 자가 나온다. 기차(汽車)는 증기나 기름, 전기 등으로 동력을 내는 기관차가 움직이는 열차이다. 초고속 열차 KTX는 전기의 힘을 이용한다.

모래와 자갈, 바위로 되어 있고 물이 거의 없어서 식물이 자라기 힘든 땅이 사막(沙漠)이다. 사막에서는 바람에 따라 모래가 흘러(날아) 다닌다. 물 흐르듯 하다 해서 사막 두 글자의 부수도 모두 삼수변(氵)이다.

사막 막(漠) 자에는 사막처럼 넓다, 아득하다, 고요하다는 뜻이 있다. "그렇게 막연하게 말씀하시면 알 수가 없습니다"에서 막연(漠然)은 어렴풋해서 갈피를 잡을 수 없는 상태이다.

물이 흐르는 곳은 기름지기 때문에 옛날부터 강가에 사람이 많이 살았다. 세계 4대 문명의 발상지는 모두 큰 강가이고 우리나라도 비옥한 한강을 차지하기 위해 삼국시대에 피를 튀기며 싸웠다.

삼수변에 땅 이름 옥(夭) 자를 붙이면 기름질 옥(沃) 자가 된다. 기름진 땅은 비옥(肥沃)한 땅이다.

> 김 **기(汽)**
> - 기차
>
> 사막 **막(漠)**
> - 사막
> - 막연
>
> 기름질 **옥(沃)**
> - 비옥

"이순신은 한산도 해전에서 수많은 적선을 침몰시켰다" 삼수변을 부수로 한 잠길 침(沈) 자를 쓴 침몰(沈沒)은 물에 빠져 가라앉는 것이다. 침울(沈鬱)은 우울한 기분에 빠지는 것이다.

"호랑이한테 물려 가도 정신만 차리면 산다"는 어떤 경우에도 침착해야 함을 강조한 말이다. 붙을 착(着) 자가 들어간 침착(沈着)은 분위기에 흔들리지 않는 차분한 마음이다.

장마철에는 홍수도 문제지만 산사태를 조심해야 한다. 사태(沙汰)는 언덕이나 산비탈이 비바람이나 충격 따위로 흘러내리는 것이다. 사는 삼수변이 부수인 모래 사(沙) 자이다.

삼수변에 쌀 포(包) 자를 붙이면 거품/방울 포(泡) 자가 된다. "그동안 공들인 노력이 수포로 돌아갔다"의 수포(水泡)는 물거품이다.

여관이나 호텔 등에서 자는 것은 숙박(宿泊)이다. 박은 삼수변 부수에 흰 백(白) 자를 붙인 묵을 박(泊) 자이다.

이 글자에는 배를 댄다는 뜻도 있다. 배가 닻을 내

잠길 **침**(沈)
- 침울
- 침착

모래 **사**(沙)
- 사태

거품/방울 **포**(泡)
- 수포

묵을 **박**(泊)
- 숙박

리고 한 곳에 머무는 것을 정박(碇泊)이라고 한다.

"가는 말이 고와야 오는 말이 고운 법이야" 법은 갈 거(去) 자를 붙인 법 법(法) 자이다.

이 글자는 방법(方法)을 뜻하기도 한다. 일을 하는 형식과 수단이 방법이다. 편법(便法)은 편리한 방법인데 올바르지 않은 방법이라는 뉘앙스가 있다.

"반란은 사전에 계획이 누설되어 실패하고 말았다" 삼수변을 부수로 한 샐 루(漏) 자, 샐 설(泄) 자를 합한 누설(漏泄)은 기체나 액체, 비밀이 새어나가는 것이다.

길 영(永) 자 앞에 삼수변을 붙이면 헤엄칠 영(泳) 자가 된다. 제일 만만한 수영법이 가만히 있어도 숨을 쉴 수 있는 배영(背泳)이다.

평영(平泳)은 개구리헤엄이다. 접영(蝶泳)은 위에서 볼 때 나비가 날갯짓하는 것 같다고 해서 나비 접(蝶) 자를 붙였다. 영어로도 버터플라이(butterfly)라고 한다.

"코로나 예방 주사가 너무 아파서 눈물이 핑 돌았다" 주사(注射)는 바늘로 약물을 몸 속에 집어넣는 것이다. 주인 주(主) 자에 삼수변이 부수로 붙으면 물 댈

- 정박

법 법(法)
- 방법
- 편법

샐 루(漏)
샐 설(泄)
- 누설

헤엄칠 영(泳)
- 배영
- 접영

접영(버터플라이)

주(注) 자이다.

　물건을 가져다 달라거나 만들어 달라고 하는 것, 감독이 선수에게 어떤 플레이를 시키는 것을 주문(注文)한다고 한다. "역전의 기회를 맞아 최감독은 타자에게 번트를 주문했다" 등으로 쓸 수 있다.

　"국군은 낙동강 방어선에서 인민군을 저지했다" 저지(沮止)의 저는 망설일 저/또 차(且) 자에 삼수변을 붙인 막을 저(沮) 자이다.

　한자를 만든 옛날에도, 지금도 물을 잘 관리해야 한다. 다스릴 치(治) 자의 부수는 물이다. 홍수가 나지 않도록 제방을 쌓거나 필요한 곳으로 물이 흐르게 하는 것이 치수(治水)이다.

　병이 나면 치료(治療)를 해야 한다. 사실 치료는 병원에서 의사가 해주는 것이 아니라 몸이 하는 것이다. 약이나 병원 처치, 수술 등 의학적인 방법은 어디까지나 몸이 병을 바로잡기 쉽도록 도와 주는 것이다.

　"치안이 안 좋은 나라에 갈 때는 조심해야 해" 사람들이 범죄의 위험을 크게 걱정하지 않고 살도록 하는 것이 치안(治安)이다. 우리나라는 세계적으로 치안이 잘 되어 있는 편이다.

물 댈 **주(注)**
- 주문

막을 **저(沮)**
- 저지

다스릴 **치(治)**
- 치수
- 치료
- 치안

월드컵 응원 등에서 신나는 부분이 파도타기이다. 파도(波濤)는 물결이라서 두 글자 모두 삼수변이 부수이다. 가죽 피(皮) 자가 붙은 물결 파(波), 목숨 수(壽) 자가 붙은 물결 도(濤) 자를 쓴다.

물결 파 자에 미칠 급(及) 자를 합한 파급(波及)은 사건의 영향이 다른 곳에 미치는 것이다. 추파(秋波)는 곡식이 익은 가을 들판의 잔잔하고 아름다운 물결인데, 남녀가 관심을 끌기 위해 던지는 눈길이라는 뜻도 있다. 추파를 던진다고 한다.

음파는 소리의 파동, 지진파는 지진의 파동이다. 파동의 길이를 파장(波長)이라고 한다. 살갗을 태우고 살균 작용을 하는 자외선은 가시광선보다 파장이 짧아서 보이지 않는다.

삼수변에 같을 동(同) 자를 붙이면 동네 동(洞) 자가 나온다. '동구밖 과수원길 ~'의 동구(洞口)는 동네의 입구이다.

이 동 자를 통으로 발음하기도 한다. 사극에서 자주 듣는 "통촉하시옵소서"의 통촉(洞燭)에서 통이 꿰뚫을 통(洞) 자로, 어두운 곳을 촛불(燭: 촛불 촉)로 밝히듯이 윗사람이 아랫사람의 사정을 살펴 헤아리는 것이 통촉이다.

물결 **파(波)**
물결 **도(濤)**
- 파도
- 파급
- 추파
- 음파, 지진파
- 파장

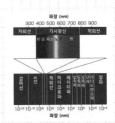
전자파의 파장

동네/꿰뚫을
동/통(洞)
- 동구
- 통촉

"세탁소 가져갈 것 없이 집에서 빨면 되겠다" 먼저 선(先) 자에 삼수변이 부수로 붙으면 씻을 세(洗) 자가 된다. 옷이나 이불을 빠는 것은 세탁(洗濯)이다.

식기세척기는 식기를 세척(洗滌)하는 기계로 척 역시 삼수변이 부수인 씻을 척(滌) 자이다.

양 양(羊) 자가 음이 되고 삼수변이 부수로 붙은 큰 바다 양(洋) 자는 태평양(太平洋), 대서양(大西洋) 등의 큰 바다인데, 바다 건너 온 서양식 문물을 가리킬 때도 쓰인다. 서양 음식은 양식(洋食)이고 서양식 옷은 양복(洋服), 서양 술은 양주(洋酒)이다.

큰 바다 양 자가 있다면 큰 땅 주(洲) 자도 있다. 고을 주(州) 자가 음이 되고 삼수변이 붙은 글자로, 육대주(六大洲)는 아시아, 아프리카, 유럽, 오세아니아와 남아메리카, 북아메리카를 가리킨다.

여름 장마철이면 큰물이 진다. 한자로 홍수(洪水)이다. 홍은 삼수변 부수에 함께 공(共) 자를 합한 넓을 홍(洪) 자이다.

어떤 사물의 주체에서 갈라져 나가는 것이 파생(派

씻을 세(洗)
씻을 척(滌)
- 세척
- 세탁

큰 바다 양(洋)
- 태평양
- 양식, 양복, 양주

큰 땅 주(洲)
- 육대주

넓을 홍(洪)
- 홍수

生)이다. 물갈래/보낼 파(派) 자를 쓴다. 파생어(派生語)는 실질 형태소에 접사가 붙은 낱말이다. 명사인 부채에 접미사 질이 붙으면 부채질이 되는 것처럼.

이해 관계에 따라 모이는 사람들의 집단은 파벌(派閥)이고 당이 파벌이 된 것이 당파(黨派)이다. 직업소개소 등에서 일을 주고 사람을 출장 보내는 것은 파출(派出)이다.

먹지 않아도 일주일은 버틴다지만 물을 못 마시면 사흘도 못 간다고 한다. 살 활(活) 자는 혀 설(舌) 자에 삼수변이 붙은 글자이다. 혀에 물을 축여야 산다는 말이다.

"오랜만에 회 먹으러 갈까?" 살아 있는 물고기는 활어(活魚)이다. 원래 회(膾)는 물고기뿐만 아니라 짐승 고기를 날로 썬 것까지 이르는 말인데 언제부터인지 물고기회, 즉 활어회(活魚膾)를 가리키게 되었다.

금속활자(金屬活字)는 왜 훌륭한 활자일까? 초창기 인쇄술로는 판 하나를 통째로 책 페이지로 찍었다. 한 권을 찍을 때마다 목판에 수많은 글자를 팠고 나무라서 불에 타거나 닳기 쉬웠다. 불에 타면 그 많은 글자를 또 팔 수도 없었다. 그러나 금속활자는 타거나 닳지 않았고 한 글자 한 글자가 분리되어 마음대로 문장

물갈래/보낼 **파(派)**
- 파생(어)
- 파벌
- 당파
- 파출

살 **활(活)**
- 활어(회)
- (금속)활자

세계 최고(最古) 금속활자

금속활자본 직지심체요절

을 만들 수 있었다.

활자(活字)는 한곳에 고정된 것이 아니라 살아(活) 있는 것처럼 움직일 수 있는 글자이다. 그 조판 세트만 있으면 무슨 책이든 찍을 수 있다. 그래서 금속활자가 훌륭한 것이다.

흐를 류(流) 자를 보자. 돈이나 물건이 흐르면서 쓰이는 것을 유통(流通)이라고 한다. 소문, 정보, 사상이나 물건 등을 널리 퍼뜨리는 것은 유포(流布)이다. "불법 동영상이 유포되었다" 등으로 쓰이다.

특정 행동 양식이나 사상이 널리 퍼지는 것을 유행(流行)이라고 한다. 병이 퍼지는 것도 유행이다. 코로나 1차 대유행(大流行), 2차 대유행 하는 것처럼 말이다.

흐를 **류**(流)
- 유통
- 유포
- 유행

좋을 량(良) 자에 삼수변이 붙으면 물결 랑(浪) 자이다. 물결을 타고 떠 다닌다는 뜻도 있다. 그래서 정처 없이 떠돌아다니는 사람을 방랑자(放浪者)라고 한다.

쓰지 않아도 될 돈이나 물건을 헛되이 쓰는 것은 낭비(浪費)이다. 고상하고 더 아름다운 미래를 지향하는 낙천적인 정서를 낭만(浪漫)이라고 한다.

프랑스어 로망(roman)을 일본어로 음역한 것이 낭만이다. 로망은 넓게 보면 곧 꿈이라 말할 수 있다. 인생

물결 **랑**(浪)
- 방랑자
- 낭비
- 낭만(roman)

은 꿈을 실현하는 과정이 아닐까?

걸을 보(步) 자에 삼수변이 부수로 붙으면 건널 섭 (涉) 자가 된다. 외부 인물을 영입하는 것을 보통 섭외 (涉外)라고 한다.

"3개월 동안 수영장 다닌 끝에 드디어 물에 뜬다" 아무리 수영을 못 하는 사람도 물을 마실 각오를 하고 대 자로 누우면 둥둥 뜬다. 부력(浮力) 때문이다. 부는 삼수변이 부수인 뜰 부(浮) 자이다.

닭을 초(肖) 자에 삼수변이 부수로 붙으면 끌 소(消) 자가 나온다. 불을 끄는 기구가 소화기(消火器)다. 사람 의 욕망을 충족시키려고 무엇인가를 써 없애는 것은 소비(消費)이다.

속옷이나 수건, 양말, 프린터의 잉크 등은 소모품(消 耗品)이라서 쓰면 닳거나 없어진다. 한 번 쓰고 버리면 다시 쓸 수 없는 것이 소모이다.

먹은 음식을 삭여서 내려 보내는 것은 소화(消化)이 다. 끌 소 자에는 앞으로 나가지 않고 물러선다는 뜻 도 있다. 상황을 바꾸려는 노력을 많이 하지 않고 활 동적이지 않으면 소극적(消極的)이라고 한다.

건널 **섭(涉)**
- 섭외

뜰 **부(浮)**
- 부력

끌 **소(消)**
- 소화기
- 소비
- 소모품
- 소화
- 소극적

"동생은 소풍 가기 전날 들떠서 잠을 못 잤다" 끌 소(消) 자에는 없앤다는 뜻이 있다고 했다. 답답한 마음을 풀어 없애기 위해서 바람을 쐬는 것이 소풍(消風)이다.

골 곡(谷) 자 앞에 삼수변이 붙으면 씻을 욕(浴) 자이다. 발을 씻는 것은 족욕(足浴), 햇빛을 받아서 살갗에 붙은 균을 없애는 것은 일광욕(日光浴)이다.

"연일 내린 폭우로 홍대입구 역이 침수되었다" 홍수가 나서 물에 잠기는 것은 적실/잠길 침(浸) 자를 쓴 침수(浸水)이다.

삼수변을 부수로 하는 글자 중 사람들이 가장 많이 아는 글자가 바다 해(海) 자일 것이다. 호수처럼 육지로 둘러싸인 지중해(地中海)는 아프리카, 서아시아, 유럽 역사의 무대이다.

물고기, 조개, 해양 광물자원 등 바다에서 나는 것은 해산물(海産物)이다. 수산물(水産物)이라고도 할 수 있지만 수산물은 민물에서 나는 것까지 포함하는 말이다.

- 소풍

씻을 **욕(浴)**
- 족욕
- 일광욕

적실/잠길 **침(浸)**
- 침수

도로와 마을의 침수

바다 **해(海)**
- 지중해
- 해산물

탄산음료처럼 마시면 시원한 느낌이 드는 음료가 청량(淸涼)음료다. 량은 물(氵)과 서울 경(京) 자가 합쳐진 서늘할 량(涼) 자이다.

너무 서늘하면 쓸쓸해지나 보다. 거칠고 쓸쓸한 정경, 마음이나 신세가 초라하고 구슬픈 것을 처량(凄涼)하다고 한다.

환경에 적응하지 못하면 도태(淘汰)된다고 한다. 도는 삼수변이 부수인 쌀 일 도(淘) 자이다. (쌀을) 인다는 것은 섞인 것들을 물에 씻어서 쓸 것과 못 쓸 것으로 가려내는 것이다.

"누이는 아픈 기억을 담담하게 이야기했다" 담담은 마음이 차분하고 평온한 것이다. 아름다울 담(炎) 자와 물이 만나면 묽을/맑을 담(淡) 자가 나온다. 느끼하지 않고 산뜻한 음식, 욕심 없는 마음을 담백(淡白)하다고 한다.

아재비 숙(叔) 자 앞에 삼수변이 붙으면 맑을 숙(淑) 자가 된다. 숙녀(淑女)는 정숙하고 교양이 있는 여자이다. 상대되는 말은 신사(紳士)이다.

택시의 심야(深夜) 요금은 늦은 밤에 택시를 타는 손

서늘할 량(涼)
- 청량(음료)
- 처량

쌀 일 도(淘)
- 도태

묽을/맑을 담(淡)
- 담백

맑을 숙(淑)
- 숙녀 ⇔ 신사

님에게 받는 요금이다. 심은 깊을 심(深) 자이다. "동해와 황해의 수심은 상당한 차이가 있다"에서 수심(水深)은 물이 깊은 정도이다.

삼수변에 밤 야(夜) 자가 붙으면 진/즙 액(液) 자가 나온다. 산소나 질소를 냉각시키면 액체산소나 액체질소가 된다. 기체는 온도가 내려가면 액화(液化)되기 때문이다.

다툴 쟁(爭) 자에 삼수변을 붙이면 깨끗할 정(淨) 자가 된다. 깨끗하게 글씨를 쓰는 것을 정서(淨書)라고 한다.

언행이 상스럽거나 생각, 학문이 얕은 사람을 천박(淺薄)하다고 한다. 천은 삼수변에 적을 전(戔) 자를 붙인 얕을 천(淺) 자이다. 물이 적으니까 얕다는 말이다.

첨부(添附) 파일은 주가 되는 문서에 딸린 보조적인 파일이다. 삼수변이 들어간 첨은 더할 첨(添) 자이다. 첨가(添加)는 이미 있는 것에 덧붙이거나 보태는 것을 말한다.

깊을 심(深)
- 수심

진/즙 액(液)
- 액화

깨끗할 정(淨)
- 정서

얕을 천(淺)
- 천박

더할 첨(添)
- 첨부
- 첨가

서울의 도심을 흐르는 청계천(淸溪川)은 맑은 시내라는 뜻이다. 계는 삼수변에 어찌 해(奚) 자를 붙인 시내 계(溪) 자이다.

"학교 급식에서는 청결 유지가 중요하다"에서 청결(淸潔)은 맑고 깨끗한 상태이다. 청은 삼수변에 푸를 청(靑)자를 붙인 맑을 청(淸) 자이다.

"학교 교육의 목표 중 하나는 공동체 의식을 함양하는 것이다"에서 함양(涵養)은 바람직한 성격이나 능력을 기르는 것이다. 함은 함 함(函) 자에 삼수변을 붙인 젖을/적실 함(涵) 자이다.

필요한 물건이나 자원, 돈이 바닥나는 것은 고갈(枯渴)이다. 갈은 삼수변에 어찌 갈(曷) 자를 붙인 목마를 갈(渴) 자이다.

삼수변에 다 함(咸) 자가 붙으면 덜 감(減) 자가 된다. 조직에서 일하는 인원을 줄이는 것은 감원(減員)이다. "참여하는 사람이 적어 행사의 취지가 반감(半減)되고 말았다" 반감은 절반으로 줄어듦을 말한다.

시내 **계(溪)**
- 청계천

맑을 **청(淸)**
- 청결

젖을/적실 **함(涵)**
- 함양

목마를 **갈(渴)**
- 고갈

덜 **감(減)**
- 감원
- 반감

정도 도(度) 자에 삼수변이 붙으면 건널 도(渡) 자이다. 미국으로 건너가는 것은 도미(渡美), 일본으로 가면 도일(渡日)이다.

일정한 변화 단계에서 다른 단계로 넘어가기 전의 중간 시기를 과도기(過渡期)라고 한다. 재산이나 물건, 권리, 법률상 지위 등을 남에게 넘겨 주는 것은 양도(讓渡)이다.

"땅값이 오른다는 말이 돌자 투기꾼들 사이에서 기대 심리가 팽배했다" 팽배(澎湃)는 물결이 부딪혀서 솟구치듯이 사조나 분위기가 맹렬하게 일어나는 것이다. 팽은 물 부딪힐 팽(澎), 배는 물결칠 배(湃) 자이다.

"이사하는 와중에 시계를 잃어버렸다" 여기서 와 자는 삼수변에 입 비뚤어질 와(咼) 자를 붙인 소용돌이 와(渦) 자이다. 와중(渦中)은 복잡한 일이 벌어진 가운데를 말한다.

추측(推測)은 미루어 짐작하는 것이다. 삼수변 부수에 곧 즉(則) 자를 붙이면 헤아릴 측(測) 자가 된다.

목욕탕의 따뜻한 물은 온탕(溫湯), 차가운 물은 냉탕

건널 도(渡)
- 도미
- 과도기
- 양도

물 부딪힐 **팽(澎)**
물결칠 **배(湃)**
- 팽배

소용돌이 **와(渦)**
- 와중

헤아릴 **측(測)**
- 추측

(冷湯)이다. 볕 양(昜) 자에 삼수변이 붙으면 끓을 탕(湯) 자가 나온다.

끓을 **탕(湯)**
- 온탕, 냉탕

체온(體溫)은 몸의 온도이다. 온상(溫床)은 따뜻하게 만들어 식물을 기르는 시설이다. 어떤 사물이나 사상이 발생하기 쉬운 환경을 비유적으로 온상이라고 하기도 한다.

음식을 시원하게 보관하는 도구는 냉장고이다. 반대로 따뜻하게 보관하는 도구는 온장고(溫藏庫)이다. 따뜻할 온(溫) 자는 처음부터 목욕과 관계가 깊다. 오른쪽 아래는 커다란 목욕통을 나타내는 그릇 명(皿) 자, 윗부분은 거기 들어간 사람(人)이다.

따뜻할 **온(溫)**
- 체온
- 온상
- 온장고

여객선이나 유조선 같은 대형 선박이 드나들려면 항구(港口)가 있어야 한다. 삼수변이 부수가 되고 거리 항(巷) 자가 음을 나타내어 항구 항(港) 자가 된다.

바닷가의 쑥 들어간 곳에 방파제와 부두 등 배가 드나들 수 있는 시설을 지어 놓은 곳을 항만(港灣)이라고 한다.

항구 **항(港)**
- 항구
- 항만

"여기는 수심이 1m밖에 안 돼. 익사하지는 않겠지?" 물에 빠져 죽는 것은 익사(溺死)이다. 약할 약(弱)

자에 삼수변이 붙은 글자가 빠질 닉(溺) 자이다.

깨끗이 없어지거나 없애 버리는 것은 소멸(消滅)이다. 멸은 물이 들어간 멸할 멸(滅) 자이다. 거대한 홍수가 휩쓸듯이 싹 쓸어 버린다는 말이다.

존재하던 집단이 망해 없어지면 멸망(滅亡), 동물이나 식물의 한 종류가 씨가 마르면 멸종(滅種)이다. 공룡은 운석 때문에 멸종했다고 한다.

지진, 화산 폭발, 태풍 등으로 바닷물이 거대한 파도를 일으켜 육지를 덮치는 것이 해일(海溢)이다. 일은 삼수변에 더할 익(益) 자를 합한 넘칠 일(溢) 자이다.

삼수변에 담을 용(容) 자를 합하면 녹을 용(溶) 자가 된다. 용액(溶液)은 두 가지 이상의 물질이 균일하게 섞인 액체이다. 한 물질이 다른 물질에 녹아 있는 것이다. 물에 소금이 녹은 소금물, 설탕이 녹은 설탕물이 용액이다.

"식민지 시대의 잔재를 청산하자"의 잔재(殘滓)는 남은 찌꺼기이다. 재는 삼수변을 부수로 하고 재상 재(宰) 자가 음이 되는 찌끼 재(滓) 자이다.

빠질 닉(溺)
- 익사

멸할 멸(滅)
- 멸망
- 멸종

넘칠 일(溢)
- 해일

녹을 용(溶)
- 용액

찌끼 재(滓)
- 잔재

공항에서 비행기가 뜨고 내릴 때 지상에서 이동하는 길이 활주로이다. 활은 물이 들어간 미끄러울 활(滑) 자이다. 부수 오른쪽 부분은 뼈 골(骨) 자이다. 미끄러지듯이 나아가는 것이 활주(滑走)이다.

톱니바퀴나 기계 부품이 맞닿아 돌아갈 때 마찰을 줄이기 위해 바르는 기름이 윤활유(潤滑油)이다.

모난 데 없이 원만하고 부드러운 것을 원활(圓滑)하다고 한다. '대인관계가 원활하다', '배변이 원활하다' 등으로 쓸 수 있다.

공항의 활주로

미끄러울 활(滑)
- 활주
- 윤활유
- 원활

서울은 인구 천만의 대도시다. 그래서 출퇴근길은 날마다 만원 버스, 만원 전철을 타게 된다. 만은 삼수변이 부수인 찰 만(滿) 자로, 만원(滿員)은 수용할 수 있는 인원 수가 다 차서 더 이상 받을 수 없는 것이다.

만장일치가 무슨 말인지는 대부분 알 것이다. 그런데 여기서 만장은 무엇일까? 만장(滿場)은 한 곳에 사람이 가득히 모인 상태나 그렇게 모인 사람들이다. 만장일치(滿場一致)는 그 곳에 모인 사람들이 모두 같은 의견에 이르렀다는 말이다.

모자라지 않아서 더 바랄 것이 없는 마음을 만족(滿足)이라고 한다. 반댓말은 무엇일까? 불만(不滿)이다.

찰 만(滿)
- 만원
- 만장(일치)
- 만족
- 불만

삼수변에 길게 끌 만(曼) 자를 붙이면 질펀할 만(漫) 자가 된다. 만화(漫畵)는 붓 가는 대로 그린 그림 또는 세태를 풍자하는 우스꽝스러운 그림이다.

"초등학생인 동생은 산만해서 가만히 앉아 있지를 못한다" 한 가지에 집중하지 못하고 어수선한 아이를 주의가 산만(散漫)하다고 한다.

고기 어(魚) 자에 삼수변이 붙으면 고기잡을 어(漁) 자이다. "기후 변화로 명태 어획량이 해마다 줄어들고 있다"의 어획량(漁獲量)은 고기를 잡는 양이다.

삼수변에 범 인(寅) 자가 붙으면 펼/행할 연(演) 자가 된다. 연극(演劇)은 극을 선보이는 것이다. 연출자가 자신이 보여주고자 하는 바를 배우를 통해 표현하는 것이 연출(演出)이다.

도로에서 차가 가지 않고 밀리는 것은 교통 정체이다. 체는 삼수변에 띠 대(帶) 자를 합친 막힐 체(滯) 자로, 정체(停滯)는 흘러야 할 것이 흐르지 못하고 멈추어 있는 것이다.

일기예보에서 정체전선(停滯前線)은 거의 이동하지 않고 일정한 자리에 머물러 있거나 움직여도 매우 느

질펀할 만(漫)
- 만화
- 산만

고기잡을 어(漁)
- 어획량

펼/행할 연(演)
- 연극
- 연출

막힐 체(滯)
- 정체(전선)

리게 움직이는 두 기단의 경계선을 말한다. 대표적인 정체전선은 장마전선이다.

『15소년 표류기』는 여름방학을 맞아 여행에 나섰다가 표류하여 무인도에서 모험을 하는 소년들의 이야기이다. 표는 떠 다닐 표(漂) 자로, 표류(漂流)는 물결을 따라 흘러 가는 것이다.

네덜란드인 하멜은 1653년에 일본으로 가다가 제주도에 표착해서 우리나라에 13년 동안 억류되어 있었다. 표착(漂着)은 표류하다가 어떤 곳에 닿는 것이다. 착은 도착(到着) 할 때의 붙을 착(着) 자이다.

새까맣게 어두워서 내 손도 보이지 않는 밤을 칠흑 같은 밤이라고 한다. 칠흑의 칠은 옻칠할 칠(漆) 자로, 칠흑(漆黑)은 옻칠을 한 것처럼 검은 색이다. 분필로 글씨를 쓰게 한 판은 칠판(漆板)이다.

한자(漢子)의 한(漢)은 중국 민족인 한족을 나타내는 글자이다. 중국은 한족, 위구르족, 티베트족, 몽골족, 광서장족 등으로 구성되어 있다. 위구르와 티베트는 중국에 나라를 빼앗겨서 아직까지 되찾지 못하고 있다.

떠 다닐 **표(漂)**
- 표류
- 표착

옻칠할 **칠(漆)**
- 칠흑
- 칠판

한나라/사나이
한(漢)
- 한자
- 악한

이 한 자는 사나이 한(漢) 자도 된다. 주로 좋지 않은 사람을 말한다. 나쁜 사람은 악한(惡漢)이다.

"결백을 주장하며 버티던 끝에 진범이 밝혀져 마침내 혐의를 벗었다" 결백의 결은 깨끗할 결(潔) 자로 결백(潔白)은 죄가 없이 깨끗한 것이다.

간석지(干潟地)는 바닷물이 드나드는 개펄로, 삼수변이 부수로 들어간 석이 개펄 석(潟) 자이다. 조수간만의 차가 큰 서해에 간석지가 많다.

윤기 있는 머릿결은 여성들의 소망일 것이다. 윤은 삼수변과 윤달 윤(閏) 자를 합한 윤택할 윤(潤) 자이다. 이 글자에는 이익이라는 뜻도 있다. 이윤(利潤)은 영업을 하고 남은 순소득이다.

물 속에 잠기는 것은 잠수(潛水)이다. 잠은 삼수변이 들어간 잠길 잠(潛) 자이다. 잠수하는 배는 잠수함(潛水艦)이다.

잠복근무(潛伏勤務)는 형사 등이 용의자를 잡기 위해 숨어서 기다리는 것이다. 병균이 병을 일으키지 않은 채 몸 속에 머무는 것도 잠복(潛伏)이라고 한다. 코로

깨끗할 결(潔)
- 결백

개펄 석(潟)
- 간석지

서해의 간석지

윤택할 윤(潤)
- 이윤

잠길 잠(潛)
- 잠수함
- 잠복

나처럼 일정한 잠복기(潛伏期)가 지나야 증상이 나타나는 병이 있다.

밀물/조수 조(潮) 자를 보자. 일정한 시간 간격으로 들어왔다 나가는 밀물과 썰물을 조수(潮水)라고 한다. 밀물 때의 수심과 썰물 때의 수심의 차이는 조수 간만의 차이다. 인천을 비롯한 서해는 조수 간만의 차가 심하다.

밀물/조수 **조(潮)**
- 조수
- 조수 간만의 차

농사 농(農) 자 앞에 삼수변이 붙으면 짙을 농(濃) 자가 된다. 농도(濃度)는 짙거나 옅은 정도이다. "오랫동안 무슬림의 지배를 받은 에스파냐는 이슬람 색채가 농후하다" 농후(濃厚)는 어떠한 성분이 아주 많은 것이다.

짙을 **농(濃)**
- 농도
- 농후

물은 힘이 세다. 세찰/과격할 격(激) 자에도 물이 들어간다. 원래는 물살이 부딪히는 것을 나타내는 글자다. 격렬하게 흐르는 물살은 격류(激流)이다.

"가장 좋은 교육은 장점을 기르도록 격려하는 것이다"의 격려(激勵)는 의욕을 북돋아 주는 것이다. 심하게 화를 내는 것을 격노(激怒)라 한다.

세찰/과격할 **격(激)**
- 격류
- 격려
- 격노

"아더왕의 보검 엑스칼리버는 찬란하게 광택이 났다" 광택(光澤)은 반사되어 번쩍이는 빛이다. 택은 삼수변이 있는 못/윤기 택(澤) 자이다. 소택지(沼澤地)는 늪과 연못으로 둘러싸인 습지이다.

우리나라의 여름은 무덥다. 무더위는 습기가 많은 더위이다. 삼수변에 드러날 현(㬎) 자가 합쳐지면 젖을 습(濕) 자가 된다. 습기(濕氣)는 습한 기운이다.

푹푹 찌는 날에 덥다고 시원한 것만 찾다 보면 배탈이 나서 설사를 하게 된다. 설사의 사는 토할/설사할 사(瀉) 자로 설사(泄瀉)는 물똥을 싸는 것이다.

"폭포 밑에서 물을 맞으면 시원하겠지?" 절벽에서 떨어지는 물줄기가 폭포이다. 폭포(瀑布)의 폭은 삼수변과 사나울 폭(暴) 자를 합한 폭포 폭(瀑) 자이다.

중상을 입은 사람이 반 죽었다는 뜻으로 빈사 상태에 빠졌다고 한다. 빈은 삼수변에 자주 빈(頻) 자를 붙인 물가/다가올 빈(瀕) 자이다. 물에 빠져서 죽기 직전이라는 글자로, 빈사(瀕死)는 응급처치를 하지 않고 그대로 두면 죽고 마는 상태이다.

못/윤기 **택(澤)**
- 광택
- 소택지

젖을 **습(濕)**
- 습기

토할/설사할 **사(瀉)**
- 설사

폭포 **폭(瀑)**
- 폭포

물가/다가올 **빈(瀕)**
- 빈사

비가 잘 오지 않거나 물이 흐르지 않는 곳에서 농사를 지으려면 다른 곳에서 물을 끌어 와야 한다. 이렇게 물을 대는 것이 관개(灌漑)이다. 둘 다 삼수변이 부수이고 각각 황새 관(雚), 이미 기(旣) 자를 붙인 물 댈 관(灌), 물 댈 개(漑) 자이다.

바다에서 육지로 음푹 들어간 곳을 만(灣)이라고 한다. 물굽이 만(灣) 자를 쓴다. 호미곶 아래에 있는 포항의 큰 만은 영일만(迎日灣)이다. 영일은 아침 해를 맞는다는 뜻이다.

71-2 이수변(冫 : 얼음 빙)

얼음 빙(氷) 자와 통하는 부수이다.

얼음 빙 자의 원래 글자가 빙(冰)이다. 왼쪽에 얼음 조각 두 개가 있다. 이것이 부수 역할을 하는 이수변이다.

겨울 동(冬) 자 밑의 부분이 얼음 빙이다. 찰 한(寒) 자도 마찬가지다. 혹독하게 춥고 눈이 내리는 날씨가 엄동설한(嚴冬雪寒)이다.

"냉수(冷水) 먹고 속 차리세요"에서 차가울 랭(冷) 자

물 댈 **관(灌)**
물 댈 **개(漑)**
- 관개

저수지를 활용한 관개

물굽이 **만(灣)**
- 영일만

영일만 위치

얼음 **빙(氷)**

겨울 **동(冬)**
찰 **한(寒)**
- 엄동설한

는 이수변에 비슷한 음을 나타내는 명령 령(令) 자를 붙인 글자이다.

"겨울에 젖은 양말을 신고 있으면 동상에 걸린단 다" 동녘 동(東) 자가 들어간 동은 얼 동(凍) 자이고, 동상(凍傷)은 추위로 살이 얼어서 조직이 상하는 것을 말한다.

차가울 랭(冷)
- 냉수

얼 동(凍)
- 동상

⓻② 불 화(火)

불에 데는 것은 화상(火傷)이다. 불의 힘은 화력(火力)이고, 석탄과 같은 화석 연료를 때서 그 힘으로 전기를 만드는 것은 화력발전(火力發電)이다. 환경을 오염시키기 때문에 친환경 발전으로 바꾸어야 하는 방법이다.

"화염이 너무 강해 소방관들이 접근하지 못했습니다" 화염(火焰)은 불꽃이다.

"다행히 비가 와서 진화 작업에 도움을 주고 있습니다" 진화(鎭火)는 불을 진압한다, 즉 불을 끄는 것이다.

화산(火山)은 불을 뿜는 산, 분화구(噴火口)는 화산 같은 곳에서 불이 나오는 구멍이다.

재는 불에 타고 남은 찌꺼기이다. 그래서 재 회(灰) 자에 불이 들어간다. 회색(灰色)은 잿빛이다.

뜸/지질 구(灸) 자는 음을 나타내는 오랠 구(久) 자 밑에 불 화 자가 들어간 글자이다. 한방의 치료법인

불 화(火)
- 화력(발전)
- 화염
- 진화
- 화산

화력발전소

재 회(灰)
- 회색

뜸/지질 구(灸)
- 침구

침과 뜸을 한자로 **침구(針灸)**라고 한다.

뜻밖에 일어나는 불행한 사고가 **재난(災難)**이다. 대표적인 것은 홍수와 화재이다. 그래서 재앙 재(災) 자는 물의 흐름을 나타내는 내 천(巛: 개미허리) 자와 불로 되어 있다.

요즘은 어디서 불이 나거나 대형사고가 생기면 시청이나 구청에서 **재난(災難)** 문자를 보낸다. 자연에서 비롯되는 태풍, 지진 등의 재난을 **천재지변(天災地變)**이라고 한다.

고기 모양을 불 화 자에 얹으면 구울 자/적(炙) 자가 나온다. 구운 쇠고기 따위를 채소와 함께 꼬치에 꿴 음식은 **산적(散炙)**이다.

불 화 자 두 개가 만나면 어떻게 될까? 아주 뜨거울 것이다. 불을 위아래로 포갠 글자가 불꽃 염/아름다울 담(炎) 자이다.

"이 염천에 무슨 사우나예요?" **염천(炎天)**은 이글이글 타듯이 더운 날이다.

앞서 본 재 회 자에 메 산(山) 자를 올리면 숯 탄(炭)

재앙 **재(災)**
- 재난
- 천재지변

구울 **자/적(炙)**
- 산적

불꽃/아름다울
염/담(炎)
- 염천

숯 **탄(炭)**

자가 된다. 석탄을 캐는 광산은 **탄광**(炭鑛)이다.

공룡 시대에 만들어진 숯이 오래되어 돌처럼 딱딱해진 것이 **석탄**(石炭)이다. 미술시간에 데생을 할 때 쓰는 **목탄**(木炭)은 나무를 가느다란 막대처럼 베어 구운 숯이다.

카우보이가 일하는 목장에서 소를 관리하기 위해 낙인을 찍던 적이 있었다. 불 화 자에 각 각(各) 자를 합한 지질 락(烙) 자, 도장 인(印) 자로 **낙인**(烙印)은 불로 지져 도장을 찍는 것이다.

옛날 죄인이나 노예에게도 낙인을 찍었다. 그래서 불명예를 뒤집어쓴 사람을 '낙인이 찍혔다'고 한다.

초상집에 가면 향을 사른다. 이것이 **분향**(焚香)이다. 분은 불사를 분(焚) 자로, 불이 숲(林: 숲 림)을 태우는 모양이다.

"이렇게 번잡한 동네는 싫어" 사람이 바글바글하거나 일이 까다로운 것을 **번잡**(煩雜)하다고 한다. 번은 번거로울 번(煩) 자이다.

물질이 타는 것을 한문으로 **연소**(燃燒)라고 한다. 각

각 불 화 자에 그러할 연(然), 요임금 요(堯) 자가 붙은 불사를 연(燃), 불사를 소(燒) 자이다.

불을 피울 때 산소가 충분히 공급되지 못하거나 온도가 낮으면 그을음이 나오면서 연료가 완전히 타지 않는다. 불완전 연소이다. 아무 모(某) 자를 합하면 그을음 매(煤) 자이다. 그을음이 많이 섞인 연기가 매연(煤煙)이다.

불길이 막히면, 즉 불완전 연소가 일어나면 연기가 많이 난다. 그래서 불 화 자에 막을 인(垔) 자를 합하면 연기 연(煙) 자이다. 담배를 피우는 것은 연기를 들이마시는 것, 흡연(吸煙)이다. 영어로도 마찬가지여서 smoke는 불을 피우는 것이다.

열에너지를 이용하기 위해 때는 숯, 석탄, 석유, 원자력 에너지, 나무 등의 땔감은 연료(燃料)이다.

아군의 움직임을 적이 보지 못하게 하려고 연기를 피우는 것은 연막(煙幕) 작전이다. 일상생활에서도 상대방이 우리 편의 행동을 알아차리지 못하게 하는 것을 연막이라고 한다.

임금 황(皇) 자에 불이 붙으면 빛날 황(煌) 자이다.

불사를 연(燃)
불사를 소(燒)
- 연소

그을음 매(煤)
- 매연

연기 연(煙)
- 흡연
- 연료
- 연막

빛날 황(煌)

황제처럼 빛난다는 말이니 얼마나 찬란할까? 눈이 부시게 광채가 나는 모습은 **휘황찬란**(輝煌燦爛)이다.

불을 피워야 하는데 불길이 잘 붙지 않으면 들쑤셔서 불꽃이 올라오도록 해야 한다. 내가 바라는 대로 사람들이 움직이도록 부추기는 일을 부추길 선(煽) 자를 써서 **선동**(煽動)이라고 한다.

작은 불에 입으로 바람을 불면 꺼진다. 그래서 불 화 자에 숨쉴 식(息) 자를 붙이면 꺼질 식(熄) 자이다. 잘 되던 일이나 활발하던 현상이 사그러들어 끝나는 것을 **종식**(終熄)이라고 한다.

전기불이 없다면 밤에 얼마나 깜깜할까? 옛날에는 등불이 전기불 구실을 했다. 음을 알려 주는 오를 등(登) 자를 합하면 등불 등(燈) 자가 나온다.

전기로 켜는 등불은 **전등**(電燈), 밤길을 밝히려고 켜는 등은 **가로등**(街路燈)이다.

"인생은 한 번뿐이다. 치열하게 노력하라" 치열의 치는 성할 치(熾) 자로 **치열**(熾烈)은 불같이 맹렬한 기세이다.

- 휘황찬란

부추길 **선(煽)**
- 선동

꺼질 **식(熄)**
- 종식

등불 **등(燈)**
- 전등
- 가로등

성할 **치(熾)**
- 치열

기업이나 국가 조직체를 이끄는 **경영(經營)**의 영 자는 원래 막사에 군대가 주둔해서 불을 피우는(윗부분의 불 화 자 두 개) 군영이다.

군영/진영 영(營) 자는 지금도 있다. 조선 시대에 경상 좌수영이 있던 곳은 부산의 **수영(水營)**구이다. 수영은 수군 기지이다. 서울에는 **남영(南營)**동이 남아 있다. 옛날 한양의 남쪽을 지키던 군영이다.

가을에는 건조한 날이 많다. **건조(乾燥)**의 조는 마를 조(燥) 자이다. 음식이나 이야기가 맛이 없고 딱딱해도 **무미건조(無味乾燥)**하다고 한다.

"오랫동안 연애했던 두 사람은 마침내 화촉을 밝혔다" 화려할 화(華), 촛불 촉(燭) 자를 쓴 **화촉(華燭)**은 호화로운 촛불인데 혼례를 아름답게 표현하는 말이다.

화학물질을 다루는 공장에서는 폭발사고를 조심해야 한다. 여수, 구미 등 여러 곳에서 지난 몇 해 동안 폭발사고가 일어났다. 사나울 폭(暴) 자에 불을 붙이면 터질 폭(爆) 자가 된다. **폭발(爆發)**은 불이 나면서 갑자기 터지는 것이다.

폭발을 일으켜 적을 살상하도록 만든 탄약은 **폭탄**

군영/진영 **영(營)**
- 경영
- 수영구
- 남영동

여지도에서 본 경상좌수영

마를 **조(燥)**
- (무미)건조

촛불 **촉(燭)**
- 화촉

터질 **폭(爆)**
- 폭발
- 폭탄

(爆彈), 항공기에서 폭탄을 떨어뜨리는 공격은 폭격(爆擊)이다. 갑자기 터져 나오는 웃음은 폭소(爆笑)이다.

- 폭격
- 폭소

불 화 변형 부수

72-1 연화발(灬)

밑에서 불길이 타오르는 모습이다.

"여러분의 열화와 같은 성원에 힘입어…… " 벌일 렬
(列) 자 밑에 연화발을 넣으면 맹렬할 렬(烈) 자가 된
다. 열화(烈火)는 맹렬한 불길로, 열화와 같은 성원은
뜨거운 관심과 응원이다.

열사(烈士)는 조국을 위해 의리와 충성을 지킨 사람
이다. 헤이그 만국평화회의에 참석하려 했지만 일본
의 방해로 뜻을 이루지 못하고 순국한 이준 열사가 대
표적이다.

한자의 세계에서 까마귀는 특이한 새다. 다른 새는
거의 모두 새 조(鳥) 자에 다른 글자를 덧붙인 이름을
쓰는데, 까마귀 오(烏) 자만 새 조 자에서 한 획을 뺀
글자이다.

맹렬할 **렬(烈)**
- 열화
- 열사

민족민주열사의 추모

까마귀 **오(烏)**

중국과 우리나라 신화에 나오는 **삼족오**(三足烏)는 태양에 산다는 세 발 달린 까마귀다. **오작교**(烏鵲橋)는 멀리 떨어진 견우와 직녀가 만나도록 까마귀와 까치 떼가 모여 만들어 준 다리이다.

여기저기서 모여 질서가 없는 어중이떠중이를 **오합지졸**(烏合之卒)이라고 한다.

- 삼족오
- 오작교
- 오합지졸

고구려 고분벽화의 삼족오

"지친 몸으로 늦게까지 공부하는 것은 무리야" 없을 무(無) 자의 부수도 연화발이다. **무리**(無理)는 이치에 맞지 않는 지나친 행동이다.

생각 없이 위험하게 행동하는 것은 **무모**(無謀)한 짓이다. 일본어로 총을 뎃뽀(鐵砲: 철포)라고 하는데, 상대는 총을 들고 나오는데 이쪽은 총 없이 나가는 것이 **무뎃뽀**이다.

"10년간의 무명 생활을 접고 멋지게 데뷔했다" **무명**(無名)은 이름이 알려지지 않은 상태이다.

없을 **무**(無)
- 무리
- 무모(무뎃뽀)
- 무명

자연의 연은 그러할 연(然) 자로, **자연**(自然)은 사람이 손을 대지 않아도 저절로 돌아가는 것이다. 반드시 그렇게 되게 마련인 일은 **필연**(必然)이다.

바라는 대로 일이 되지 않을 때 초조해진다. 태울

그러할 **연**(然)
- 자연
- 필연

초(焦) 자는 새 추(隹) 자 밑에 불이 들어간 글자로 새를 굽는 모양이다. 초조(焦燥)는 마음이 타들어간다는 말이다.

전쟁에서 적군이 양식을 구하지 못하게 하려고 들을 태우는 것을 초토(焦土)라고 한다. 보급을 적지에서 해결해야 하는 군대에게 적의 초토화(焦土化) 작전은 처참한 패전을 의미한다.

연극 무대에서는 조명이 중요하다. 조는 밝을 소(昭) 자에 연화발을 붙인 비출 조(照) 자이다. 밝게 비추는 것이 조명(照明)이다.

어떤 사항을 알아보려고 관계자 등에게 문의할 때는 조회(照會)한다고 한다. 둘 이상의 대상을 얼마나 같고 다른지 맞대어 살펴보는 것이 대조(對照)이다.

곰 웅(熊) 자는 음이 비슷한 능할 능(能) 자 밑에 연화발을 깐 글자이다. 그러고 보니 곰이 앞발을 들고 있는 모습 같지 않은가? 웅녀(熊女)가 단군의 어머니이다.

"저는 반숙으로 주세요" 숙은 누구 숙(孰) 자에 연화발을 넣은 익을 숙(熟) 자이다. 계란 등 음식을 반만 익히는 것을 반숙(半熟)이라고 한다.

태울 **초(焦)**
- 초조
- 초토화

비출 **조(照)**
- 조명
- 조회
- 대조

곰 **웅(熊)**
- 웅녀

익을 **숙(熟)**
- 반숙

능숙(能熟)은 익숙하게 잘 하는 것이다. 과일이나 채소가 제철보다 일찍 익거나 사람을 비롯한 동물이 일찍 자라면 조숙(早熟)하다고 한다.

감기에 걸리면 열이 난다. 뜨거울 열(熱) 자의 부수도 연화발이다. 밑에서 불이 올라오니 뜨겁다. 열정적으로 한 가지에 정신을 쏟는 것이 열중(熱中)이다.

- 능숙
- 조숙

뜨거울 **열(熱)**
- 열중

🕖 손톱 조(爪)

길게 기른 손톱을 나타낸 글자이다. 손 동작을 의미한다.

긁을 파(爬) 자는 손톱 조 자에 음을 알려 주는 뱀 파(巴) 자를 합한 글자이다. 거북, 악어, 뱀 등은 기어다니는 변온동물인 **파충류**(爬蟲類)이다.

다툴 쟁(爭) 자의 윗부분이 손톱 조(爪) 자가 변형된 모습이다. 싸워서 얻는 것은 **쟁취**(爭取)이다.

무엇인가를 하려면 손을 써야 한다. 그래서 할 위(爲) 자에 손(爪)이 있다. 어떤 일을 하는 것, 행동을 다른 한자어로 **행위**(行爲)라고 한다.

긁을 **파(爬)**
- 파충류

다툴 **쟁(爭)**
- 쟁취

할 **위(爲)**
- 행위

⑭ 아비 부(父)

아들이 아버지를 닮는 것을 부전자전(父傳子傳)이라고 한다. 아버지의 사랑은 부성애(父性愛)이다.

"저희 아이의 대부가 되어 주세요" 가톨릭에서는 태어나는 아이가 앞으로 신앙생활을 잘 하도록 돕는 사람을 대부(代父)라고 한다. 《대부》는 프란시스 포드 코폴라 감독의 영화 제목이기도 하다.

- 부전자전
- 부성애
- 대부

⑮ 점괘 효(爻)

옛날에 점을 치는 데 썼던 산가지를 나타내는 글자이다.

사람을 나타내는 클 대(大) 자의 양쪽 겨드랑이에 부챗바람이 펄럭펄럭하는 글자가 시원할 상(爽) 자다.

시원할 상(爽)

아침에 배변이 잘 되면 상쾌한 기분으로 하루를 시작할 수 있다. 마음이 시원하고 거뜬한 것을 상쾌(爽快)하다고 한다.

⑦⑥ 장수 장 변(爿)

나뭇조각을 나타내는 글자인데 장수 장(將) 자의 왼쪽에 있는 변이라서 이렇게 부른다.

선비 사(士) 자에 장수 장 변이 붙으면 씩씩할 장(壯) 자가 된다.

여기 옷(衣: 옷 의)을 입히면 꾸밀 장(裝) 자이다. 배우가 옷차림이나 얼굴을 꾸며서 작중인물로 모습을 바꾸는 것은 분장(扮裝)이라고 한다.

- 상쾌

장수 **장(將)**

씩씩할 **장(壯)**

꾸밀 **장(裝)**
- 분장

⑦ 조각 편(片)

"님 향한 일편단심이야 가실 줄이 있으랴" 이방원의 《하여가》를 받고 답한 정몽주의 《단심가》 마지막 구절이다. 일편단심(一片丹心)은 한 조각 붉은 마음, 곧 무슨 일이 있어도 배신하지 않는 충성을 뜻한다.

- 일편단심

조각 편과 돌이킬 반(反) 자가 만나면 널판/판목 판(版) 자가 된다. 금속활자가 나오기 전에는 큰 나무판에 책 한 페이지를 통째로 새겨서 인쇄했다. 그래서 판을 낸다는 출판(出版)은 책을 찍는다는 말이다.

널판/판목 **판(版)**
- 출판

결혼식에 와 주십사 청하는 글은 청첩장(請牒狀)이다. 편지/문서 첩(牒) 자를 쓴다.

편지/문서 **첩(牒)**
- 청첩장

㉦ 어금니 아(牙)

뾰족한 이(齒)의 모습이다. 상아를 의미하기도 한다. 코끼리 어금니는 **상아**(象牙)로 쓴다. 학자들이 현실과 동떨어진 채 관념적인 학문만 연구하는 곳을 **상아탑**(象牙塔)이라고 한다. 한때는 대학을 지칭하기도 했다.

- 상아
- 상아탑
- 아성

"극장 영화의 아성은 넷플릭스에게 무너진 지 오래다" 사령관이 있는 성(城), 가장 중요한 근거지는 **아성**(牙城)이다. 튼튼한 세력을 비유적으로 표현하는 말이다.

㉧ 소 우(牛)

직녀의 짝인 **견우**(牽牛)는 소를 몰고 다니며 밭을 가는 사나이다. 아무리 말해도 상대가 듣지 않을 때 **우이독경**(牛耳讀經), 소 귀에 경 읽기라고 한다.

- 견우
- 우이독경

양이나 소 등 가축 떼를 치는 사람이 목자다. 목은 소 우(牛) 자에 등글월 문(攵)을 합한 짐승 칠 목(牧) 자이다.

어떤 사람들은 양치기를 목동이라고 하는데 목자와 목동은 다르다. 동은 아이 동(童) 자로, 목동(牧童)은 양을 치는 아이다. 어린아이가 아니면 목자(牧者)라고 해야 한다.

철따라 옮겨 다니며 가축을 먹이는 일을 유목(遊牧)이라고 한다. 고려와 조선 때 지방의 백성을 돌보던 목사(牧使)라는 관직이 있었다. 개신교에서 예배를 인도하는 성직자를 목사(牧師)라고 부른다.

소 우 자에 음을 나타내는 말 물(勿) 자를 합하면 물건 물(物) 자이다. 형체가 있는 물건이 물체(物體)이다.

"엄마는 여기저기서 이사 갈 집을 물색했다" 이 물자에는 찾는다는 뜻도 있다. 사람이나 물건을 찾아서 고르는 것이 물색(物色)이다. 물망(物望)에 오른다는 말은 유망한 후보가 된다는 말이다.

희생(犧牲)은 목적을 위해 손해를 감수하거나 죽는 것이다. 제사에서 소를 바치는 데서 나온 글자라서 두 글자에 모두 소 우 자가 들어간다.

짐승 칠 **목(牧)**
- 목자
- 목동
- 유목
- 목사

유목생활(몽골)

물건 **물(物)**
- 물체
- 물색
- 물망

희생 **희(犧)**
희생 **생(牲)**
- 희생

"독특한 발상이구나" 관청 시(寺) 자와 합하면 다를 특(特) 자이다. 보통과 아주 다른 것을 독특(獨特)하다고 한다.

주차할 곳이 아닌 데 주차를 하면 견인된다. 견인(牽引)의 견은 소가 끈다는 끌 견(牽) 자다. 말이 되지 않는 이야기를 억지로 갖다 붙이면 견강부회(牽強附會)이다.

야구에서 주자가 1루에 있을 때 투수가 포수에게 공을 던지는 척하면서 1루에 송구할 때가 있다. 도루하지 못하도록 하는 견제구(牽制球)이다. 견제(牽制)는 마음대로 움직이지 못하도록 하는 것이다.

자동차 견인

❽⓿ 개 견(犬)

클 대(大) 자 어깨에 획(丶)을 하나 더한 글자이다. 클 대 자의 발에 획이 추가된 클 태(太) 자와 헷갈릴 수 있으니 유의하자.

"나 오늘 상태 안 좋아", "상태 괜찮은데" 상은 개

다를 특(特)
- 독특

끌 견(牽)
- 견인
- 견강부회
- 견제

견 자가 부수인 모양 상(狀) 자로, 상태(狀態)는 물건이나 현상의 형편이다.

"전면등교한다는 안내장을 모든 학부모들께 보내도록 하세요" 할 때처럼 문서 장(狀) 자이기도 하다. 일이 어떻게 될 것이라고 알리는 문서가 안내장(案內狀)이다.

개는 충성스러운 짐승이지만 칭찬만 받지는 않는다. 욕 중에 개가 들어가는 욕은 강도 높은 욕이다. 그런 만큼 개에게는 부정적인 이미지도 강한데, 그 예가 감옥 옥(獄) 자이다. 왼쪽에 개사슴록 변(犭), 오른쪽에 개 견 본자(本字). 개가 두 마리나 들어 있다.

독립운동을 하다가 억울하게 옥사(獄死)한 분들이 많다. 옥사는 감옥에서 죽는 일이다.

개는 모든 짐승을 대표하기도 한다. 개 견 자가 들어가는 짐승 수(獸) 자를 보면 알 수 있다. 겉은 사람인데 하는 짓이 짐승같으면 '인면수심(人面獸心)'이라고 한다. 사람 얼굴에 짐승의 마음이라는 말이다.

강아지나 고양이가 아파서 동물병원에 데리고 가면 수의사 선생님이 봐 주신다. 수의사(獸醫師)는 가축

모양 **상(狀)**
- 상태

문서 **장(狀)**
- 안내장

감옥 **옥(獄)**
- 옥사

짐승 **수(獸)**
- 인면수심
- 수의사

을 치료하는 의사이다.

"슈바이처는 평생 가난한 환자들에게 헌신했다" 헌신(獻身)은 몸을 바치는 것이다.

드릴 헌(獻) 자 왼쪽 부분은 큰 솥이다. 제사에서 개를 솥에 삶아 바치는 글자가 드릴 헌 자이다.

이 글자는 문헌 헌(獻) 자이기도 하다. 문헌(文獻)은 연구에 도움이 되는 기록이나 문서이다.

드릴/문헌 **헌(獻)**

- 헌신
- 문헌

수단의 슈바이처로 불리는
고 이태석 신부

개 견 변형 부수

80-1 개사슴록 변(犭)

개를 옆에서 본 모습이다. 개나 사슴 등 네 발 달린 짐승에 많이 들어간다.

글귀 구(句) 자에 개사슴록 변을 붙이면 개 구(狗) 자가 된다. 토사구팽(兔死狗烹)이라는 말을 들어 보았는가? 토끼를 잡을 때 쓰던 개를 사냥이 끝나면 잡아먹듯이, 필요할 때는 실컷 이용하다가 가치가 없어지면 헌신짝처럼 내버린다는 뜻이다. 정치 기사에서 자주 나온다.

개와 원숭이는 같이 있으면 으르렁거린다고 한다. 그래서 사이가 나쁜 사람들을 견원지간(犬猿之間)이라고 한다. 원숭이 원(猿) 자에도 역시 짐승을 나타내는 개사슴록 변이 들어간다.

개 **구(狗)**
- 토사구팽

원숭이 **원(猿)**
- 견원지간

백년 묵은 구미호라는 말이 있다. 호는 개사슴록 변에 오이 과(瓜) 자를 붙인 여우 호(狐) 자로, 구미호(九尾狐)는 꼬리가 아홉 개 달린 전설의 여우다. 요염한 여인으로 둔갑해서 사내를 홀린다고 한다.

사격 솜씨가 뛰어나서 적의 요인을 사살하는 사람을 저격수(狙擊手)라고 한다. 영어로 스나이퍼(sniper)이다. 저는 망설일 저(且) 자를 합한 원숭이/겨눌 저(狙) 자이다.

개, 여우, 원숭이의 세 가지 예로 네 발 달린 짐승에게 개사슴록 변(犭)을 쓴다는 것을 배웠다. 다른 경우도 보자. 개사슴록 변에 병부 절(卩)을 붙이면 범할 범(犯) 자가 된다.

"살인 사건의 범인을 찾아라!" 죄를 저지르는 것은 범죄(犯罪), 죄를 지은 사람은 범인(犯人)이다. 두 명 이상이 공모해서 범죄하면 공범(共犯)이 된다.

법을 어기는 일을 범법행위(犯法行爲)라고 한다. 남의 땅에 함부로 들어가거나 권리에 집적대는 것을 침범(侵犯)이라고 한다.

미칠 광(狂) 자에도 개가 들어간다. 부수 오른쪽의

여우 호(狐)
- 구미호

원숭이/겨눌 저(狙)
- 저격수

범할 범(犯)
- 범죄
- 범인
- 공범
- 범법행위
- 침범

미칠 광(狂)

글자는 임금 왕(王) 자이다.

어떤 일에 미친 듯이 빠진 사람을 '~광'이라고 한다. 이런저런 물건을 모으는 데 혈안이 된 수집광(蒐集狂), 빠른 자동차에 미친 스피드광 등이 있다. 영어로는 마니아(mania), 일본어로 오타쿠(おたく)라고도 한다.

지킬 수(守) 자에 개사슴록 변을 붙이면 사냥할 수(狩) 자가 된다. 선사 시대의 원시인들은 사냥을 해서 먹고 살았고, 역사 시대에도 수렵(狩獵)은 중요한 경제 활동이었다.

지금은 사냥하려면 수렵 면허가 있어야 한다. 아프리카에는 상아를 노리는 밀렵꾼이 많다. 밀렵(密獵)은 몰래 하는 사냥이다.

사냥할 수 자는 순행할 수(狩) 자도 된다. 왕이 나라를 순찰하는 것을 순수(巡狩)라고 한다. 진흥왕 순수비라는 말을 들어 보았을 것이다. 진흥왕은 신라 전국을 돌아보고 북한산, 창녕, 황초령, 마운령 등에 순수비(巡狩碑)를 세웠다.

"교활한 적은 아군의 유인 작전에 넘어 오지 않았다" 간사하고 꾀가 많으면 교활(狡猾)하다고 한다. 사

- 수집광

사냥할/순행할
수(狩)
- 수렵
- 밀렵

원시 시대의 수렵생활

- 순수(비)

진흥왕 순수비 복제(북한산)

귈 교(交) 자와 뼈 골(骨) 자에 각각 개사슴록 변을 붙인 교활할 교(狡), 교활할 활(猾) 자이다.

이리는 무서운 동물이었다. 산에서는 어른도 먹이가 되었다니까. 개사슴록 변에 좋을 량(良) 자를 붙이면 이리 랑(狼) 자가 나오고, 조개 패(貝) 자를 넣어서 패(狽)라고 부른다.

그래서 좋지 않은 일을 만나 딱하게 된 것을 낭패(狼狽)라고 한다. 이 글자에는 어지럽다는 뜻도 있다. "살해 현장에는 피가 낭자(狼藉)했다"처럼 쓴다. 낭자는 여기저기 흩어져서 어지럽다는 말이다.

"공간이 협소해서 차가 지나가지 못할 것 같다" 협은 낄 협(夾) 자 앞에 개사슴록 변이 붙은 좁을 협(狹) 자로, 협소(狹小)는 너비나 공간이 좁은 것이다.

"협의의 플라스틱은 천연 또는 인공으로 된 고분자 물질이다" 협의(狹義)는 좁은 뜻이다. 낱말의 뜻을 전체적으로 생각하지 않고 좁게 한정하는 것이다. 광의(廣義)의 플라스틱은 변형되고 나서 원래 모습으로 돌아가지 않는 물질이다.

'사촌이 땅을 사면 배가 아프다'는 속담이 있다. 개

교활할 **교(狡)**
교활할 **활(猾)**
- 교활

이리 **랑(狼)**
이리 **패(狽)**
- 낭패
- 낭자

좁을 **협(狹)**
- 협소
- 협의 ⇔ 광의

사슴록 변에 푸를 청(靑) 자를 합해서 나온 글자가 시샘할 시(猜) 자로, 시기(猜忌)는 남이 잘 되는 것을 샘내어 미워하는 것이다.

체면이 깎이거나 꼴사나운 일을 당해 부끄러운 것을 창피(猖披)하다고 한다. 창성할 창(昌) 자에 개사슴록 변을 부수로 붙인 미쳐 날뛸 창(猖) 자를 쓴다.

"장마가 지나간 뒤에는 전염병이 창궐했다" 좋지 못한 세력이나 병이 걷잡을 수 없이 퍼지는 것을 창궐(猖獗)이라고 한다.

노력해서 부자가 된 것이 아니라 복권에 당첨되거나 예정에 없던 유산을 상속받거나 해서 하루아침에 부자가 된 사람을 벼락부자, 또는 졸부(猝富)라고 한다. 개사슴록 변에 졸 졸(卒) 자를 붙이면 갑작스러울 졸(猝) 자가 된다.

"졸지에 당한 일이라 경황이 없다"에서 졸지(猝地)는 느닷없이 갑작스러운 판이다. 갑자기 당한 일이라 정신이 없다는 말이다.

재판에서 유죄 판결을 받았더라도 형 집행이 유예될 수 있다. 유는 우두머리/오래될 추(酋) 자를 붙인

시샘할 **시(猜)**
- 시기

미쳐 날뛸 **창(猖)**
- 창궐

갑작스러울 **졸(猝)**
- 졸부
- 졸지

망설일 유(猶) 자로 유예(猶豫)는 어떤 일을 미루는 것이다. 가령, 집행유예는 실형을 선고했지만 정상을 참작해서 집행을 미루고 어느 정도 기간이 지나면 형이 선고되지 않은 것과 같이 되는 것을 말한다.

"그 사람 업무 스타일은 아주 저돌적이야"에서 저돌의 저는 멧돼지 저(猪) 자이다. 저돌(猪突)적이란 멧돼지가 들이받으려고 달려나가는 것처럼 앞뒤 가리지 않고 맹렬하게 밀고 나가는 것이다.

개사슴록 변에 나라이름 촉(蜀) 자를 합하면 홀로 독(獨) 자가 나온다. 남에게 의지하지 않고 자기 힘으로서는 홀로서기는 독립(獨立)이다. 한 나라가 다른 나라의 지배나 간섭을 받지 않고 정부를 갖추어 나라 구실을 하는 것도 독립이다.

연극에서는 배우가 혼잣말을 할 때가 있다. 배우 한 명이 무대에 혼자 있을 때 읊는 대사를 독백(獨白)이라고 한다. "죽느냐 사느냐 그것이 문제로다"는 햄릿의 유명한 독백이다.

망설일 **유(猶)**
- 유예

멧돼지 **저(猪)**
- 저돌(적)

홀로 **독(獨)**
- 독립
- 독백

⓵ 늙을 로 엄(耂)

늙을 로(老) 자의 엄이고, 엄이란 한자 부수 중 다른
글자의 위부터 왼쪽에 걸치는 부수이다.

나이가 들면 좋은 점이 있고 나쁜 점이 있다. 경험
이 많아져 일에 익숙해지고 능란해진다. 이를 **노련**(老
鍊)하다고 한다. "그는 이전보다 경기를 노련하게 끌
고 갔다" 한편, 젊을 때보다 약해지는 것을 **노쇠**(老衰)
하다고 한다.

"내 꿈은 기자가 되는 거야" 사람 자(者) 자에도 부
수로 들어간다. 여기서 사람 자는 '~하는 사람'이다.
야구에서 공을 치는 사람을 **타자**(打者), 뉴스거리를 취
재해서 기사를 쓰는 사람을 **기자**(記者)라고 한다.

늙을 **로(老)**
- 노련
- 노쇠

사람 **자(者)**
- 타자
- 기자

❷ 구슬 옥(玉: 王)

다른 글자의 변으로 쓰일 때는 획이 하나 빠지고 임금 왕(王) 자 모양으로 들어간다.

옥은 귀한 돌이다. 흔한 돌멩이와는 비교가 되지 않는다. 좋은 것과 좋지 않은 것을 나누는 일을 두고 '옥석(玉石)을 가린다'고 한다. 가늘고 고운 여자의 손은 섬섬옥수(纖纖玉手)이다.

- 옥석
- 섬섬옥수

구슬 옥 변에 으뜸 원(元) 자를 붙이면 사랑할/가지고 놀 완(玩) 자가 된다. 사랑하는 동물은 애완(愛玩)동물이다. 얼마 전부터는 짝을 뜻하는 반려동물이라고도 한다.

사랑할/가지고 놀
완(玩)
- 애완(동물, 반려동물)

"기후변화가 계속되면 산호도 사라질 것이다" 열대 지방 바다에는 산호(珊瑚)가 있다. 쪽빛 바다를 장식하는 산호는 바다가 얼마나 맑은지를 알려주기도 한다. 산호 산(珊) 자, 산호 호(瑚) 자 모두 구슬 옥 자가 부수이다.

산호 **산(珊)**
산호 **호(瑚)**
- 산호

숱 많을 진(彡) 자를 합하면 보배 진(珍) 자이다. 역시 구슬 옥 자가 부수인 구슬 주(珠) 자를 붙이면 값나가는 보물인 진주(珍珠)이다.

산과 바다에서 나는 재료로 만든 좋은 음식을 산해진미(山海珍味)라고 한다. 푸짐하게 차린 맛난 음식은 진수성찬(珍羞盛饌)이다.

칼을 나타내는 선 칼 도 방(刂)으로 구슬을 쪼개면 나눌 반(班) 자이다. 양반(兩班)은 관료를 무반과 문반으로 나눈 것이다. 1학년 3반, 2학년 4반 하는 반도 나눌 반 자이다.

"정말 주옥같은 작품입니다" 예술작품이 아주 뛰어날 때 주옥(珠玉) 같다고 한다. 구슬 주(珠) 자의 주옥은 보석으로서의 옥, 보물의 대명사이다.

한자 사전인 자전(字典)의 별명이 옥편(玉篇)이다. 자전은 여러 사람이 썼지만 그 중 옥편이라는 제목으로 쓴 것이 제일 좋다. 그래서 옥편이 한자 사전의 대명사로 쓰인다.

유리(琉璃)라는 말도 한자어다. 각각 구슬 옥이 들어간 유리 류(琉), 유리 리(璃) 자이다. 그토록 투명한 유

보배 **진(珍)**
- 진주
- 산해진미
- 진수성찬

나눌 **반(班)**
- 양반

구슬 **주(珠)**
- 주옥
- 옥편

유리 **류(琉)**
유리 **리(璃)**
- 유리

리의 주 재료는 사실 거친 모래이다.

구슬 옥 자에 마을 리(里) 자를 합하면 다스릴/이치 리(理) 자이다. 세상이 돌아가는 원리를 **이치**(理致)라고 한다.

"그렇게 하는 편이 합리적일 것 같구나" 이치에 맞으면 **합리**(合理)적이라고 하고 맞지 않으면 **불합리**(不合理)하다고 한다.

과학적으로 생각해 보니 이렇게 되어야 한다는 주장은 **이론**(理論)이다. "자네 이론은 완벽하지만, 이론은 실제와 다르다네"

머리카락을 깎고 다듬는 것을 **이발**(理髮)이라고 한다. "나는 그 사람의 어려운 설명을 겨우 이해했다" 다른 사람의 말이나 글, 어떤 현상을 깨우치면 **이해**(理解)했다고 한다.

볼 견(見) 자 앞에 구슬 옥 자가 붙으면 나타날/지금 현(現) 자가 된다. 나타나도록 보여주는 것은 **표현**(表現)이다.

"현상 유지만 해도 잘하는 것이다" 이때의 **현상**(現狀)은 지금의 형편이나 상태이다. 현상 유지는 더 나빠지지 않고 지금 모양새를 지키는 것이다.

다스릴/이치 **리(理)**
- 이치
- 불합리 ⇔ 합리
- 이론
- 이발
- 이해

나타날/지금 **현(現)**
- 표현
- 현상
- 실현

"노스트라다무스의 예언은 실현되었다" 실현(實現)은 실제로 나타나는 것이다.

가야의 음악가 우륵이 만든 현악기는 **가야금(伽倻琴)**이다. 구슬 옥 자 두 개 밑에 음을 나타내는 이제 금(今) 자를 넣으면 거문고 금(琴) 자이다. 같은 자리에 반드시 필(必) 자를 넣은 비파 슬(瑟) 자와 합치면 부부 사이의 애정을 뜻하는 **금슬(琴瑟)**이 된다.

사람의 이는 법랑 법(珐) 자에 옥돌 랑(瑯) 자를 쓴 **법랑(珐瑯)**으로 되어 있다. 각각 법 법(法) 자와 사내 랑(郎) 자를 붙였다. 영어로 에나멜이라는 법랑은 사기그릇에 바르는 유약으로 쓴다.

생활의 무대인 **환경(環境)**은 생물을 둘러싼 공간이다. 환은 고리/두를 환(環) 자이다. 좋은 일이 있을 때나 초상이 났을 때 쓰는 꽃다발을 **화환(花環)**이라고 한다.

임금 벽(辟) 자 밑에 구슬 옥(玉) 자를 넣으면 구슬 벽(璧) 자가 된다. 흠이 없는 구슬, 완전한 상태를 이르는 말이 **완벽(完璧)**이다.

"두 선수는 한국 스피드 스케이팅의 쌍벽을 이룬다" 양대 산맥과 같은 뜻인 쌍벽의 벽은 벽 벽(壁) 자

가야금 연주

거문고 **금(琴)**
비파 **슬(瑟)**
- 가야금
- 금슬

법랑 **법(珐)**
옥돌 **랑(瑯)**
- 법랑

고리/두를 **환(環)**
- 환경
- 화환

가 아닌 구슬 벽(璧) 자이다. 우열을 가릴 수 없이 뛰어난 둘을 일컫는 말이 **쌍벽**(雙璧)이다.

구슬 **벽**(璧)
- 완벽
- 쌍벽

⑧③ 초두머리(艹)

풀 초(草) 자의 머리가 다른 글자의 부수로 쓰인다. 주로 식물과 관련된 글자에 들어간다.

꽃은 될 화(化) 자에 초두머리를 얹은 꽃 화(花) 자이다. **생화**(生花)는 살아 있는 꽃으로, 인공 꽃인 **조화**(造花)에 대비시켜 진짜 꽃이라는 의미로 이르는 말이다.

꽃 **화**(花)
- 생화
- 조화

"장발장은 빵을 훔친 죄로 징역 19년이라는 **가혹**(苛酷)한 형벌을 받았다"에서 가혹할 가(苛) 자의 부수 역시 초두머리이다. 밑에 있는 옳을/가능할 가(可) 자가 음을 알려준다.

가혹할 **가**(苛)
- 가혹

옛 고(古) 자에 초두머리가 올라가면 괴로울/쓸 고(苦) 자이다. 큰 갈등이 생겨 애가 타고 괴로우면 고민

괴로울/쓸 **고**(苦)

(苦悶)한다고 한다.

"3연패의 **고배(苦杯)**를 마셨다"의 고배는 쓴 잔이라는 말로 쓰라린 경험이다. **고통(苦痛)**은 괴롭고 아픈 것이다.

글귀 구(句) 자에 초두머리를 얹으면 진실로/구차할 구(苟) 자이다. "**구차(苟且)**한 변명은 필요없다"와 같은 꼴로 쓰인다.

"중국은 우주 사업에 **막대(莫大)**한 예산을 쏟아부었다" 막은 더할 수 없을 막(莫) 자이다. 막대한 예산은 아주 큰 예산이다. **막강(莫强)**한 전력은 더할 수 없이 강한 전력이다.

이 글자에는 하지 않는다는 뜻도 있다. **막론(莫論)**은 따지지 않는 것이다. "동서양을 막론하고 인간 세상은 똑같다" 동양이든 서양이든 사람 사는 모습은 다르지 않다는 말이다.

"축구대표팀은 강적 브라질을 맞아 **막상막하(莫上莫下)**의 경기를 펼쳤다" 막상막하는 실력의 위도 없고 아래도 없다, 즉 누가 더 잘하고 못하는지 가릴 수 없다는 뜻이다.

"그 친구와는 **막역(莫逆)**한 사이다" 아주 친하여 거

- 고배
- 고통

진실로/구차할
구(苟)

- 구차

더할 수 없을 **막(莫)**
- 막대
- 막강
- 막론
- 막상막하
- 막역

리낄 것 없는 사이라는 말이다. 가끔 헷갈려서 막연한 사이라고 하는데, 넓을 막(漠)의 막연(漠然)은 모양이나 관계가 분명치 않고 흐릿하다는 뜻이므로 주의하자.

초두머리 밑에 어찌 하(何) 자가 들어가면 연/짐 하(荷) 자이다. 원래는 연꽃을 가리키는 글자였는데 뜻이 넓어져서 짐을 지다, 싣다, 부리다 따위의 의미가 추가되었다.

하역(荷役)은 배나 차 등에서 짐을 싣거나 내리는 일이다. "제2롯데월드같이 높은 건물은 큰 하중(荷重)을 견딜 수 있게 설계했을 거야" 하중은 건물의 윗부분이 아랫부분을 내리누르는 무게이다.

짐질 부(負) 자에 붙여 부하(負荷)라고 하면 일을 하는 기계나 사람이 견뎌야 하는 압력, 스트레스를 말한다. "컴퓨터에 과부하(過負荷)가 걸렸다"는 부담이 가는 작업을 많이 시켜서 컴퓨터가 지쳤다는 말이다.

설이나 추석 같은 명절에는 차례(茶禮)를 지낸다. 차는 차 차(茶) 자이다. 이 글자는 '다'로도 읽는다. 다방(茶房)은 차를 마시는 곳이다.

과실 과(果) 자에 초두머리를 부수로 넣으면 과자 과

연/짐 하(荷)
- 하역
- 하중
- 과부하

차 차/다(茶)
- 차례
- 다방

(菓) 자이다. 두 글자를 합하면 차와 과자를 뜻하는 **다과(茶菓)**이다.

다섯째 천간 무(戊)는 '갑을병정무기~' 하는 10간 중 다섯 번째 글자인데, 초두머리에 이 글자를 합치면 우거질 무(茂) 자가 된다. **무성(茂盛)**하다는 말은 풀이나 나무가 짙게 우거졌다는 말이다.

한창 때 피어나는 꽃을 표현하는 글자로 가운데 앙(央) 자에 초두머리를 얹은 꽃부리 영(英) 자가 있다. 재주, 뛰어남, 명예 등의 뜻이 있다. **영웅(英雄)**은 지혜와 힘이 뛰어나서 보통 사람이 하기 어려운 일을 하는 사람이다.

어리숙한 사람을 **숙맥(菽麥)**이라고 한다. 숙 자 아랫부분의 글자는 작은아버지를 이르는 아재비 숙(叔) 자이다. 초두머리를 합치면 콩 숙(菽) 자이다. 맥은 보리 맥(麥) 자이다. 콩인지 보리인지 분간하지 못하는 사람이 숙맥이다.

"에디슨은 거듭된 실패에도 위축되지 않고 노력해서 전구를 발명했다" 초두머리에 맡길 위(委) 자를 합

과자 **과(菓)** - 다과
우거질 **무(茂)** - 무성
꽃부리 **영(英)** - 영웅
콩 **숙(菽)** - 숙맥

하면 시들 위(萎) 자가 된다. **위축(萎縮)**은 식물이 시들
거나 사람이 움츠러드는 것이다.

나물을 뜻하는 **채소(菜蔬)**의 두 글자도 초두머리가
부수이다. 나물 채(菜), 나물 소(蔬) 자이다.

야채는 채소일까? 채소에 야채가 들어간다. **야채(野
菜)**의 야는 들 야(野) 자니까 들에서 나는 채소가 야채
이다. 산채비빔밥에 들어가는 **산채(山菜)**는 산나물이
고, 보통 채소 하면 야채와 산채를 합한 것이다.

전체에서 한 부분을 뽑아 인용하는 것을 발췌한다
고 한다. "이 글은 저 책에서 **발췌(拔萃)**한 문장이다"
의 꼴로 쓰고, 초두머리에 졸 졸(卒) 자를 합친 뽑을 췌
(萃) 자가 들어간다.

"오늘의 주인공은 모두가 지켜보는 가운데 화려하
게 등장했다" 화는 초두머리가 부수인 빛날 화(華) 자
이다. **화려(華麗)**하다는 것이 어떤 느낌인지는 다들 알
것이다.

중국 사람들은 자기네가 세상의 중심이라고 해서
스스로 **중화(中華)**라고 일컫는다. 다른 나라에 건너가
서 사는 중국인은 자칭 **화교(華僑)**이다. 교는 나그네/

시들 **위(萎)**
- 위축
나물 **채(菜)**
나물 **소(蔬)**
- 채소
- 야채
- 산채
뽑을 **췌(萃)**
- 발췌
빛날 **화(華)**
- 화려
- 중화
- 화교

객지살이 교(僑) 자이다.

어찌 갈(曷) 자에 초두머리를 얹으면 칡 갈(葛) 자이
고, 이것이 등나무 등(藤) 자와 만나 갈등(葛藤)이 된다.
구불구불한 칡, 다른 나무를 칭칭 휘감는 등나무처럼
마음이나 관계가 복잡해서 어떻게 할지 정하지 못하
는 것이 갈등이다.

"올여름 태풍으로 낙과(落果)가 많아 농민들의 시름
이 깊어졌습니다" 낙과는 수확하기 전에 떨어진 열매
이다. 낙은 떨어질 락(落) 자이다.

영어 시간에 읽으면 읽을수록 지문이 아리송할 때
선생님이 "한 단락(段落)씩 끊어서 읽어 보자" 하실 때
가 있다. 단락은 내용상 하나로 묶어 다른 부분과 구
분할 수 있는 짧은 글 토막이다. 그래서 보통 문단과
같은 뜻으로 통한다.

일만 만(萬) 자의 부수도 초두머리다. 천의 열 배는
만(萬)이다. "헤어진 연인이 크게 변한 모습을 몇 년 뒤
에 보니 만감(萬感)이 교차한다" 만감이 교차한다는 것
은 수많은 마음과 생각이 떠오른다는 말이다.

"코로나 방역에 만전을 기해야 합니다" 온전할 전

칡 **갈(葛)**
등나무 **등(藤)**
- 갈등

떨어질 **락(落)**
- 낙과
- 단락

일만 **만(萬)**
- 만감
- 만전

(全) 자를 쓰는 **만전(萬全)**은 어떠한 경우에도 안전하다는 말이다. 그만큼 조심한다는 말이다.

나무 윗부분에 있는 풀을 표현한 글자가 잎 엽(葉) 자이다. **금지옥엽(金枝玉葉)**은 금 같은 가지와 옥 같은 잎이다. 눈에 넣어도 아프지 않은 아이를 금지옥엽이라고 한다.

죽은 이를 보내는 장사 장(葬) 자의 부수도 초두머리이다. 무덤을 덮는 풀을 보고 이렇게 만들었을까? 그 바로 아래 죽을 사(死) 자가 죽음을 다루는 글자임을 알려준다. 장사를 지내는 의식이 **장례식(葬禮式)**이다.

예전부터 많이 해 오는 장례는 시신을 땅에 묻는 **매장(埋葬)**이다. 요즘은 태워서 가루를 남기는 **화장(火葬)**도 많이 늘고 있다.

티베트에서는 **천장(天葬)**을 지내서 하늘로 올려 보내기도 한다. 시신을 높은 산으로 가져가 칼로 토막내어 새들에게 먹이는 것이다. 하늘로 오를 때 새의 몸을 빌리기 때문에 **조장(鳥葬)**이라고도 한다.

초두머리 아래에 사람 자(者) 자를 두면 지을/뚜렷할 저(著) 자가 된다. 내가 애써 만든 창작물을 다른

잎 **엽(葉)**
- 금지옥엽

장사 **장(葬)**
- 장례식
- 매장
- 화장
- 천장
- 조장

매장

지을/뚜렷할 **저(著)**
- 저작권
- 현저

사람이 베껴서 자기 것이라고 우기지 않도록 하기 위해 저작권(著作權)이 있다.

"2000년과 2017년의 초등학생 수는 현저(顯著)한 차이가 있다"의 현저하다는 것은 눈에 확 띄게 드러난다는 말이다.

증발의 증은 찔 증(蒸) 자이다. 맨 밑부분은 활활 불을 때는 모습인 연화발(灬)이다. 약이 되는 풀(艹)을 물이 있는 단지에 넣고 푹푹 찌는 글자가 바로 찔 증(蒸) 자이다. 증발(蒸發)은 달이거나 해서 열을 가하면 액체가 기화되어 날아가는 것인데, 알코올이나 휘발유 같은 액체가 열을 받지 않을 때 기체로 바뀌어 날아가는 경우에도 증발한다고 한다. 또한 물을 가열하여 발생한 수증기의 힘으로 증기(蒸氣)기관차를 움직인다.

건강이 좋지 않거나 충격적인 소식을 들어서 얼굴이 새하얗고 해쓱할 때 창백(蒼白)하다고 한다. 창은 푸를 창(蒼) 자이다. 밑의 곳간 창(倉) 자가 음을 나타낸다.

수중에 있는 돈에서 얼마씩 앞날을 대비해 모으는 것이 저축(貯蓄)이다. 축은 초두머리에 가축 축(畜) 자

찔 증(蒸)
- 증발
- 증기

증기기관차

푸를 창(蒼)
- 창백

쌓을 축(蓄)
- 저축

를 합한 쌓을 축(蓄) 자이다.

연꽃의 연을 한자로 쓰면 이을 련(連) 자에 초두머리를 얹은 연 련(蓮) 자이다. 연못은 연이 자라는 못이다. **백련**(白蓮)은 하얀 연꽃, **홍련**(紅蓮)은 붉은 연꽃이다.

연의 뿌리인 연근은 좋은 반찬이다. 연이 나무에서도 꽃을 피운다 하여 이름 붙여진 나무가 있는데 바로 **목련**(木蓮)이다.

초두머리에 길게 끌 만(曼) 자가 들어가면 덩굴 만(蔓) 자가 된다. "과소비 풍조가 **만연**(蔓延)했다"에서 만연은 덩굴이 뻗어나가듯 온 데 퍼진다는 말이다.

초록(草綠)의 초는 풀 초(草) 자로 초록은 풀처럼 푸른 색이다. 풀 초 자 아랫부분의 이를 조(早) 자가 비슷한 음을 나타낸다.

오른 우(右) 자에 초두머리를 얹으면 만약/같을 약(若) 자가 나온다. 가정을 뜻하는 **만약**(萬若)은 좀처럼 그럴 리 없겠지만 혹시 일어날지 모를 일을 가리킨다.

사슴의 뿔은 **녹용**(鹿茸)이라고 해서 약으로 쓴다. 녹

연 **련(蓮)**
- 백련
- 홍련
- 목련

덩굴 **만(蔓)**
- 만연

봄에 피는 목련

풀 **초(草)**
- 초록

만약/같을 **약(若)**
- 만약

용 용(茸) 자 아랫부분은 귀 이(耳) 자이다. 초두머리는 사슴의 귀 위로 솟은 뿔을 나타낸다.

녹용 **용(茸)**
- 녹용

씩씩할 장(壯) 자에 초두머리가 올라가면 엄숙할/별장 장(莊) 자이다. 장엄(莊嚴)은 씩씩하고 엄숙한 모습이다. 원래 사는 집과 따로 경치 좋은 곳에 마련한 집이 별장(別莊)이다.

엄숙할/별장 **장(莊)**
- 장엄
- 별장

버섯/균 균(菌) 자를 보자. 버섯은 식물처럼 생겼지만 광합성을 하지 않고 음지에서 자란다. 아주 미세한 단세포 미생물을 세균(細菌)이라고 한다.

버섯/균 **균(菌)**
- 세균

포도는 늦여름부터 즐겨 먹는다. 포도도 순우리말 같은데 한자어이다. 포도 포(葡) 자, 포도 도(萄) 자이다. 연녹색으로 익는 포도를 청포도(靑葡萄)라 한다.

포도 **포(葡)**
포도 **도(萄)**
- (청)포도

오래되고 세상에 잘 나오지 않는 세간(살림살이 가구)이나 예술품을 골동품(骨董品)이라고 한다. 동은 무거울 중(重) 자가 붙은 감출 동(董) 자이다.

감출 **동(董)**
- 골동품

예로부터 우리나라 인삼은 특산품이었다. 석 삼(參) 자에 초두머리를 얹으면 인삼 삼(蔘) 자이다. 닭과 인

인삼 **삼(蔘)**

삼, 대추 등을 끓인 음식을 **삼계탕(蔘鷄湯)**이라고 한다.

"심 봤다!" 산에서 흔치 않게 나는 인삼은 **산삼(山蔘)**이다. **해삼(海蔘)**은 바다에서 나는 삼이라는 말이다.

조선 후기에는 당파 싸움이 심했다고 한다. 당쟁을 없애기 위해 각 당에서 고르게 인재를 등용한 것이 **탕평(蕩平)**이다. 여기서 탕(蕩)은 넓다는 뜻이다.

풀은 단단하지 못하다. 얇을 박(薄) 자처럼 실하지 못한 것을 상징하기도 한다. **박봉(薄俸)**은 적은 봉급을 가리킨다.

"흥부는 놀부네 집에서 **문전박대(門前薄待)**를 당했다" **박대(薄待)**는 잘 대접하지 않고 쌀쌀하게 맞는 것이다.

박명(薄命)은 짧은 수명이다. **미인박명(美人薄命)**이라고 한다. 이 글자에는 가까워진다는 뜻도 있다. **육박전(肉薄戰)**은 적과 몸으로 직접 맞붙어서 총검으로 치고받는 싸움을 말한다.

쪽빛, 서양에서 인디고라고 하는 짙은 푸른색은 쪽이라는 식물의 잎에서 얻는다. 한자로는 쪽 람(藍) 자를 써서 **남색(藍色)**이라고 한다. 제자가 스승보다 더

- 삼계탕
- 산삼
- 해삼

방탕할/넓을 **탕(蕩)**
- 탕평

얇을 **박(薄)**
- 박봉
- 문전박대
- (미인)박명
- 육박전

쪽 **람(藍)**
- 남색
- 청출어람

낮다는 말은 **청출어람**(靑出於藍)이다.

약(藥)을 파는 곳은 **약국**(藥局)이다. 기운 없는 몸을 튼튼히 하는 약은 **보약**(補藥)이다. 소 잃고 외양간 고친다를 한문으로는 **사후약방문**(死後藥方文: 죽은 뒤에 약 쓰기)이라고 한다.

인생은 짧고 예술은 길다. 예는 초두머리가 부수인 재주/기예 예(藝) 자이다. **예술**(藝術)에는 미술, 음악, 문학, 영화, 건축, 극 등 수많은 분야가 들어간다. 넓게 보면 인간의 삶이 예술이라고 할 수 있다.

약 **약**(藥)
- 약국
- 보약
- 사후약방문

재주/기예 **예**(藝)
- 예술

❽❹ 책받침(辶: 쉬엄쉬엄 갈 착)

움직임을 나타낸다. 원래의 모습(辵)은 걷는 모습을 나타내는 두인변(彳)에 그칠 지(止) 자를 합한 모양으로, 가기도 하고 쉬기도 한다는 뜻이다.

"SNS로 정보가 신속히 전달된다" 신속(迅速)의 두

글자는 모두 빠르다는 뜻이다. 둘 다 부수로 책받침이 들어간 빠를 신(迅), 빠를 속(速) 자다.

책받침에 어조사 우(于) 자를 넣으면 돌 우(迂) 자가 된다. "우여곡절 끝에 드디어 목적지에 도착했다" **우여곡절(迂餘曲折)**은 굽이굽이 돌고 도는 복잡한 길이다.

돌이킬 반(反) 자에 책받침(辶)이 부수로 들어가면 돌아올/돌려 보낼 반(返) 자가 된다.

우편물이나 택배 물품을 돌려 보내는 것을 **반송(返送)**, 책이나 렌터카 등 빌린 물건을 돌려주는 것은 **반납(返納)**이라고 한다.

누군가와 가까운 사람, 곁에 있는 사람이 **측근(側近)**인데 보통 고위 정치인이나 기업 총수를 곁에서 모시는 사람을 이른다. 근은 가까울 근(近) 자이다.

한 해가 저무는 때 마무리하는 뜻에서 갖는 모임은 보낼 송(送) 자를 써서 **송년회(送年會)**라고 한다.

찾아오는 사람을 반갑게 맞는 것은 맞을 영(迎) 자가 들어간 **환영(歡迎)**이다.

빠를 **신(迅)**
빠를 **속(速)**
- 신속

돌 **우(迂)**
- 우여곡절

돌아올/돌려 보낼
반(返)
- 반송
- 반납

가까울 **근(近)**
- 측근

보낼 **송(送)**
맞을 **영(迎)**
- 송년회
- 환영

휠 백(白) 자에 책받침이 붙으면 닥칠/다가올 박(迫) 자이다. 어떤 일을 힘차게 밀고 나가는 힘은 박력(迫力)이다. 쫓아가서 못살게 구는 것은 박해(迫害)라고 한다. 팔레스타인 사람들은 이스라엘의 박해를 받고 있다.

"그 사건으로 국방부 장관은 경질되었다" 경질(更迭)의 질은 갈/바꿀 질(迭) 자이다. 책받침 부수에 잃을 실(失) 자를 합했다. 경질은 잘못을 한 사람을 다른 사람으로 갈아 치운다는 말이다.

"비겁하게 도망가지 마라"에서 도망(逃亡)의 도(逃)는 책받침에 조 조(兆) 자를 붙인 달아날 도(逃) 자이다. 도망쳐서 피하는 것은 도피(逃避)이다.

피할 피(避) 자의 부수도 책받침이다. 자신의 처지가 싫다고 해서 현실을 인정하지 않고 환상 속에 사는 것을 현실도피(現實逃避)라고 한다.

복잡한 골목길처럼 방향을 잃기 쉬운 길은 미로(迷路)이다. 소리를 나타내는 쌀 미(米) 자에 부수로 책받침을 붙인 글자가 헤맬 미(迷) 자이다.

거스를 역(逆) 자를 보자. 원래의 거스를 역(屰) 자에

닥칠/다가올 박(迫)
- 박력
- 박해

갈/바꿀 질(迭)
- 경질

달아날 도(逃)
피할 피(避)
- 도망
- (현실)도피

헤맬 미(迷)
- 미로

거스를 역(逆)

책받침을 부수로 넣어 거스른다는 움직임을 강조한다. 내 마음대로 일이 되지 않고 모든 것이 나를 거스르는 듯할 때 **역경**(逆境)에 처했다고 한다.

공격을 받다가 거꾸로 습격하는 것이 **역습**(逆襲)이다. "계속 몰리던 우리 팀은 역습에 성공해 선취골을 넣었다"가 예문이 되겠다.

범죄자나 기피되는 사람을 쫓아내는 것은 **추방**(追放)이다. 쫓을 추(追) 자에서 책받침 오른쪽은 언덕 부(阜) 자를 간단히 한 형태로, 언덕(전투에서 중요한 지점)에서 적을 쫓아낸다는 의미에서 나온 글자이다.

생각할 억(憶) 자에 쫓을 추 자를 합한 **추억**(追憶)은 지나간 일을 돌이켜 생각하는 것이다. 주로 서정적인 일에 쓴다.

"마이클 조던의 덩크슛은 타의 추종을 불허했다"의 **추종**(追從)은 실력 등이 처지지 않도록 따라가는 것이다. 추종을 불허한다는 말은 도저히 따라갈 수 없다는 말이다.

"어린 시절 헤어졌던 쌍둥이 자매가 극적으로 해후했습니다" **해후**(邂逅)란 우연한 만남이다. 각각 풀 해(解) 자, 왕후 후(后) 자에 책받침이 붙은 우연히 만날

- 역경
- 역습

쫓을 추(追)
- 추방
- 추억
- 추종

해(邂), 우연히 만날 후(逅) 자이다.

이러지도 저러지도 못하는 곤란한 상황이 **진퇴양난**(進退兩難)이다. 나아갈 진(進), 물러날 퇴(退) 자를 쓴다.

"나 아무래도 진로 상담을 좀 받아봐야겠어"에서 **진로**(進路)는 앞으로 나아갈 길, 곧 장래에 선택할 직업이다.

다윈의 적자 생존 이론을 소개하면서 영어 에벌루션(evolution)을 **진화**(進化)로 번역했다. 진화는 수준이 발전하는 것에 그치지 않고 다른 것으로 변하는 것이다.

수레 차(車) 자에 부수로 책받침을 붙이면 이을 련(連) 자가 된다. "KT 직원들이 끊어진 통신선을 연결해서 복구했다" **연결**(連結)은 떨어진 것을 이어서 붙이는 것이다.

이산가족 **상봉**(相逢) 할 때의 만날 봉(逢) 자에도 책받침이 있다. 사고가 나든지 테러를 당하든지 해서 나쁜 일을 겪는 것을 봉변당한다고 한다. **봉변**(逢變)은 몹쓸 변고를 만나는 것이다.

"북극점으로 향하던 탐험대는 첫 난관에 봉착했다" **봉착**(逢着)은 어떠한 상태나 처지에 부딪치는 것

| 우연히 만날 **해**(邂) |
| 우연히 만날 **후**(逅) |
| - 해후 |

| 나아갈 **진**(進) |
| 물러날 **퇴**(退) |
| - 진퇴양난 |
| - 진로 |
| - 진화 |

| 이을 **련**(連) |
| - 연결 |

| 만날 **봉**(逢) |
| - 상봉 |
| - 봉변 |
| - 봉착 |

남북 이산가족 상봉

으로, 난관에 봉착했다는 것은 어려운 일을 만났다는 말이다.

"김구 선생은 광복을 보지 못하고 안타깝게 서거했다" 서거(逝去)는 돌아가신다는 한자말이다. 꺾을 절(折) 자에 간다는 뜻을 지닌 책받침이 부수로 붙어서 사람의 생명이 꺾여 사라짐을 나타내는 글자가 갈 서(逝) 자이다.

갈 **서(逝)**
- 서거

"저번에 친 실기시험은 어떻게 됐어?"와 같이 지난번과 같은 뜻으로 저번(這番)이라는 말을 쓴다. 저는 이 저(這) 자이다.

이 **저(這)**
- 저번

앞서 본 빠를 속(速) 자를 자세히 보자. 채소나 과일 등 작물을 자연 상태에서보다 더 빨리 재배하는 것을 속성(速成) 재배라고 한다. 빠를 속 자가 들어간 말 중 익숙한 말에는 정해진 속도를 넘는 과속(過速)이 있다.

빠를 **속(速)**
- 속성
- 과속

지을 조(造) 자에도 책받침이 들어간다. 책받침 옆의 글자는 알릴 고(告) 자로 비슷한 발음을 나타낸다. 원료를 가공해서 물품을 만드는 일을 제조업(製造業)이라고 한다.

지을 **조(造)**
- 제조업

먼지, 바람을 막거나 산에 나무가 자라게 하기 위해 숲을 만드는 것을 조림(造林)이라고 한다.

쌀이나 옥수수, 수수 따위의 곡식을 엿기름으로 삭혀서 꿀처럼 만든 것이 조청(造淸)이다. 자연 상태의 꿀을 한자로 청(淸: 맑을 청)이라고 하니까 조청은 사람이 만든 꿀이다.

자동차 제조업

- 조림
- 조청

"전화 통화로는 말하기 힘드니까 만나서 이야기해야 할 것 같아" 통화(通話)는 이야기를 통하게 하는 것이다. 길 용(甬) 자를 합한 통할 통(通) 자를 쓴다.

직장과 집 사이를 왔다갔다하며 일하는 것은 통근(通勤), 학교와 집을 오가며 공부하는 것은 통학(通學)이다.

통할 **통(通)**
- 통화
- 통근
- 통학

지날 과(過) 자는 '지나가다, 지나치다, 잘못' 등의 뜻이 있다. 지나간 일은 과거(過去)이다. 뉴스에서 심심치 않게 들리는 안타까운 소식 중 하나가 과로사(過勞死)인데, 일을 너무 많이 해서 죽는 것이다.

지날 **과(過)**
- 과거
- 과로사

죄를 짓거나 한 사람을 붙잡는 것을 체포(逮捕)라고 한다. 체는 손이 미친다는 미칠 이(隶) 자가 붙은 잡을 체(逮) 자이다.

잡을 **체(逮)**
- 체포

길 도(道) 자를 보자. 오른쪽 부분은 머리 수(首) 자이다. 책받침은 간다는 뜻이 있으니까 '머리가 향하는 곳이 길이다'라는 의미로 생각하면 되겠다.

사람이 걷는 길은 보도(步道), 차가 다니는 길은 차도(車道), 먼 곳으로 가는 차들이 빨리 달릴 수 있도록 닦은 길은 고속도로(高速道路)이다.

"인도적인 차원에서 ~하기로 했다" 도 자로는 정신적인 길도 이야기할 수 있다. 인도(人道)는 사람의 길, 곧 사람이면 누구나 지켜야 할 도리를 뜻한다.

역시 사람의 도리를 이르는 말 중 길 도 자가 들어가는 말로 윤리와 비슷한 도덕(道德)이 있다.

속이 비치는 것을 투명하다고 한다. 밝을 명(明) 자에 뚫을/투명할 투(透) 자를 쓴다. 빛이 뚫고 지나가기 때문에 밝게 보인다고 해서 투명(透明)이다.

한여름에는 자외선 차단제를 많이 쓴다. 막아서 통과하지 못하게 하는 것이 차단(遮斷)이다. 차는 구제할 자/여러 서(庶) 자가 들어간 막을 차(遮) 자이다.

책받침에 토끼 토(兔) 자를 합한 숨을 일(逸) 자를 보자. 어떤 인물의 잘 알려지지 않은 이야기는 일화(逸

길 도(道)
- 보도
- 고속도로
- 인도
- 도덕

뚫을/투명할 투(透)
- 투명

막을 차(遮)
- 차단

숨을 일(逸)
- 일화
- 안일

話)이다. 에피소드(episode)와 비슷한 말이다.

"너무 안일하게 생각하는 것 아닌가?" 같은 일 자가 안일(安逸)에 들어가면 편안하다는 뜻이다. 현실에 안주하거나 앞날에 대비하지 않는 자세를 안일하다고 한다.

책받침에 두루 주(周) 자가 붙으면 둘레/돌/일주일 주(週) 자가 나온다. 어떤 사건이 있고 나서 1년이 지나면 1주년(週年)이라고 한다.

한 주일 중 월~금요일은 주중(週中)이고 토, 일요일은 주말(週末)이다.

"올해는 5kg 감량 목표를 달성하고 말겠어!" 이를 달(達) 자가 들어간 달성(達成)은 정해 놓은 목표를 이루는 것이다. "이 수준에 도달하기까지 10년이 걸렸다" 도달(到達)의 달도 같은 글자이다.

이 글자에는 뛰어나다는 뜻도 있다. 그래서 말을 잘하는 사람을 보면 달변(達辯)이라고 한다. 무슨 일에 통달한 사람은 달인(達人)이다.

중고등학교에서 성적을 시험 점수로만 평가하지 않고 수행평가(遂行評價) 결과를 반영하는 것이 정착되

둘레/돌/일주일
주(週)
- 1주년
- 주중

이를 **달(達)**
- 달성
- 도달
- 달변
- 달인

었다. 수행평가는 목표를 계획한 대로 이루는 **수행**(遂行) 과정을 보고 학생의 태도, 기능 등을 평가하는 방식이다. 수는 이룰 수(遂) 자이다.

이룰 **수**(遂)
- 수행(평가)

운동(運動)이 중요함은 누구나 알고 있다. 움직일 운(運) 자를 쓴다. 군사 군(軍) 자에 부수로 책받침을 붙이면 이 글자가 나온다. 옛날 전쟁터에서 군사를 움직이는 모습이다.

사람의 운명, 운수도 이 운(運) 자로 이야기한다. **운수대통**(運數大通)은 운이 시원하게 트이는 것이다. 사람의 의지와 상관없이 정해진 길은 **운명**(運命)이다.

움직일 운 자에 옮길 반(搬) 자를 덧붙이면 물건을 나른다는 **운반**(運搬)이 된다. 물건을 가깝거나 먼 곳으로 보낸다면 **운송**(運送)이다.

어떤 일이나 조직을 움직여서 경영하는 것을 운영(運營)이라 한다. 국토가 바다보다 낮은 네덜란드에는 **운하**(運河)가 많다. 운하는 원래는 물길이 아닌데 배를 다니게 하기 위해 땅을 파서 물을 끌어들인 길이다.

움직일 **운**(運)
- 운동
- 운수대통
- 운명
- 운반
- 운송
- 운영
- 운하

수에즈 운하 경로(구→신)

파나마 운하 경로(구→신)

"여기까지 왔는데 유람선 한번 타 봐야지" 강이나 바다를 돌아다니면서 구경하는 배가 **유람선**(遊覽船)이다. 유(遊) 자에는 논다, 흘러다닌다는 뜻이 있다. 관광객을 중국어로는 유커(遊客)라고 한다.

대통령 선거나 국회의원 선거에서 당선되려면 자신의 포부와 공약을 널리 알려야 한다. 그래서 후보들은 전국을 돌아다니면서 자신이나 자신의 당을 홍보하고 지지를 호소하는데, 이것을 유세(遊說)라고 한다.

도로에서 과속을 하면 **속도위반(速度違反)** 딱지를 끊는다. 속도 규정을 어겼기 때문이다. 어길 위(違) 자는 다룸가죽 위(韋) 자에 책받침을 합한 글자이다.

"보편적으로 그 방법이 쓰인다고 할 수 있다" 두루 편(遍) 자가 들어가는 **보편(普遍)**은 전반적으로 통하는 것이다.

필요에 따라 자기 회사가 아닌 곳으로 가서 일하는 것을 파견 근무라고 한다. **파견(派遣)**은 물갈래 파(派) 자에 보낼 견(遣) 자로 되어 있다. 어떤 임무를 주어서 사람을 보낸다는 말이다.

"당신 제자의 솜씨는 어디 내놓아도 손색이 없군요" **손색(遜色)**에서 손은 물러날/달아날 손(遜) 자이다. 손색이 없다는 말은 비교 대상에 뒤지지 않는 것이다. 시쳇말로 '꿀리지 않는' 솜씨라 할 수 있다.

"어느 배든지 다른 배가 조난당한 것을 보면 구조해야 한다" 조난(遭難)은 어려움을 만나는 것이다. 조는 만날 조(遭) 자로 보통 우연히 마주치는 것을 뜻하는 글자이다.

백제는 위례(한성)에서 공주(웅진)로, 공주에서 부여(사비)로 두 번 천도를 했다. 옮길 천(遷) 자가 들어간 천도(遷都)는 수도를 옮기는 것이다.

"적임자를 추천해 보세요"에서 적임자(適任者)는 일을 맡기기에 알맞은 사람이다. 적은 책받침을 부수로 한 알맞을 적(適) 자이다.

민주주의의 꽃은 선거이다. 통치자가 다음 통치자를 세습시키거나 지명하지 않고 그때그때 주민이 뽑는 것이 선거(選擧)이다. 선은 부드러울 손(巽) 자를 넣은 가릴 선(選) 자이다.

"기회가 없어서 유감이다", "실력을 유감없이 발휘했다" 유감(遺憾)에서 유는 책받침이 부수인 남을 유(遺) 자이다. 유감은 섭섭한 마음이 남는 것이다.

부모에게서 물려받는 재산, 앞의 세대로부터 전해지는 문화가 유산(遺産)이다. 나기 전에 아버지가 죽은

만날 **조(遭)**
- 조난

옮길 **천(遷)**
- 천도

백제의 천도 과정

알맞을 **적(適)**
- 적임자

가릴 **선(選)**
- 선거

남을 **유(遺)**
- 유감
- 유산

아이는 어머니의 뱃속에 남은 자식이라 해서 유복자(遺腹子)라고 한다.

정해진 시각보다 늦는 것이 지각(遲刻)이다. 더딜 지(遲) 자를 잘 보면 오른쪽 밑에 소 우(牛) 자가 있다. 소는 천천히 간다고 해서 이 글자가 더딜 지 자가 되었다.

"더이상 지체할 수 없다"에서 지체(遲滯)는 물이 시원히 흐르지 못하고 고여서 찔끔찔끔하듯이 멈추어 있는 것이다.

적군이 쳐들어오는 길목에서 맞아 치거나 날아오는 적 항공기, 미사일을 공중에서 치는 것은 요격(邀擊)이다. 요는 책받침을 부수로 한 맞을 요(邀) 자이다.

책받침에 일만 만(萬) 자를 붙이면 지날/힘쓸 매(邁) 자가 된다. "실기 시험 준비에 매진한다"의 매진(邁進)은 힘차게 나아가는 것이다.

더운 여름도 해마다 돌아온다. 피서(避暑)는 더위를 피하는 것이다. 피하려면 움직여야 하니까 피할 피(避) 자에는 움직임을 뜻하는 책받침이 부수로 들어간다.

- 유복자

더딜 **지(遲)**
- 지각
- 지체

맞을 **요(邀)**
- 요격

지날/힘쓸 **매(邁)**
- 매진

피할 **피(避)**
- 피서

동서울터미널 맞은편에 있는 서울 전철 2호선의 역 이름은 한강 변에 있어서 **강변(江邊)**역이다. 변은 가 변(邊) 자를 쓴다. 어떤 지점이나 사람의 주위를 나타내는 글자이다.

"**신변(身邊)**에 좋지 않을 것이다"는 몸에 좋지 않은 일이 생길 것을 경고하는 말이다. "양만춘 장군은 안시성에서 당나라 군사를 격퇴함으로써 변방을 지켰다"에서 **변방(邊方)**은 다른 나라나 지방과 맞댄 경계이다.

가 **변(邊)**
- 강변
- 신변
- 변방

책받침 변형 부수

84-1 민책받침(廴: 길게 걸을 인)

이 글자는 책받침(辶)에서 꼭대기의 획 하나를 뺐기 때문에 민책받침이다. 완만한 움직임을 나타내는 글자이다.

"코로나 대응 4단계를 월말까지 연장했다" 끌 연(延) 자를 넣은 연장(延長)은 마감 시한을 늦추는 것이다.

관청을 나타내는 조정 정(廷) 자에도 있다. 법정(法廷)은 재판을 하는 법원이다.

건축(建築)에서 세울 건(建) 자의 부수가 민책받침이다. 건국(建國)은 나라를 세우는 것이다.

끌 **연(延)**
- 연장

조정 **정(廷)**
- 법정

세울 **건(建)**
- 건국

⑧⑤ 검을 현(玄)

도정을 하지 않은(껍질을 벗기지 않은) 원래 쌀은 백미
에 비해 거무스름해서 **현미(玄米)**이다.

앞장서서 다른 사람에게 모범을 보이는 것은 **솔선
수범(率先垂範)**이다. 솔은 검을 현 자를 부수로 하는 거
느릴/솔직할 솔(率) 자이다. 거짓이나 숨김 없이 바른
말을 하는 사람은 **솔직(率直)**하다고 한다.

- 현미

거느릴/솔직할
솔(率)
- 솔선수범
- 솔직

⑧⑥ 기와 와(瓦)

기와를 나란히 이어 지붕을 얹은 형상이다.

"어미고양이가 죽고 나자 그 많던 고양이 가족은
순식간에 와해되었다" 기와가 깨지듯이 산산조각나
는 것을 **와해(瓦解)**된다고 한다.

- 와해

버금 차(次) 자 밑에 기와 와 자를 넣으면 사기그릇 자(瓷) 자가 된다. 고려 때 만든 푸른 자기는 고려 청자(靑瓷)이다.

아우를 병(幷) 자에 기와 와 자를 합하면 병 병(甁) 자이다. 보온병(保溫甁)은 따뜻한 온도를 유지해 주는 병이다.

화할 옹(雍) 자 아래에 기와 와 자를 넣으면 항아리 옹(甕) 자이다. 항아리를 한자로 옹기(甕器)라고 한다.

옹기

❽ 달 감(甘)

고생 끝에 낙이 온다는 말은 고진감래(苦盡甘來)로, 감은 달 감(甘) 자이다. 듣기 좋도록 꾸미고 사탕발림 하는 말을 감언이설(甘言利說)이라고 한다.

한약에 단맛을 넣어 먹기 좋도록 하는 감초(甘草)는 사람을 이르기도 한다. 어떤 일에나 빠짐없이 들어가 는 사람을 '약방에 감초' 같다고 한다.

짝 필(匹) 자를 합하면 심할 심(甚) 자가 된다. **심지어**(甚至於)는 '거기다 또, 심하게는'이라는 말이다.

⑧⑧ 날 생(生)

태어남을 가리키는 글자이다. **생산**(生産)은 아이를 낳는 일 또는 사람에게 필요한 물건을 만드는 일이다. 경제적 가치를 만들어내는 일은 **산업**(産業)이다.

목숨은 **생명**(生命)이다. "선수 생명이 끝났다" 등으로 비유적으로 쓸 수도 있다.

"많은 사람이 여행을 다녀오는 동남아시아 문화는 더이상 생소하지 않다" **생소**(生疏)는 낯선 것이다.

공부하는 사람은 **학생**(學生), 가르치는 사람은 **선생**(先生)이다.

여자(女)가 생명을 주는 글자는 낳을 산(産) 자이다. **출산**(出産)이라는 낱말로 응용할 수 있다.

심할 **심(甚)**
- 심지어

- 생산
- 생명
- 생소
- 학생
- 선생

낳을 **산(産)**
- 출산

⑧⑨ 쓸 용(用)

이익이 되게끔 쓰는 것은 이용(利用)이다. 임금을 주고 다른 사람에게 일을 시키는 것은 사용(使用)이다.

"전화할 때는 용건만 간단히 이야기하고 끊도록 합니다" 용건(用件)은 할 이야기이다.

- 이용
- 사용
- 용건

⑨⓪ 밭 전(田)

첫눈에 봐도 골이 패인 밭을 그린 글자이다. 전원(田園)은 도회지가 아닌 시골이다. 옛날에 밭이 없는 사람들은 숲에 불을 놓아 밭을 일구었다고 한다. 이것이 화전(火田)이다.

밭 전 자에서 밑으로 획을 조금 더 내리면 갑옷 갑(甲) 자가 된다. 큰 배나 군함의 평평하고 넓은 바닥을 갑판(甲板)이라고 한다.

- 전원
- 화전

갑옷 **갑(甲)**
- 갑판

요즈음 비난의 대상이 되는 갑질의 주인공은 갑(甲)이다. 갑에게 고용된 처지에 있는 사람이 을(乙)이다. 이 사람이 하는 말을 저 사람이 반박하면서 논쟁하는 것을 **갑론을박**(甲論乙駁)이라고 한다.

밭 전 자에서 가운데 획을 위로 조금 올리면 말미암을 유(由) 자이다. "크리스마스의 유래는..." **유래**(由來)는 사물이나 현상이 어떻게 비롯되었나 하는 것이다.

"정당한 사유 없이 결석하면 무단 결석이다" **사유**(事由)는 일의 까닭이다. **이유**(理由)는 결과에 이른 까닭이나 근거이다. 자신의 뜻에 따라 움직이는 것은 **자유**(自由)이다.

가운데 세로 획을 위, 아래 모두 조금 늘이면 아홉째 천간/납 신(申) 자이다. 납은 잔나비를 줄인 말로 잔나비는 원숭이의 순우리말이다.

주민이 행정 관청에 일정한 사실을 알리는 일은 신고(申告)이다. 새 동네에 이사를 가면 **전입신고**(轉入申告)를 한다. 여러 번 간절히 부탁하는 것은 **신신당부**(申申當付)이다.

밭에서 힘을 쓰는 사람이 사내이다. 그래서 사내 남

- 갑론을박

말미암을 **유(由)**
- 유래
- 사유
- 이유
- 자유

아홉째 천간/납
신(申)
- 전입신고
- 신신당부

(男) 자에 밭 전(田) 자, 힘 력(力) 자가 있다.

사내 남 자는 아들을 가리키기도 한다. 마찬가지로 여자 녀(女) 자도 딸을 가리킨다. 아들을 낳으면 득남(得男), 딸을 낳으면 득녀(得女)했다고 한다.

끼일 개(介) 자를 합하면 지경 계(界) 자가 나온다. 지역과 지역이 맞닿은 가장자리는 경계(境界)이다. 어떤 힘이 작용하거나 능력, 책임이 미치는 범위는 한계(限界)이다.

세상, 지구의 모든 나라는 세계(世界)이다. 학계(學界)는 학자들의 사회, 연예계(演藝界)는 팬들의 관심의 대상이 되는 연예인들의 세상이다. 재계(財界)는 경제적으로 영향력이 큰 사람들이 활동하는 무대이다.

"얼마나 오래 체류할 생각입니까?" 공항 입국심사에서 듣는 질문이다. 한 곳에 머무르는 것이 체류(滯留)이다. 역시 머물 류(留) 자가 있는 유임(留任)은 교체되지 않고 그 자리에 남는 것이다.

검은 소가 밭을 가는 모습을 표현한 글자가 가축 축(畜) 자이다. 윗부분이 앞서 본 검을 현 자이다. 소, 돼지, 닭 등 가축을 기르는 산업을 축산업(畜産業)이라고

<table>
<tr><td>사내 남(男)
- 득남</td></tr>
<tr><td>지경 계(界)
- 경계
- 한계
- 세계
- 학계
- 연예계</td></tr>
</table>

남북의 경계, 판문점

머물 류(留)
- 체류
- 유임

가축 축(畜)
- 축산업

한다. 고기나 알, 가죽 등 그런 가축에게서 나오는 것은 **축산물**(畜産物)이다.

같은 것만 계속 보아서는 재미가 없다. 그래서 **이색**(異色)적인 것을 찾아 휴가를 간다. 이는 다를 이(異) 자이다. 이태원에는 여러 나라의 **이국**(異國)적인 풍경이 넘친다.

"이견이 없으시면 다음 의제로 넘어가겠습니다" **이견**(異見)은 이제까지 나온 의견과 다른 의견이다.

"카톡으로 약도를 보내 줄게요" 필요한 부분만 간략하게 그린 지도는 **약도**(略圖)이다. 략은 줄일/꾀 략(略) 자로 밭 전 자에 각 각(各) 자를 합한 글자이다.

어떤 일을 손쉽게 도모하기 위한 꾀를 **계략**(計略)이라고 한다. 보통 좋지 않은 뜻으로 쓰인다. 남의 나라에 쳐들어가는 것은 **침략**(侵略)이다.

"에디슨은 많은 발명을 하는 것을 필생의 과업으로 삼았다" 필은 마칠 필(畢) 자로 **필생**(畢生)은 죽을 때까지, 평생(平生)이다.

요즘은 도로명 주소로 길 이름을 쓰게 되었지만 에

- 축산물
다를 이(異)
- 이색
- 이국
- 이견
줄일/꾀 략(略)
- 약도
- 계략
- 침략
마칠 필(畢)
- 필생

전의 번지 주소도 계속 쓰고 있다. 번지의 번은 분별할 변(釆: 손톱 조에 나무 목 자가 아닌 삐침 별에 쌀 미 자)에 밭 전 자를 합한 차례 번(番) 자이다. 주거 지역을 나누어서 번호를 매긴 땅이 번지(番地)이다.

차례 **번(番)**
- 번지

종이에 붓으로 그림을 그리는 글자는 그림 화(畫) 자이다. 畵는 畫의 속자, 같은 글자이다. 그림 그리는 것을 업으로 하는 사람은 화가(畵家)이다.

그림 **화(畫)**
- 화가

화 자에 구분한다, 결정한다는 뜻이 있는 선 칼 도(刂)를 붙이면 그을 획(劃) 자이다.

그을 **획(劃)**
- 획기적
- 기획
- 계획
- 획일적

"불을 발견한 것은 인간에게 획기적 사건이었다" 획기적(劃期的) 사건은 획을 그어서 기간, 즉 시대를 구분하는 중요한 사건이다.

꾀할 기(企) 자와 합친 기획(企劃)은 꾀하여 밑그림을 그리는 것, 목표를 정하고 그에 따라 계획을 세우는 것이다.

앞으로 할 일의 방법, 순서, 기한 등을 정하는 것은 계획(計劃)이다. 한 일(一) 자를 그은 것처럼 똑같이 변화나 개성이 없는 상태를 획일적(劃一的)이라고 한다. "획일적 교육에서 탈피한다"가 예문이 되겠다.

이상할 기(奇) 자에 밭 전 자를 붙이면 기형 기(畸)

자이다. 보통과 다른 형태로 나온 동식물은 기형(畸形)이라고 한다.

마땅할/맡을 당(當) 자를 보자. 일을 어떻게 해야 할 때, 그렇게 하는 것이 당연(當然)하다고 한다.

경기도(京畿道)는 서울 근처를 일컫는 행정구역이다. 밭 전 자가 부수인 기내 기(畿) 자는 옛날 도성의 근처를 이르던 말이다.

산 넘어 산, 힘든 일이 계속되는 상태를 첩첩산중(疊疊山中)이라고 한다. 첩은 겹칠 첩(疊) 자이다. 일본식 집 바닥에 까는 다다미를 한자로 첩(疊)이라고 한다.

91 병질엄(疒)

병 병(病) 자의 엄 부분으로 병이나 비정상적인 상태를 나타낸다.

우리가 사는 환경에는 물론 몸 안에도 수많은 세균

기형 **기(畸)**
- 기형

마땅할/맡을 **당(當)**
- 당연

기내 **기(畿)**
- 경기도

겹칠 **첩(疊)**
- 첩첩산중

이 있다. 하지만 **면역(免疫)**이 되면 병에 잘 걸리지 않는다. 면은 면할 면(免) 자, 역은 전염병을 이르는 역병 역(疫) 자이다.

병 질 엄에 남녘 병(丙) 자를 넣으면 병 병(病) 자가 된다. 시간이 흐르면서 집단에 폐단이 쌓인 것을 **병폐(病弊)**라 한다. 지나치게 급속한 산업화로 인한 황금만능주의는 우리나라의 병폐라 할 수 있다.

"제품에 하자가 있으면 언제든지 교환해 드리겠습니다" 자는 병 질 엄에 이 차(此) 자를 넣은 흠 자(疵) 자로, **하자(瑕疵)**는 문제가 되는 흠이다.

숱 많을 진(彡) 자를 넣으면 마마/홍역 진(疹) 자가 된다. 두드러기를 가리킨다. 살갗이 벌겋게 붓거나 부르트고, 물집, 딱지가 생기며 가려운 증상을 **습진(濕疹)**이라고 한다.

병을 다른 말로 **질병(疾病), 질환(疾患)**이라고 한다. 병 질 엄에 화살 시(矢) 자를 넣으면 병 질(疾) 자가 된다. 호흡기 질환은 허파, 기관지 등 호흡기에 생기는 병이다.

역병 **역(疫)**
- 면역

병 **병(病)**
- 병폐

흠 **자(疵)**
- 하자

마마/홍역 **진(疹)**
- 습진

병 **질(疾)**
- 질병
- 질환
- 질풍

이 글자에는 빠르다는 뜻도 있다. 질풍(疾風)은 강하고 빠르게 부는 바람, 질풍노도(疾風怒濤)의 시기는 강한 바람과 성난 파도의 시기로, 격동적인 감정 변화를 느끼는 청소년기를 일컫는다. 질주(疾走)는 바람처럼 빨리 달리는 것이다.

"감기 증세가 있다", "폐렴 증세가 있네" 바를 정(正) 자가 들어가면 증세 증(症) 자이다. 증세(症勢)는 병으로 인해 나타나는 여러 가지 증상이다.

"조금 전까지 사람이 있었던 흔적이 있다" 흔적(痕迹)은 남은 자취이다. 흔은 머무를 간(艮) 자를 병 질 엄에 넣은 흉/자취 흔(痕) 자이다.
유럽은 1차 대전의 상흔이 아무는가 싶을 때에 다시 2차 대전의 소용돌이에 휘말렸다. 상흔(傷痕)은 상처의 흉터이다.

갑자기 근육이 떨리거나 수축하는 것을 경련(痙攣)이라고 한다. 병 질 엄에 물줄기 경(巠) 자를 넣은 글자가 경련 경(痙) 자이다.

길 용(甬) 자에 병 질 엄을 씌우면 아플 통(痛) 자가

- 질풍노도
- 질주

증세 **증(症)**
- 증세

흉/자취 **흔(痕)**
- 흔적
- 상흔

경련 **경(痙)**
- 경련

아플 **통(痛)**

된다. 근육이 아프면 **근육통**(筋肉痛), 이가 아프면 **치통** (齒痛)이다.

이 글자에는 '슬프다, 아주'라는 뜻도 있다. 크게 한 탄하는 것은 **통탄**(痛嘆)이다. 아주 속이 시원하고 유쾌 할 때는 **통쾌**(痛快)하다고 한다.

교통 체증이 극심해서 차가 전혀 움직이지 못할 때 는 교통이 마비되었다고 한다. 저릴/마비될 마(痲) 자 가 들어간 **마비**(痲痹)는 신경이나 근육이 뻣뻣해져 움 직이지 못하는 증상이다.

"너 왜 그렇게 수척해졌니?" 얼굴이나 몸이 몹시 마르고 여윈 것은 **수척**(瘦瘠)한 것이다. 병 질 엄에 각 각 늙은이 수(叟), 등골 척(脊) 자를 넣은 야윌 수(瘦) 자, 파리할 척(瘠) 자를 쓴다.

병이 나면 치료해야 한다. 치료는 다스릴 치(治) 자에 고칠 료(療) 자를 쓴다. 고칠 료 자에 먹일/도울 양(養) 자를 붙이면 몸을 쉬면서 치료하는 **요양**(療養)이다.

누구나 버릇이 있다. 버릇은 그 사람을 다른 사람과 구분하는 개성이 되기도 하지만 지나치면 병이 된다.

- 근육통
- 치통

- 통탄
- 통쾌

저릴/마비될 **마**(痲)
- 마비

야윌 **수**(瘦)
파리할 **척**(瘠)
- 수척

고칠 **료**(療)
- 요양

버릇 벽(癖) 자는 임금 벽(辟) 자에 병 질 엄을 얹은 글자이다.

깨끗한 것만 찾는 병을 **결벽증**(潔癖症)이라고 한다. 우리 몸부터가 세균 덩어리이기 때문에 겉으로 아무리 깨끗한 척 하더라도 소용없다. 그렇다고 안 씻어도 된다는 말은 아니다.

손버릇이 나빠 자꾸 남의 물건을 슬쩍하는 버릇은 **도벽**(盜癖)이다.

발이 가려운데 신을 신은 채로 긁으면 시원할까? 소용없는 행동을 가리키는 말이 **격화소양**(隔靴搔癢)이다. 양은 병 질 엄에 먹일/도울 양(養) 자를 넣은 가려울 양(癢) 자이다.

❾❷ 필 발 머리(癶)

두 다리를 성큼성큼 뻗는 모양이라고 해서 걸을 발이라고 하고, 부수로는 필 발(發) 자의 머리라고 해서 필 발 머리라고 한다. 필 발 머리에 콩 두(豆) 자가 들

버릇 **벽**(癖)
- 결벽증
- 도벽

가려울 **양**(癢)
- 격화소양

어가면 오를 등(登) 자이다. 산에 오르는 것은 등산이
고 학교에 가면 등교(登校)이다.

오를 등 자에는 적는다는 뜻도 있다. 일정한 자격이
나 신분을 관계 기관에 이야기해서 인정받는 것이 등
록(登錄)이다. 주민등록증은 국가의 주민으로서 등록
되었다는 증명서이다.

필/쏠 발(發) 자를 보자. 총이나 포, 활 따위를 쏘는
것은 발사(發射)이다. 어떤 일이 생겨나는 것은 발생(發
生)이다. "올해는 절도 사건이 많이 발생했다" 등으로
쓸 수 있다.

더 낫고 좋은 상태로 가는 것은 펼 전(展) 자를 합한
발전(發展)이다. 열 에너지나 위치 에너지로 전기를 만
드는 것은 발전(發電)이다.

❸ 흴 백(白)

순우리말인 듯한 말도 알고 보면 한자에서 온 것이
있다. 김치를 담그는 배추는 하얀 채소를 뜻하는 백채

오를 등(登)
- 등교
- 등록

필/쏠 발(發)
- 발사
- 발생
- 발전

(白菜)에서 왔다.

흰 종이에 글씨를 쓰고 남는 빈 자리를 **여백**(餘白)이라고 한다.

총이나 활의 명수가 쏠 때는 백 발을 쏘아 모두 맞힌다고 해서 **백발백중**(百發百中)이라고 한다. 흴 백 자에 획 하나를 더 그으면 일백 백(百) 자가 된다.

활쏘기나 사격 연습의 대상이 되는 **표적**(標的)은 과녁이다. 흴 백 자에 구기 작(勺) 자를 붙이면 과녁 적(的) 자이다.

과녁 적(的) 자를 다른 말 뒤에 붙이면 앞의 말을 수식한다. **능동적**(能動的)인 사람은 적극적이고 활동적인 사람을 가리키고, **수동적**(受動的)인 사람은 다른 사람의 행동에 반응하여 움직이는 경향이 있는 사람이다.

임금 왕(王) 자 위에 흴 백 자가 올라가면 임금 황(皇) 자인데 보통 임금이 아니고 황제이다. **황제**(皇帝)는 왕보다 높은 왕, 왕중왕이라고 할 수 있다. 중국 수, 당, 명나라 때는 중앙에 황제가 있고 각 지방을 다스리는 사람은 지방 이름을 따서 '~왕'이라고 불렀다.

- 백채
- 여백

일백 백(百)
- 백발백중

과녁 적(的)
- 표적
- 능동적
- 수동적

표적

임금 황(皇)
- 황제

㉞ 가죽 피(皮)

　살갗을 한문으로 피부(皮膚)라고 한다. 부 역시 살갗 부(膚) 자이다. 날가죽과 손질한 가죽을 합쳐서 피혁(皮革)이라고 한다.

- 피부
- 피혁

㉟ 그릇 명(皿)

　그릇 명 자에 나눌 분(分) 자를 올리면 동이 분(盆) 자이다. 동이는 주로 물을 긷는 항아리처럼 생긴 도구이다. 양동이를 생각하면 된다.

　꽃나무를 심어 기르는 그릇은 화분(花盆)이다. 대구와 같이 산지로 둘러싸인 지형은 분지(盆地)이다.

동이 **분(盆)**
- 화분
- 분지

　더할 익(益) 자를 보자. 그릇에 물이 넘치는 모습이다. 이로움을 뜻한다. 사람에게 이로운 새를 익조(益鳥)라고 한다. 반대로 사람의 생활에 피해를 주는 새는

더할 **익(益)**
- 익조 ⇔ 해조

해조(害鳥)이다. 익충과 해충 역시 같은 맥락이다. **손익계산서(損益計算書)**는 사업의 손실과 이익을 알아보기 쉽게 정리한 표이다.

합할 합(合) 자에 그릇 명 자를 합하면 합 합(盒) 자이다. **찬합(饌盒)**은 밥과 반찬 따위를 담는 여러 층으로 된 그릇 세트이다.

이룰 성(成) 자 밑에 그릇 명 자를 넣으면 성할 성(盛) 자가 된다. 휴가 가는 사람이 많이 몰리는 7~8월은 휴가의 **성수기(盛需期)**이다.

"고모와 고모부는 만인의 축복을 받으며 성대한 결혼식을 올렸다" **성대(盛大)**는 행사 등의 규모가 아주 성하고 큰 것이다. 진수성찬의 **성찬(盛饌)**은 잘 차린 음식이다.

도둑 도(盜) 자에도 그릇 명 자가 들어간다. **강도(强盜)**는 칼로 위협하거나 해서 강제로 물건을 빼앗는 도둑이다. 다른 사람들의 이야기를 불법적으로 몰래 듣는 것을 **도청(盜聽)**이라고 한다.

밝을 명(明) 자에 그릇 명 자를 합하면 맹세할 맹(盟)

- 손익계산서

합 **합(盒)**
- 찬합

성할 **성(盛)**
- 성수기
- 성대
- 성찬

도둑 **도(盜)**
- 강도
- 도청

자가 된다. 맹세는 그 말을 꼭 지키겠다고 다짐하는 것으로, 역시 맹세할 서(誓) 자와 합한 맹서(盟誓)의 발음이 변한 말이다.

그릇의 물이 다 떨어지는 모습을 표현한 글자는 다할 진(盡) 자이다. 영화표 등이 다 팔리고 없으면 매진(賣盡)되었다고 한다. 힘든 활동을 한 다음에 기운이 다 빠져서 쓰러지는 현상은 탈진(脫盡)이다.

옛날 귀금속으로 만든 그릇은 잘 닦으면 얼굴을 비쳐 볼 수 있어서 거울 구실을 했다. 그래서 볼 감(監) 자에도 그릇 명 자가 들어간다.
일을 잘 하나 안 하나 살피는 것, 그렇게 살피는 사람은 감독(監督)이다. 누군가가 허튼 짓을 하지는 않는지 지켜보는 것은 감시(監視)이다. 죄인을 가두는 방은 감방(監房)이다.

쟁반/큰 돌 반(盤) 자의 부수도 그릇 명 자이다. 윗부분의 일반 반(般) 자가 음을 나타낸다. 쟁반(錚盤)은 깊이가 얕고 둥글넓적한 그릇이다.
큰 돌 반(盤) 자에서 밑의 그릇 명 자는 평평한 바위를 나타낸다. 그 위에 집을 지어도 될 정도로 크고 평

맹세할 **맹(盟)**
- 맹세

다할 **진(盡)**
- 매진
- 탈진

볼 **감(監)**
- 감독
- 감시
- 감방

쟁반/큰 돌 **반(盤)**
- 쟁반
- 반석
- 기반

평한 바위는 **반석(盤石)**이다. **기반(基盤)**은 건축의 기초
가 되는 땅이다.

⑨⑥ 눈/조목 목(目)

이루고자 하는 눈앞의 일은 **목적(目的)**이다. 물품 이
름을 적은 문서는 목록(目錄), 리스트이다.

"목전의 작은 이익만 좇다가 큰 이익을 놓치지 마
라" **목전(目前)**은 눈앞이다. 차마 눈 뜨고 보지 못할 꼴
은 **목불인견(目不忍見)**이다.

눈은 중요한 기관이다. 그래서 조직을 이끄는 우두
머리를 **두목(頭目)**이라고 한다. 지금은 악당의 우두머
리라는 의미만 남았지만 처음에는 그렇지 않았다. 책
이나 영화 등의 이름은 **제목(題目)**이다.

눈(目)이 없어지면(亡: 망할 망) 장님(盲: 소경 맹)이 된
다. **색맹(色盲)**은 일정한 색을 구분하지 못하는 사람이
다. 붉은 색을 못 보는 사람이 있고 녹색을 못 보는 사
람도 있다.

- 목적
- 목록
- 목불인견
- 두목
- 제목

소경 **맹(盲)**
- 색맹

곧을 직(直) 자의 부수도 눈 목 자이다. 교환이나 중계를 거치지 않고 직접 상대방과 통하는 전화는 직통전화(直通電話)이다.

다른 역에 서지 않고 목적지까지 곧장 가는 열차는 직행열차(直行列車)다. 물건이나 현상을 처음 대했을 때 설명을 듣지 않고 그 성질을 곧바로 파악하는 것은 직관(直觀)이다.

잘 보려고 눈에 손(手)을 올리는 모양은 볼 간(看) 자로 표현했다. 교도소에서 죄수를 감시하는 사람을 간수(看守)라 한다. 그런지 그렇지 않은지 확실하지 않지만 그렇다고 치는 것을 간주(看做)라고 한다.

"무리한 탓에 쓰러진 철수는 누나의 극진한 간호로 깨어났다" 다친 사람이나 병든 사람을 보살피는 것은 간호(看護)이고, 간호를 하는 사람을 간호사(看護師)라고 부른다.

서로 상(相) 자에도 눈 목 자가 부수로 들어간다. 서로 마주보거나 맞서는 것은 상대(相對)이다. "그는 언제나 허튼소리만 늘어놓아서 아무도 상대하지 않았다" 등으로 쓸 수 있다.

곧을 직(直)
- 직통전화
- 직행열차
- 직관

볼 간(看)
- 간수
- 간주
- 간호(사)

서로 상(相)
- 상대

세상에서 제일 센 창으로 세상에서 제일 센 방패를 찌르면 어떻게 될까? 이처럼 앞뒤가 맞지 않는 이야기를 **모순(矛盾)**이라고 한다. 순은 눈 목 자가 부수인 방패 순(盾) 자이고 모는 물론 창 모(矛) 자이다.

반성(反省)은 그동안 잘못한 점이 없는지 돌이켜 살펴보는 일이다. 눈 목 자를 부수로 하는 살필 성(省) 자 앞에 돌이킬 반(反) 자를 붙인 낱말이다.

중국은 워낙 땅덩이가 넓어서 구석구석까지 중앙정부의 직접통치가 미치기 어렵다. 그래서 **하남성(河南省)**, **광동성(廣東省)**, **청해성(靑海省)** 등 지방마다 성(省)을 두어 행정을 펼친다.

참 진(眞) 자의 부수도 눈 목 자이다. 거짓이 아닌 사실은 **진실(眞實)**, 꾸미지 않은 솔직한 마음은 **진심(眞心)**이라 한다.

"누구나 충분히 수면을 취해야 건강하다" 눈을 감아야 잠들 수 있으니까 잘 면(眠) 자의 부수도 눈 목 자다. 오른쪽 부분은 비슷한 음이 되는 백성 민(民) 자이다.

눈 목 자에 드리울 수(垂) 사를 합하면 잘 수(睡) 자

방패 순(盾)
- 모순

살필 성(省)
- 반성

참 진(眞)
- 진실
- 진심

잘 면(眠)
잘 수(睡)
- 수면

이다. 졸려서 눈꺼풀이 처진다는 글자이다. 그래서 자는 것이 수면(睡眠)이다.

눈앞이 캄캄(玄: 검을 현)하다는 글자가 아찔할/어지러울 현(眩) 자이고, 그런 증상이 현기증(眩氣症)이다.

기본권의 하나인 자유권 중에 조망권이 있다. 눈 목 자에 조 조(兆) 자를 붙인 바라볼 조(眺) 자가 들어간 조망권(眺望權)은 멀리 바라볼 권리이다.

한강 바로 옆에 높은 아파트를 지으면 그 아파트에 사는 사람들은 한강을 보며 즐길 수 있지만 원래 거기 살던 사람들은 한강을 빼앗긴다. 즉 조망권을 빼앗기는 것이다.

눈 안(眼) 자가 들어간 낱말로 안경(眼鏡)이 있다. 물건이나 사람의 가치를 알아보는 눈은 안목(眼目)이다.

별자리는 육안으로 볼 수 있는 별을 이어서 만들었다. 육안(肉眼)은 안경이나 망원경을 쓰지 않은 맨눈이다. 눈앞에 아무도 없는 듯이 제멋대로 행동하는 짓을 안하무인(眼下無人)이라고 한다.

"반드시 마스크를 착용하시기 바랍니다" 붙을/입

아찔할/어지러울
현(眩)
- 현기증

바라볼 **조(眺)**
- 조망권

한강 조망

눈 안(眼)
- 안경
- 안목
- 육안
- 안하무인

을 착(着) 자를 보자. 옷이나 장갑, 안경 등을 입고 쓰는 것을 착용(着用)이라고 한다.

일에 손을 대어 시작하는 것은 착수(着手), 공사의 첫 삽을 뜨는 일은 착공(着工)이다. 선착순(先着順)은 먼저 도착한 순서이다.

집안이 화목해야 기분도 좋고 무엇이든 잘 된다. 화목할 목(睦) 자의 부수도 눈 목 자이다. 화목(和睦)은 서로 뜻이 맞고 정다운 것이다.

눈에서 가장 중요한 부분은 눈동자이다. 한자로는 눈동자 정(睛) 자이다. 오른편의 푸를 청(靑) 자가 비슷한 음을 알려준다.

옛날 어떤 화공(畵工)이 절의 벽에 용을 한 마리 그렸는데 너무 잘 그려서 금세 날아갈 것 같았다. 그런데 다른 곳을 모두 완성한 화공은 눈동자만은 그리지 않았다. 이상히 여긴 절의 주지스님이 왜 눈동자를 찍지 않냐고 하니까 화공은 그렇게 하면 용이 살아나서 승천할 것이라고 했다. 주지는 코웃음치면서 어서 그려 넣으라고 했고, 화공이 붓을 들어 눈동자를 그려 넣자 용은 높이 날아오르고 말았다.

붙을/입을 **착(着)**
- 착용
- 착수
- 착공
- 선착순

화목할 **목(睦)**
- 화목

눈동자 **정(睛)**

이것이 **화룡점정**(畵龍點睛), 즉 그림 속의 용에 눈동자를 그려 넣는 것이다. 두 가지 의미가 있는데, 가장 요긴한 부분을 완성해서 일을 마치는 것이라고 생각할 수 있고, 반대로 그 부분만은 손대서는 안 된다고 해석할 수도 있다.

건축 설계도 중에 조감도라는 도면이 있다. 감히 감(敢) 자에 눈 목 자를 붙이면 굽어볼 감(瞰) 자가 된다. 새가 공중에서 보는 것처럼 건물을 내려다본 도면이 **조감도**(鳥瞰圖)이다.

"순간적으로 함정이라고 판단한 제이슨은 재빨리 차를 돌려 살아 나올 수 있었다" 눈 목 자에 순임금 순(舜) 자를 합하면 눈 깜짝할 순(瞬) 자이다. **순간**(瞬間)은 눈을 한 번 깜빡할 짧은 시간이다.

"방금 뭐가 지나갔어?"

"글쎄, 워낙 순식간에 일어난 일이라……"

순식간(瞬息間)은 눈을 깜박이거나 숨을 한 번 쉴 만큼 짧은 시간이다.

⑰ 창 모(矛)

창 모 자에 이제 금(수) 자를 합하면 자랑할/가없이 여길 긍(矜) 자가 된다. "진정한 번역을 하려면 직업적인 긍지가 있어야 한다" 스스로 믿고 뿌듯한 자랑으로 삼는 일이 긍지(矜持)이다.

강한 것이 좋지만 언제나 강해서는 곤란한다. 때로는 유연해야 한다. 부드러울 유(柔) 자는 창 모(矛) 자에 나무 목 자를 합해서 만들었다. 뻣뻣하지 않고 부드러운 사람을 유연(柔軟)하다고 한다.

⑱ 화살 시(矢)

"홍길동전을 한글 소설의 효시로 여긴다" 울 효(嚆) 자와 합한 효시(嚆矢)는 큰 소리가 나는 화살로, 옛날에 전쟁의 시작을 알리는 것이었다. 어떤 일의 시작이

자랑할/가없이 여길
긍(矜)
- 긍지

부드러울 **유(柔)**
- 유연

- 효시

된 것을 효시라고 한다.

화살 시 자를 부수로 하는 어조사 의(矣) 자는 과거, 미래, 단정을 나타내는 조사이다. **만사휴의(萬事休矣)**는 어쩔 도리 없이 모든 일이 끝나 버린 것이다.

오른쪽에 입 구 자를 붙이면 알 지(知) 자가 된다. 아는 것이 없는 사람은 **무지(無知)**한 사람이다. 배워서 머릿속에 넣은 것이 지식(知識)이다.

알 지 자에는 주관한다, 관리한다는 뜻도 있다. 행정 구역의 하나인 도(道)의 살림을 책임지는 도청의 우두 머리는 도지사(道知事)이다.

알 지 자에 콩 두(豆) 자가 붙으면 짧을 단(短) 자이 다. 단점(短點)은 좋지 않은 점이다.

"건설회사는 현장 작업을 독촉해 공기를 단축했다" **단축(短縮)**은 기간을 줄이는 것이다. 예정된 공사 기간 을 단축하면 부실공사의 위험이 높아진다.

"인간은 자연 앞에서 왜소한 존재이다" 왜소(矮小) 의 왜는 난쟁이 왜(矮) 자로, 왜소하다는 것은 난쟁이 처럼 작음을 말한다.

어조사 **의(矣)**
- 만사휴의

알 **지(知)**
- 무지
- 지식
- 도지사

짧을 **단(短)**
- 단점
- 단축

난쟁이 **왜(矮)**
- 왜소

⑨⑨ 돌 석(石)

돌은 시간의 영향을 받지 않음을 비유하는 데 많이 쓰인다. 수억 년 전에 굳은 채 우리 앞에 나타나는 생물의 흔적을 화석(化石)이라고 했다. 주변이 모두 달라지는데 변하지 않는 사람도 화석이라고 한다.

모래는 돌이 잘게 부스러져 생긴다. 그래서 모래 사(砂) 자의 부수가 돌 석 자이다. 삼수변(氵)이 부수인 모래 사(沙) 자와 같은 글자이다.

시골에서 농사지을 때는 새참으로 막걸리가 나오기도 한다. "막걸리 한 사발 하고 가세" 사발(沙鉢)은 사기로 만든 국그릇이나 밥그릇이다.

돌 석 자에 가죽 피(皮) 자를 합하면 깰 파(破) 자이다. 돌이 깨지는 것 혹은 돌로 다른 것을 부수는 것을 나타내는 글자이다. 파괴(破壞)는 때려부수는 것이다.

"아무렇게나 던지는 바람에 배송품이 파손되었습니다" 파손(破損)은 부서져 손상되는 일이다. 파경(破鏡)은 거울이 깨진다는 뜻으로, 부부 사이가 나빠져 결

- 화석

모래 사(砂/沙)
- 사발

깰 파(破)
- 파괴
- 파손
- 파경

혼이 파탄에 이르는 것이다.

초창기의 포는 큰 돌덩어리를 발사하는 무기였다. 그래서 포 포(砲) 자에 돌 석 자가 들어간다. 포를 쏘는 것이 임무인 부대는 **포병(砲兵)**이다.

붓글씨를 쓸 때는 글 쓰기 전에 먹부터 부지런히 갈아야 한다. 먹을 가는 벼루도 돌로 만들었으니 벼루/갈 연(研) 자에도 돌 석 자가 들어간다.

실력을 기르기 위해 기술이나 학문 등을 끊임없이 갈고 닦는 것은 **연마(研磨)**이다.

"구리의 경도와 대리석의 경도 중 어느 쪽이 높은지 알아보자" 음을 나타내는 고칠 경(更) 자에 돌 석 자를 합하면 굳을 경(硬) 자이다. 금이나 은과 같은 금속이 단단한 정도가 **경도(硬度)**이다.

뼈가 비교적 물렁물렁한 상어와 그 사촌들을 빼면 물고기는 거의 단단한 뼈를 지닌 **경골(硬骨)** 어류이다.

무덤 앞에는 죽은 이의 가족 이름을 새긴 **비석(碑石)**이 있다. 비는 돌 석 자에 낮을 비(卑) 자를 합한 비석 비(碑) 자이다. 비석에 새긴 글을 **묘비명(墓碑銘)**이라고

포 **포(砲)**
- 포병

벼루/갈 **연(研)**
- 연마

굳을 **경(硬)**
- 경도

비석 **비(碑)**
- 비석
- 묘비명

한다.

대학 학위는 학사, 석사, 박사로 이루어진다. **석사** (碩士)의 석은 돌 석(石) 자와 머리 혈(頁) 자가 붙은 클 석(碩) 자이다.

자성(磁性)이 있어 철을 끌어당기는 돌은 **자석**(磁石) 이다. 자석 자(磁)에도 돌 석 자가 부수로 들어간다. 나 침반은 자석의 원리를 이용해 만들었다.

높은 건물 앞을 지나가다 보면 **정초**(定礎) 20XX년 이라고 새긴 글을 볼 수 있다. 초는 돌 석 자에 초나라 초 자를 붙인 주춧돌 초(礎) 자이다. 주춧돌은 기둥의 기초로 받치는 돌이다.

"그들은 세상의 시선에 구애받지 않고 결혼했다" **구애**(拘礙)는 얽매이는 것으로, 애는 거리낄 애(礙) 자 이다.

"베토벤은 귀가 들리지 않는 장애를 딛고 운명 교 향곡을 작곡했다" **장애**(障礙)는 사물이나 신체의 일부 가 기능을 하지 못하는 것이다.

클 **석(碩)**
- 석사

자석 **자(磁)**
- 자석

주춧돌 **초(礎)**
- 정초

거리낄 **애(礙)**
- 구애
- 장애

⑩ 보일 시(示)

원래 귀신처럼 보이지 않는 정신적인 존재를 나타내는 글자이다.

보일 시 자가 들어간 시범(示範)은 다른 사람이 배울 수 있도록 보여주는 것이다.

"유럽에서는 코로나 억제를 핑계로 인권을 침해하는 데 대한 시민들의 반대 시위가 계속되고 있습니다" 시위(示威)는 내 뜻을 관철시키기 위해 대중집회나 무력 과시 등으로 압력을 넣는 일이다.

인간은 사회를 이루고 산다. 사는 보일 시 자에 흙 토(土) 자가 붙은 모일 사(社) 자로, 사회(社會)는 공동생활을 하는 집단이다. 사회를 거꾸로 하면 회사가 된다. 회사(會社)는 보통 영리를 목적으로 여러 사람이 모여 만든 단체이다.

"에베레스트에서 조난당한 탐험대장이 살아 돌아오기를 기도했다" 기도(祈禱)는 보일 시 자에 각각 도

- 시범
- 시위

COVID-19 규제 반대 시위

모일 **사(社)**
- 사회
- 회사

끼 근(斤), 목숨 수(壽) 자를 합한 빌 기(祈), 빌 도(禱) 자를 쓴다.

행복을 추구할 권리가 보장되는 사회가 복지사회이다. 복지(福祉)도 보일 시 자가 부수이고 각각 가득할 복(畐), 그칠 지(止) 자가 음이 되어 합쳐진 복 복(福), 복 지(祉) 자이다.

숨길 비(祕) 자를 보자. 반드시 필(必) 자가 보일 시 자와 결합한 글자이다. 보일 시 자 대신 벼 화(禾) 자를 넣어 쓸 때(秘)도 있다.

남몰래 간직한 특수한 방법을 비결(祕決)이라고 한다. 상관이나 조직을 위해 기밀 문서 관리나 사무를 맡아 보는 사람은 비서(祕書)이다.

"어머, 내 정신 좀 봐" 음을 나타내는 납 신(申) 자와 보일 시 자가 합쳐지면 귀신 신(神) 자가 나온다. 생각이나 감정을 주관하는 마음이 정신(精神)이다.

상식과 이치로는 설명하지 못하는 불가사의한 일은 신비(神祕)라고 한다.

뇌와 척수에서 신체 각 부분으로 뻗어나가 감각 작용과 운동을 가능하게 하는 몸의 체계를 신경(神經)이

빌 **기(祈)**
빌 **도(禱)**
- 기도

복 **지(祉)**
- 복지

숨길 **비(祕)**
- 비결
- 비서

귀신 **신(神)**
- 정신
- 신비
- 신경

라고 한다.

또 차(且) 자 앞에 보일 시 자가 오면 할아비 조(祖) 자가 된다. 할아버지는 조부(祖父), 할머니는 조모(祖母) 이다.

할아버지의 아버지는 증조부(曾祖父), 증조부의 아 버지는 고조부(高祖父)이다. 아버지부터 고조할아버지, 그 위로 쭉 계신 어른들을 조상(祖上)이라고 한다.

새로 문을 여는 가게 앞에는 보통 '축 개업'이라는 화환이 놓인다. 보일 시 자가 부수이고 형 형(兄) 자가 붙은 축은 빌/축하할 축(祝) 자이다. "생일 축하한다" 축하(祝賀)는 좋은 일을 만난 사람에게 기쁘다는 뜻으 로 하는 인사이다.

제사 제(祭) 자도 흥미로운 글자이다. 명절이나 조 상의 기일에 제사(祭祀)를 지내는데, 이 글자는 제단 (示)에 손(又: 또 우 자, 물건을 집는 손을 나타냄)으로 고기를 바치는 모양이다.

민주주의 국가에서는 고위직 행정 관리, 의회 의원 을 뽑거나 중요한 안건을 결정할 때 주민의 표결을 따

할아비 **조(祖)**
- 조부, 조모
- 고조부
- 조상

빌/축하할 **축(祝)**
- 축하

제사 **제(祭)**
- 제사

제사 모습

른다. 표결(票決)은 투표를 해서 더 많은 표를 얻은 후보나 안을 선택하는 방식이다. 표 표(票) 자의 부수도 보일 시 자이다.

"흡연은 금지되어 있습니다" 시야(示)를 빽빽한 숲(林)이 가려서 보이지 않음을 표현한 글자가 금할 금(禁) 자이다. 보는 것을 금한다는 뜻에서 나왔다.

무엇을 하지 못하도록 하는 것이 금지(禁止)로, 출입금지(出入禁止)는 일정한 곳에 드나들지 못하도록 하는 일이다. 도망갈지도 모르는 중대한 범죄의 용의자는 출국(出國)금지를 시킨다.

신, 귀신과 같은 신령한 존재(示)가 인간에게 가득히(畐: 가득할 복) 퍼 주는 것이 복(福)이다.

기독교에서 구원의 복이 되는 기쁜 소식을 복음(福音)이라고 한다. 제사를 지낸 다음 차린 음식을 먹는 것은 음복(飮福)이다.

복 복 자가 들어가는 낱말 중 가장 인기 있는 것은 복권(福券)이 아닐까. 한 번쯤 로또에 당첨되기를 꿈꾸는 사람들이 많다. 복권을 사지 않더라도 늘 웃으면서 즐겁게 지내는 사람이 진정 행복(幸福)한 사람이다.

표 표(票)
- 표결

금할 금(禁)
- 금지
- 출입금지
- 출국금지

복 복(福)
- 복음
- 음복
- 복권
- 행복

복의 반대는 화(禍)이다. 자연 재해로 화를 입기도 하고 처신을 잘못해서 화를 부르기도 한다. 하지만 세상은 돌고 돌기 때문에 복은 화로 바뀌고 화가 복으로 변한다. 이를 두고 전화위복(轉禍爲福)이라고 한다.

예의 예(禮) 자를 보자. 예의(禮儀)는 대인관계에서 상대를 대하는 공손한 태도이다. 예의가 형태를 갖추어 관습이 되어 내려오는 것은 예절(禮節)이다.

⑩ 벼 화(禾)

쌀은 인류의 주식(主食) 중 하나이다. 벼를 기르는 것은 아시아에서 중요한 일이다.

이에 내(乃) 자를 써서 벼가 이제 난다 하는 의미의 글자는 빼어날 수(秀) 자이다. 재능이 남다른 사람, 그 재능은 수재(秀才)이다.

벼 화 자와 마늘 모(厶) 자를 합하면 사사로울 사

재앙 **화(禍)**
- 전화위복

예의 **예(禮)**
- 예의
- 예절

빼어날 **수(秀)**
- 수재

사사로울 **사(私)**

(私) 자이다. "사적인 일은 퇴근하고 나서 보면 좋겠습니다" 사적(私的)인 일은 공적인 일에 반대되는 개인의 일이다.

가을에는 단풍이 들고 벼가 익어 들판이 노랗다. 그래서 가을 추(秋) 자는 벼가 불(火)타는 모양이다. 익은 곡식을 가을에 거두는 일은 추수(秋收)이다.

벼 화 자에 적을 소(少) 자를 합한 글자가 초 초(秒) 자이다. "태풍 미탁은 초속 30m의 강풍을 몰고 오겠습니다" 초속(秒速)은 빠르기의 단위로 1초 동안에 가는 거리이다.

벼 화 자에 말 두(斗) 자를 붙이면 과목 과(科) 자이다. 배워야 할 지식 체계를 나눈 것이 과목(科目)이다. 지금의 과학은 보통 자연과학이지만 사이언스(science), 과학(科學)은 원래 지식을 발견하기 위한 모든 학문이다.

만리장성을 쌓고 불로초를 찾으려 한 진시황은 진(秦)나라의 황제이다. 시는 시작할 시(始) 자로, 진나라의 황제이자 처음 황제라 해서 진시황(秦始皇)이다.

가을 **추(秋)**
- 추수

추수 모습

초 **초(秒)**
- 초속

과목 **과(科)**
- 과목
- 과학

성씨/나라 이름
진(秦)
- 진시황

논에서 벤 벼가 많이 쌓이면 창고 같은 곳으로 옮겨야 한다. 옮길 이(移) 자는 벼(禾)가 많아지면(多: 많을 다) 옮긴다는 글자이다.

사는 곳이나 일터 등을 옮기거나 권리 등을 다른 사람에게 넘기는 것은 이전(移轉)이다. 이동(移動)은 다른 곳으로 움직이는 것이다.

"별 희한한 일 다 보겠네" 아주 드문 일을 희한(稀罕)하다고 한다. 희는 벼 화 자가 부수이고 바랄 희(希) 자를 붙인 드물 희(稀) 자이다.

정말 희한해서 귀하기까지 하다면 희귀(稀貴)한 것이다. "희귀 동식물을 보호해야 한다" 등으로 쓸 수 있다.

학교에 들어가기 전의 어린아이들은 유치원(幼稚園)에 간다. 치는 벼 화 자에 새 추(隹) 자를 붙인 어릴 치(稚) 자이다. 하는 짓이 어린아이같은 사람을 유치하다고 한다.

벼 화 자에 무거울 중(重) 자를 합하면 씨 종(種) 자이다. 씨를 뿌리는 일은 파종(播種)이다.

같은 종류의 생물이나 조상, 문화가 같은 사람들의

옮길 **이(移)**
- 이전
- 이동

드물 **희(稀)**
- 희한
- 희귀

어릴 **치(稚)**
- 유치원

농촌의 파종 풍경

씨 **종(種)**
- 파종

집단을 종족(種族)이라고 한다. 성질이 같은 것끼리 나눈 부류는 종류(種類)이다.

사람 사이의 관계에서는 무엇으로 부르느냐, 호칭(呼稱)이 중요하다. 칭은 일컬을 칭(稱) 자이다.

좋은 점을 말해서 치켜올리는 것이 칭찬(稱讚)이다. 님, 어르신 등과 같이 공손하게 높여 부르는 말은 존칭(尊稱)이다.

곡식 곡(穀) 자가 들어간 곡식(穀食)은 사람의 주식이 되는 식물이다. 쌀, 밀, 옥수수, 감자, 콩 등이 인류에게 중요한 곡식이다.

벼가 다 익어서 베기 전에 사는 것이 입도선매(立稻先買)이다. 도는 벼 도(稻) 자로, 기업에서 학교를 졸업하기 전의 인재를 미리 스카우트하는 것도 입도선매라고 한다.

꾸짖을 책(責) 자 앞에 벼 화 자가 오면 쌓을 적(積) 자가 된다. 차나 배, 비행기 등에 물건을 너무 많이 실으면 과적(過積)이다. 용적(容積)은 담을 수 있는 부피이다.

- 종족
- 종류

일컬을 칭(稱)
- 칭찬

곡식 곡(穀)
- 곡식

벼 도(稻)
- 입도선매

쌓을 적(積)
- 과적
- 용적

"오늘 수영 시간의 가장 큰 수확은 물에 뜰 수 있게 된 것이다" 벼 화 자를 부수로 하는 벨 확(穫) 자에 거둘 수(收) 자를 붙이면 곡식을 거두어들인다, 소득을 얻는다는 수확(收穫)이다.

벨 확(穫)

- 수확

102 구멍 혈(穴)

굴의 입구를 본떠 만든 글자이다.

구멍 혈 자 밑에 아홉 구(九) 자를 넣으면 궁리할 구(究) 자이다. 사물이나 현상을 파고들어 깊이 연구하는 것을 탐구(探究)라 한다.

궁리할 구(究)

- 탐구

장인 공(工) 자가 음을 나타내고 그 위에 구멍 혈 자가 올라가면 텅 빌/하늘 공(空) 자이다. 하늘을 지키는 군대는 공군(空軍)이다.

축구 경기를 보다가 "빈 공간으로 찔러 줘야지!" 할 때가 있는데, 공간(空間)이라는 말이 빈 곳이므로 '빈 공간'은 같은 말을 두 번 쓰는 꼴이다. "빈 곳으로 찔러 줘야

텅 빌/하늘 공(空)

- 공군
- 공간

지" 또는 "공간으로 찔러 줘야지"가 바람직한 말이다.

개(犬: 개 견)가 갑자기 구멍(穴)으로 뛰어드는 모양의
글자가 부딪힐/갑작스러울 돌(突) 자이다.

갑자기 일어나는 사태는 **돌발**(突發) 사태이다. **돌격**
(突擊)은 적진으로 돌진하는 것이다.

집에는 창이 있어야 한다. 구멍 혈 자를 부수로 하
는 창 창(窓) 자는 같은 학교에서 공부한 동창(同窓)에
도 쓰인다. 관공서 등에서 민원인과 접수 공무원이 서
류를 주고받을 수 있도록 한 곳은 **창구**(窓口)이다.

"추운 것은 질색이야" 질은 구멍 혈 자에 이를 지
(至) 자를 붙인 막을 질(窒) 자로, **질색**(窒塞)은 숨이 막
혀서 죽을 지경이라는 말이다. 숨막힐 정도로 싫다는
표현이다. 정말로 숨이 막혀서 죽는 것은 숨쉴 식(息)
자를 넣은 **질식**(窒息)이다.

굽을 굴(屈) 자와 구멍 혈 자를 합하면 굴 굴(窟) 자
가 된다. 라스코 벽화와 알타미라 벽화는 프랑스와
에스파냐에 있는 석기 시대의 유명한 **동굴벽화**(洞窟
壁畫)이다.

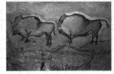

동굴벽화(알타미라)

궁리할 궁(窮) 자는 어떻게 생긴 글자일까? 구멍 혈 자가 부수이고 몸 궁(躬) 자가 붙어서 된 글자이다. 현상을 이해하거나 문제를 풀기 위해 깊이 생각하는 것이 궁리(窮理)이다.

어려운 가운데 도저히 다른 방법이 없어 생각해 낸 수는 궁여지책(窮餘之策)이다. 궁여(窮餘)는 '어려운 나머지, 어쩔 수 없이'라는 말이다. 이 궁 자에는 형편이 어렵다는 뜻도 있다.

궁리할 **궁(窮)**
- 궁리
- 궁여지책

⑩③ 설 립(立)

모양이 이렇게 바뀌기 전의 갑골문자는 사람이 땅에 서서 두 팔을 벌린 모습이다.

"그 주장은 사실에 입각하지 않았습니다" 입각(立脚)은 발을 딛고 선다는 뜻으로, 어디에 근거를 둔다는 말이다. 피의자의 혐의를 인정하고 형사 사건을 성립시키는 것은 입건(立件)이다.

내가 들어선 땅은 입지(立地)인데, 어떤 일을 하는

- 입각
- 입건
- 입지

데 있어서의 환경과 조건을 말한다. 평면에 그려진 것이 아니라 부피가 있는 3차원의 물체를 입체(立體)라고 한다.

나란히 병(竝)을 보자. 나란히 가는 것은 **병행(竝行)**이다. 경부선 철도와 경부선 고속도로는 상당히 긴 거리를 병행한다. "훌륭한 운동선수는 공부와 운동을 병행한다" 등으로도 응용할 수 있다.

밑에 마을 리(里) 자를 넣으면 아이 동(童) 자가 나온다. "어린이날만큼은 엄마와 아빠도 동심으로 돌아갔다" **동심(童心)**은 어린아이의 마음이다.

아이들이 부르는 노래를 **동요(童謠)**라고 한다. 이성을 경험하지 않은 사람은 **동정(童貞)**이라고 한다.

"극단적으로 생각하지 마라" 단은 끝/실마리 단(端) 자로, **극단(極端)**은 한쪽으로 치우치는 것이다. 연극이나 영화에서 잠깐 나오는 역할은 **단역(端役)**이다. "경찰은 수사를 시작한 지 한 달이 지나도록 단서를 잡지 못했다" 문제를 푸는 실마리가 **단서(端緒)**다.

"경기는 정정당당하게 해야 한다" 경은 설 립 자가

- 입체

나란히 **병(竝)**
- 병행

아이 **동(童)**
- 동심
- 동요
- 동정

끝/실마리 **단(端)**
- 극단
- 단역
- 단서

부수인 다툴 경(競) 자로, 경기(競技)는 실력을 겨루는 운동시합이다. 물건을 사려는 사람들끼리 경쟁을 붙여 제일 높은 값을 부르는 사람에게 파는 것은 경매(競賣)이다.

다툴 **경(競)**
- 경기
- 경매

수산물 경매

⑩ 대 죽(竹)

대나무 줄기에 잎이 난 글자이다. 다른 글자에 부수로 들어갈 때는 ⺮의 모양으로 키가 줄어들어 위에 올라간다.

어릴 때부터 같이 놀며 자란 친구를 죽마고우(竹馬故友)라고 한다. 죽마는 요즈음으로 말하면 스카이콩콩 같은 것이다.

- 죽마고우

전통 놀이 - 죽마

"제삼자(第三者)의 눈으로 볼 때는 다를 것입니다" 제는 대 죽에 아우 제(弟) 자를 붙인 차례 제(第) 자이다. 제삼자는 이해 관계가 없어서 객관적으로 볼 수 있는 사람이다.

차례 **제(第)**
- 제삼자

"규진이는 누나를 제일 잘 따른답니다" 제일(第一)은 첫 번째라는 말인데 '가장'이라는 뜻도 있다.

힘줄 근(筋) 자의 부수도 대 죽이다. 힘줄은 몸에 있으니까 몸을 나타내는 육달월(月)에 힘 력(力) 자가 합쳐졌다.

"아버지는 70세이시지만 아직 근력이 정정하십니다" 근력(筋力)은 근육으로 내는 힘이다.

대 죽에 관청 시(寺) 자를 붙이면 같을/등급 등(等) 자이다. 두 변의 길이가 같은 삼각형은 **이등변**(二等邊) 삼각형이다.

질문을 받으면 **답**(答)을 해야 한다. 답 답(答) 자는 대 죽(⺮)에 합할 합(合) 자를 붙인 것이다.

붓 율(聿) 자에 대 죽을 얹으면 붓 필(筆) 자가 나온다. 붓의 흔적, 즉 글씨는 **필적**(筆跡)이다. 글씨를 잘 쓰는 사람이 있으면 **필력**(筆力)이 좋다고 한다.

대롱/주관할 관(管) 자를 보자. 대 죽에 벼슬 관(官) 자를 붙인 글자로 시설이나 물건을 유지, 개량하거나

- 제일

힘줄 근(筋)
- 근력

이등변삼각형

같을/등급 **등**(等)
- 이등변

답 **답**(答)
- (대)답

붓 **필**(筆)
- 필적
- 필력

대롱/주관할 **관**(管)

사람을 지휘하는 일은 관리(管理)이다.

과학 실험에서 어떤 물질의 성질이나 반응 따위를 알아보는 데 쓰는 유리관은 **시험관(試驗管)**, 트럼펫처럼 속이 비어 소리가 울리게 되어 있는 악기는 **관악기(管樂器)**이다.

김밥과 같은 음식을 포장하는 **은박지(銀箔紙)**는 알루미늄을 얇게 늘여서 편 것으로, 식품에 습기가 끼거나 수분이 증발하는 것을 막는 도구이다. 박은 대 죽에 배 댈 박(泊) 자를 합한 발 박(箔) 자이다.

살아가다 보면 계산을 할 일이 많다. **계산(計算)**의 산은 셈할 산(算) 자이다. **가산점(加算點)**은 기본 점수 외에 더 쳐 주는 점수이다.

"그 사람은 이해 타산이 빠르다" 이해 관계를 따지는 것은 **타산(打算)**이라고 한다. 이때의 칠 타(打) 자는 주판을 두드리는 것이다.

예전에는 주산학원이 유행했다. 인도에서 만든 아라비아 숫자는 수 기록은 물론 계산도 손으로 할 수 있다. 1+1= 2라는 식으로 말이다. 하지만 한자 숫자는 기록만 할 수 있고 쓰면서 셈을 하기는 많이 불편하다.

- 관리
- 시험관
- 관악기

발 **박(箔)**
- 은박지

셈할 **산(算)**
- 계산
- 가산점
- (이해)타산

그래서 적으면서 따로 셈을 하는 도구가 필요한데 이것이 주판(籌板)이다. 대 죽 자 밑에 목숨 수(壽) 자가 들어가면 주판 주(籌) 자가 되고, 주판으로 하는 계산이 주산(籌算)이다.

대 죽 자에 가래 뢰(耒) 자, 옛 석(昔) 자를 합하면 적 적(籍) 자이다. 적이란 소속을 나타내는 기록이다. 한국 사람의 국적(國籍)은 한국, 중국 사람의 국적은 중국이다.

마디 절(節) 자에는 아낀다는 뜻이 있다. 절약(節約)은 쓰지 않아도 되는 돈이나 물자를 아끼는 것이다.
마디라는 뜻으로 쓰일 때의 구절(句節)은 말이나 글의 한 토막이다. 한 해를 스물 네 시기로 나눈 것은 24 절기(節氣)이다. 예절(禮節)의 절도 마디 절 자를 쓴다.

"저희 할머니는 독실한 신자이십니다" 독실(篤實)은 믿음이 두텁고 성실하다는 말로, 말 마(馬) 자가 들어간 독은 독실할 독(篤) 자이다. 병세가 아주 중해서 생명이 위태로울 때는 위독(危篤)하다고 한다.

쌓을 축(築) 자의 부수도 대 죽 자이다. 주택이나 다

주판 **주(籌)**
- 주판
- 주산

주판

적 **적(籍)**
- 국적

마디 **절(節)**
- 절약
- 구절
- 절기
- 예절

독실할 **독(篤)**
- 독실
- 위독

쌓을 **축(築)**

리 따위의 구조물을 설계한 대로 쌓아 올리는 것이 **건축(建築)**이다.

"절차가 간소화되어서 많이 기다리지 않아도 된다" **간소(簡素)**는 간략하고 소박하다는 말로, 대 죽 자가 들어간 간은 간단할 간(簡) 자이다. **간단(簡單)**은 단순하고 쉬운 것이다.

돈을 벌어도 잘 관리하지 못하면 소용이 없다. 들어오고 나가는 돈을 관리하는 방법은 장부를 적는 것이다. 장부는 한자로 장부 장(帳), 장부 부(簿) 자이다. 장부를 쓰는 일은 **기장(記帳)**이라고 하고 **부기(簿記)**라고도 한다.

좋거나 싫은 일을 여러 사람 중에서 한 사람에게 주어야 할 때 공평한 방법이 제비뽑기이다. 대표적인 제비뽑기가 사다리 타기이다. 제비 첨(籤) 자를 쓴 **당첨(當籤)**은 제비에 뽑히는 것이다. 이태리어로 복권은 롯데리아(lotteria)이다.

- 건축

간단할 **간(簡)**
- 간소
- 간단

장부 **부(簿)**
- 기장
- 부기

제비 **첨(籤)**
- 당첨

제비뽑기

⑩⑤ 쌀 미(米)

쌀을 계속 잘게 쪼개면(分: 나눌 분) 가루가 된다. 그래서 나온 글자가 가루 분(粉) 자이다. 유아에게 먹이기 위해 언제든지 물에 탈 수 있게 가루로 만든 우유가 **분유(粉乳)**이다.

"빛은 입자일까, 파동일까?" 여기서 입은 쌀 미 자에 설 립(立) 자를 붙인 낟알 립(粒) 자로, **입자(粒子)**는 소립자, 원자, 분자 등 물질을 구성하는 아주 작은 알갱이다.

산업혁명 전에는 쌀뜨물과 같은 친환경 재료로 화장을 했다. 단장/화장할 장(粧) 자의 부수가 쌀 미 자인 것도 그런 까닭이다. 화장품으로 얼굴을 곱게 꾸미는 것이 **화장(化粧)** 또는 **단장(丹粧)**이다.

아파서 밥이 넘어가지 않을 때는 죽을 먹는다. 죽은 별미로 먹기도 한다. 죽도 쌀로 쑨다. 따라서 죽 죽

가루 **분(粉)**
- 분유

낟알 **립(粒)**
- 입자

단장/화장할 **장(粧)**
- 화장
- 단장

(粥) 자의 부수 역시 쌀 미 자이다.

만주와 같은 북부 지방에서 잘 자라는 곡식 중에 조가 있다. 쌀 미 자를 부수로 한 조 량(粱) 자를 쓴다. 조와 비슷한 곡식이 수수인데 조보다 키가 더 커서 고량(高粱)이라고 하고 이 고량으로 빚은 술이 고량주(高粱酒)이다.

정할 정(精) 자의 쓰임을 보자. 여기서 정하다는 것은 깨끗한 것, 가장 좋은 것, 어딘가에 없어서는 안될 것이다.

정신(精神)을 영원히 잃으면 식물인간이 된다. 잘 가려 뽑는 것을 정선(精選)이라고 한다. 집을 짓기 전에 하는 측량은 정밀(精密)하게 해야 한다.

가장 뛰어난 군대는 정예(精銳)부대이다. 외국에 대사를 보낼 때에는 그 나라 사정에 정통(精通)한(잘 아는) 인물을 파견해야 한다.

설탕이나 사탕에서 탕은 엿 당(糖) 자의 발음이 바뀐 것이다. 쌀 미 자의 오른쪽 부분은 당나라 당(唐) 자이다.

백설탕(白雪糖)은 하얀 설탕이라는 말인데 사실은 같은 말을 두 번 쓰는 것이다. 설이 눈 설(雪) 자로 하

죽 **죽(粥)**
조 **량(粱)**
- 고량(주)

정할 **정(精)**
- 정신
- 정선
- 정밀
- 정예(부대)
- 정통

엿 **당/탕(糖)**
- 설탕

얀 색을 나타내기 때문이다.

쌀(米)이 밥이 되어 사람 입으로 들어가면 모습이 달라져서(異: 다를 이) 나오는 것이 똥이다. 그래서 똥 분(糞) 자가 되었다.

옛날에는 논이나 밭에 거름으로 **인분**(人糞), 즉 사람 똥을 주었다. 가끔씩 와서 정화조를 청소해 주는 차를 **분뇨차**(糞尿車)라고 부른다.

"책은 마음의 양식이다" 양은 쌀 미 자가 들어간 양식 량(糧) 자로 **양식**(糧食)은 그날그날 먹을 음식이다. 거꾸로 하면 **식량**(食糧)이다.

⑩⑥ 실 사 변(糸)

작을 요(幺) 밑에 작을 소(小) 자를 붙이면 실 사(糸)가 된다. 이 모양이 하나 있는 것은 다른 글자에 부수로 들어갈 때이고, 독립된 글자로 쓰일 때는 같은 모양 두 개를 겹친 실 사(絲) 자를 쓴다.

똥 **분(糞)**
- 인분
- 분뇨차

양식 **량(糧)**
- 양식
- 식량

실 **사(絲)**

수술과 같은 외과 처치를 하고 나서 찢은 부위를 꿰매는 실이 봉합사(縫合絲)이다.

실 사 변에 구기 작(勺) 자를 붙이면 묶을/검소할/간략할 약(約) 자가 나온다. 결혼하기로 약속하는 것은 약혼(約婚)이다. 말이나 글의 요점을 간추리는 것은 요약(要約)이다.

실 사 변에 몸 기(己) 자를 붙이면 벼리/세월 기(紀) 자가 된다. 지금의 달력은 예수님이 태어난 해를 기원으로 그 전을 기원전(紀元前, BC), 그 후를 기원후(紀元後, AD)로 나눈다.

붉을 홍(紅) 자에도 실 사 변이 들어간다. 홍일점(紅一點)은 여러 남자 가운데 여자 하나이다. 반대는 청일점(靑一點)이다. 부끄러움이나 술기운 때문에 얼굴이 발개지는 것을 홍조(紅潮)라고 한다.

끈 뉴(紐) 자는 실 사 변에 소 축(丑) 자를 붙여 만들었다. 끈과 띠를 의미하는 유대(紐帶)는 사람과 사람 또는 단체 사이의 인연에서 느끼는 일체감이다.

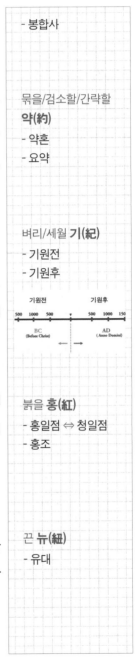

- 봉합사

묶을/검소할/간략할
약(約)
- 약혼
- 요약

벼리/세월 **기(紀)**
- 기원전
- 기원후

기원전　　　기원후

500 1000 500　　500 1000 150

BC
(Before Christ)　　　AD
(Anno Domini)

붉을 **홍(紅)**
- 홍일점 ⇔ 청일점
- 홍조

끈 **뉴(紐)**
- 유대

"주민세 납부일은 매월 15일입니다" 납은 실 사 변에 안 내(內) 자를 붙인 들일 납(納) 자로, **납부(納付)**는 세금이나 공과금을 내는 것이다.

다른 사람의 말을 이해하고 수긍하는 것은 **납득(納得)**이다. '성실 납세는 선진국으로 가는 길'에서 **납세(納稅)**는 세금을 내는 것이다.

"A씨의 법무부 장관 기용과 사퇴는 큰 파문을 일으켰다" 파문의 문은 실 사 변에 글월 문(文) 자를 합한 무늬 문(紋) 자로, **파문(波紋)**은 돌을 던졌을 때 수면에 퍼져나가는 물결, 즉 어떤 일이 다른 일에 미치는 영향이다.

세계에는 분쟁에 휩싸인 나라와 민족이 있다. 분쟁의 분은 실 사 변에 나눌 분(分) 자를 합한 어지러울 분(紛) 자로, **분쟁(紛爭)**은 어지럽게 뒤엉켜 싸우는 것이다. "그 문제를 어떻게 처리할지 의견이 분분했다" **분분(紛紛)**은 여러 가지로 생각이 달라 시끄러운 상태를 말한다.

"공동묘지에서 어느 처녀가 하얀 소복을 입고......" 사실 하얀 소복은 바른 표현이 아니다. 소 자가 본디/

들일 납(納)
- 납부
- 납득
- 납세

무늬 문(紋)
- 파문

어지러울 분(紛)
- 분쟁
- 분분

흴 소(素) 자이므로 **소복(素服)**이 하얀 옷이다.

흴 소 자는 바탕을 나타내기도 한다. 영화나 소설의 배경 등 예술 작품의 재료는 **소재(素材)**이다. 사람이 지닌 바탕, 평소의 교양은 **소양(素養)**이다.

쓸쓸할 삭/찾을 색(索) 자를 보자. 황폐하고 쓸쓸한 정경은 **삭막(索莫)**한 정경이다. 책에서 특정 낱말을 빨리 찾기 위해 뒷부분에 달아 놓은 부록은 **색인(索引,** index)이다.

"악성 루머를 퍼뜨린 자들을 색출해야 한다" **색출(索出)**은 뒤져서 찾아내는 것이다.

진 칠 둔(屯) 자 앞에 실 사 변이 나오면 순수할 순(純) 자가 된다. **순금(純金)**은 다른 물질이 섞이지 않은 금이다.

실 사 변에 성 씨(氏) 자를 합하면 종이 지(紙) 자가 나온다. "지면이 부족해 다 싣지 못하는 점 양해 바랍니다" **지면(紙面)**은 책이나 신문 등에 내용을 게재하는 면이다.

힘든데도 쉬지 않아서 피로가 누적되면 탈이 난다.

누는 밭 전(田) 자 아래에 실 사 변이 들어간 여러/포갤/묶을 루(累) 자이다. **누적(累積)**은 쌓이는 것이다.

"모 대기업 회장의 아들은 마약 사건에 연루되어서 조사를 받았다" **연루(連累)**는 범죄 등에 엮이는 것이다.

검은 빛을 띤 남색은 감색이다. 달 감(甘) 자 앞에 실 사 변이 나오면 감색 감(紺)자이다. 실을 뜻하는 실 사(糹)는 실로 짠 옷감을 나타낸다.

옛날에는 실로 짠 옷감을 염색해서 옷을 지었기 때문에 붉을 홍(紅) 자, 감색 감 자와 같이 색을 나타내는 글자에 실 사 변이 들어간다. 파랑과 남색의 중간색은 감청(紺靑)색이다.

실 사 변에 밭 전(田) 자를 나란히 쓰면 가늘 세(細) 자이다. 아주 작아서 맨눈으로는 볼 수 없는 균, 박테리아는 **세균(細菌)**이다.

보라 자(紫) 자에도 이 차(此) 자 밑에 실 사 부수를 넣었다. **자외선(紫外線)**은 빛 스펙트럼에서 보라색의 밖에 나타나는 광선이다.

겨울은 사계절의 끝이라고 할 수 있다. 그래서 끝

여러/포갤/묶을
루(累)
- 연루

감색 **감(紺)**
- 감청(색)

가늘 **세(細)**
- 세균

보라 **자(紫)**
- 자외선

종(終) 자에서 부수 실 사 변 옆에 오는 글자가 겨울 동(冬) 자이다. 종신형(終身刑)은 죽을 때까지 감옥에서 썩는 형벌이다.

가야금, 거문고, 바이올린, 우쿨렐레 같은 악기를 현악기(絃樂器)라 하는데 현을 켜서 연주하는 악기다. 실 사 변에 검을 현(玄) 자를 더한 줄 현(絃) 자이다.

"결론부터 말하자면...... " 결론(結論)은 이야기를 끝 맺는 말이다. 길할 길(吉) 자 앞에 실 사 변이 오면 맺을 결(結) 자가 된다. "결국 이렇게 되었다" 일이 끝나는 판이 결국(結局)이다.

실 사 변에 합할 합(合) 자를 붙이면 줄 급(給) 자이다. 학교 등에서 밥을 주는 것을 급식(給食), 임금 등으로 돈을 주는 것을 급여(給與)라고 한다.

색 색(色) 자 앞에 실 사 변이 오면 끊을/뛰어날/결코 절(絶) 자가 된다. 붙은 것을 끊으면 절단(絶斷), 아주 친한 친구는 절친(絶親)이다.
"우리 팀이 절대적으로 우세하다" 이때의 절대(絶對)는 상대가 안 된다는 말이다.

끝 종(終)
- 종신형

줄 현(絃)
- 현악기

맺을 결(結)
- 결론
- 결국

줄 급(給)
- 급식
- 급여

끊을/뛰어날/결코
절(絶)
- 절단
- 절친
- 절대

가득할 충(充) 자와 실 사 변을 합하면 거느릴 통(統) 자이다. 모두 합쳐서 하나로 모으는 것은 통합(統合), 이를 거느리는 것은 통솔(統率)이다.

영어로 카펫이라고 하는 융단(絨緞, 양탄자)은 올이 두툼하고 고운 모직물로 짠 깔개이다. 융은 오랑캐 융(戎) 자에 실 사 변을 합한 융 융(絨) 자이다.

베틀로 옷감을 짤 때에는 씨실과 날실이 구분된다. 씨실은 가로 실이고 날실은 세로 실이다.

지날/날실/다스릴 경(經) 자는 물줄기 경(巠) 자와 실 사 변을 합한 글자이다. 사건이 진행되는 과정은 경과(經過)이다.

지구 위의 위치를 나타내는 좌표에서 세로 좌표값은 경도(經度)이다. 우리나라는 동경(東經) 약 127도에 있다. 경도의 기준은 영국 그리니치 천문대이다.

재화와 돈을 벌고 쓰는 행위는 경제(經濟)이다. 건널 제(濟) 자는 물을 건너는 것으로, 무사히 살아가는 것을 의미한다. 다스릴 경(經) 자가 붙은 경제는 그렇게 살아갈 수 있도록 하는 일, 먹고 사는 일이다.

팽팽할/급할 긴(緊) 자를 보자. 당장 손을 써야 하는

거느릴 **통(統)**
- 통합
- 통솔

융 **융(絨)**
- 융단

지날/날실/다스릴
경(經)
- 경과
- 경도
- 동경
- 경제

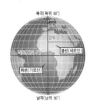

경도(세로선)

팽팽할/급할 **긴(緊)**

급한 상황은 **긴급**(緊急) 상황이다. 없어서는 안 될 물건은 **요긴**(要緊)한 물건이다.

새길 록(彔) 자에 실 사 변을 합하면 푸를 록(綠) 자이다. 푸른색은 **녹색**(綠色)이다.

어느 범주에 속하는 것들을 빠짐없이 모을 때 **망라**(網羅)한다고 한다. 망은 그물 망(罔) 자에 실 사 변을 붙여 뜻을 강조한 그물 망(網) 자이다.

범죄에 연루된 사람들을 한꺼번에 모조리 잡는 것을 **일망타진**(一網打盡)이라고 한다.

실 사 변에 마루 종(宗) 자를 붙이면 모을 종(綜) 자이다. 관련된 것들을 모아 합치는 것은 **종합**(綜合)이다.

"나일론보다는 면이 좋다" 솜 면(綿) 자는 실 사 변에 비단 백(帛) 자를 붙인 글자이다. 좋지 않은 인습은 없어져도 좋은 전통은 **면면**(綿綿)히 이어져 내려온다.

바/맬 유(維) 자는 새 추(隹) 자에 실 사 변을 합한 글자이다. 지금 상태를 그대로 이어 가는 것은 **유지**(維持)이다.

- 긴급
- 요긴

푸를 록(綠)
- 녹색

그물 망(網)
- 망라
- 일망타진

모을 종(綜)
- 종합

솜 면(綿)
- 면면(히)

바/맬 유(維)
- 유지

닿소리와 홀소리(자음과 모음)를 조합해서 글자를 쓰는 것은 **철자(綴字)**이다. 이을 철(綴) 자의 부수도 실사 변이다.

비밀이 드러나는 것은 **탄로(綻露)**인데, 탄은 실 사 변에 정할 정(定) 자를 합한 솔기 터질 탄(綻) 자이다.

탄 자에 깨질 파 자를 합하면 일이 제대로 해결되지 않고 어긋나는 **파탄(破綻)**이다.

선(線)은 1차원, 면은 2차원, 공간은 3차원이라고 한다. 기초가 되는 1차원의 선은 실 사 변에 샘 천(泉) 자를 합한 줄 선(線) 자이다. 곧은 선은 **직선(直線)**, 굽은 선은 **곡선(曲線)**이다.

천천히 가는 열차는 **완행(緩行)** 열차이다. 완은 실사 변이 부수인 느릴/늦출 완(緩) 자이다. 급하지 않은 경사는 **완만(緩慢)**한 경사이다.

"거리두기를 완화했더니 금세 확진자가 늘어났다" **완화(緩和)**는 느슨하게 하는 것이다.

실 사 변에 납작할 편(扁) 자를 붙이면 엮을 편(編) 자가 된다. 여러 가지 자료를 모아 책이나 신문, 동영

이을 철(綴)	- 철자
솔기 터질 탄(綻)	- 탄로 - 파탄
줄 선(線)	- 직선 - 곡선
느릴/늦출 완(緩)	- 완행 - 완만 - 완화
엮을 편(編)	

상을 만드는 것은 편집(編輯)이다. 요즘은 자료 일부를 삭제하는 것도 편집이라고 한다.

"2학년 반 편성이 끝났다" 구성원을 모아서 그룹을 꾸리는 것을 편성(編成)이라고 한다.

사람들은 속박당하는 것을 싫어한다. 박은 실 사 변에 펼 부(尃) 자를 붙인 묶을 박(縛) 자로, 속박(束縛)은 움직이지 못하게 묶어 자유를 빼앗는 것이다.

빠를/예민할 민(敏) 자 밑에 실 사 자를 붙이면 많을 번(繁) 자가 된다. 종로나 명동같이 사람이 많이 다녀서 왁자지껄한 곳을 번화가(繁華街)라고 한다. 조직이나 나라가 잘 되는 것은 번영(繁榮)이다.

만날 봉(逢) 자에 실 사 변을 붙이면 꿰맬 봉(縫) 자이다. 수술을 하고 나서 찢은 상처를 꿰매는 것은 봉합(縫合)이다. 옷감을 꿰매어 옷을 짓는 기계를 재봉(裁縫)틀이라고 한다.

큰 상처가 나면 약을 바르고 붕대를 감는다. 붕대(繃帶)의 감을 붕(繃) 자는 산 무너질 붕(崩) 자에 실 사 변을 붙인 글자이다.

- 편집
- 편성

묶을 박(縛)
- 속박

많을 번(繁)
- 번화가
- 번영

꿰맬 봉(縫)
- 봉합
- 재봉틀

재봉틀

감을 붕(繃)
- 붕대

결혼하지 않은 남자는 **총각**(總角)이다. 머리카락을 실타래처럼 길게 묶었다고 해서 실 사 변이 들어간 묶을 총(總) 자를 쓴다. 이 글자에는 전부 묶어서 관리한다는 뜻도 있다. 국정을 총괄해서 이끄는 사람을 **총리**(總理)라고 부른다.

잘 숙(宿) 자에 실 사 변이 붙으면 오그라들/줄 축(縮) 자가 나온다. 늘였다 줄였다 길이를 마음대로 할 수 있는 고무줄은 **신축**(伸縮)성이 큰 물건이다. 실제 거리를 지도에서 줄인 비율은 **축척**(縮尺)이다.

7월 칠석이면 견우와 직녀가 오작교에서 만난다. 소를 치는 견우의 짝 **직녀**(織女)는 베를 짜는 여자이다. 직이 옷감 짤 직(織) 자이다.

옷감의 원료인 비단, 명주는 누에고치에서 뽑는다. 누에가 번데기가 되기 위해 실을 토해서 자기 몸을 감싸는 집이 고치인데, 그 고치의 실을 풀어서 명주를 얻는 것이다.

엄숙할 숙(肅) 자와 실 사 변을 합하면 수 놓을 수(繡) 자이다. 열 십 자 모양으로 놓는 수를 **십자수**(十字繡)라고 한다.

묶을 **총(總)**
- 총각
- 총리

오그라들/줄 **축(縮)**
- 신축
- 축척

지도의 축척

옷감 짤 **직(織)**
- 직녀

옷감의 원료 누에고치

수 놓을 **수(繡)**
- 십자수

미술에서 원시시대부터 되풀이되는 기본은 그림과
조각이다. 그림을 회화(繪畵)라고 한다. 실 사 변 부수
에 모을 회(會) 자를 붙인 회가 그림 회(繪) 자이다.

전해 오는 것을 이어받는 것은 계승(繼承)이다. 이을
계(繼) 자를 쓴다. 실처럼 이어진다고 해서 실 사 변이
부수이다. 가을 운동회나 동계 올림픽 쇼트트랙의 꽃
은 이어달리기, 계주(繼走)라고 할 수 있다.

중단된 것을 계속 한다는 글자는 이을 속(續) 자이
다. 팔 매(賣) 자에 실 사 변을 합했다고 생각하면 쉽
다. 선수의 부상 등으로 중단되었던 경기를 다시 시작
하는 것은 경기 속개(續開)이다.

⑩⑦ 장군 부(缶)

옛날에 똥오줌이나 물을 넣어 운반하던 불룩한 통
을 장군이라고 했다. 불결하다고 생각할 수 있지만 지
저분하지만은 않다. 보배 보(寶) 자에 장군 부 자가 들

그림 **회(繪)**
- 회화

이을 **계(繼)**
- 계승
- 계주

쇼트트랙 계주

이을 **속(續)**
- 속개

보배 **보(寶)**

어가 있다.

장군 부 자에 깍지 결(夬) 자를 붙이면 이지러질/빠
질 결(缺) 자이다. 학교에 빠지면 결석(缺席), 일터에
나가지 않으면 결근(缺勤)이다.

⑩⑧ 그물 망(网, 罒)

그물 망 자의 원래 글자는 罔(그물 망/없을 망)이다.
부수로 쓰일 때는 罒(눈 목 자와 통함), 罓 등 여러 가
지 모양으로 변형되어 쓰인다.

이 글자에는 없다는 뜻도 있다. 망측(罔測)은 헤아릴
(測: 헤아릴 측) 수 없다, 생각할 수도 없다는 말로 이치
에 맞지 않고 보기 흉한 일을 이를 때 쓴다.

요즘은 편의점에도 기본 의약품을 비치해 놓고 있
다. 치는 둘 치(置) 자로, 비치(備置)는 필요할 때 쓸 수
있도록 갖다 두는 것이다.

이지러질/빠질
결(缺)
- 결석
- 결근

그물/없을 **망(罔)**
- 망측

둘 **치(置)**
- 비치

그물 망에 아닐 비(非) 자가 합쳐지면 죄 죄(罪) 자이다. 죄를 지은 사람은 **죄인(罪人)**, 잡혀서 감옥에 갇히면 **죄수(罪囚)**이다.

사람 자(者) 자 위에 그물 망이 올라가면 관청 서(署) 자이다. 경찰서(警察署), 세무서(稅務署), 소방서(消防署) 등 관공서에 들어간다.

벌 벌(罰) 자에도 그물 망이 들어가고, 오른쪽 아래에는 형벌을 의미하는 칼(刂: 선 칼 도 방)이 있다. **처벌(處罰)**은 어떤 형벌에 처하는 것, **벌칙(罰則)**은 벌을 주는 규정이다.

"트럼프는 환경운동단체들을 경제를 악화시키는 주범이라고 매도했다" 매도의 매는 그물 망이 부수이고 말 마(馬) 자가 들어간 욕할 매(罵) 자로, **매도(罵倒)**는 욕하면서 몰아세우는 것이다.

근심할/걸릴 리(罹) 자를 보자. 어떤 일을 당한다는 글자이다. 홍수 같은 수재나 산불과 같은 화재를 입은 사람을 **이재민(罹災民)**이라고 한다.

죄 **죄(罪)**
- 죄인
- 죄수
관청 **서(署)**
- 관공서
벌 **벌(罰)**
- 처벌
- 벌칙
욕할 **매(罵)**
- 매도
근심할/걸릴 **리(罹)**
- 이재민

그물 라(羅) 자도 있다. 앞의 걸릴 리(罹) 자와 왼쪽 아랫부분만 다르다. 그물은 가로세로로 엮은 여러 줄로 되어 있으니까 그물 라 자에는 줄을 나타내는 실 사 변(糸)이 있다.

망라(網羅)는 물고기 그물과 새 그물인데 이것저것 모두 넣는다는 뜻이 되었다. "데뷔 10주년 기념 앨범은 그간의 히트곡들을 총망라(總網羅)했다" 등으로 쓸 수 있다.

그물 **라**(羅)
- 망라
- 총망라

109 양 양(羊)

뿔 두 개가 있는 것이 꼭 양 머리처럼 생기지 않았는가? 발해 시대까지는 우리나라도 양과 같은 짐승을 많이 길렀다고 한다.

- 양두구육

겉으로는 그럴듯한 핑계를 대지만 속은 변변치 않은 행태를 보고 양두구육(羊頭狗肉)이라고 한다. 고깃집에서 가게 앞에는 양 머리를 내놓고 개(狗: 개 구)고기를 파는 것을 이르는 말이다.

고기로 먹거리, 털로 옷을 공급하는 양은 유목민에게 필수재산이었고 양과 같은 가축이 많으면 부자였다. 크게 잘 자란 양을 보면 흐뭇했을 것이다. 양 양 자에 클 대(大) 자를 붙이면 아름다울 미(美) 자가 된다.

아름다운 여자는 미녀(美女), 예쁘장한 소년은 미소년(美少年)이다. 보기 좋은 경치는 미관(美觀)이라고 한다.

양 양 자 아래에 소 축(丑) 자를 붙이면 음식/부끄러울 수(羞) 자다. 부끄러움을 한자로 수치(羞恥)라 한다.

임금 군(君) 자 옆에 양이 오면 무리 군(群) 자가 된다. 물가에 모인 철새 떼가 한꺼번에 날아오르는 것은 군무(群舞)의 장관이다. 군무는 여럿이 추는 춤이다.

"소매치기는 군중 속으로 휩쓸려들어가 찾을 수 없게 되었다" 군중(群衆)은 누가 누군지 분간할 수 없이 많이 모인 사람들이다.

양 양 자 밑에 나 아(我) 자를 넣으면 뜻/의로울 의(義) 자이다. 가야 할 길, 올바른 도리는 정의(正義)이다. 사람 사이에 지켜야 할 도리를 의리(義理)라고 한다. 이 의 자는 진짜가 아님을 나타내기도 한다. 손이

아름다울 **미(美)**
- 미녀
- 미소년
- 미관

음식/부끄러울 **수(羞)**
- 수치

무리 **군(群)**
- 군무
- 군중

철새 떼의 군무

뜻/의로울 **의(義)**
- 정의
- 의리

나 다리를 잃은 사람이 새 수족을 해 넣으면 의수(義手), 의족(義足)이다.

- 의수
- 의족

⑪⑩ 깃 우(羽)

새의 깃털이다.

"인간문화재 탈춤 명인 김재식 옹(翁)은……" 나이가 지긋하신 할아버지를 한자로 옹이라고 할 때가 있다. 여러 공(公) 자 밑에 깃 우 자가 들어가면 늙은이/아비/장인 옹(翁) 자이다.

늙은이/아비/장인
옹(翁)
- (아무개)옹
- 옹주

왕의 딸에는 공주와 옹주가 있다. 옹주(翁主)는 원래 시집가는 왕의 딸을 이르는 말이었는데 나중에 임금의 후궁이 낳은 딸로 의미가 바뀌었다.

깃 우 자에 흴 백(白) 자를 붙이면 익힐 습(習) 자이다. 깃털 같은 털로 만든 붓으로 하얀 종이에 글씨 연습을 하는 모습이 익힐 습 자이다.

이 글자는 몸에 익은 버릇도 나타낸다. 오랫동안 되

익힐 **습(習)**
- 연습

풀이해서 무의식중에 하게 되는 행동은 습관(習慣)이다. 배워서 익히는 것은 습득(習得)이다. 중국 시진핑(習近平) 국가주석 이름의 우리식 발음은 습근평으로 익힐 습 자로 시작한다.

"신고를 받은 관청은 익일까지 이를 처리해야 한다" 익일의 익은 깃 우 자에 설 립(立) 자를 붙인 이튿날 익(翌) 자로, 익일(翌日)은 무슨 일이 있은 다음날이다.

양 양 자에 깃 우(羽) 자를 붙이면 날아오를 상(翔) 자이다. 새가 날개를 활짝 펴고 날아오르는 것은 비상(飛翔)이다.

노벨상은 스웨덴 한림원에서 시상한다. 한은 깃 우 자가 들어간 붓 한(翰) 자로 한림(翰林)은 학자나 문인(文人)들의 세계를 말하고, 한림원은 옛날 중국과 우리나라 등지에서 왕의 명령으로 문서를 작성하던 기관의 하나였다.

깃 우 자 밑에 다를 이(異) 자를 넣으면 날개 익(翼) 자이다. 공룡 중 날개가 있는 공룡을 익룡(翼龍)이라고 부른다.

- 습관
- 시진핑(습근평)

이튿날 **익(翌)**
- 익일

날아오를 **상(翔)**
- 비상

붓 **한(翰)**
- 한림(원)

익룡

날개 **익(翼)**
- 익룡

우익(右翼), 좌익(左翼)은 원래 전쟁터에서 중앙군의 양옆에 있는 부대를 이르는 말이었는데, 정치적 보수파와 진보파를 일컫는 뜻으로 확대되었다.

- 우익 ⇔ 좌익

차례 번(番) 자에 깃 우 자를 붙이면 펄럭일/뒤집을 번(翻) 자이다. 한 말을 뒤집는 것은 번복(翻覆)이다. "증인이 진술을 번복해서 수사를 다시 해야 한다" 등으로 쓸 수 있다.

주로 외국의 드라마나 영화 등을 줄거리는 그대로 두고 지명, 인명, 풍속 등을 자국 사정에 맞게 고치는 일을 번안(翻案)이라고 한다.

펄럭일/뒤집을
번(翻)
- 번복
- 번안

⑪ 말 이을 이(而)

마디 촌(寸) 자가 붙으면 견딜 내(耐) 자이다. 기계나 도구 등이 오래되어도 망가지지 않으면 내구성(耐久性)이 좋다고 한다.

"이 집은 내화 소재로 만들었기 때문에 불에 타지

견딜 내(耐)
- 내구성

않습니다" 내화(耐火)는 불에 견디는 것이다.

⑪⑫ 가래 뢰(耒)

농기구 가래

가래는 밭을 가는 농기구이다. 주로 농사와 관련된 글자에 많이 들어가는 부수이다.

털 모(毛) 자를 붙이면 닳을 모(耗) 자이다. 써서 없어지는 것은 소모(消耗)이다. "춤은 체력 소모가 많은 활동이다" 등으로 쓸 수 있다.

닳을 **모(耗)**
- 소모

우물 정(井) 자 옆에 가래 뢰 자가 오면 밭 갈 경(耕) 자이다. 이때 우물 정 자는 우물이라기보다 밭을 나타낸 것으로 본다. 농사를 짓는 땅은 농경지(農耕地)이다.

밭 갈 **경(耕)**
- 농경지

음을 나타내는 이를 운(云) 자와 가래 뢰 자가 만나면 김 맬 운(耘) 자이다. 논밭의 잡초를 뽑는 일이 김매기다. 쪼그려 앉아 김을 매려면 힘들다. 그래서 사람 대신 김을 매고 논밭을 가는 기계가 경운기(耕耘機)이다.

김 맬 **운(耘)**
- 경운기

경운기

⑬ 귀 이(耳)

사람의 귀 모양을 본떠 만들었다. **이목**(耳目)은 눈과 귀, 사람들의 관심이다.

귀 이 자에 나아갈 임(尤) 자를 합하면 탐할/즐길 탐(耽) 자이다. 어떤 일을 몹시 즐겨서 거기에 빠지면 **탐닉**(耽溺)한다고 한다. 재미있는 책을 접하면 정신없이 읽게 되는데 이것은 **탐독**(耽讀)이다.

성스러울 성(聖) 자에도 귀 이 자가 들어간다. 성인(聖人)은 덕망이 뛰어나 만인이 우러러보는 사람이다. **성화**(聖火)는 올림픽 주경기장에 켜 놓는 횃불이다.

문 문(門) 자 안에 귀 이 자가 들어가면 들을 문(聞) 자이다. 백 번 듣는 것보다 한 번 보는 것이 낫다는 한자성어는 **백문**(百聞) **불여일견**(不如一見)이다.

귀로 소리를 들으니까 소리 성(聲) 자의 부수도 귀 이 자이다. "여러분의 성원에 힘입어……" **성원**(聲援)은 소리쳐 응원하는 것이다.

- 이목

탐할/즐길 **탐**(耽)
- 탐닉
- 탐독

성스러울 **성**(聖)
- 성인
- 성화

올림픽 성화

들을 **문**(聞)
- 백문 불여일견

소리 **성**(聲)
- 성원

음악에서 악기를 연주해서 내는 소리는 **기악**(器樂), 사람이 부르는 노래는 **성악**(聲樂)이라고 한다.

잇닿을/나란히 할 련(聯) 자에도 귀 이 자가 들어간다. 둘 이상의 군대가 하나로 합친 것은 **연합군**(聯合軍)이다. 어떤 사물을 보거나 이야기를 듣고 관련 있는 다른 것이 생각난다면 **연상**(聯想)이다.

밝을 총(聰) 자는 바쁠 총(悤) 자에 귀 이 자가 부수로 붙은 글자이다. **총명**(聰明)은 귀가 밝고 눈도 밝은 것, 곧 슬기로운 상태이다.

직무, 휴직 등의 직은 일/벼슬 직(職) 자로 귀 이 자가 부수이다. **휴직**(休職)은 일을 쉬는 것, **교직**(教職)은 선생의 직무이다. 직무는 직업상 해야 하는 업무이다.

⑪⁴ 붓 율(聿)

엄숙할 숙(肅) 자의 부수가 붓 율 자이다. 이 글자에

- 기악
- 성악

잇닿을/나란히 할
련(聯)
- 연합군
- 연상

밝을 **총(聰)**
- 총명

일/벼슬 **직(職)**
- 휴직
- 교직

엄숙할 **숙(肅)**

는 맑다, 삼간다는 뜻도 있다. "재잘재잘 떠들던 아이들은 묘지가 나타나자 숙연해졌다" 숙연(肅然)은 엄숙하고 조용한 분위기이다.

붓 율(聿) 자는 부수로서는 아니지만 나루 진(津), 법률(律), 붓 필(筆) 자 등 들어가는 글자가 많으니까 기억해 두면 아주 편하다.

- 숙연

⑪⑤ 고기 육(肉)

정육점에 걸어 놓은 고기처럼 생겼다.

육식동물(肉食動物)은 고기를 먹는 동물이다. 육수(肉水)는 고기를 삶은 물이다. 육체(肉體)는 영혼에 대비되는 몸이다.

- 육식동물
- 육수
- 육체

고기 육 변형 부수

115-1 육달월(月)

고기 육 부수가 다른 글자에 들어갈 때는 대부분 달월 자와 같은 모양인 육달월(月)로 들어간다. 이 부수로는 고기, 즉 살로 된 몸의 여러 부위를 나타낸다.

자식은 어버이를 닮는다. 닮을 초(肖) 자를 보면 작을 소(小) 자와 몸을 나타내는 육달월(月)로 되어 있다. 여기서 육달월은 부모의 몸이고 작을 소 자는 부모의 작은 몸, 곧 자식을 말한다.

"불초소생을 용서하시옵소서..." 불초소생(不肖小生)은 자식이 부모님을 닮지 못해 못났음을 고하는 말이다. 사진이 없던 시절 사람의 모습을 남기려고 그림으로 그리게 하거나 조각하게 한 것은 초상(肖像)이다.

육달월에 힘 력(力) 자가 붙으면 갈비 륵(肋) 자이다. 갈비뼈 안쪽에서 허파를 덮어 보호하는 막은 늑막(肋

닮을 초(肖)
- 불초소생
- 초상

갈비 륵(肋)
- 늑막

膜)이고, 여기 염증이 생기면 **늑막염**(肋膜炎)이 된다.

　먹자니 당기지 않고 버리자니 아까운 것은 닭의 갈빗살 같다고 해서 **계륵**(鷄肋)이라고 한다.

　육달월에 방패 간(干) 자를 붙이면 **간 간**(肝) 자이다. 대구 따위의 생선 간에서 뽑은 기름이 **간유**(肝油)이다.

　간담(肝膽)은 간과 쓸개로, 간담이 서늘해진다는 말은 무서운 일을 보아서 간이 철렁한다는 뜻이다.

　어깨 견(肩) 자는 지게 호(戶) 자에 육달월이 들어간 글자이다. 어깨뼈는 **견갑골**(肩胛骨)이다.

　허파로 숨을 못 쉬면 잠시도 못 버틴다. 육달월에 저자 시(市) 자를 합하면 **허파 폐**(肺) 자가 된다. 폐가 활동하는 능력은 **폐활량**(肺活量)이다.

　육달월에 가지 지(支) 자를 붙이면 **팔다리 지**(肢) 자이다. 두 팔과 다리, **사지**(四肢)는 몸통이라는 줄기에서 뻗은 가지이다. "사지가 멀쩡한 사람이 왜 놀고 있어요?" 등으로 쓴다.

　달아날 배(北) 자 밑에 육달월이 들어가면 **등 배**(背)

- 늑막염
- 계륵
간 간(肝)
- 간유
- 간담
어깨 **견**(肩)
- 견갑골
허파 **폐**(肺)
- 폐활량
팔다리 **지**(肢)
- 사지
등 배(背)

자이다. 그림이나 사진에서 사람의 뒤, 그리고 연극이나 소설의 무대는 배경(背景)이다. 등 뒤의 풍경이라는 말이다.

이 글자는 등을 돌리다, 즉 배반하다는 글자이기도 하다. 같은 편에게 등을 돌려 적이 되는 것은 배반(背反), 믿음을 저버리는 것은 배신(背信)이다.

먹은 것을 소화해야 살 수 있으니까 밥통도 중요하다. 밭 전(田) 자 아래에 육달월을 붙이면 밥통 위(胃) 자이다. 영양분을 공급받는 곳, 우리 몸의 밭이라는 의미로 밭 전 자가 들어간다.

배/세포 포(胞) 자는 육달월에 쌀 포(包) 자를 합한 글자이다. 어린애가 태어날 때까지 싸서 기르는 자궁을 나타내는 글자이다. 동포(同胞)는 같은 배에서 나온 형제자매, 넓게 생각하면 같은 겨레이다.

무성생식을 하는 포자식물이 포자(胞子)를 퍼뜨리면 이것이 싹을 틔워서 자란다. 고사리와 같은 양치식물, 이끼, 김이나 파래 같은 조류(藻類), 버섯이 포자식물이다. 세포(細胞)는 생물의 기본 단위이다.

육달월에 별 이름 태 자를 합하면 아이 밸 태(胎)

- 배경
- 배반
- 배신

밥통 **위(胃)**
- 우리 몸의 밭

배/세포 **포(胞)**
- 동포
- 포자
- 세포

양치식물 고비

자이다. 어머니 뱃속에 들어선 아이는 태아(胎兒), 그 아이가 하는 발길질은 태동(胎動)이다.

"바위투성이 지역에 추락한 여객기는 동체가 두 동강 났습니다" 비행기 등 물건의 몸통을 말하는 동체(胴體)의 동은 원래 큰창자 동(胴) 자이다.

등뼈 척(脊) 자는 머리와 양 어깨 아래에서 등뼈가 지탱하는 모습이다. 등뼈가 있는 동물은 척추동물(脊椎動物)이다. 척추가 있는 것이 당연하다고 생각할지 모르지만 무척추동물이 훨씬 더 많다.

팔과 다리를 보자. 먼저 팔 완(腕) 자는 육달월에 음을 나타내는 완연할 완(宛) 자를 붙인 글자이다. "저 사람은 수완이 좋아서 잘 해낼 거야" 일을 꾸미거나 처리하는 요령이 수완(手腕)이다.

다리 각(脚) 자는 육달월에 물리칠 각(却) 자가 붙은 글자이다. 연극 무대 맞은편에서 아래쪽으로 무대를 비추는 조명이 각광(脚光)이다.

"친환경소재가 환경오염 대책으로 각광을 받고 있다"에서 각광을 받는다는 말은 배우가 무대조명을 받

아이 밸 **태(胎)**
- 태동

큰창자 **동(胴)**
- 동체

등뼈 **척(脊)**
- 척추동물

무척추동물 해파리

팔 **완(腕)**
- 수완

다리 **각(脚)**
- 각광

아 관객의 눈길을 끌듯이 관심의 대상이 된다는 뜻이다.

육달월에 바꿀 태(兌) 자를 붙이면 벗을 탈(脫) 자이다. 수영장이나 옷가게 같은 데서 옷을 갈아입는 곳은 탈의실(脫衣室)이다.

동물들도 옷을 벗는다. 매미 같은 곤충이나 뱀 같은 파충류가 허물 벗는 것을 탈피(脫皮)라고 한다.

벗을 탈 자에는 빼앗는다는 뜻도 있다. 조세 포탈(逋脫)은 세금을 내지 않고 빼돌리는 것이다. 떨어진다는 뜻도 있다. "국회의원 후보 중 여러 명은 탈락했다" 탈락(脫落)은 후보가 되었다가 뽑히지 못하고 떨어지는 것이다.

"너는 비위도 좋다. 어떻게 그걸 다 먹니?" 비위(脾胃)의 비는 낮을 비(卑) 자에 육달월을 붙인 지라 비(脾) 자이다. 싫은 것을 잘 참는 사람을 보고 비위가 좋다고 하고, 참기 힘들 만큼 싫으면 비위에 거슬린다고 한다.

어질 현(臤) 자를 육달월이 지탱하고 있으면 콩팥 신(腎) 자이다. 오줌을 잘 거르지 못하면 병이 되니까

벗을 탈(脫)
- 탈의실
- 탈피
- 포탈
- 탈락

탈피한 매미의 허물

지라 비(脾)
- 비위

콩팥 신(腎)
- 신장

콩팥도 중요한 기관이다. 한자말로는 신장(腎臟)이라고 한다. 참고로 콩팥은 모양이 콩알, 팥알처럼 생겼다 해서 콩팥이다.

뇌(腦)가 죽으면 식물인간이 되니 몸이 살아 있어도 사는 것이 아니다. 두뇌(頭腦)에는 모든 신경이 집중되어 몸을 컨트롤한다. 조직에서 중추적인 역할을 하는 사람들을 비유적으로 수뇌(brain)라고 한다.

허리도 몸의 중심이니 중요하지 않다고 할 수 없다. 음이 되는 필요할 요(要) 자에 육달월이 붙으면 허리 요(腰) 자가 된다. 너무 우스워서 허리가 꺾이고 배가 아플 정도로 웃는 것은 요절복통(腰折腹痛)이다.

살갗으로 숨을 쉬니까 살갗도 있어야 한다. 피부(皮膚)의 피는 가죽 피 자이고, 부는 밥통 위 자가 범 호 엄(虍) 밑에 들어간 살갗 부(膚) 자이다.

"저도 이제 스무 살이니 부모님 슬하를 떠나 독립하겠습니다" 슬은 무릎 슬(膝) 자이다. 슬하는 무릎 아래라는 말로, 어린아이가 어머니를 따라다니며 자랄 때 어머니 슬하(膝下)에 있다고 한다.

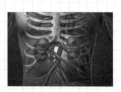
사람의 신장

뇌 **뇌(腦)**
- 두뇌

허리 **요(腰)**
- 요절복통

살갗 **부(膚)**
- 피부

무릎 **슬(膝)**
- 슬하

흉부(胸部) 엑스레이는 가슴을 투시해 허파와 기관지 등을 찍는 엑스레이이다. 육달월이 들어간 가슴 흉(胸) 자를 쓴다. 흉금(胸襟)을 털어놓는다는 것은 마음속에 있는 말을 한다는 뜻이다.

배 복(腹) 자의 부수도 육달월이다. 배에 있는 왕 자 근육은 복근(腹筋)이고 배가 아픈 증상을 복통(腹痛)이라고 한다.

위를 지나 내려가는 소화 기관인 창자는 장(腸)이다. 작은창자는 소장(小腸), 큰창자는 대장(大腸)이다.

먹고 마시기만 할 것이 아니라 싸기도 해야 한다. 오줌을 모았다가 내보내는 기관은 방광(膀胱)이다. 각각 곁 방(旁), 빛 광(光) 자가 들어가 음이 된 오줌보 방(膀), 오줌보 광(胱) 자이다.

심장(心臟)처럼 창자가 아닌 내장의 장은 육달월에 감출 장(藏) 자를 붙인 오장 장(臟) 자를 쓴다. 오장육부(五臟六腑)는 사람의 내장을 통틀어 이르는 말이다.

육달월은 몸의 거의 모든 부분에 들어간다. 항문(肛

가슴 **흉**(胸)
- 흉부
- 흉금
배 **복**(腹)
- 복근
- 복통
창자 **장**(腸)
- 소장
- 대장
오줌보 **방**(膀)
오줌보 **광**(胱)
- 방광
오장 **장**(臟)
- 오장육부
똥구멍 **항**(肛)
- 항문

門)의 똥구멍 항(肛) 자도 예외가 아니다. 장인 공(工) 자가 붙어 있는데, 음이 되는 장인 공 자의 모음으로 보아서 홍문이 원래 소리에 더 가까울 것 같다. 사실 옛날에는 홍문이라고 했단다.

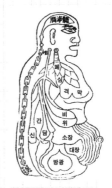

동의보감의 신형장부도

많은 사람의 적(?) 비만(肥滿)의 비는 육달월에 뱀 파(巴) 자를 붙인 살찔 비(肥) 자이다. 기름진 상태를 나타낸다.

땅을 기름지게 하는 물질이 거름, 즉 비료(肥料)이다. 낙엽 썩은 부엽토도 비료, 깨에서 기름을 짜고 남은 깻묵도 비료이다. 풀이나 짚을 쌓아서 썩인 퇴비(堆肥)는 많이 쓰는 비료이다.

살찔 비(肥)
- 비만
- 비료
- 퇴비

아이를 기르는 것은 양육(養育)으로 육달월이 들어간 육이 기를 육(育) 자이다. 가르치면서 기르면 교육(敎育)이 된다.

기를 육(育)
- 양육

뜻 지(旨) 자가 붙으면 기름 지(脂), 모 방(方) 자가 붙으면 비계 방(肪) 자이다. 지방(脂肪)은 고기나 식물에 있는 기름이다.

기름 지(脂)
비계 방(肪)
- 지방

옛 고(古) 자에 육달월을 붙이면 오랑캐 호(胡) 자이

오랑캐 호(胡)

다. 중국 한족이 주로 만주에 살던 민족을 일컫던 글자이다. 그래서 만주족을 통해 우리나라에 들어온 것에는 이 글자가 붙는다.

호두는 호도(胡桃)가 변한 말이다. 추운 중국 북부에서 많이 먹는 따뜻한 떡은 호떡이다. 호빵도 있다.

"저 사람은 매사에 긍정적이야" 할 때의 즐길 긍(肯) 자를 보자. 그칠 지(止) 자 밑에 육달월이 들어간 이 글자는 뼈에 붙은 살코기를 보고 만들었다. 맛있게 고기를 뜯는다고 해서 즐긴다는 뜻이 되었다. 긍정(肯定)은 그렇다고 인정하는 것이다.

머리 수(首) 자와 합한 수긍(首肯)은 머리를 끄덕여 긍정하는 것이다. 긍정의 반대는 부정(否定)이다. 세상사가 모두 긍정할 만한 일은 아니지만 긍정적으로 생각하는 마음이 더 좋지 않을까.

옷에도 육달월이 들어간다. 평상복(平常服)은 평상시에 입는 옷이고 외출복(外出服)은 밖에 나갈 때 입는 옷이다. 옷 복(服) 자에는 입는 옷 말고도 일하다, 먹다, 복종하다 등 여러 뜻이 있다.

복무(服務)는 맡은 일에 종사하는 것이다. 지금 육군은 18개월, 해군은 20개월, 공군은 22개월간 복무해

- 호도(호두)

즐길 긍(肯)
- 긍정 ⇔ 부정
- 수긍

옷 복(服)
- 평상복
- 외출복
- 복무

야 한다. 감옥에서 징역을 사는 것은 복역(服役)이다.

"식사 30분 후에 복용하세요" 복용(服用)은 약 등을 먹는 것이다. 다른 사람의 지시를 따르는 것은 복종(服從)이다.

어떤 일을 하는 힘은 능력(能力)이다. 일정한 시간에 해내는 일의 양은 능률(能率)이다. 능은 능할/할 수 있을 능(能) 자이다.

맥 맥(脈) 자는 산맥(山脈)과 같이 이어지는 줄기이다. 백두산부터 함경도를 지나 강원도 동부를 거쳐 내려오는 한반도의 등골 백두대간(白頭大幹)은 소백산맥을 통해 지리산까지 이어진다.

이 글자에는 핏줄이라는 뜻도 있다. 심장에서 몸으로 피를 내보내는 핏줄은 동맥(動脈), 몸에서 심장으로 돌려보내는 핏줄은 정맥(靜脈)이다.

- 복역
- 복용
- 복종

능할/할 수 있을
능(能)
- 능력
- 능률

맥 **맥(脈)**
- 산맥
- 동맥
- 정맥

동맥과 정맥

⑯ 신하 신(臣)

신하 신 자에 사람 인(人) 자가 붙으면 누울 와(臥) 자이다. 와병(臥病)은 병이 들어 자리에 누운 것이다.

취업난 때문에 임시직으로 일하는 사람이 많다. 임시의 임은 신하 신 자가 부수인 임할 림(臨) 자로, 임시(臨時)는 필요할 때 수시로 한다는 말이다. 사람이 죽을 때 곁을 지키는 것을 임종(臨終)이라고 한다.

운주사의 와불(전남 화순)

누울 와(臥)
- 와병

임할 림(臨)
- 임시
- 임종

⑰ 스스로 자(自)

코를 앞에서 본 모양이라고 한다. 밑에 개 견(犬) 자가 붙은 냄새 취(臭) 자는 개가 냄새를 맡으려고 코를 벌름거리는 모습이다. "오래 청소를 못 했더니 방에서 악취가 난다" 악취(惡臭)는 코를 싸쥐게 만드는 역겨운 냄새이다.

냄새 취(臭)
- 악취

이 글자가 들어가는 중요한 말은 자유, 자신일 것이다. 자유(自由)는 스스로 말미암는다(由: 말미암을 유)는 말로, 남의 지시가 아닌 자기 의지로 움직이는 것이다.

자신(自信)은 스스로 믿는 것이다. 자유가 있는 사람은 행복하고 자신이 있는 사람은 매사에 힘이 넘친다.

다른 사람이 별 뜻 없이 한 말에 민감하게 반응해서 자신을 변호하려는 때가 있는데, 이런 과민반응은 자격지심(自激之心), 즉 스스로 모자란 점이 있다고 생각해서 나오는 것이다.

- 자유
- 자신
- 자격지심

⑱ 이를 지(至)

높은 경지에 이른다는 뜻이 있다. 정성에 하늘이 감동한다는 '지성(至誠)이면 감천(感天)'의 지성은 지극한 정성이다. 일년 중 해가 제일 길고 제일 짧은 하지(夏至)와 동지(冬至)는 여름의 절정, 겨울의 절정이다.

이를 지 자에 등글월 문(攵) 자를 붙이면 이를 치

- 지성
- 하지
- 동지

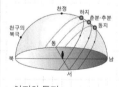
하지와 동지

(致) 자가 된다. **치명(致命)**은 목숨을 잃는 지경에 이르는 것, **치명상(致命傷)**은 죽게 된 상처이다.

대 대(臺) 자는 길할 길(吉) 자, 민갓머리(冖), 이를 지자를 붙여 만든 글자이다.

집을 지을 때의 기초는 집의 **토대(土臺)**이다. 배우가 각본에 따라 무대에서 하는 말은 **대사(臺詞)**이다.

이를 **치(致)**
- 치명(상)

대 **대(臺)**
- 토대
- 대사

⑪⑨ 절구 구(臼)

곡식 낟알을 부어 넣고 찧는 절구의 모습이다.

정당에는 여당이 있고 야당이 있다. 여당의 여는 절구 구 자가 부수인 더불 여(與) 자로, **여당(與黨)**은 대통령이 대표하는 정부와 뜻을 같이하는 당이다.

더불 여 자에는 준다, 허락한다, 돕는다는 뜻도 있다. "여건이 되면 가겠습니다" **여건(與件)**은 주어진 조건이다. **참여(參與)**는 참가해서 거드는 것이다.

더불 **여(與)**
- 여당
- 여건
- 참여

초두머리(艹)에 새 추(隹) 자에 절구 구(臼) 자를 합하면 옛 구(舊) 자가 된다.

친구(親舊)는 오래 전부터 친한 동무이다. "우리 구면이지요, 아마?" **구면**(舊面)은 전에 본 적이 있는 얼굴, 한 번 봤던 사이를 일컫는다.

⑫ 혀 설(舌)

사람들의 이야기에 오르내리면 **구설수**(口舌數)에 올랐다고 한다. 입방아를 찧는 것이다. "여야 대표들은 그 법안의 통과를 놓고 설전을 벌였다" **설전**(舌戰)은 혀의 싸움, 즉 싸움이라고 할 정도로 치열한 논란이다.

사람 인(人) 자 모양 밑에 혀 설 자를 넣으면 집 사(舍) 자이다. 여기서 사람 인 자 모양은 지붕이 된다. 학교나 회사가 학생, 직원에게 제공하는 집을 **기숙사**(寄宿舍)라고 한다.

㉑ 어그러질 천(舛)

이 글자에 없을 무(無) 자를 얹으면 춤출 무(舞) 자이다. 여기 뛸 용(踊) 자를 합하면 폴짝폴짝 뛰고 춤추는 무용(舞踊)이다. 춤, 노래, 극 등 예능을 보여주려고 설치한 곳은 무대이다.

"임꺽정은 황해도, 경기도를 활동 무대(舞臺)로 한 의적이다"와 같이 세력을 떨치거나 활동을 하는 범위를 비유적으로 이르기도 한다.

손톱 조(爪) 자에 민갓머리(宀)에 어그러질 천 자를 부수로 합하면 순임금 순(舜) 자이다. 요임금과 더불어 순임금은 태평성대를 이룬 중국 전설의 임금이다.

춤출 **무(舞)**
- 무용
- 무대

순임금 **순(舜)**
- 순임금

⑫ 배 주(舟)

이 글자에 갖은등글월 문(殳) 자를 붙이면 일반 반(般) 자가 된다. "농구선수는 일반적으로 키가 크다" 일반(一般)적이라는 말은 다 그렇지는 않지만 보통 그렇다는 뜻이다.

실제로 배를 많이 가리키는 글자는 배 주 자를 부수로 하는 배 선(船) 자이다. 고기를 잡는 배는 어선(漁船), 우주로 다니는 배는 우주선(宇宙船)이다.

배 주 자 부수에 흰 백(白) 자를 붙이면 큰 배 박(舶) 자인데 이런저런 큰 배, 작은 배를 통틀어 선박(船舶)이라고 한다.

볼 감(監) 자와 배 주(舟) 자를 합하면 싸움배 함(艦) 자이다.

군에서 운용하는 배는 군함(軍艦)이다. 군함 두 척 이상으로 편성한 부대를 함대(艦隊)라고 한다.

조정 정(廷) 자가 들어간 배 정(艇) 자는 조금 더 작은

일반 **반(般)**
- 일반

배 **선(船)**
- 어선
- 우주선
- 선박

싸움배 **함(艦)**
- 군함
- 함대

함대

배이다. 타이타닉 같은 영화를 보면 큰 배가 가라앉을 때 사람들이 탈출하려고 구명정에 다투어 타는 장면이 나온다. 구명정(救命艇)은 목숨을 구하는 작은 배이다.

목 항(亢) 자가 붙어 음이 되는 건널 항(航) 자는 배가 나아간다, 항해한다는 글자이다.

항해(航海)는 배를 타고 바다를 건너는 것, 항공(航空)은 비행기가 하늘을 날아다니는 것이다. 항로(航路)는 배나 비행기가 다니는 길이다.

123 머무를 간(艮)

머무를 간(艮) 자 위에 획을 하나 그으면 좋을 량(良) 자이다. 나쁜 일을 하지 않으려는 마음을 양심(良心)이라고 한다.

배 **정(艇)**
- 구명정

건널 **항(航)**
- 항해
- 항공
- 항로

좋을 **량(良)**
- 양심

⑫ 빛 색(色)

색깔을 나타내는 글자이다. 빨주노초파남보로 구분하는 색은 색상(色相)이다. 이 글자는 어떤 대상의 성질을 나타내기도 한다. 다른 지방에 없고 그곳에만 있는 성격은 지방색(地方色)이다.

"그녀의 얼굴에 슬픈 기색이 떠올랐다" 기색(氣色)은 얼굴에 비치는 감정이다. "개구쟁이 아이는 도무지 잠들 기색이 보이지 않았다"와 같이 어떤 일을 하거나 일이 벌어질 기미도 기색이라고 한다.

- 색상
- 지방색
- 기색

⑫ 범호 엄(虍)

범 호(虎) 자에서 어진 사람 인 발(儿)을 뺀 부수가 범 호 엄(虍)이다. 호랑이라는 말도 원래 한자말이고 순우리말은 범이다.

용과 범이 싸우듯이 승부를 알 수 없는 강자끼리의

범 호(虎)
- 용호상박

대결을 용호상박(龍虎相搏)이라고 한다.

범 호 엄에 돼지머리 계(彐)가 거꾸로 들어가면 사나울 학(虐) 자이다. 아이를 굶기거나 심하게 때리면 아동학대(虐待)이다.

학살(虐殺)은 잔혹하게 죽이는 것으로, 6·25와 베트남 전쟁에서 수많은 민간인이 학살당했다.

성당이나 절에 가면 자기도 모르게 경건해진다. 범 호 엄 밑에 글월 문(文) 자를 넣으면 삼갈 건(虔) 자로, 경건(敬虔)은 공경하는 마음으로 조심하는 것이다.

한때 처세술 책이 유행한 적이 있다. 처세의 처는 범 호 엄이 부수인 처할/곳/처리할 처(處) 자로, 처세(處世)는 세상에 처함, 곧 사람들과 어울려 문제없이 살아가는 것이다.

"국회에는 처리되지 못한 안건이 산처럼 쌓였다" 처리(處理)는 절차에 따라 일을 치러서 마무리하는 것이다.

전쟁에서 적에게 잡히면 포로(捕虜)가 된다. 범 호 엄에 사내 남(男) 자가 들어가면 사로잡을 로(虜) 자이

사나울 학(虐)
- (아동)학대
- 학살

삼갈 건(虔)
- 경건

처할/곳/처리할 처(處)
- 처세
- 처리

사로잡을 로(虜)
- 포로

다. 범이 사람을 잡아 입에 문 형상이다.

빌/약할 허(虛) 자도 범 호 엄이 들어가는 글자이다.
허영(虛榮)은 자신을 과시하기 위해서 필요하지 않은
겉치레를 하는 것이다. 비실비실하고 힘을 쓰지 못하
면 허약(虛弱)한 사람이다.

아파트나 연립주택에 있는 집이나 강의실은 104호,
206호 등 번호를 붙인다. 이때 호는 부를 호(號) 자로,
역시 범 호 엄이 부수이다. 배 이름에도 세월호(號)처
럼 호 자가 들어간다.

㉖ 벌레 훼(虫)

같은 글자 세 개가 모인 벌레 충(蟲) 자의 약자(略字:
간단하게 만든 글자)로 쓰여 벌레 충 자라고도 한다.

벌을 기르는 것은 양봉(養蜂)이다. 만날 봉(夆) 자를
벌레 훼 자에 합치면 벌 봉(蜂) 자가 된다.

빌/약할 **허(虛)**
- 허영
- 허약

부를 **호(號)**
- (세월)호

벌레 **충(蟲)**
벌 **봉(蜂)**
- 양봉

양봉

벌레가 아닌 동물에도 벌레 훼 자가 들어갈 때가 있다. 우물 안 개구리를 뜻하는 정저지와(井底之蛙)의 개구리 와(蛙) 자가 그렇다. 남해에서 많이 잡히는 홍합(紅蛤)은 붉은 대합조개로 조개 합(蛤) 자를 쓴다.

사막에서는 빛이 굴절해서 먼 데 있는 것이 지평선 근처에 곧게 또는 거꾸로 비치는 현상이 있는데 이것이 신기루(蜃氣樓)이다. 아득히 먼 데 있는 오아시스가 바로 앞에 있는 줄 알고 허겁지겁 달려가면 아무것도 없고 힘만 빠져 더 갈증나게 하는 현상이다.

헛된 꿈을 쫓는 사람을 보고 신기루를 쫓는다고 하기도 한다. 신은 별 신(辰) 자 밑에 벌레 훼 자를 넣은 대합조개/이무기 신(蜃) 자이다. 이무기는 신기루를 일으킨다는 상상 속의 동물이다.

꿀 밀(蜜) 자를 보자. 집(宀)에 반드시(必) 벌레(虫)가 있다는 글자이다. 꿀처럼 단 것을 놓아 두면 벌레가 꼬이니까. 꿀 같은 신혼을 밀월(蜜月), 영어로는 허니문(honeymoon)이라 한다.

물건이나 돈이 없을 때 있는 곳에서 돌려서 쓰는 것이 융통(融通)인데, 오지그릇 격(鬲) 자에 벌레 훼 자를

개구리 와(蛙)
- 정저지와

조개 합(蛤)
- 홍합

대합조개/이무기
신(蜃)
- 신기루

꿀 밀(蜜)
- 밀월

밀원식물(꿀이 나오는 식물)

붙인 녹을/통할 융(融) 자를 쓴다. 그때그때의 사정에 따라 알맞게 일을 처리하는 요령을 융통성(融通性)이라고 한다.

수소나 중수소 등의 원자핵이 합쳐져서 더 무거운 원자핵으로 되는 과정을 **핵융합**(核融合)이라고 한다. 태양 안에서 수소 네 개가 핵융합하면 헬륨 하나가 나온다.

장은 연동운동을 해서 음식물을 소화하고 대변으로 내보낸다. 연은 벌레 훼 자가 들어간 꿈틀거릴 연(蠕) 자로, **연동**(蠕動)은 벌레가 꿈틀꿈틀하듯이 소화기관이 꿈틀거리는 움직임이다.

서울 잠실은 예전에 뽕밭이었다고 한다. 잠은 벌레 훼 자를 부수로 하는 누에 잠(蠶) 자이다. 누에를 치는 일은 **양잠**(養蠶)이다. 누에가 뽕잎을 갉아먹듯 야금야금 먹어들어가는 것은 **잠식**(蠶食)이라고 한다.

"일제는 제암리에서 교회 안에 사람들을 몰아넣고 태워 죽이는 만행을 저질렀다" 만은 오랑캐 만(蠻) 자로, **만행**(蠻行)은 사람이 하지 못할 끔찍한 짓이다.

녹을/통할 **융**(融)
- 융통(성)
- 핵융합

핵융합

꿈틀거릴 **연**(蠕)
- 연동

누에 **잠**(蠶)
- 양잠
- 잠식

양잠

오랑캐 **만**(蠻)
- 만행

㉗ 피 혈(血)

몸 구석구석으로 피를 보내는 핏줄은 혈관(血管)이다. 자식이나 부모형제는 나와 피, 살을 나누었기 때문에 혈육(血肉)이라고 한다. 혈육 사이의 관계는 혈연(血緣)이다.

공중도덕은 여러 사람이 어울려 지내면서 지켜야할 도덕이다. 공중(公衆)은 여러 사람으로, 중은 피 혈자가 부수인 무리 중(衆) 자이다.

연설이나 음악, 강의를 듣는 사람들을 청중(聽衆)이라 한다. 사람마다 의견이 가지각색이라 정리하기 힘든 상황은 중구난방(衆口難防)이다. 많은 사람의 입은 막기 힘들다는 뜻이다.

- 혈관
- 혈육
- 혈연

무리 **중(衆)**
- 공중
- 청중
- 중구난방

⑫ 다닐 행(行)

걸어다니는 사람은 **보행자**(步行者), 날아다니는 기계는 **비행기**(飛行機)이다. "그 사건 뒤로 그 사람은 행방을 알 수 없다" **행방**(行方)은 간 곳이다.

재주 술(術) 자를 보자. 다닐 행 자 사이에 삽주 출(朮) 자를 넣은 글자이다. 어떤 일을 정확하고 효과적으로 하는 솜씨가 **기술**(技術)이다.

말을 하는 기술은 **화술**(話術)이다. 같은 말이라도 상대에게서 다른 반응을 끌어내는 기술이다.

주소 표기법이 바뀌면서 번지와 함께 ~길, ~가(街)라는 주소를 쓴다. 가는 서옥 규(圭) 자가 다닐 행 자 사이에 들어간 거리 가(街) 자이다. 길가에 심는 나무는 **가로수**(街路樹)이다.

큰 교통사고는 대부분 충돌사고이다. 충은 무거울 중(重) 자가 들어간 부딪힐 충(衝) 자로, **충돌**(衝突)은 마주 오던 것들이 부딪히는 것이다.

- 보행자
- 비행기
- 행방

재주 **술**(術)
- 기술
- 화술

거리 **가**(街)
- 가로수

부딪힐 **충**(衝)
- 충돌

물건에 세게 맞거나 정신적으로 쇼크가 오면 충격 (衝擊)을 받았다고 한다. 쇼핑을 할 때 가끔씩 지름신이 내리면 나도 모르게 충동구매를 한다. 충동(衝動)은 앞뒤 생각하지 않고 본능적, 반사적으로 무엇인가를 몹시 하고 싶은 것이다.

학교나 회사 등의 정문에는 수위 아저씨가 있다. 위는 다룸가죽 위(韋) 자가 다닐 행 자와 합쳐진 지킬 위 (衛) 자로, 수위(守衛)는 공공기관이나 생산현장 같은 곳에서 사람들의 출입을 살피고 경비를 맡은 사람이다.

여름에는 위생에 신경을 써야 한다. 병의 예방이나 치료를 위해 몸과 환경을 깨끗이 하는 위생(衛生)은 아주 중요하다. 생명(生)을 지키는(衛) 일이니까.

어느 정도 균형감각이 있으면 자전거를 탈 수 있다. 형은 저울 형(衡) 자로, 균형(均衡)은 한쪽으로 기울지 않고 무게가 고르게 분산된 상태이다.

- 충격
- 충동

지킬 위(衛)
- 수위
- 위생

저울 형(衡)
- 균형

129 옷 의(衣)

옷은 한자로 **의상**(衣裳), **의류**(衣類) 등으로 표현한다. 의상의 상은 치마, 아랫도리 상(裳) 자이다. 의류는 옷을 통틀어 일컫는 말이다.

옷은 자기를 **표현**(表現)하는 수단이기도 하다. 나타낼 표(表) 자의 부수가 옷 의 자이다.

옷을 만들 때 사이즈만큼 옷감 천을 자르는 것을 마른다고 한다. 옷감을 마르듯이 딱 자르는 결단을 나타내는 글자는 마를 재(裁) 자이다. 천이나 면 등 옷감을 마르는 것은 **재단**(裁斷), 마른 뒤에 바느질하는 일은 **재봉**(裁縫)이다.

어떤 일을 헤아려서 판단하는 것은 **재량**(裁量)이다. 눈이 많이 오거나 한파가 몰아치는 날 휴교를 할지 학교장의 재량에 맡길 수 있다. 정치에서 중요한 일을 모두 혼자 결정하는 사람을 **독재자**(獨裁者)라고 한다.

상사가 부하 직원이 낸 안건을 보고 그렇게 하라고 승인하는 일을 **결재**(決裁)라고 한다. 대금을 지불한다는 결제(決濟)와 다르다. 법정에서 옳고 그름을 따지는

재봉

일은 재판(裁判)이다.

"고구려는 내부 분열로 망했다" 분열의 열은 벌릴 렬(列) 자 밑에 옷 의 자를 부수로 넣은 찢을 렬(裂) 자로, 분열(分裂)은 하나로 합하지 않고 제각각 떨어지는 것이다.

속 리(裏) 자는 옷의 안쪽을 나타낸다. 이면(裏面)은 겉으로는 보이지 않는 속의 모습이다. '이면도로 속도 시속 30km' 이면도로(裏面道路)는 큰길이 아닌 동네 안쪽의 도로로서 보도와 차도의 구분이 없다.

후손을 후예(後裔)라고도 한다. 예는 옷자락/자손 예(裔) 자이다. 남북 아메리카에 있는 흑인은 대부분 노예로 끌려간 사람들의 후예이다. 미국 남북전쟁과 비슷한 시기에 미국의 흑인 노예 일부는 고향 아프리카로 돌아가 라이베리아라는 나라를 세웠다. Liberia는 liberty의 나라, 자유의 땅이다.

등산 장비, 캠핑 장비 등 무슨 일을 하는 데 필요해서 갖추는 물건은 장비(裝備)이다. 옷 의 자 부수에 씩씩할 장(壯) 자를 붙인 갖출/꾸밀 장(裝) 자를 쓴다.

찢을 **렬(裂)**
- 분열

속 **리(裏)**
- 이면(도로)

이면도로

옷자락/자손 **예(裔)**
- 후예

라이베리아

갖출/꾸밀 **장(裝)**

옷 의 자가 용 룡(龍) 자 밑에 들어가면 덮칠/물려받을 습(襲) 자이다. 상대가 예상치 못할 때 공격하는 것을 기습(奇襲)이라고 한다.

- 장비

덮칠/물려받을
습(襲)
- 기습

옷 의 변형 부수

129-1 옷 의 변(衤)

옷 의(衣) 자가 다른 글자의 왼쪽에 부수로 들어갈 때의 모습이다.

옷 의 변에 말미암을 유(由) 자를 붙이면 소매 수(袖) 자이다. 강 건너 불구경하듯이 팔짱을 끼고 바라보고만 있는 것을 수수방관(袖手傍觀)이라고 한다.

가죽 피(皮) 자에 옷 의 변을 붙이면 이불/입을/당할 피(被) 자이다. 소송을 당하는 사람은 피고(被告)이다.
손해를 입는 것은 피해(被害)이다. "김구 선생은 안두희에게 피격되어 숨을 거두고 말았다" 피격(被擊)은 공격을 받는 것이다.

클 보(甫) 자를 합하면 보탤/도울 보(補) 자이다. 영양가 높은 음식이나 보약을 먹어서 몸을 튼튼히 하는

소매 **수(袖)**
- 수수방관

이불/입을/당할
피(被)
- 피고
- 피해
- 피격

보탤/도울 **보(補)**
- 보신

것을 보신(補身)이라고 한다.

골 곡(谷) 자에 옷 의 변이 붙으면 넉넉할 유(裕) 자가 된다. 돈이 많아 여유가 있는 사람을 부유(富裕)하다고 한다.

"이번 일로 그 국회의원의 거짓말이 적나라하게 드러났다" 라는 열매 과(果) 자 앞에 옷 의 변이 온 벌거벗을 라(裸) 자로, 적나라(赤裸裸)하다는 것은 숨김없이 드러난 것이다.

간단하지 않고 이리저리 뒤섞인 것을 복잡(複雜)하다고 하는데 복은 겹칠 복(複) 자이다. 탁구나 테니스에서 2:2로 하는 경기는 복식(複式) 경기이다.

물건이 오래되어서 빛이 바래는 것은 퇴색(退色)이다. 물러날 퇴(退) 자에 옷 의 변을 붙인 바랠 퇴(褪) 자를 써서 퇴색(褪色)이라고도 쓴다.

매일 걸치는 옷가지 중에 양말이 있는데 그 이름은 어디서 왔을까? 양말(洋襪)은 버선 말(襪) 자를 쓴 서양 버선이다.

넉넉할 유(裕)
- 부유

벌거벗을 라(裸)
- 적나라

겹칠 복(複)
- 복식(경기)

탁구 혼합복식 경기

바랠 퇴(褪)
- 퇴색

버선 말(襪)
- 양말

130 덮을 아(襾)

　덮을 아 자가 부수로 들어가는 글자 중 대표적인 것
은 서녘 서(西) 자이다. 가을에서 겨울로 넘어가려고
하면 서풍(西風)이 세게 분다.
　서구(西歐)는 좁은 뜻으로는 서유럽이고, 넓은 뜻으
로는 미국을 포함하여 2차 대전 전부터 자본주의 경
제 체제를 택한 서양의 나라들을 말한다.

　덮을 아 자를 돌이킬 복(復) 자에 덮으면 덮을/넘어
질 복(覆) 자가 된다. 서울의 청계천은 한때 그 위를 덮
어서 물이 보이지 않는 복개천(覆蓋川)이었다. 덮은 것
을 2005년에 들어내서 지금의 청계천을 즐기고 있다.

131 볼 견(見)

　볼 견 자를 어떻게 쓰더라 하고 헷갈리는 분들은 어

서녘 **서(西)**
- 서풍
- 서구

덮을/넘어질 **복(覆)**
- 복개천

청계천로(복개천 당시 모습)

진 사람 인 발(儿)에 눈 목(目) 자를 얹은 글자라고 기억하면 쉽다. 사람 다리 위에 커다란 눈이 있으니 보는 눈을 강조한 글자이다.

많이 다녀서 아는 것이 많은 사람을 보고 **견문**(見聞)이 넓다고 한다. "이번 공사는 비용이 얼나마 나올지 견적을 내 볼까" **견적**(見積)은 눈으로 훑어보듯 대강 보고 비용을 어림하는 것이다.

사내 부(夫) 자에 볼 견(見) 자를 합하면 법 규(規) 자이다. 공업 제품의 일정한 치수, 형태 등은 **규격**(規格)이다.

사물이나 현상의 크기나 범위는 **규모**(規模)이다. "정부는 코로나 사태를 호전시키기 위해 11조 원 규모의 추가경정예산을 편성했다" 등으로 쓸 수 있다.

보일 시(示) 자에 볼 견(見) 자를 합하면 볼 시(視) 자이다. 디옵터 1.2, 1.0, 0.5 등으로 나타내는, 눈으로 사물을 보는 능력은 **시력**(視力)이다.

높은 산에 올라가면 시야가 넓어진다. **시야**(視野)는 눈으로 볼 수 있는 범위이다. "그 사람은 해 본 일이 많아서 시야가 넓다"에서처럼 생각이 미치는 범위를 가리키기도 한다.

- 견문
- 견적

법 **규(規)**
- 규격
- 규모

볼 **시(視)**
- 시력
- 시야

친할 친(親) 자에도 볼 견 자가 부수로 들어간다. 서먹서먹하지 않고 친한 사이는 **친밀(親密)**한 사이이다. 부모가 자식을 양육하고 보호할 법적인 권리이자 의무는 **친권(親權)**이다.

볼 감(監) 자 밑에 볼 견 자가 들어가면 볼 람(覽) 자가 된다. "해외여행에서 좋은 볼거리 중 하나는 민속공연 관람이다" 관람의 관 역시 볼 견 자가 부수인 볼 관(觀) 자로, **관람(觀覽)**은 연극이나 영화, 운동 경기 등을 보는 것이다.

미술관 같은 곳에서 여러 작품을 볼 수 있게 하는 행사를 **전람회(展覽會)**라고 한다.

봄과 가을은 관광철이다. **관광(觀光)**은 빛을 보며 즐기는 것이다. 여기서 빛이란 자연의 경치나 이색적인 도시 풍경 등을 말한다. 영어로도 관광은 sightseeing 이니까 한문과 다르지 않다.

사물이나 현상을 자세히 살펴보는 것은 **관찰(觀察: 찰은 살필 찰)**이다. 다른 사람들이 보지 못하는 것을 잘 찾는 사람을 보고 **관찰력(觀察力)**이 좋다고 한다.

친할 **친(親)**
- 친밀
- 친권
볼 **람(覽)**
볼 **관(觀)**
- 관람
- 전람회
- 관광
- 관찰력

㉜ 뿔 각(角)

각축(角逐)은 짐승들이 뿔을 부딪히며 상대를 몰아내려고 싸우는 것이다. "우리나라는 구한말에 열강의 각축장이 되었다" 구한말에 미국, 프랑스, 영국, 러시아, 일본 등이 우리나라를 먼저 식민지로 만들려고 싸웠다는 말이다.

뿔 각 자에 칼 도(刀) 자, 소 우 (牛) 자를 합하면 풀 해(解) 자가 된다. 칼로 소 뿔을 잘라낸다는 글자가 풀 해 자라고 생각하면 쉽다.

미심쩍은 부분을 자세히 설명해 의심을 없애는 것을 해명(解明)이라 한다. 속박을 끊어서 자유를 주는 것은 해방(解放)이다. 1945년은 우리나라가 일본의 지배에서 해방된 해이다.

아이를 낳아 몸을 푸는 것을 해산(解産)이라고 한다. 한번에 잘 뜻이 통하지 않는 내용을 알기 쉽게 풀어 이야기하는 것은 해석(解釋)이다.

뿔 각 자에 나라이름 촉(蜀) 자를 붙이면 닿을 촉

- 각축

풀 **해(解)**
- 해명
- 해방
- 해산
- 해석

1945.8.15 해방의 기쁨

(觸) 자이다. 살갗이 어딘가에 닿을 때 느끼는 감각을
촉감(觸感)이라고 한다.

⑬ 말씀 언(言)

"한번은 언급하고 지나가야 할 문제다" 말씀 언 자
에 미칠 급(及) 자를 붙인 **언급(言及)**은 말이 거기까지
미친다, 즉 그 일을 이야기한다는 뜻이다.

언론(言論)은 신문 사설이나 방송 프로그램 등에서
처럼 글이나 말로 발표하는 생각, 생각을 발표하는 활
동이다. 너무 어처구니가 없어서 말이 나오지 않을 때
말이 끊어진다, 말문이 막힌다는 뜻으로 **언어도단(言語道斷)**이라고 한다.

더하기, 빼기, 곱하기, 나누기 등 둘 이상의 수를 셈
하는 일이 **계산(計算)**이다. 계는 말씀 언 자를 부수로
하고 열 십(十) 자를 붙인 셀 계(計) 자이다.

정정(訂正)은 글 따위의 틀린 곳을 바로잡는 것이다.

닿을 **촉(觸)**
- 촉감

- 언급
- 언론
- 언어도단

셀 **계(計)**
- 계산

말씀 언 부수에 고무래 정(丁) 자를 붙이면 바로잡을 정(訂) 자이다.

기록할 기(記) 자를 보자. 어떠한 사항을 나중에 다시 보려고 적는 것은 **기록**(記錄)이다. **일기**(日記)는 날마다 하는 기록이다. "여기서 기념 사진 한 장 찍자" **기념사진**(記念寫眞)은 오랫동안 잊지 않도록 찍어서 보관해 두는 사진이다.

말씀 언 자에 마디 촌(寸) 자가 붙으면 칠 토(討) 자가 된다. 여기서 마디 촌 자는 무엇인가를 때리는 손의 변형 부수이다. 말씀 언 자가 들어가니까 말로 친다는 뜻이다.

누군가의 잘못을 여러 사람이 규탄하는 것은 **성토**(聲討)이다. 어느 문제를 놓고 여러 명이 의논하는 **토론**(討論), **토의**(討議)의 토 역시 칠 토 자이다.

다른 사람을 가르친다는 것은 쉬운 일이 아니다. 학생이 잘 이해하도록 가르치려면 물 흐르듯이 잘 설명해야 하니까. 그래서 가르칠 훈(訓) 자에는 내 천(川) 자가 들어간다.

교훈(敎訓)은 도움이 되는 가르침이다. 장기나 바둑

바로잡을 정(訂)	
- 정정	
기록할 기(記)	
- 기록	
- 일기	
- 기념사진	
칠 토(討)	
- 성토	
- 토론	
- 토의	
가르칠 훈(訓)	
- 교훈	

을 둘 때 옆에서 좋은 수를 일러 주는 것을 훈수(訓手) 둔다고 한다.

일본어 한자말은 국어처럼 음으로 읽기도 하지만 (水를 '스이'라고 읽을 때), 원래의 뜻 그대로 읽기도, 즉 훈독(訓讀)하기도 한다. 일본 이름 스즈키(鈴木)는 방울 령 자와 나무 목 자를 각각 고유 일본어 스즈, 키로 읽는 예이다.

- 훈수
- 훈독

말을 더듬는 사람을 어눌(語訥)하다고 한다. 말씀 언(言) 자와 안 내(內) 자를 합친 말 더듬을 눌(訥) 자는 말이 입 안으로 들어간다는 뜻이다.

말 더듬을 눌(訥)
- 어눌

"코로나 바이러스가 퍼지면서 전국에 선별검사소가 설치된다" 설 자도 말씀 언 부수에 갖은둥글월 문(殳) 자가 붙은 베풀 설(設) 자로, 설치(設置)는 필요한 기계나 설비 또는 어떤 일을 하는 기관을 마련하는 것이다.

"설령 네 말이 맞다고 해도........" 설령(設令)은 그렇다고 가정하는 것이다. 제품 성능 만족도, 정책에 찬성하는지 반대하는지 등을 조사할 때 사람들에게 여러 사항을 질문하는 것은 설문(設問) 조사이다.

베풀 설(設)
- 설치
- 설령
- 설문

모 방(方) 자를 말씀 언 자 뒤에 놓으면 찾을 방(訪) 자이다. 친교, 사업 등 여러 목적으로 사람이나 장소를 찾아가는 것이 방문(訪問)이다. 기자나 작가가 기사거리, 글감을 얻기 위해 하는 방문은 탐방(探訪)이다.

분쟁이 있을 때 재판에서 다투는 것은 소송(訴訟)이다. 각각 말씀 언 자에 물리칠 척(斥), 여러 공(公) 자를 붙인 송사할 소(訴), 송사할 송(訟) 자이다.

"영희는 친구들과 여행을 가기 위해 부모님께 허락을 받았다" 허락(許諾)의 허는 말씀 언 자에 낮 오(午) 자를 붙인 허락할 허(許), 락은 만약 약(若) 자를 붙인 승낙할 낙(諾) 자이다.

합법적으로 사업을 하려면 관청의 허가를 받아야 한다. 허가(許可)는 허가를 받지 않은 사람은 할 수 없는 사업을 그 사람에게는 가능(可: 옳을/가능할 가)하다고 허락해 주는 것이다.

남을 속이는 거짓말도 말이기 때문에 속일 사(詐) 자의 부수도 말씀 언 자이다. 가짜 직위나 이름을 대고 속이는 것은 사칭(詐稱)이다.

찾을 **방(訪)**
- 방문
- 탐방

송사할 **소(訴)**
송사할 **송(訟)**
- 소송

허락할 **허(許)**
승낙할 **낙(諾)**
- 허락
- 허가

속일 **사(詐)**
- 사칭

말씀 언 자에 평평할 평(平) 자를 합하면 평할 평
(評) 자이다. 평가(評價)는 가치, 수준을 평한다는 말인
데 물건의 질, 제도의 효과, 사람의 됨됨이나 능력을
이야기한다는 뜻으로 많이 쓰인다.

예술작품이 잘되고 잘못된 점을 짚는 일은 평론(評
論)이다. "그 사람은 결혼하더니 착실해지고 평판이
좋아졌다" 평판(評判)은 누군가에 대한 세상 사람들의
평이다.

아프다는 사람이 어디가 아픈지 알려면 진찰을 해
야 한다. 진은 볼/살필 진(診) 자로, 진찰(診察)은 의사
가 환자의 아픈 곳을 살펴보는 일이고, 진단(診斷)은
진찰을 한 다음 왜 아픈지, 병이 있다면 무슨 병인지
판단하는 것이다.

다른 사람들에게 보란듯이 뽐내는 것은 과시(誇示)
이고 사실에다가 살을 많이 붙여서 이야기하는 것은
과장(誇張)이다. 과는 자랑할 과(誇) 자이다.

과대포장(誇大包裝)은 알맹이 물건은 별로 크지 않은
데 포장으로 잔뜩 부풀리는 것이다.

"저희 회사 홈페이지에 들어가면 상세 설명을 볼

평할 **평(評)**
- 평가
- 평론
- 평판

볼/살필 **진(診)**
- 진찰
- 진단

자랑할 **과(誇)**
- 과장
- 과대포장

수 있습니다" 상은 양 양(羊) 자가 들어간 자세할 상 (詳) 자로, **상세**(詳細)는 친절하게 자세하다는 말이다.

미상(未詳)은 자세하지 않다, 즉 확실하지 않다는 말이고, 아리랑 같은 민요는 작자 미상이다.

누구나 한번쯤은 **시인**이 된다고 한다. 말씀 언 자에 관청 시(寺) 자를 합하면 시 시(詩) 자가 나온다. 산문시도 있지만 시는 리듬이 붙은 운문으로 출발했고, 시에 음표를 붙이면 그대로 노래가 된다.

법식 식(式) 자를 말씀 언 자에 붙이면 시험할 시 (試) 자이다. 어떤 맛인지 한번 먹어보는 것은 **시식**(試食)이다. 차를 본격적으로 타기 전에 시험삼아 몰아 보는 것은 **시승**(試乘)이다.

"동양화에 조예가 깊으시군요" 조예의 예는 뜻 지 (旨) 자가 들어간 이를 예(詣) 자로, **조예**(造詣)는 어느 분야에서 지식이나 실력이 나아간 경지이다.

돼지 해(亥) 자도 말씀 언 자에 붙을 수 있다. 넓을/들어맞을 해(該) 자가 그것인데, 지식이 **해박**(該博)한 사람이란 막히는 곳이 없이 여러 분야에서 아는 것이

자세할 **상(詳)**
- 상세
- 미상

시 **시(詩)**
- 시인

시험할 **시(試)**
- 시식
- 시승

이를 **예(詣)**
- 조예

넓을/들어맞을
해(該)
- 해박

많은 사람이다.

어떤 조건이나 범위에 맞아서 대상이 될 때 해당(該當)한다고 한다. 코로나 상황에 긴급재난 생활지원금 수령에 해당되는지 알아보는 사람이 많을 것 같다.

이야기 화(話) 자를 보자. 이야기는 혀로 한다. 그래서 말씀 언 자 옆에 혀 설(舌) 자가 있다. "민철 씨하고 있으면 화제거리가 떨어지지 않아요" 화제(話題)는 말할 거리, 이야기감이다.

법정에 서는 증인은 진실만을 말할 것을 선서한다. 서는 말씀 언 자에 꺾을 절(折) 자를 얹은 맹세할 서(誓) 자로, 선서(宣誓)는 맹세를 하는 것이다.

"무슨 일에서든 성실해야 한다" 정성스럽고 참된 태도를 성실(誠實)하다고 한다. 정성/성실할 성(誠) 자는 말씀 언 자와 이룰 성(成) 자의 합성 글자이다. 어떤 일을 하겠다고 한 자신의 말을 지키는 것이 이룰 성 자의 뜻이다.

말씀 설(說)의 설명(說明)은 알기 쉽도록 밝게 이야기해 주는 것이다. 문제나 사건, 스포츠 경기가 잘 파

- 해당

이야기 화(話)
- 화제

맹세할 서(誓)
- 선서

정성/성실할 성(誠)
- 성실

말씀 설(說)
달랠/기뻐할/벗을
세/열/탈

악되도록 이야기해 주는 것은 **해설(解說)**이다. 설(說) 자는 달랠 세, 기뻐할 열, 벗을 탈 자로 쓰인다.

나 오(吾) 자에 말씀 언 자를 합하면 말씀 어(語) 자이다. 우리나라말은 **국어(國語)**, 중국말은 **중국어(中國語)**, 일본말은 **일본어(日本語)**이다. 그러면 미국말은? **영어(英語)**이다.

'아 다르고 어 다르다' 하는 말이 있다. 내용이 같은 말이라도 낱말 하나가 다르거나 말투가 다르면 다른 느낌이 드는데 이것을 **어감(語感)**이라고 한다.

그렇다, 옳다고 인정하는 것도 말이나 글로 한다. 그래서 알/인정할 인(認) 자의 부수도 말씀 언 자이다. 사물이나 현상을 느껴서 아는 것은 **인식(認識)**이다. 그렇다고 여기고 이의를 제기하지 않겠다고 하는 것은 **인정(認定)**이다.

어떤 행위를 한 것이 옳다고, 새로 생긴 조직이 합법적이라고 인정하는 것을 **승인(承認)**이라고 한다.

이라크, 시리아, 튀르키예(구 터키) 등에 걸쳐서 사는 쿠르드족은 '나라 없는 세계 최대 민족'으로 현재 독립운동 중이지만 아직 국가 승인을 받지 못했다. 팔레스타인은 2012년에 유엔에서 국가 승인을 받았다.

- 설명
- 해설
말씀 **어(語)**
- 국어
- 중국어, 일본어
- 영어
- 어감
알/인정할 **인(認)**
- 인식
- 인정
- 승인

꾈 유(誘) 자를 보자. 다른 사람이 어떤 일을 하도록 꾀려면 말을 잘 해야 한다. 그래서 말씀 언 자에 빼어날 수(秀) 자를 붙인 글자가 꾈 유 자이다. 남을 일정한 행동이나 장소로 이끄는 것이 유인(誘引)이다.

관광객을 데려오는 것은 관광객 유치(誘致), 투자를 하도록 만드는 것은 투자 유치이다.

크리스마스, 성탄절(聖誕節)은 예수 그리스도가 태어난 것을 기념하는 날이다. 말씀 언 자에 끌 연(延) 자를 붙이면 태어날 탄(誕) 자가 된다. 석가모니가 태어난 날을 석가탄신일(釋迦誕辰日)이라고 부른다. 음력 사월의 첫 8일이라서 초파일(初八日)이라고도 한다.

불 화 자 두 개를 아래위로 연결한 불꽃 염/아름다울 담(炎) 자 앞에 말씀 언 자가 오면 이야기 담(談) 자가 된다. "오랜만에 만난 친척들과 정담을 나누었다" 정담(情談)은 정겹게 하는 이야기이다.

해결해야 할 숙제나 문제는 과제(課題)이다. 과는 과목/매길 과(課) 자이다. 일정한 기간 동안 배우게 되어 있는 내용은 과정(課程)이다.

꾈 **유(誘)**
- 유인
- 유치

태어날 **탄(誕)**
- 성탄절
- 석가탄신일

이야기 **담(談)**
- 정담

과목/매길 **과(課)**
- 과제
- 과정

둥글 륜(侖) 자를 말씀 언 자에 붙이면 논할 론(論) 자가 된다. 어느 주제에 관해 자신의 생각을 조리 있게 설명하는 글을 논설(論說)이라고 한다.

말씀 언 자에 서울 경(京) 자를 붙이면 헤아릴 량(諒) 자이다. "코로나 바이러스로 영업 시간을 단축하는 점 고객 여러분의 양해를 부탁드립니다" 양해(諒解)는 다른 사람의 사정을 헤아려서 이해하는 것이다.

인터넷 악플처럼 다른 사람을 헐뜯는 것을 비방(誹謗)이라고 한다. 둘 다 말씀 언 자가 부수인 헐뜯을 비(誹), 헐뜯을 방(謗) 자이다.

아팠다가 나은 다음에는 조리를 잘 해야 한다. 조는 말씀 언 자에 두루 주(周) 자를 합한 고를 조(調) 자로, 조리(調理)는 약해진 몸이 회복되도록 음식과 행동에 주의를 기울이는 것이다.

식재료를 갖고 먹을 수 있도록 음식을 만드는 것도 조리(調理)이다. 음식 맛이 나도록 하는 것은 조미(調味)이다. 음악이나 노래의 가락은 곡조(曲調)이다.

말씀 언 자에 푸를 청(靑) 자를 붙인 청할 청(請) 자를

논할 **론(論)**
- 논설

헤아릴 **량(諒)**
- 양해

헐뜯을 **비(誹)**
헐뜯을 **방(謗)**
- 비방

고를 **조(調)**
- 조리
- 조미
- 곡조

보자. 청원(請願)은 원래 바라는 바를 청하는 것인데 주민이 정부나 공공기관에 법의 개정, 폐지나 부패 공무원의 파면과 같은 사항을 요청하는 일도 청원이다.

허영심이 강한 사람은 아첨에 약하다. 아첨할 첨(諂) 자의 **아첨(阿諂)**은 남의 환심을 사거나 잘 보이려고 알랑거리는 것이다. 스스로를 볼 줄 알면 아첨하는 사람이 아니라 자신의 본 모습을 정직(正直)하게 이야기해 주는 사람의 말에 귀를 기울인다.

음을 나타내는 아무 모(某) 자 앞에 말씀 언이 오면 꾀할 모(謀) 자이다. 어떤 일을 하려고 수단과 방법을 마련하는 것은 **도모(圖謀)**이다.

"소위 알박기가 기승을 부리고 있습니다" 위는 말씀 언 자에 밥통 위(胃) 자를 붙인 이를 위(謂) 자로, **소위(所謂)**는 '이른바'라는 뜻이다.

경험이나 학식이 풍부한 전문가에게 의견을 구할 때 흔히 '**자문(諮問)**을 구한다'고 말한다. 물을 자(咨) 자 앞에 말씀 언 자가 붙으면 자문할 자(諮) 자가 된다. 자문하는 사람에게 대답할 때 '자문해 주다'라고 할

청할 **청(請)**	- 청원
아첨할 **첨(諂)**	- 아첨
꾀할 **모(謀)**	- 도모
이를 **위(謂)**	- 소위(이른바)
자문할 **자(諮)**	- 자문

때가 있는데 거꾸로 된 말이다. 답하는 사람이 자문을 받는 것이니까 '자문에 응하다'가 바른 말이다.

경쟁 기업의 기술을 빼가는 산업스파이가 있다. 스파이는 간첩이다. 첩은 말씀 언에 잎 엽(枼) 자를 붙인 염탐할 첩(諜) 자로, **간첩(間諜)**은 경쟁이나 적대 관계에 있는 나라나 조직의 비밀을 몰래 캐 가는 사람이다.

대학에 가면 강의를 듣는다. 강은 역시 말씀 언 자를 부수로 하는 풀 강(講) 자로, **강의(講義)**는 학문이나 기술을 체계적으로 설명해서 가르치는 일이다. 강의를 들을 수 있는 곳은 **강좌(講座)**이다.

이 글자에는 꾀한다, 화해한다는 뜻도 있다. "어서 대책을 강구해야 한다" 알맞은 방법이나 대책을 생각해 내는 것이 **강구(講究)**이다. 전쟁을 하던 나라들이 싸움을 그치고 화해하는 것은 **강화(講和)**이다.

겸할 겸(兼) 자에 말씀 언 자가 부수로 붙으면 겸손할 겸(謙) 자이다. 자신을 낮추고 남을 높이는 것이 **겸손(謙遜)**이다.

노래도 말에 가락을 붙여서 부르는 것이라서 노래

요(謠) 자의 부수가 말씀 언 자이다. **대중가요(大衆歌謠)**는 많은 사람이 즐겨 부르는 노래이다. 옛날부터 서민 사이에서 전해 내려오는 노래는 **민요(民謠)**이다.

고마움을 표현하는 한자는 사례할 사(謝) 자이다. 고맙다는 **감사(感謝)**와 미안하다는 **사과(謝過)**의 사는 같은 글자이다. 이 글자에는 거절한다는 뜻도 있다. 'XX 신문 사절'의 **사절(謝絶)**은 다른 사람이 제공하는 것이나 제의, 요구를 받아들이지 않고 물리치는 것이다.

진흙 근(堇) 자 앞에 말씀 언 자가 오면 삼갈 근(謹) 자가 된다. **근신(謹愼)**은 말과 행동을 삼가 조심하는 것이다. 새해를 삼가 축하하는 것이 **근하신년(謹賀新年)**이다.

국어나 윤리 시간에 '동굴의 오류', '시장의 오류', '무지의 오류' 등 오류라는 말이 나온다. 말씀 언 자에 나라이름 오(吳) 자를 붙인 그릇될 오(誤) 자로, **오류(誤謬)**는 틀린 것, **오해(誤解)**는 다른 사람의 말이나 의도를 잘못 이해하는 것이다.

"타이거 우즈는 제2의 전성기를 구가했다" 구가의

노래 **요(謠)**
- 대중가요
- 민요

사례할 **사(謝)**
- 사절

삼갈 **근(謹)**
- 근조
- 근하신년

근조 리본

그릇될 **오(誤)**
- 오류
- 오해

구는 말씀 언 자에 구역 구(區) 자가 붙은 노래할 구(謳) 자로, **구가**(謳歌)는 일이 잘 되어서 기쁨을 표현하는 것이다.

아는 것은 지식(知識)이다. 식은 말씀 언 자를 부수로 한 알 식(識) 자이다. 아는 것이 있으면 **유식**(有識), 없으면 **무식**(無識)이다.

"내가 그렇게 했다는 증거가 있어?" 증은 말씀 언 자에 오를 등(登) 자를 합한 증명할 증(證) 자로, **증거**(證據)는 사실을 증명하는 근거이다.

주민의 생명, 재산을 보호하는 사람들은 경찰이다. 경은 공경할 경(敬) 자 밑에 말씀 언 자를 넣은 경계할 경(警) 자이고 찰은 살필 찰 자로, **경찰**(警察)은 범죄가 일어나지 않는지 경계하여 살핀다는 뜻이다.

의논할 의(議) 자는 말씀 언 자에 의로울 의(義) 자를 붙인 글자이다. 의논해서 결정하는 것은 **의결**(議決), 회의에서 논의되는 사항은 **의제**(議題)이다. 정치적 문제를 의논하는 모임은 **의회**(議會)이다. 시의 문제를 의논하는 **시의회**(市議會), 나라의 문제를 의논하는 **국회**

노래할 **구**(謳)
- 구가

알 **식**(識)
- 유식 ⇔ 무식

증명할 **증**(證)
- 증거

경계할 **경**(警)
- 경찰

의논할 **의**(議)
- 의결
- 의제
- (시)의회
- 국회

(國會)가 있다. 의회에 참석해서 발언, 토론을 하고 표결에 참가하는 사람이 **의원**(議員)이며, **국회의원**(國會議員)은 주민의 대표로서 국회에 출석하는 사람이다.

말을 다른 나라 말로 옮기는 것은 **통역**(通譯), 글을 다른 나라 글로 옮기는 것은 **번역**(翻譯)이다. 공통으로 들어가는 역은 말씀 언 자에 엿볼 역(睪) 자를 합한 통변할 역(譯) 자이다.

말씀 언 자에 팔 매(賣) 자를 붙이면 읽을 독(讀) 자가 된다. 책을 읽는 것은 **독서**(讀書)이다.

책을 읽은 뒤에 드는 느낌이 **독후감**(讀後感)이다. 반드시 읽어야 하는 책을 **필독서**(必讀書)라고 한다.

변할 변(變) 자의 부수도 말씀 언 자이다. 사물의 모양이나 성질이 달라지는 것은 **변화**(變化)이다. "벌써 변심했어?" **변심**(變心)은 마음이 변하는 것이다.

이 글자에는 재앙이라는 뜻도 있다. 뜻밖의 재앙을 만나 죽은 사람을 보고 '변을 당했다'고 한다. 가끔 뉴스에서 나오는 **변사체**(變死體)란 불의의 사고로 죽은 시신인데, 보통 범죄에 희생되었을 것으로 짐작되는 사람의 시체를 가리킨다.

- 의원

통변할 **역(譯)**
- 번역
- 통역

읽을 **독(讀)**
- 독서
- 독후감
- 필독서

변할 **변(變)**
- 변화
- 변심
- 변사체

도울 양(襄) 자 앞에 말씀 언 자가 오면 겸손할/넘겨줄 양(讓) 자가 된다. 자신에게 돌아오는 좋은 자리나 물건을 받지 않고 다른 사람에게 넘겨 주는 것은 **사양(辭讓)**이다.

겸손할/넘겨줄
양(讓)
- 사양

134 골 곡(谷)

깊은 골짜기의 모습이다. 두 산 사이에서 물이 흐르는 골짜기는 계곡(溪谷)이다. 골 곡 자는 단독으로는 잘 쓰이지 않지만 담을 용(容), 목욕할 욕(浴) 자처럼 다른 글자에 많이 들어가므로 알아 두는 편이 좋다.

- 계곡
담을 **용(容)**
목욕할 **욕(浴)**

135 콩 두(豆)

콩은 그냥 먹기도 하고 삭혀서 **두부(豆腐)**를 만들어 먹기도 한다. 콩 두 자에 머리 혈(頁) 자를 붙이면 머리 두(頭) 자이다.

- 두부

머리 **두(頭)**

한 해 농사가 잘 되면 **풍년(豐年)**이다. 굽을 곡(曲) 자에 콩 두 자를 합하면 풍성할 풍(豐) 자이다. 풍성할 풍 원래 글자는 더 복잡하기 때문에 편의상 굽을 곡 자에 콩 두 자라고 알아두는 것이다.

⑬⑥ 돼지 시(豕)

육달월(月)에 돼지 시 자를 붙이면 식용 돼지를 이르는 돼지 돈(豚) 자가 된다. 농가에서 돼지를 치는 사업은 **양돈(養豚)**이다. 돈가스는 돼지고기를 요리한 포크 커틀릿을 일본식으로 바꾼 음식이다.

옛날에는 코끼리도 덩치 큰 돼지 같다고 생각했나 보다. 코끼리 상(象) 자의 부수도 돼지 시 자이다.

이 글자에는 구체적인 모양이라는 뜻도 있다. 추상적인 관념을 구체적인 사물로 표현하는 것은 **상징(象徵)**이다. 이를테면 프랑스 혁명의 상징은 삼색기(三色旗)라고 할 수 있다.

풍성할 **풍(豐)**
- 풍년

돼지 **돈(豚)**
- 양돈

코끼리 **상(象)**
- 상징

호걸/뛰어날 호(豪) 자를 보자. 삼국지의 영웅들처럼 재주가 뛰어나고 기개가 있는 사람을 호걸(豪傑)이라고 한다. 그런가 하면 너무 호화롭고 사치스러운 생활은 호사(豪奢)스럽다고 한다. 『전쟁과 평화』를 쓴 톨스토이는 러시아의 대문호이다. 문학 작품으로 크게 이름을 떨치는 작가가 문호(文豪)이다.

어떤 일이 닥칠 것을 미리 느끼는 것은 예감(豫感)이다. 예는 줄 여(予) 자에 코끼리 상 자를 합한 미리 예(豫) 자이다.

"도착 예상 시간은 3시입니다" 앞일을 미리 생각하는 것은 예상(豫想)이고 날씨 등을 사전에 알리는 것은 예보(豫報)이다.

호걸/뛰어날 **호(豪)**
- 호걸
- 호사
- 문호

미리 **예(豫)**
- 예감
- 예상
- 예보

⑬⑦ 발 없는 벌레 치/해태 태(豸)

광화문 옆 해태상

선악과 시비를 판단한다는 고대 상상 속 동물은 해태(獬豸)이다. 화재와 재앙을 막는 상서로운 동물로 여겨져 궁궐 입구 등에 세워졌다. 해태는 경복궁의 수호

- 해태

석상이기도 하다.

해태 태 자에 구기 작(勺) 자를 붙이면 표범 표(豹) 자가 된다. 마음이나 행동이 갑자기 바뀌는 것을 표변(豹變)한다고 한다.

⒤ 조개 패(貝)

조개 껍데기 모양을 나타낸 글자이다. 옛날에는 조개를 돈으로 쓰기도 했다. 그래서 조개 패 자는 주로 재물과 빈부, 경제적 거래 관계를 나타내는 글자에 많이 들어간다.

짐을 지는 것은 부담(負擔)이다. 부는 조개 패 자가 부수인 짐 질/패할 부(負) 자이다. 어깨에 메는 짐뿐만 아니라 심리적으로 짐이 되는 책임도 부담이다. "너무 부담갖지 마" 하는 말은 보통 부담을 주면서 하는 말이다.

"작은형은 누나에게 심리적인 부채가 있다" 부채(負債)가 빚이니까 예문은 마음의 빚을 졌다는 말이다.

표범 **표(豹)**
- 표변

짐 질/패할 **부(負)**
- 부담
- 부채

재물 재(財) 자를 보자. 재주 재(才) 자가 오른쪽이고 왼쪽은 부수인 조개 패 자이다. "오늘 재수가 좋은지 길에서 10만 원을 주웠어" 재수(財數)는 재물이 생기거나 좋은 일이 일어날 운수이다.

돈, 돈처럼 값이 나가서 재산으로 칠 수 있는 물건이 재물(財物)이다. 대대로 재계에서 대규모 자본을 굴리는 집단이 재벌(財閥)이다. 벌은 집안을 나타내는 문벌 벌(閥) 자이다. 대부분 글자 그대로 가족 기업이다.

바칠 공(貢) 자의 부수도 조개 패 자이다. 역시 바칠 헌(獻) 자와 합한 공헌(貢獻)은 무슨 일이 이루어지도록 이바지하는 것이다.

"총알이 어깨를 관통했다" 관은 조개 패 자가 있는 꿸 관(貫) 자로, 관통(貫通)은 뚫고 지나가는 것이다. 관철(貫徹)은 자신의 의지를 상대가 수용하도록 하는 것이다.

나눌 분(分) 자가 들어간 가난할 빈(貧) 자는 조개를 나눈다는 뜻이다. 가난해서 조개(돈)를 쪼개 써야 한다는 것이다. 빈부(貧富) 격차는 가난한 사람과 부자의 격차이다.

재물 **재(財)**
- 재수
- 재물
- 재벌

바칠 **공(貢)**
- 공헌

꿸 **관(貫)**
- 관통
- 관철

가난할 **빈(貧)**
- 빈부

빈약(貧弱)은 알차지 못하고 보잘것없는 상태이다.

탐할 탐(貪) 자에도 조개 패 자가 들어 있다. 만족할 줄 모르고 계속 가지려 드는 욕심을 탐욕(貪慾)이라고 한다. 먹을 것을 밝히는 사람을 보고 식탐(食貪)이 있다고 한다.

탐관오리(貪官汚吏)는 세금으로 정한 것 외에 불법으로 백성의 재물을 쥐어짜는 부패한 관리이다.

상품을 파는 일은 판매(販賣)이다. 돌이킬 반(反) 자와 붙이면 팔 판(販) 자가 된다. "올해 회사의 목표는 새 판로를 개척하는 것입니다" 판로(販路)는 상품이 팔려 나가는 길이다.

귀할 귀(貴) 자에도 조개 패 자가 들어간다. 귀중(貴重)한 생명은 귀하고 소중한 생명이다. 공공 문서나 사적인 문서에서 상대를 높여 이르는 말은 귀하(貴下)이다.

조개가 돈이었으니까 사고 파는 일, 매매(買賣)에 다 들어간다. 살 매(買) 자에 선비 사(士) 자 모양을 얹으면 팔 매(賣) 자이다.

- 빈약

탐할 **탐(貪)**
- 탐욕
- 식탐
- 탐관오리

팔 **판(販)**
- 판매
- 판로

귀할 **귀(貴)**
- 귀중
- 귀하

살 **매(買)**
팔 **매(賣)**
- 매매

역이나 터미널, 극장에서 표를 파는 곳은 **매표소(賣票所)**이다. 학교나 도서관 등의 구내에서 음식 등을 파는 가게는 **매점(賣店)**이다.

유럽이나 미국에서는 코로나 때문에 생필품을 사재기하는 곳이 많다고 한다. 많은 양을 미리 사들여서 재 놓는 사재기를 한자어로는 **매점(買占)**이라고 한다.

대신할 대(代) 자에 조개 패 자를 붙이면 빌려줄 대(貸) 자이다. 돈이나 물건을 빌리고 빌려 주는 것은 **대출(貸出)**이다. 세를 받고 빌려 주는 것은 임대이고 그 세는 **임대료(賃貸料)**가 된다.

세 낼 임(賃) 자는 맡길 임(任) 자 밑에 조개 패 자가 들어간 글자로, 일을 해준다는 뜻도 있다. 노동자가 일을 해주고 받는 대가는 **임금(賃金)**이다. **임차(賃借)**는 돈을 내고 남의 물건을 빌려 쓰는 것이다.

돈이 들어오면 쓸 곳도 생긴다. 돈이나 물건을 써서 없애는 것을 한자로 쓸/써 없앨 비(費) 자로 나타내는데, 아닐 불(弗) 자와 조개 패 자를 합한 글자이다.

욕망을 충족하기 위해 재화를 사용하는 것은 **소비(消費)**이다. 어떤 일을 하거나 재화를 구입하는 데 쓰

- 매표소	
- 매점	

빌려줄 대(貸)
- 대출
- 임대료

세 낼 임(賃)
- 임금
- 임차

쓸/써 없앨 비(費)
- 소비

이는 돈은 비용(費用)이다. 쓰지 않아도 되는데 허투루 쓰는 일은 낭비(浪費)이다.

- 비용
- 낭비

경제생활을 하면서 무엇인가를 도모하려면 저축을 해야 한다. 조개 패 자, 갓머리(宀), 고무래 정(丁) 자를 붙이면 쌓을 저(貯) 자이다. 저축(貯蓄)은 물자나 돈을 나중을 위해 모으는 일이다.

쌓을 **저(貯)**
- 저축

완전한 자급자족 사회가 아닌 이상 이웃 나라와 무역(貿易)을 해야 한다. 무는 조개 패 자가 들어간 무역할 무(貿) 자, 역은 바꿀 역(易) 자이다.

무역할 **무(貿)**
- 무역

더할 가(加) 자가 들어가면 축하할 하(賀) 자가 된다. 결혼식과 같은 기쁜 날 축하하러 온 손님은 하객(賀客)이다.

축하할 **하(賀)**
- 하객

뇌물 뢰(賂) 자의 부수도 조개 패 자이다. 오른쪽은 각 각(各) 자이다. 부정한 방법으로 뜻을 이루려 할 때 그 일을 할 권한이 있는 사람에게 슬쩍 건네는 돈이 뇌물(賂物)이다.

뇌물 **뇌(賂)**
- 뇌물

재물/근본/밑천 자(資) 자는 비슷한 음을 나타내는

재물/근본/밑천
자(資)

버금 차(次) 자 밑에 조개 패 자가 들어가 있다. 장사나 영업을 시작할 때의 밑천이 자본(資本)이다.

노래를 잘 하는 아이에게 '가수의 자질이 보인다'고 할 때 자질(資質)은 어떤 일을 할 만한 소질이다.

재물을 훔쳐 가는 도둑 적(賊) 자의 부수도 조개 패 자이고 오른쪽 부분은 오랑캐 융(戎) 자이다. 오랑캐는 다른 민족을 얕잡아 이르는 말이다. 한자를 만든 중국 한족이 볼 때는 자기네 민족이 아니면 죄다 오랑캐였다.

그래서인지 한자에서 범죄, 전쟁, 폭력과 관련된 글자에는 오랑캐가 많이 들어가 있다. 세상을 자기네 중심으로 생각하는 중국 한족의 사고방식이다.

잘못한 사람이 도리어 성을 내는 것을 적반하장(賊反荷杖)이라고 한다. 장은 막대기 장(杖) 자, 하는 들 하(荷) 자이다. 도둑이 사람을 치려고 몽둥이를 든다는 말이다.

손님이 오면 귀하게 대접해야 한다. 그래서 손 빈(賓) 자에도 조개 패 자가 들어 있다. 어떤 행사에 초청을 받아 찾아온 손님은 내빈(來賓)이고 이들을 위해 준비한 자리는 내빈석(來賓席)이다.

실수로라도 남에게 손해를 끼치면 물어 주어야 한다. 배상(賠償)의 배 자는 침 부(咅) 자를 붙인 물어줄 배(賠) 자이다.

장희빈같이 왕의 총애를 잃은 사람 중에는 독약을 마시고 죽은 사람들이 있다. 먹고 죽으라고 왕이 내리는 약이 **사약(賜藥)**이다. 사는 죽을 사 자가 아닌, 조개 패 자에 바꿀 역(易) 자를 합한 내릴 사(賜) 자이다.

세금을 매기거나 의무를 지우는 것을 **부과(賦課)**한다고 한다. 조개 패 자에 무예 무(武) 자를 붙인 매길/줄 부(賦) 자를 쓴다.

"모차르트는 음악에 천부적 재능을 타고났다!" 하늘이 준 듯하여 보통 사람은 따라갈 수 없는 재능이 **천부적(天賦的)** 재능이다.

반드시 있어야 하는 것, 다른 것들의 바탕을 의미하는 한자에 조개 패 자가 들어간다. 바탕/물을/볼모 질(質) 자도 그렇다. 물질의 관성과 무게를 결정하는 것은 **질량(質量)**이다.

다른 것과 구별되는 사물의 성격은 **성질(性質)**이다. 모르는 것을 다른 사람에게 묻는 일은 **질문(質問)**이고,

---

물어줄 **배(賠)**
- 배상

내릴 **사(賜)**
- 사약

매길/줄 **부(賦)**
- 부과
- 천부적 (재능)

바탕/물을/볼모
질(質)
- 질량
- 성질
- 질문
- 인질

요구 조건을 관철시키기 위해 볼모로 잡는 사람은 인질(人質)이다.

상을 준다, 받는다고 할 때의 상은 상 상(賞) 자이다. 이 글자에는 즐기다, 감상하다는 뜻도 있다. 예술 작품 등을 즐기고 평가하는 것은 감상(鑑賞)이다.

노름에 거는 것도 돈이다. 그래서 노름 도(賭) 자의 부수도 조개 패 자이다. 돈이나 물건을 걸고 하는 노름은 도박(賭博)이다.

믿고 의지하는 것은 신뢰(信賴)이다. 뢰는 묶을 속(束) 자에 칼 도(刀) 자, 조개 패 자를 합한 의뢰할 뢰(賴) 자이다.

이 사람이 잘 해 주리라 기대하고 일을 맡기는 것은 의뢰(依賴)이다. 화가는 그림을, 작곡가는 노래 작곡을, 번역가는 번역을 의뢰받는다.

살 구(購) 자를 보자. 조개 패 자에 짤/얽을 구(冓) 자를 붙이면 살 구 자가 된다. 물건을 사들이는 것은 구입(購入)이다.

책을 사서 읽는 일은 구독(購讀)이고, 월간지 등을

상 **상(賞)**
- 감상

노름 도(賭)
- 도박

의뢰할 **뢰(賴)**
- 신뢰
- 의뢰

살 **구(購)**
- 구입
- (정기)구독

일정 기간 동안 사 보면 정기구독(定期購讀)이 된다.

조개 패 자에 일찍 증(曾) 자를 붙인 줄 증(贈) 자와
줄 여(與) 자를 합한 증여(贈與)는 재산을 다른 사람에게
거저 주는 것이다. 하지만 증여세(贈與稅)를 내야 한다.

옳다고 동의하는 것은 찬성(贊成)이다. 찬은 먼저 선
(先) 자 두 개에 조개 패 자를 합한 찬성할/도울 찬(贊)
자이다.

⒀ 붉을 적(赤)

위험이 급박하게 다가왔을 때 적색(赤色)경보를 내
린다.

붉을 적 자에 등글월 문(攵) 자가 붙으면 놓아줄 사
(赦) 자이다. 죄수를 놓아주는 것이 사면(赦免)이다. 광
복절 등 국가의 특별한 날에는 특별사면이 있다.

줄 증(贈)
- 증여(세)

찬성할/도울 찬(贊)
- 찬성

- 적색

놓아줄 사(赦)
- (특별)사면

---

⑭⓪ 달릴 주(走)

사람이 두 팔을 흔들면서 달려가는 모습이다. 역동적인 움직임을 나타내는 글자에 많이 들어간다.

"피나는 노력 끝에 철수는 100m를 11초에 주파하게 되었다" **주파**(走破)는 정해진 거리를 쉬지 않고 달리는 것이다.

새로 임명을 받아 임지로 떠나는 것을 **부임**(赴任)이라고 한다. 부는 달릴 주 자에 점 복(卜) 자를 붙인 다다를 부(赴) 자를 쓴다.

"그 선수는 부상을 딛고 재기했다" 재기의 기는 몸 기(己) 자가 음이 되는 일어날 기(起) 자로, **재기**(再起)는 넘어졌다가 다시 일어나는 것이다.

한도나 기준을 뛰어넘어서 구애받지 않는 상태는 **초월**(超越)이다. 초는 부수인 달릴 주 자에 부를 소(召) 자를 합한 뛰어넘을 초(超) 자이다. "그들의 사랑은 국경을 초월했다" 등으로 쓸 수 있다.

- 주파

다다를 **부**(赴)
- 부임

일어날 **기**(起)
- 재기

뛰어넘을 **초**(超)
- 초월

엘리베이터에 한 번에 탈 수 있는 사람들의 몸무게는 정해져 있어서 그 무게를 넘으면 승강기가 작동하지 않는다. 이때 '인원 초과' 또는 '중량 초과'라고 한다. 초과(超過)는 일정한 한도를 넘는 것이다.

넘을 월(越) 자를 보자. 가을에 스산한 바람이 불면 겨울을 날 준비, 월동(越冬) 준비를 해야 한다. 자신의 권한이 아닌 일을 하는 행동은 월권(越權) 행위이다.

틈틈이 하는 좋아하는 일이 취미(趣味)이다. 취는 달릴 주 자에 취할 취(取) 자를 합한 뜻 취(趣) 자이고 미는 맛 미(味) 자이다.

"요즘 추세가 다 마스크를 쓰는 편이기 때문에......" 추는 꼴 추(芻) 자에 달릴 주 자를 붙인 뒤쫓을/달아날 추(趨) 자로 추세(趨勢)는 세상의 흐름 또는 경향이다.

⑭ 발 족(足)

손발처럼 마음대로 부리는 사람을 수족(手足)이라고

- 초과

넘을 월(越)
- 월동
- 월권

뜻 취(趣)
- 취미

뒤쫓을/달아날
추(趨)
- 추세

한다. 넉넉해서 모자라지 않은 것은 흡족(洽足)한 상태이다.

- 수족
- 흡족

책상다리를 한자어로 가부좌(跏趺坐)라고 한다. 더할 가(加) 자, 사내 부(夫) 자에 발 족 자가 부수로 들어가 각각 책상다리 가(跏) 자, 책상다리 부(趺) 자가 된다.

책상다리 가(跏)
책상다리 부(趺)
- 가부좌

발 족 자가 부수인 글자 중 가장 많이 쓰는 한자는 길 로(路) 자가 아닐까. 각 각(各) 자를 붙이면 길 로 자가 된다. 버스와 같은 대중교통수단이 정기적으로 다니는 길은 노선(路線)이다. "광화문 집회로 272번 버스 노선이 변경되었습니다" 등으로 쓸 수 있다.

비행기가 가는 길도 노선이다. 아메리카로 가는 항공편은 미주 노선, 프랑스나 독일 쪽으로 가는 항공편은 유럽 노선이라고 한다.

길 로(路)
- 노선

발 족 자에 각각 조 조(兆) 자, 꿩 적(翟) 자를 합하면 뛸 도(跳), 뛸 약(躍) 자가 된다. 붙이면 뛰어오른다는 도약(跳躍)이다. 영어로 점프(jump)다.

뛸 도(跳)
뛸 약(躍)
- 도약

"파도가 부서지는 바위섬 인적없는 이곳에……" 인적(人跡)은 사람의 자취이다. 적은 발 족 자에 역시 역

(亦) 자를 붙인 자취 적(跡) 자이다.

  "경찰은 범인을 추적했다" 자취 적 자를 쫓을 추(追)
자와 합한 추적(追跡)은 도망가는 사람의 흔적을 쫓는
것이다.

  춤을 한자어로 무용(舞踊)이라고 한다. 고전무용, 현
대무용 등이 있다. 용은 발 족 자에 길 용(甬) 자를 붙
인 춤출/뛸 용(踊) 자이다.

  밟을 답(踏) 자를 보자. 합할 답(沓) 자를 붙인 글자
이다. 어느 곳에 실제로 가서 둘러보며 조사하는 일은
답사(踏査)이다. 새로운 것을 가미하지 않고 이전의 기
법이나 관례를 그대로 따르는 것은 답습(踏襲)이다. 답
보(踏步)는 제자리걸음으로, 어떤 일에서 발전하지 못
하고 같은 수준에 머무르는 것이다.

  아는 것이 많아도 그대로 하지 못하면 소용이 없다.
아는 대로 하는 것은 실천이다. 천은 발 족 자에 적을
전(戔) 자를 붙인 밟을/행할 천(踐) 자로, 실천(實踐)은
실제로 행동하는 것이다.

  동학혁명이 일어나기 전까지는 양반과 상민, 천민

자취 **적(跡)**
- 인적
- 추적

춤출/뛸 **용(踊)**
- 무용

밟을 **답(踏)**
- 답사
- 답습
- 답보

밟을/행할 **천(踐)**
- 실천

의 구분이 있어서 노비 노릇을 하는 사람이 많았다고 한다. 그때까지 얼마나 많은 사람의 인권이 유린되었을까?

유는 발 족 자에 부드러울 유(柔) 자를 붙인 짓밟을 유(蹂) 자, 린 역시 발 족이 들어간 짓밟을 린(躪) 자로, 유린(蹂躪)은 함부로 짓밟고 파괴하는 것이다.

영화 등에서 서양 역사물을 보면 귀족 남녀가 쌍쌍이 춤을 추는 무도회가 나온다. 무도의 도는 발 족 자에 퍼낼 유(舀) 자를 붙인 밟을 도(蹈) 자이다. 스텝을 밟는다는 말이다. 무도회(舞蹈會)는 춤을 추는 모임이다.

역사적인 사실의 흔적은 유적이다. 적은 꾸짖을 책(責) 자를 합한 자취 적(蹟) 자로, 앞에서 나온 자취 적(跡) 자와 같은 글자이다. 서울 암사동에는 선사시대 유적지(遺蹟地)가 있다.

발은 유용한 기관이지만 고생을 많이 해서 그런지 냄새가 나기도 한다. "그 사람은 밉살스러운 짓을 많이 해서 자주 빈축을 산다"와 같은 말에서 빈축(顰蹙)의 찡그릴 축(蹙) 자에 그래서 발 족 자가 들어간다.

짓밟을 **유(蹂)**
짓밟을 **린(躪)**
- 유린

밟을 **도(蹈)**
- 무도회

자취 **적(蹟)**
- 유적지

찡그릴 **축(蹙)**
- 빈축

"그 뒤 홍길동의 종적을 알 수가 없었다" 종적의 종은 음을 나타내는 따를 종(從) 자가 발 족 자 뒤에 온 자취 종(蹤) 자로 종적(蹤跡)은 발자국, 즉 사람의 행방이다.

가장 인기있는 스포츠는 뭐니뭐니해도 축구(蹴球)이다. 축은 발 족 부수에 나아갈 취(就) 자를 합한 찰 축(蹴) 자이다. 소문, 의혹 등을 단호하게 부정하고 무시하는 것은 일축(一蹴)이다.

"궁금한 점이 있으면 주저하지 말고 물어보렴" 망설이는 것이 주저(躊躇)이다. 나갈까 말까, 발을 디딜까 말까 망설인다는 의미로 발 족 자에 목숨 수(壽) 자를 붙인 망설일 주(躊), 드러날 저(著) 자를 붙인 망설일 저(躇) 자를 쓴다.

자취 **종(蹤)**
- 종적

찰 **축(蹴)**
- 축구
- 일축

망설일 **주(躊)**
망설일 **저(躇)**
- 주저

발 족 변형 부수

141-1 짝 필(疋: 발 소)

무릎 아래 다리 부분을 본뜬 모양이라고 한다. 짝 필(匹) 자와도 통해서 부수로는 짝 필이라고 한다.

사람이 어울려 지내려면 소통해야 한다. 발 소(疋) 자를 부수로 하는 트일/성길 소(疏) 자와 통할 통(通) 자를 합한 소통(疏通)은 막히지 않고 대화나 교통이 이루어지는 것이다.

미심쩍어서 믿지 못하는 마음은 의심(疑心)이다. 의는 의심할 의(疑) 자이다. "이제까지의 믿음에 회의가 들었다" 회의(懷疑)는 의심을 품는 것이다.

트일/성길 **소(疏)**
- 소통

의심할 **의(疑)**
- 의심
- 회의

⑭ 몸 신(身)

"그렇게 하는 편이 신변에 좋을 거야" 신변(身邊)이
란 몸의 주위, 즉 그 사람 일신의 형편을 말한다. 앞의
문장은 그렇게 해야 몸에 좋을 것이라는 협박이다. 신
상(身上)은 인적 사항, 개인 정보이다. 신원(身元)과 바
꾸어 쓸 수 있다.

- 신변
- 신상
- 신원

신분(身分)은 사람의 분수, 즉 사회적인 위치이다. 사
람의 사정이나 형편은 신세(身世)라고 할 수 있다. "조
금씩 사기에 맛을 들이더니 결국 철창 신세를 지고 말
았다" 등으로 쓸 수 있다.

- 신분
- 신세

⑭ 수레 차/거(車)

운전하면서 타고 다니는 차는 자동차(自動車)이다.
바퀴가 두 개인 오토바이는 이륜차(二輪車), 페달을 밟

- 자동차
- 이륜차

는 차는 **자전거(自轉車)**이다.

조직 내에서 의견이 맞지 않아 충돌하는 것은 **알력 (軋轢)**이다. 수레 차에 각각 새 을(乙) 자, 즐거울 락(樂) 자를 붙인 삐걱거릴 알(軋) 자, 삐걱거릴 력(轢) 자를 쓴다. 차가 잘 굴러가지 않고 덜컹덜컹하듯이 불협화음이 들린다는 의미이다.

군사 군(軍) 자를 보자. **전차(戰車)**가 강한 힘을 발휘하기 때문에 수레 차 자가 군대를 상징하는 글자에 들어간 것이다. 군대 생활을 하지는 않지만 필요할 때 대비해 전쟁에 나갈 수 있는 병력이 **예비군(豫備軍)**이다.

기차나 **전차(電車)**는 깔아 놓은 철로를 따라서만 움직인다. 이렇게 정해진 길이 **궤도(軌道)**이다. 궤는 아홉 구(九) 자가 들어간 바퀴 자국 궤(軌) 자이다. 행성이 항성 주위를 도는 길, 인공위성이 지구 주위를 도는 길도 궤도라고 한다.

어린 닭을 뜻하는 영계는 보들보들한 닭이라는 **연계(軟鷄)**의 발음이 변한 말이다. 부드러울 연(軟) 자의 부수도 수레 차 자이다. 몸이 약하거나 의지가 강하지

- 자전거

삐걱거릴 **알(軋)**
삐걱거릴 **력(轢)**
- 알력

군사 **군(軍)**
- 예비군

바퀴 자국 **궤(軌)**
- 궤도

태양계 행성들의 궤도

부드러울 **연(軟)**
- 연계

못한 상태를 **연약**(軟弱)하다고 한다.

차는 사람이 타기도 하지만 짐을 실어 나르는 데도 이용한다. 실을 재(載) 자를 보면 알 수 있다. 차에 화물을 싣는 것은 차량 **적재**(積載)이다. 신문이나 잡지에 글을 싣는 것은 **게재**(揭載)이다.

수레 차 자에 물줄기 경(巠) 자를 붙이면 가벼울 경(輕) 자가 된다. 동작이나 기분이 가볍고 상쾌한 것은 **경쾌**(輕快)하다고 한다. 앞뒤를 헤아리지 않고 생각나는 대로 움직이는 것은 **경솔**(輕率)한 행동이다.

둥글 륜(侖) 자를 합하면 바퀴/돌 륜(輪) 자가 나온다. 바퀴가 계속 구르듯이 죽었다가 다른 생물로 다시 태어나기를 반복하는 일을 **윤회**(輪廻)라고 한다.

물건을 외국에 팔아 나라 밖으로 내보내는 것은 **수출**(輸出), 외국 물건을 사 들여오는 것은 **수입**(輸入)이다. 실어나를 수(輸) 자가 들어간다.
차량, 비행기, 배 등의 운송 수단으로 사람이나 물자를 나르는 일은 **수송**(輸送)이다.

- 연약

실을 재(載)
- 적재
- 게재

가벼울 경(輕)
- 경쾌
- 경솔

바퀴/돌 륜(輪)
- 윤회

실어나를 수(輸)
- 수출
- 수입
- 수송

"문의전화가 폭주(輻輳)해서 정신을 차릴 수 없었다" 수레 차 자에 각각 가득할 복(畐) 자, 연주할 주(奏) 자를 붙인 바퀴살 폭(輻) 자, 몰려들 주(輳)를 합하면 폭주가 된다.

폭 자는 복 자로 쓰이기도 한다. 과학 시간에 **복사**(輻射)라는 말을 배울 기회가 있을 텐데 사는 쏠 사(射) 자로, 태양이나 지구와 같은 천체가 빛이나 열을 주위로 내쏘는 것이 복사다.

정치를 하려면 여론을 존중해야 한다. 여는 더불 여(輿) 자에 수레 차 자를 넣은 가마/여러 여(輿) 자로, **여론**(輿論)은 많은 사람들이 전반적으로 하는 생각이다.

"우리 관할 구역이 아니다" 할은 수레 차 자에 해로울 해(害) 자를 붙인 다스릴 할(轄) 자로, **관할**(管轄)은 일정한 권한을 갖고 관리하는 일이다.

수레 차 자에 오로지 전(專) 자를 붙이면 구를/돌 전(轉) 자가 된다. 다른 학교로 옮기는 것을 **전학**(轉學)이라고 한다.

제자리를 돌거나 다른 물체의 주위를 돈다면 **회전**(回轉)하는 것이다. 지구가 혼자 도는 것은 **자전**(自轉)이

바퀴살 **폭/복(輻)**
몰려들 **주(輳)**
- 폭주
- 복사

가마/여러 **여(輿)**
- 여론

다스릴 **할(轄)**
- 관할

구를/돌 **전(轉)**
- 전학
- 회전
- 자전

고 태양 주위를 도는 것은 공전(公轉)이다.

소련은 폐쇄 경제를 고집하다가 망했다. 중국은 소련의 전철을 밟지 않도록 부분적으로 개방 경제 시스템을 도입했다. 철은 바퀴 자국 철(轍) 자로 전철(前轍)은 앞 사람의 실패를 말한다.

⑭ 매울 신(辛)

살벌한 부수이다. 여기서 맵다는 말은 음식 맛이 맵다기 이전에 형벌이 가혹하다는 의미이다. 옛날 중국에서 죄수의 몸이나 얼굴에 강제로 문신을 새기던(경을 친다고 한다) 바늘을 나타내는 상형 문자가 매울 신(辛) 자이다.

묶을 속(束) 자와 합하면 매울 랄(辣) 자이다. 여기 매울 신 자를 합한 신랄(辛辣)은 되게 맵다, 즉 비평이 사정없이 날카롭다는 말이다.

- 공전

바퀴 자국 철(轍)
- 전철

매울 랄(辣)
- 신랄

"작년 수능 영어는 너무 쉬워서 변별력이 떨어졌어" 시험 성적에 차이가 나야 하는데 다 비슷한 결과가 나오면 **변별력**(辨別力)이 없다고 한다. 변은 매울 신 자 두 개 사이에 선 칼 도 방(刂)을 넣은 분별할 변(辨) 자이다.

이 글자에는 밝힌다, 해명한다는 뜻도 있다. 그래서 잘못한 일에 이유를 대는 **변명**(辨明)의 변이 밝힐 변(辨) 자이다.

앞서 매울 신 자가 강제로 문신을 새기는 바늘의 모양이라고 했다. 먹물을 넣는 것이니까 말, 이야기를 글로 쓴다는 것과도 통한다. 그래서 말 사(辭) 자의 부수도 매울 신 자이다. 그 나라 언어의 낱말을 모은 책을 **사전**(辭典)이라고 한다.

말씀 언(言) 자가 매울 신 자 두 개 사이에 들어가면 말 잘할 변(辯) 자이다. **변호사**(辯護士)는 고발을 당한 사람을 언변으로 보호하는 사람이다.

| 분별할 **변**(辨) |
| - 변별력 |
| - 변명 |

| 말 **사**(辭) |
| - 사전 |

| 말 잘할 **변**(辯) |
| - 변호사 |

⑭⑤ 별 신/진(辰)

어른의 생일을 높여서 생신(生辰)이라고 한다.

별 신 자 밑에 마디 촌(寸) 자를 붙이면 욕보일 욕(辱)
자다. "방심해서 연습을 게을리하다가 치욕적인 패배
를 당했다" 치욕(恥辱)은 욕되고 수치스러운 것이다.

옛날에는 별자리를 보고 씨 뿌리는 때, 수확하는 때
를 정했다고 한다. 그래서 농사 농(農) 자에 별 신 자
가 있다. 농사를 짓는 사람은 농민(農民)이다. 직업으로
서의 농사는 농업(農業)이다.

⑭⑥ 닭 유(酉)

태어난 해의 띠를 따지기 위해 동물 중 닭에 대응시
킨 것이지 원래는 닭과 관계가 없는 글자이다. 이 글

- 생신

옥보일 욕(辱)
- 치욕

농사 농(農)
- 농민
- 농업

자가 가리키는 것은 술이라서 사실은 술 유(酉) 자라
고 해도 무방하다.

"어디서 되지 않는 수작이야!" 잔 돌릴 수(酬) 자에
술 따를 작(酌) 자를 합한 **수작(酬酌)**은 술잔을 주고받
으며 이야기한다는 뜻인데, 황당한 요구라는 뜻이 더
해졌다.

"올림픽을 개최하려면 문화가 다른 나라에서 오는
선수들도 배려해야 한다" 나눌 배(配) 자를 넣은 **배려**
(配慮)는 상대가 불편하지 않도록 마음을 쓰는 것이다.

각 각(各) 자와 합하면 발효된 젖과 관계가 있는 타
락 락(酪) 자가 된다. 소나 양 등의 젖을 생산하거나
그 젖으로 치즈, 요구르트 등을 만드는 산업이 **낙농업**
(酪農業)이다.

잔 돌릴 **수(酬)**
- 수작

나눌 **배(配)**
- 배려

타락 **락(酪)**
- 낙농업

147 분별할 변(釆)

이 부수에 한 획을 더하면 캘 채(采) 자가 된다. 윗부분은 손을 나타내는 손톱 조(爪) 자가 바뀐 모양이고, 아랫부분의 나무 목 자는 식물을 나타내어 손으로 풀이나 나무를 뽑는 모양을 표현한다.

캘 채 자에는 무늬/빛깔이라는 뜻도 있다. "저 사람은 풍채가 좋다" 겉으로 보이는 사람의 모습이 풍채(風采)이다.

분별할 변(釆) 자에 엿볼 역(睪) 자를 합하면 풀 석(釋) 자이다. 감옥에 있는 사람을 풀어 주는 것을 석방(釋放)이라고 한다.

캘 채(采)
- 풍채

풀 석(釋)
- 석방

148 마을 리(里)

흙(土)과 밭(田)이 있어 사람들이 살 수 있는 곳, 마을을 그린 글자이다.

리(里)는 거리의 단위이기도 한다. 약 393m이다. 어느 곳까지의 방향과 거리를 알려 주려고 도로에 세운 표가 **이정표**(里程標)이다. 강물이 막힘없이 천 리를 흐르듯이 어떤 일이 신속하게 이루어지는 것을 보고 **일사천리**(一瀉千里)라고 한다.

마을 리 자에 일천 천(千) 자를 얹으면 무거울 중(重) 자이다. 몸무게는 **체중**(體重)이다. 무겁다는 것은 중요하다는 것이고 중복할 수도 있다는 것이다. 필요해서 가볍게 다룰 수 없는 사안은 **중요**(重要)한 사안이다.

심하게 다치면 **중상**(重傷)을 입은 것이다. 중상을 입거나 병세가 심각해져서 위급한 사람은 **중태**(重態)에 빠졌다고 한다. 함부로 대하지 않고 신경을 써서 대하는 것은 **존중**(尊重)이다.

마을이 있으면 사람이 살지 않는 들도 있다. 들 야(野) 자도 부수는 마을 리 자이다. 이 글자는 거친 상태, 정식으로 인정받지 못하는 것이나 주류가 아닌 집단 등을 나타낸다. 정부와 뜻을 같이하지 않고 견제하는 당은 **야당**(野黨)이다.

- 이정표
- 일사천리

무거울 중(重)
- 체중
- 중요
- 중상
- 중태
- 존중

들 야(野)
- 야당

문명이 원시적인 수준에 머물러 있는 것을 **야만**(野蠻)이라고 한다. 정사(正史)로 생각되지 않고 에피소드처럼 여겨지는 역사적 이야기는 **야사**(野史)이다.

"이번 영화는 스필버그 감독의 야심작이다" 무엇인가를 이루려고 벼르는 마음은 **야심**(野心)이다. 큰 일을 이루겠다는 포부는 **야망**(野望)이다.

양 량(量) 자는 마을 리 자에 아침 단(旦) 자를 얹어서 나온 글자이다(조합된 글자를 이렇게 풀어서 이야기하는 것은 쉽게 기억하라는 것이지, 반드시 이 글자가 이렇게 만들어졌다는 뜻은 아니다).

여러 지점의 위치에 따라 상호 간의 방향, 각도, 거리 등을 파악하는 일은 **측량**(測量)이다. "경찰은 코로나 사태에 마스크를 대량 밀수출한 일당을 붙잡아 조사 중입니다" 대량(大量)은 많은 양이다.

⑭⑨ 쇠/금 금(金)

산 속에 금속이 묻혀 있음을 표현한 글자라고 한다.

성씨 김씨이기도 한다.

열, 전기가 잘 통하고, 잘 펴지고 늘어나며 광택이 나는 물질을 금속(金屬)이라고 한다. 금, 은 등 값이 나가는 금속은 귀금속(貴金屬)이다.

백인의 황금색 머리카락은 금발(金髮)이다. 요새는 염색 기술이 뛰어나 백인이 아니라도 금발이 많다. 금(金)은 돈을 뜻하기도 한다. "금액이 차이나는데요" 금액(金額)은 돈의 액수이다.

바늘 침(針) 자는 쇠 금 부수에 열 십(十) 자를 합한 글자이다. 쇠 금 자는 바늘이 쇠붙이이기 때문에 붙었고 열 십 자는 바늘의 가늘고 뾰족한 성질을 표현하는 부분이다.

바늘이 북쪽을 가리키게 되어 있는 도구는 나침반(羅針盤)이다.

진 칠 둔(屯) 자를 합하면 무딜 둔(鈍) 자이다. 직각보다 작은 각은 날카롭다고 해서 예각(銳角), 직각보다 큰 각은 무디다고 해서 둔각(鈍角)이라고 한다.

"피헤자는 둔기로 머리를 맞아 사망했다" 둔기(鈍器)는 몽둥이같이 뭉툭하면서 무기가 될 수 있는 물건

쇠/금/성씨 **금/김**(金)
- 금속
- 금발
- 금액

바늘 **침**(針)
- 나침반

무딜 **둔**(鈍)
- 둔각 ⇔ 예각
- 둔기

각의 종류

이다. 자극에 반응이 느리거나 없는 사람은 둔하다고 한다. 반대는 예민(銳敏)이다.

쇠 금 자에 근본 본(本) 자를 합하면 바리때 발(鉢) 자이다. 스님이 집집을 돌면서 불경을 외우고 시주를 부탁하는 것은 **탁발(托鉢)**이다.

연필은 왜 연필일까? 연은 쇠 금 자가 부수인 납 연 (鉛) 자이다. 연필심이 **흑연(黑鉛)**이기 때문에 **연필(鉛筆)**이라고 하는데 사실 흑연은 순수한 탄소이고 납은 아니다. 다이아몬드도 흑연처럼 순수 탄소이다.

올림픽에서는 1, 2, 3등에게 메달을 준다. 우승자는 금메달, 2위는 **은메달**, 3위는 **동메달**이다. 금은 말할 것도 없이 금(金), 은은 쇠 금 자에 머무를 간(艮) 자를 붙인 은 은(銀), 동은 쇠 금 부수에 같을 동(同) 자가 합쳐진 구리 동(銅) 자이다.

은하수(銀河水)는 구름이 없으면 밤에 남북으로 길게 보인다. 돈을 맡았다가 이자를 쳐서 주거나 빌려주고 이자를 받는 대표적인 금융업체는 **은행(銀行)**이다. 청나라 시대에 은이 주요 화폐였기 때문에 은행이라고 했다.

둔하다 ⇔ 예민하다

바리때 **발(鉢)**
- 탁발

납 **연(鉛)**
- 흑연
- 연필

은 **은(銀)**
구리 **동(銅)**
- 은하수
- 은행

구리로 만들어 세운 상은 **동상**(銅像)이다. 지폐와 달리 작고 동그랗게 찍어 내는 돈은 동전(銅錢)이다.

"내 말을 명심하도록 해라" 명은 쇠 금 자에 이름 명(名) 자를 붙인 새길 명(銘) 자이다. 잊지 않도록 마음에 새기는 것이 **명심**(銘心)이다.

핵무기로 군사력을 가늠하는 요즘 총은 재래식 무기이다. 쇠 금 자에 비슷한 음을 나타내는 가득할 충(充) 자를 붙이면 총 총(銃) 자이다.

바꿀 태(兌) 자에 쇠 금 자를 붙이면 날카로울 예(銳) 자이다. 칼 같은 날붙이가 날카로운 것을 **예리**(銳利)하다고 한다.

인도는 보도블럭으로 포장하고 차도는 아스팔트로 포장을 한다. 포는 쇠 금 자에 클 보(甫) 자를 붙인 깔/펼 포(鋪) 자이다. 길 바닥에 덮을 재료를 깔아서 단단하게 다지는 일이 **포장**(鋪裝)이다. 노포(老鋪)는 대대로 내려오는 오래된 가게이다.

비단 백(帛) 자에 쇠 금 자를 붙이면 비단 금(錦) 자

- 동상
- 동전
새길 **명**(銘)
- 명심
총 **총**(銃)
날카로울 **예**(銳)
- 예리
깔/펼 **포**(鋪)
- 포장
- 노포

이다. 성공해서 고향으로 돌아오는 것을 금의환향(錦衣還鄕)이라고 한다.

아름답게 수를 놓은 비단은 금수(錦繡)로, 금수강산(錦繡江山)은 우리나라의 자연을 비유적으로 이르는 말이다.

감옥에 가면 징역 아니면 금고가 기다리고 있다. 금고(禁錮)는 그냥 감방에 갇혀 있는 것이다. 고는 쇠 금자에 굳을 고(固) 자를 붙인 막을 고(錮) 자이다.

붓이 나오기 전에는 쇠처럼 단단한 끌로 나무 같은데다가 글을 새기기도 했다. 그래서 기록할 록(錄) 자의 부수가 쇠 금 자이고, 오른쪽 부분은 나무 깎을/새길 록(彔) 자이다. 영상을 기록하면 녹화(錄畫), 소리를기록하면 녹음(錄音)이다.

돈 전(錢) 자는 쇠(금속) 금 자를 부수로 한다. 금전(金錢)은 돈을 한문으로 이르는 말이다. "금전 관계가깨끗해야 한다" 등으로 쓸 수 있다.

옛 석(昔) 자와 합하면 섞일/어긋날 착(錯) 자가 나온다. 어느 것을 다른 것과 헷갈리면 착각(錯覺), 착각

비단 금(錦)
- 금의환향
- 금수강산

막을 고(錮)
- 금고

기록할 록(錄)
- 녹화
- 녹음

돈 전(錢)
- 금전

섞일/어긋날 착(錯)
- 착각

해서 일을 잘못 처리하면 **착오**(錯誤)이다.

얼마 전부터 인기를 끄는 중국 음식 중에 **꿔바로우**(鍋包肉)가 있다. 돼지고기에 감자 전분을 입혀 튀긴 다음 식초, 설탕, 간장 따위로 만든 새콤달콤한 소스를 묻힌 음식이다. 꿔는 노구솥/냄비 과(鍋) 자이다.

지금은 서울 사대문 안팎을 마음대로 드나들지만 옛날에 한양과 같은 성곽 도시는 성문을 열 때만 출입할 수 있었다. 성문을 잠그는 빗장과 여는 열쇠처럼 문제 해결에 중요한 것이 **관건**(關鍵)이다. 건은 쇠 금 자와 세울 건(建) 자를 합한 자물쇠/열쇠 건(鍵) 자이다.

반짝이는 것이 다 금은 아니다. 겉으로는 금이라도 속은 구리나 비금속일 수 있다. 도금 기술 덕분이다. 정도 도(度) 자에 쇠 금 자를 합하면 도금할 도(鍍) 자이다. **도금**(鍍金)이란 금속 표면에 다른 금속을 입히는 것이다.

단련(鍛鍊)은 금속을 불에 달구었다가 찬물에 급히 식히는 과정을 반복해서 단단하게 만드는 것인데, 심신을 강하게 만드는 것을 빗대어 이르기도 한다. 쇠

- 착오

노구솥/냄비 **과(鍋)**

놋이나 구리로 만든 노구솥

자물쇠/열쇠 **건(鍵)**
- 관건

도금할 **도(鍍)**
- 도금

- 단련

금 자에 각각 계단 단(段) 자, 분별할 간(柬) 자를 합한 두드릴 단(鍛), 쇠 불릴 련(鍊) 자이다.

코로나 19로 인해 에스파냐 같은 유럽 국가들은 확진자가 많은 도시를 통째로 봉쇄하기도 했다. 쇄는 자물쇠/쇠사슬 쇄(鎖) 자이다. 봉쇄(封鎖)란 물샐틈 없이 틀어막는 것이다.

미국을 인종의 용광로라고 한다. 이민이 많아서 온갖 인종이 있기 때문이다. 담을 용(容) 자가 붙으면 녹일/거푸집 용(鎔) 자이다. 용광로(鎔鑛爐)는 높은 온도로 광석을 녹여서 필요한 금속을 뽑는 가마이다.

미얀마에서는 민주화를 요구하는 시위대를 무자비하게 진압했다. 진은 누를/진 진(鎭) 자로 진압(鎭壓)은 시위 등을 억눌러서 못하게 하는 것이다. 통증을 가라앉히는 것은 진통(鎭痛)이다.

거울이 없으면 무엇으로 얼굴을 비춰 볼까. 거울이 빛을 반사하게 하기 위해 수은 등의 금속(수은은 금속이다)을 안에 입힌다. 그래서인지 거울 경(鏡) 자의 부수도 쇠 금 자이다.

렌즈를 통해 사물을 보는 기구도 '경'이다. 먼 곳을 당겨 보는 기구는 **망원경**(望遠鏡), 작은 것을 확대해서 보는 기구는 **현미경**(顯微鏡), 눈이 나쁜 사람이 쓰는 기구는 **안경**(眼鏡)이다.

- 현미경
- 안경

해마다 연말이 되면 종을 치는 **종각**(鐘閣)은 종을 걸어 놓고 치는 누각이다. 종각(보신각)이 있는 대로가 종로(鐘路)이다. 종은 쇠 금 자에 아이 동(童) 자를 붙인 종 종(鐘) 자이다.

종 **종(鐘)**
- 종각
- 종로

종로의 보신각

철은 중요한 무기질 영양소이다. 빈혈 증상은 철분이 모자라서 생기는 것이다. 철(鐵)도 금속이라 부수로 쇠 금 자가 들어간다. 기차가 달리도록 철로 깐 길은 **철도**(鐵道), 철을 제련하는 일은 **제철**(製鐵)이다.

쇠 **철(鐵)**
- 철도
- 제철

"순직한 경찰관의 용감한 행동은 경찰의 귀감이 되었다" 귀감의 감은 볼 감(監) 자가 음이자 뜻이 되는 거울 감(鑑) 자로, **귀감**(龜鑑)은 모범이 되는 사례이다.

거울 **감(鑑)**
- 귀감

넓을 광(廣) 자를 합하면 각종 광물질을 뜻하는 쇳돌 광(鑛) 자가 된다. 금이 나는 곳은 **금광**(金鑛), 석탄이 있으면 **탄광**(炭鑛)이고 이렇게 금속 원료나 지하자

쇳돌 **광(鑛)**
- 금광
- 탄광

원을 캐는 산업을 광업(鑛業)이라고 한다.

⑮⓪ 길/맏/어른 장(長)

긴 거리는 장거리(長距離), 긴 기간은 장기간(長期間)이다. 자라서 어른이 되는 것은 성장(成長)이다.

맏아들은 장남(長男), 맏딸은 장녀(長女)가 된다. 어느 부서를 책임지고 업무를 총괄하는 사람은 부장(部長)이다.

⑮⓵ 문 문(門)

얼핏 봐도 문처럼 생겼다. 건물 앞에 있는 문은 정문(正門), 뒤에 있으면 후문(後門)이다. 자동으로 열리고 닫히는 문은 자동문(自動門)이다.

한 가지 분야를 중점적으로 연구하는 것은 전문(專門)이고 그렇게 연구하는 사람을 전문가(專門家), 그 쪽 분야를 전혀 모르는 사람을 문외한(門外漢)이라 한다.

집에 들어가려면 문을 열어야 한다. 문 문 자 안에 받들/손 맞잡을 공(廾) 자가 들어가면 열 개(開) 자이다. 학교의 학기 시작은 개학(開學)이다.

제한하지 않고 자유롭게 교류하도록 하는 것은 개방(開放)이다. '지하철 12호선을 개통했다' 개통(開通)은 새로 닦은 도로나 철도에서 통행을 시작하는 것, 새로 설치하거나 구입한 집 전화, 휴대폰 등의 통신을 시작하는 것이다.

집에 들어오면 문을 닫는다. 재주 재(才) 자를 문 문 자 속에 넣으면 닫을 폐(閉) 자이다. 여기서 재주 재 자 모양은 큰 빗장을 걸어 문을 잠금을 나타낸다.

폐막(閉幕)은 처음에 연극의 막을 내리고 마친다는 말이었는데 엑스포나 올림픽 등의 행사를 끝마치는 것도 가리키고 있다. 국회 등 회의를 마치는 것은 폐회(閉會)이다.

열린 문 사이로 해(日)가 비치면 사이 간(間) 자이다.

- 전문(가)
- 문외한

열 개(開)
- 개학
- 개방
- 개통

닫을 폐(閉)
- 폐막
- 폐회

사이 간(間)
- 간간이

"해가 나는 간간이 비가 왔다" '간간(間間)이'는 어떤 때의 사이사이에, 틈틈이라는 말이다.

물건이나 현상 사이의 거리는 **간격(間隔)**이다. 직접 작용하지 않고 중간에 한 다리를 통해서 관계하는 것은 **간접(間接)**이다. 험담을 해서 친구 사이를 멀어지게 하는 짓은 **이간(離間)**질이다.

2월에 29일이 없는 해가 더 많다. 생일이 2월 29일인 사람은 어떻게 할까? 28일을 생일로 해야 하나?

구슬 옥(玉) 자와 문 문 자를 합하면 윤달 윤(閏) 자이다. 달력과 실제 시간의 차이를 조절하기 위해 평소에 없는 날을 넣은 달이 **윤달**이다. 올해 2월에 29일이 있다면 2월이 윤달, 올해는 **윤년(閏年)**이 된다.

문 문 자에 기쁠 열(兌) 자가 들어가면 살필/볼 열(閱) 자가 된다. 도서관 같은 곳에서 책을 보는 곳은 **열람실(閱覽室)**이다. 국가 원수 같은 사람이 군대의 상태를 직접 검열하는 것은 **열병(閱兵)**이다.

국군의 날 열병식

넓을 활(闊) 자는 살 활(活) 자가 문 문 자에 들어간 모양이다. **활보(闊步)**는 성큼성큼 거리낌없이 다니는 것이다.

빗장 관(關) 자를 보자. 사람이나 사물, 현상이 서로 관련을 맺고 있으면 관계(關係)가 있는 것이다. 뼈와 뼈가 닿아서 연결된 곳을 관절(關節)이라고 한다.

⑮② 언덕 부(阜)

이 글자는 본 모양 그대로는 거의 쓰지 않는다. 그러나 변형 부수 좌부 변(阝)은 다른 글자에 많이 들어간다. 돌아갈 귀(歸) 자의 왼쪽 위, 장수 수(帥) 자의 왼쪽에는 이 글자를 비교적 덜 변형시킨 모양이 들어가 있다.

언덕 부 변형 부수

152-1 좌부 변(阝)

언덕 부(阜) 자가 왼쪽 변에 올 때의 모습이다.

"장기는 공격과 방어로 이루어진다" 방은 좌부 변이 부수로 들어간 막을 방(防) 자로, 방어(防禦)는 공격을 막는 것이다. 장기는 내 장이 잡히기 전에 상대의 장(將)을 잡아야 이기는 놀이다.

좌부 변에 줄 부(付) 자를 붙이면 붙을 부(附) 자가 된다. 원래 세금에 더해서 붙는 세금은 부가세(附加稅)이다. 부가가치세는 부가세의 일종이다.

고려대학교 사범대학 부속(附屬)고등학교는 고려대학교에 딸려서 붙은 고등학교이다. 부착(附着)은 떨어지지 않게 붙이는 것이다.

비가 자주 오는 장마철에 일기예보에서는 강우량

막을 **방(防)**
- 방어

붙을 **부(附)**
- 부가세
- 부속
- 부착

을 연일 보도한다. 강우량(降雨量)은 비가 내리는 양이
다. 강은 내릴 강(降) 자이다.

군인이나 경찰, 공무원은 잘못을 하면 계급이 내려
갈 수 있다. 계급이 내려가는 것을 강등(降等)이라고
한다. 등급을 내린다는 말이다.

내릴 강 자는 항복할 항 자도 된다. 부수가 언덕 부
(阝 : 좌부 변)이고 오른쪽에는 천천히 걸을 쇠(夊) 자가
있다. 장수가 언덕에 진을 치고 있다가 항복(降伏)해서
내려가는 것을 형상화한 글자이다.

"인간의 한계라고 생각되던 100m 10초 벽은 오래
전에 깨졌다" 한계에서 한은 좌부 변에 머무를 간(艮)
자를 붙인 한정 한(限) 자이다. 한계(限界)는 능력이나
책임 등을 발휘할 수 있는 범위이다.

완전할 완(完) 자와 합한 집 원(院) 자는 건물, 기관
을 표현한다. 환자를 수용해서 치료하는 곳은 병원(病
院), 법을 다루며 재판을 하는 곳은 법원(法院)이다. 학
원(學院)의 원도 집 원 자이다.

"보수 진영은 새 법안이 통과되는 것을 막으려 했
다" 진은 좌부 변에 수레 차(車: 전차) 자를 붙인 진칠

내릴/항복할
강/항(降)
- 강우량
- 항복

한정 **한(限)**
- 한계

집 **원(院)**
- 병원
- 법원
- 학원

진(陣) 자이다. 진영(陣營)은 군대가 진을 친 곳이며, 정치, 사회적으로 목적이 같은 사람들이 결속한 집단이기도 하다. 진영논리(陣營論理)는 자신이 속한 집단의 이념만 옳고, 다른 집단의 이념은 무조건 배척하는 논리이다.

학익진(鶴翼陣)은 학이 날개를 편 것처럼 적을 공격하는 진법이다. 물을 등지고 진을 친다는 배수진(背水陣)은 전멸을 각오한 최후의 방법이다.

좌부 변에 나 여(余) 자가 합쳐지면 덜/뺄 제(除) 자가 된다. 국회의원 제명(除名)은 국회의원직을 박탈하고 의원 명부에서 이름을 빼는 것이다.

이 글자에는 나눈다는 뜻도 있다. 덧셈, 뺄셈, 곱셈, 나눗셈을 한자어로 가감승제(加減乘除)라고 한다. 제수(除數)는 나누는 수이고 피제수(被除數)는 나뉘는 수다. 10÷5=2에서 제수는 5, 피제수는 10이고 2는 몫이다.

"더뎠던 작업이 조금씩 진척을 보고 있다" 척은 좌부 변에 걸을 보(步) 자를 곁들인 오를 척(陟) 자로 진척(進陟)은 일이 진행되어 가는 것이다.

좌부 변 부수에 낄 협(夾) 자를 곁들이면 좁을 협

진칠 진(陣)
- 진영
- 학익진

덜/뺄 제(除)
- 제명
- 가감승제
- 제수
- 피제수

오를 척(陟)
- 진척

(陝) 자가 된다. 우리나라에서 땅 이름 합 자가 되기도 하여, 팔만대장경으로 유명한 해인사가 있는 경남 합천(陝川)에 들어간다.

좁을/땅 이름
협/합(陝)
- 합천

사람은 땅에 발을 붙이고 산다. 그래서 육상(陸上)동물이다. 육은 좌부 변이 붙은 뭍 륙(陸) 자이다. 물, 바다에 대해 땅, 대륙을 육지(陸地)라고 한다.

바다가 없이 온통 다른 지방에 둘러싸인 땅은 안쪽에 있는 땅이라고 해서 안 내(內) 자가 들어간 내륙(內陸)이다. 몽골은 내륙 국가이다.

비행기가 뜨는 것은 땅에서 떨어진다는 이륙(離陸), 내리는 것은 땅에 붙는다는 착륙(着陸)이다.

뭍 **륙**(陸)
- 육상
- 육지
- 내륙
- 이륙
- 착륙

도공(陶工)은 도자기를 굽는 사람이다. 좌부 변, 쌀 포 몸(勹), 장군 부(缶) 자를 합하면 질그릇 도(陶) 자가 된다.

질그릇 도 자에는 즐기다, 취하다는 뜻도 있다. 도취(陶醉)는 기분좋게 술에 취한다, 술에 취하듯이 어떤 일에 빠진다는 뜻이다. 자아도취(自我陶醉)는 자기 자신에게 마음이 쏠려 빠져드는 것을 말한다.

질그릇 **도**(陶)
- 도공
- (자아)도취

재판에서 원고나 피고의 주장이 사실인지 판단하

고 판결에 큰 영향을 미치는 사람은 **배심원(陪審員)**이다. 좌부 변에 침 부(咅) 자를 붙인 모실/도울 배(陪) 자를 쓴다. 우리나라에서도 일부 사건에 배심원을 소집한다.

태릉, 선릉, 서오릉 등의 능(陵)은 임금이나 왕후의 무덤이다. 태릉(泰陵)은 문정왕후의 능, 선릉은 성종과 그 계비(임금의 두 번째 아내) 정현왕후의 능이다.

그늘 음(陰) 자의 부수도 좌부 변이다. 햇볕에 대비되는 그늘은 음지(陰地)이다. 남모르게 꾸미는 나쁜 계략은 음모(陰謀)이다.

억울한 일이 있을 때 윗사람이나 관청에 내려고 사정을 밝혀 적는 글을 **진정서(陳情書)**라고 한다. 진은 좌부 변이 부수이면서 동녘 동(東) 자가 들어간 베풀/묵을 진(陳) 자이다.

상점 같은 곳에서 물건을 죽 벌여 놓는 것은 **진열(陳列)**이다. 소송 당사자나 증인 등이 재판에서 할 말을 하는 것은 **진술(陳述)**이다.

좌부 변에 함정 함(臽) 자를 붙이면 빠질/무너질 함

모실/도울 **배(陪)**
- 배심원

언덕/능 **릉(陵)**
- 태릉
- 선릉

그늘 **음(陰)**
- 음지
- 음모

베풀/묵을 **진(陳)**
- 진정서
- 진열
- 진술

(陷) 자가 된다. 잘못이 없는 사람에게 죄를 뒤집어씌워 해코지하는 것을 모함(謀陷)이라고 한다.

"당나라 군대의 맹렬한 공격에도 안시성은 함락되지 않고 버텼다"에서 함락(陷落)은 성이나 요새가 적의 손에 떨어지는 것이다.

일정한 규모로 편성된 군대 조직은 부대(部隊)이다. 대는 무리 대(隊) 자이다. "그 영감님은 우리 할아버지와 월남에서 같은 부대에 계셨다고 한다"가 예문이 되겠다.

햇빛을 가리려면 양산(陽傘)을 써야 한다. 양은 볕 양(陽) 자이다. "추워. 양지로 가자" 양지(陽地)는 따뜻한 햇볕을 말한다.

다 개(皆) 자에 좌부 변을 붙이면 층계/사다리 계(階) 자가 된다. 군대나 공무원 사회에서는 계급(階級)에 따라 명령, 지시를 하게 된다.

일에는 진행하는 단계가 있다. 단계(段階)는 차례에 따라 나아가는 과정이다. 거꾸로 하면 계단이다.

"이번 계제에 그 이야기도 꺼내는 것이 좋겠어" 계제(階梯)의 제는 나무(木)로 만든 사다리 제(梯) 자이다.

어떤 일을 할 수 있도록 찾아오는 적절한 기회가 계제이다.

"대접이 너무 융숭해서 몸둘 바를 모르겠습니다" 융은 성할/높을 륭(隆) 자로 융숭(隆崇)은 정성스럽고 극진하게 대우하는 것이다. 지진이나 지각변동으로 땅이 솟는 것은 융기(隆起)라고 한다.

전염병이 돌 때 환자를 다른 사람과 떨어진 곳에 두어 병이 퍼지지 않게 하는 것이 격리(隔離)이다. 격은 좌부 변이 부수인 막을/사이 뜰 격(隔) 자이다.

"신입사원에게 애로사항이 있으면 언제든지 이야기하라고 했다" 애로(隘路)는 좁은 길, 성공이나 진척을 방해하는 어려운 점이다. 좌부 변에 더할 익(益) 자를 붙인 좁을 애(隘) 자를 쓴다.

공룡은 거대한 운석이 떨어져 멸종했다는 설이 있다. 운은 좌부 변에 인원 원(員) 자를 붙인 떨어질 운(隕) 자로 운석(隕石)은 우주에서 떨어진 돌이다.

"스탈린은 자신의 일에 장해가 되는 사람은 죽이거

성할/높을 **륭(隆)**
- 융숭
- 융기

막을/사이 뜰 **격(隔)**
- 격리

좁을 애(隘)
- 애로(사항)

떨어질 **운(隕)**
- 운석

나 시베리아로 보냈다" 장은 막을/보루 장(障) 자로 장해(障害)는 무엇을 하지 못하도록 막는 것이다.

어떤 사물의 진행을 가로막아 거추장스럽게 하거나 충분한 기능을 하지 못하게 하는 것을 장애(障礙) 또는 장애물(障礙物)이라고 한다. 礙(거리낄 애)는 碍와 같은 글자이다.

독일의 통일을 가로막은 베를린 장벽은 소련이 해체되기 2년 전인 1989년에 무너졌다. 장벽(障壁)은 교통이나 통신을 가로막는 벽이다. 다른 나라 사람들끼리 말이 통하지 않는 것은 언어장벽이라고 한다.

제사 제(祭) 자 앞에 좌부 변을 붙이면 가/닿을/사귈 제(際) 자가 된다. 서로 사귀는 것은 교제(交際)이다. 여러 나라 사이에서 이루어지는 일은 국제적(國際的)인 일이다. "이번 일은 국제적 협력이 필요하다" 등으로 쓸 수 있다.

도깨비불 린(粦) 자를 붙이면 이웃 린(隣) 자가 된다. "산불이 바람을 타고 번지자 인근 주민들에게 대피령을 내렸다" 인근(隣近)은 가까운 이웃이다.

"삼촌은 운 좋게 수시 채용에 합격했다" 수는 따를

막을/보루 **장(障)**
- 장해
- 장애(물)
- 장벽

가/닿을/사귈 **제(際)**
- 교제
- 국제적

이웃 **린(隣)**
- 인근

수(隨) 자로, 수시(隨時)는 정해 놓은 때가 없이 상황에 따라 한다는 말이다. 반대어는 일정한 시간 또는 시기를 말하는 정시(定時)이다.

체험이나 감상, 보고 들은 것 등을 펜 가는 대로 쓴 글이 수필(隨筆)이다. 필은 붓 필(筆) 자이다.

언제 사고가 날지 모르므로 평소에 돈을 조금씩 모아서 대비하는 것이 보험(保險)이다. 험은 좌부 변 부수에 다 첨(僉) 자를 붙인 험할 험(險) 자로, 보험을 글자 그대로 풀면 위험에서 지키는 것이다.

"이렇게 험악한 분위기에서 무슨 이야기가 되겠니?" 무시무시해서 금방 무슨 일이 일어날 것 같을 때 분위기가 험악(險惡)하다고 한다.

직장인이 직장 생활을 완전히 그만두거나 프로 운동선수가 운동을 그만두는 것은 은퇴(隱退)이다. 은은 좌부 변이 부수인 숨을/가엾이 여길 은(隱) 자이다.

다른 사람 몰래 어떤 일을 할 때 은밀(隱密)하다고 한다. 물건을 숨기는 것은 은닉(隱匿)이다.

따를 수(隨)
- 수시 ⇔ 정시
- 수필

험할 험(險)
- 보험
- 험악

숨을/가엾이 여길 은(隱)
- 은퇴
- 은밀
- 은닉

🔵153 고을 읍(邑)

　행정구역 중 시나 군 다음에 읍이 있다. 수도를 옛날에는 도읍(都邑)이라고 했다. 나라에서 으뜸 가는 곳이라는 말이다.

　읍내(邑內)는 읍사무소를 비롯한 중요한 기관이 모여 있는 읍의 중심·지역이다.

고을 읍 변형 부수

153-1 우부 방(阝)

고을 읍(邑) 자가 오른쪽에 부수로 올 때의 형상으로 마을이나 도시 등 일정한 지역을 가리킨다.

"삼일운동으로 우리나라의 독립 의지를 세계 만방에 알렸다" 만방의 방은 우부 방이 부수인 나라 방(邦) 자로 만방(萬邦)은 세상 모든 나라이다. 동맹을 맺거나 해서 같은 편이 된 나라는 우방(友邦)이다.

"정희를 발견하고 부르려는 찰나 벌써 돌아서서 멀어졌다" 어찌 나(那) 자의 찰나(刹那)는 무엇을 하려는 바로 그 때 또는 극히 짧은 순간이다. 원래는 인도 수학에서 아주 작은 수 중 하나이다.

사귈 교(交) 자에 우부 방이 붙으면 들 교(郊) 자이다. 도시 주위의 들판이나 숲을 교외(郊外)라고 한다.

나라 **방(邦)**
- 만방
- 우방
어찌 **나(那)**
- 찰나
들 **교(郊)**
- 교외

봄 가을, 날씨가 좋을 때면 교외로 많이 놀러 간다.

임금 군(君) 자에 우부 방을 붙인 고을 군(郡) 자를 보자. 군은 시와 함께 우리나라의 기초 지방자치단체이다. 군의 주민은 군민(郡民), 군의 행정 책임자는 군수(郡守)이다.

고을 **군(郡)**
- 군민
- 군수

"봉준호 감독의 영화 《기생충》은 아카데미 작품상 등 6개 부문 후보에 올랐다" 부문(部門)은 일정한 기준에 따라 나누어 놓은 분야이다. 부는 침 부(咅) 자에 우부 방을 붙인 떼/무리 부(部) 자이다.

떼/무리 **부(部)**
- 찰나

수원은 화성(華城) 덕분에 성곽 도시로 유명하다. 성곽(城郭)의 곽은 둘레/성곽 곽(郭) 자이다. 정조 때 정약용이 거중기를 이용해 쌓았다.

둘레/성곽 **곽(郭)**

우체국(郵遞局)의 우는 우편 우(郵) 자로 우편은 문서나 소포(택배) 등을 국내외로 보내는 국가적 시스템이다.

우편 **우(郵)**
- 우체국

사람 자(者) 자에 우부 방을 붙이면 도시/모두/거느릴 도(都) 자가 된다. 사람이 많이 모여서 일정한 지역

도시/모두/거느릴 **도(都)**

의 경제, 문화의 중심이 된 곳이 도시(都市)이다.

물건을 낱개로 팔지 않고 여러 개로 파는 것은 도매 (都賣)이다. 하나씩 파는 것은 소매(小賣)이다.

태어나서 자란 곳은 고향(故鄕)으로 향은 시골/마을 향(鄕) 자이다. 타향에 있으면서 고향을 그리는 마음 은 향수(鄕愁)이다. 정지용 시인의 시 제목이기도 하다.

- 도시
- 도매

시골/마을 향(鄕)
- 고향
- 향수

154 미칠 이(隶)

달아나는 짐승을 잡기 위해 손을 짐승 꼬리로 뻗는 모양이다.

흙 토(土) 자, 보일 시(示) 자에 미칠 이 자를 합하면 종 례(隷) 자이다. **노예**(奴隷)는 노비로 부렸던 종이다. 종살이를 하듯이 다른 사람이나 나라에 종속된 상태를 **예속**(隷屬)이라고 한다.

종 **례(隷)**
- 노예
- 예속

155 새 추(隹)

새 추 자 밑에 또 우 자를 합하면 외짝 척(隻) 자가 된다. 여기서 또 우(又) 자는 새를 잡은 손이다. 쌍 쌍(雙) 자의 반대자이다. 한 척, 두 척 배를 세는 단위가 이 척 자이다.

외짝 **척(隻)**
⇔ 쌍 **쌍(雙)**

지게 호(戶) 자와 새 추 자를 합하면 품 고(雇) 자이다. 품삯을 주고 다른 사람을 부리는 것은 쓸 용(用) 자를 붙인 고용(雇用)이다.

음을 나타내는 어금니 아(牙) 자에 새 추 자를 붙이면 아담할 아(雅) 자이다. 조촐하고 산뜻한 모양을 아담(雅淡)하다고 한다.

영웅(英雄)에 들어가는 수컷 웅(雄) 자에는 뛰어나다는 뜻이 있다. 보는 이를 압도할 만큼 거대하고 장엄한 분위기의 건축물을 보면 웅장(雄壯)하다고 한다.

중학교 수학 시간에 가장 먼저 배우는 것은 집합(集合)으로, 집은 모을 집(集) 자이다. 나무(木)에 새(隹) 여러 마리가 모여 앉은 글자이다.

많은 사람이나 동물, 물건이 모여 이룬 무리가 집단(集團)이다. 사람이나 작품, 물건을 일정한 조건에 따라 뽑아 모으는 일은 모집(募集)이다.

이 차(此) 자에 새 추 자를 붙이면 암컷 자(雌) 자가 된다. 승패를 겨루는 것을 자웅(雌雄)을 겨룬다고 한다.

품 고(雇)
- 고용

아담할 아(雅)
- 아담

수컷 웅(雄)
- 영웅
- 웅장

모을 집(集)
- 집합
- 집단
- 모집

암컷 자(雌)
- 자웅

뒤섞여서 어지러운 상태를 나타내는 글자로 섞일/어수선할 잡(雜) 자가 있다. 덧없이 떠올라서 지금 내가 하는 일에 도움이 되지 않는 생각은 잡념(雜念)이다. 전화 통화나 라디오 듣기를 방해하는 소리는 잡음(雜音)이다.

"잘 어울리는 한 쌍이다" 둘이 짝을 이룬 글자가 쌍쌍(雙) 자이다. 대적할 상대가 없거나 견줄 만한 짝이 없을 정도로 우수한 것을 무쌍(無雙)하다고 한다. 용감무쌍하다, 변화무쌍하다 등으로 쓸 수 있다.

어려울 난(難) 자를 보자. 감당하기 어려운 상황을 난감(難堪)하다고 한다. 아무리 공격해도 함락되지 않는 성처럼 손에 넣기 힘든 목표물을 난공불락(難攻不落)이라고 한다.

다음은 떨어질 리(離) 자이다. 떨어져서 헤어지면 이별(離別)이다. 떨어져 나가는 것은 이탈(離脫)이다. 괴리감(乖離感)은 동떨어진 느낌이다.

섞일/어수선할
잡(雜)
- 잡념
- 잡음

쌍 **쌍(雙)**
- 무쌍

어려울 **난(難)**
- 난감
- 난공불락

떨어질 **리(離)**
- 이별
- 이탈
- 괴리감

⒂⑥ 비 우(雨)

하늘에서 빗방울이 떨어지는 것을 그린 글자이다.

"롯데와 기아의 경기는 우천으로 연기되었다" 우천 (雨天)은 비 오는 날씨이다. 대나무의 싹인 죽순은 비가 온 뒤에 많이 자란다. 그래서 우후죽순(雨後竹筍)은 어떤 일이 한때 많이 일어남을 일컫는다.

빗물을 손으로 모으려면 손을 오므려야 하지만 눈은 손바닥을 위로 향하기만 해도 쌓인다. 눈 설(雪) 자는 비가 얼어서 내리는 눈송이를 손으로 받는 모양이다. 눈이 쌓여 만들어진 경치는 설경(雪景)이다.

눈이 너무 많이 와서 교통이 마비될 때 눈을 치우는 일은 제설(除雪)작업이다.

비 우 자 밑에 이를 운(云) 자를 붙이면 구름 운(雲) 자이다. 근두운(觔斗雲)은 서유기에서 손오공이 타고 다니는 구름이다. 부산 해운대(海雲臺)는 구름이 멋진 바닷가 휴양지이다.

비는 물방울이 모여 떨어지는데 안개는 흩날린다. 그래서 안개 분(雰) 자는 비가 흩날리는 형상이다. 안개가 떠돌듯이 어떤 장소에 감도는 기운은 **분위기**(雰圍氣)이다.

비 우 자 밑에 명령 령(令) 자가 들어가면 영 영(零) 자이다. 원래는 비가 온다, 떨어진다는 뜻인데 인도에서 만든 숫자 영이 중국에 들어오면서 영이라는 뜻도 지니게 되었다.

0도와 **영하**(零下)는 물이 어는 온도이다. 가게나 공장의 규모가 작으면 **영세**(零細) 사업장이라고 한다.

우박은 어떤 한자로 표현될까? 비 우 자 밑에 쌀 포(包) 자가 들어가면 우박 박(雹) 자가 된다. 사실 **우박**(雨雹)이란 말도 한자어이다. 우리말은 '누리'다.

가을 새벽에 기온이 갑자기 떨어지면 수증기가 땅 표면에 얼어붙는데 이것이 서리이다. 서리는 비 우 자에 서로 상(相) 자를 합한 서리 상(霜) 자이다. 농작물이 서리로 입는 피해는 **상해**(霜害)이다.

비 오는 날 치는 천둥도 비 우 자가 들어간 천둥 뢰

안개 **분(雰)**
- 분위기

영 **영(零)**
- 영하
- 영세

우박 **박(雹)**
- 우박

서리 **상(霜)**
- 상해

(雷) 자로 쓴다. **피뢰침**(避雷針)은 번개를 유도해서 사람이 벼락을 맞지 않게 하는 기구이다.

번개 전(電) 자에는 아랫부분에 꼬리가 붙어서 지그재그로 광선을 그리는 번개를 표현한다. 번개는 하늘에서 전기가 일어나는 현상이다. 때문에 **전기**(電氣)의 전도 번개 전 자이다.

아주 빠른 것을 번개에 비유한다. "전격적인 인사교체가 이루어졌다" **전격적**(電擊的)이란 번개가 치듯이 순식간에 일어나는 것이다. 전기의 힘은 **전력**(電力)이고 전기를 만드는 곳은 **발전소**(發電所)이다.

밑에 말 이을 이(而) 자를 붙이면 구할/필요할 수(需) 자이다. 제사에 필요한 여러 가지 물건은 **제수**(祭需)이다. 매스컴에서는 제수용품이라고 하는데 같은 말을 두 번 쓰는 셈이다.

우리나라에도 이제 심심찮게 지진이 일어난다. **지진**(地震)은 땅이 흔들리는 것으로, 진은 비 우 자에 별진(辰) 자를 합한 천둥 소리/떨 진(震) 자이다. 옛날에는 지진이나 홍수 같은 자연재해를 당하면 하늘이 **진노**(震怒)했다고 생각했다.

천둥 **뢰(雷)**
- 피뢰침

번개 **전(電)**
- 전기
- 전격적
- 전력
- 발전소

구할/필요할 **수(需)**
- 제수

천둥 소리/떨 **진(震)**
- 지진
- 진노

짧은 시간에 어떤 일이 벌어지면 **삽시간**(霎時間)에 일어났다고 한다. 삽은 비 우 자 밑에 첩 첩(妾) 자가 들어간 가랑비 삽(霎) 자이다.

분무기(噴霧器)의 무는 비 우 자에 힘쓸 무(務) 자를 합한 안개 무(霧) 자로, 분무기는 안개를 흩뿌리듯이 물을 뿌리는 기구이다. 스프레이도 분무기의 일종이라 할 수 있다.

이슬 로(露) 자를 보자. 비 우 자에 길 로(路) 자를 붙여 음을 나타냈다. 밤에 집에 들어가지 않고 한데 몸을 드러내고 자면 이슬을 맞기 때문인지 이슬 로 자에는 드러난다는 뜻도 있다. 겉으로 드러나는 것을 **노출**(露出)이라고 한다.

길을 가다가 운석에 맞아 죽는다면 얼마나 황당할까? 이런 마른 하늘에 날벼락을 **청천벽력**(靑天霹靂)이라고 한다. 비 우 자에 각각 임금 벽(辟) 자, 지낼 력(歷) 자를 붙인 벼락 벽(霹), 벼락 력(靂) 자를 쓴다.

신령/영혼 령(靈) 자는 무당(巫: 무당 무)이 음식(입 구 자 세 개)을 차려 놓고 제사를 지내서 비(雨)를 부르는

가랑비 **삽**(霎)	- 삽시간
안개 **무**(霧)	- 분무기
이슬 **로**(露)	- 노출
벼락 **벽**(霹) 벼락 **력**(靂)	- 청천벽력
신령/영혼 **령**(靈)	

모습이다.

사람이나 동식물의 넋은 **영혼(靈魂)**이다. 하늘의 계시를 받은 것처럼 번득이는 생각은 **영감(靈感)**이다.

- 영혼
- 영감

⑮⑦ 푸를 청(靑)

청과물(靑果物)은 신선한 과일과 채소를 통틀어 일컫는 말로 청과물시장은 이런 과채를 파는 시장이다. **청자(靑瓷)**는 주로 고려 시대에 푸른색 유약을 발라 완성한 자기이다.

- 청과물
- 청자

푸를 청 자 옆에 다툴 쟁(爭) 자를 붙이면 고요할 정(靜) 자이다. 도서관 같은 곳에서는 정숙을 유지해야 한다. **정숙(靜肅)**은 조용하고 엄숙한 분위기이다. **정적(靜寂)**은 쓸쓸할 만큼 고요한 것이다.

고요할 **정(靜)**
- 정숙
- 정적

158 아닐 비(非)

뇌물 등의 비리로 사퇴하는 고위 공무원이 많다. 비리(非理)는 이치에 맞지 않는 것, 즉 도리가 아니어서 좋지 않은 일이다. 비범(非凡)은 평범하지 않은 것이다. 제 명에 죽지 못하고 일찍 갈 때 비명(非命)에 간다고 한다.

- 비리
- 비범
- 비명

159 낯 면(面)

얼핏 봐도 얼굴같이 생겼다.

코로나 등 바이러스가 유행하거나 미세먼지가 심할 때는 모두 안면(顔面) 마스크를 써야 한다. 면모(面貌)는 얼굴의 모양, 사람이나 현상, 사물의 모습이다.
만나서 얼굴을 마주보는 일은 면회(面會)이다. 땅의 드러난 표면은 지면(地面), 물이 공기와 닿는 면은 수면

- 안면
- 면모
- 면회
- 지면
- 수면

(水面)이다.

⑯ 가죽 혁(革)

가죽으로 만든 물건은 피혁(皮革) 제품이다. 나라의
정치 형태를 통째로 바꾸는 변동이나 어느 분야에서
일어나는 급격하고 획기적인 변동은 혁명(革命)이다.
평소에 무슨 신을 신는가? 운동화(運動靴), 농구화(籠
球靴), 조깅화 등의 화 자는 신 화(靴) 자이다. 옛날에
신을 튼튼하게 만들려면 가죽을 썼기 때문에 가죽 혁
자가 들어간다.

"여러분의 많은 지도편달 바랍니다" 편달(鞭撻)의
편은 가죽으로 만든 채찍(鞭)이다. 잘못하는 일은 날
카롭게 지적해 달라는 말이다.

척추동물은 관절에 뼈와 뼈를 연결하는 인대가 있
다. 인대(靭帶)의 인은 가죽 혁 자가 부수이고 칼날 인
(刃) 자가 붙은 질길 인(靭) 자이다.

- 피혁
- 혁명

1960. 4.19 혁명

신 화(靴)
- 운동화
- 농구화

채찍 편(鞭)
- 편달

질길 인(靭)
- 인대

⑯ 다룸가죽 위(韋)

생가죽을 손질한 가죽이다.

우리나라의 이름인 **대한민국**(大韓民國), **한국**(韓國)의
나라 이름 한(韓) 자의 부수가 다룸가죽 위 자이다.

나라이름 한(韓)
- 한국
- 대한민국

⑯ 소리 음(音)

실내공연장이나 극장에서는 시각 효과 못지않게
음향과 같은 청각 효과도 중요하다. 향은 울릴 향(響)
자로 **음향**(音響)은 소리의 울림이다.

소리 음 자에 인원 원(員) 자를 붙이면 운율 운(韻)
자가 된다. 시에서 리듬감을 주는 요소가 **운율**(韻律)이
다. 시와 같이 운율이 생기도록 지은 글을 **운문**(韻文)
이라고 한다.

울릴 향(響)
- 음향

운율 운(韻)
- 운율
- 운문

㉓ 머리 혈(頁)

고무래 정(丁) 자에 머리 혈 자를 붙이면 꼭대기/정
수리 정(頂) 자이다. 산 꼭대기는 정상(頂上)이다. "홍
수로 한강 수위가 계속 차올라 9.5m에서 정점을 찍었
습니다" 정점(頂點)은 최고치이다.

"레오나르도 다 빈치와 미켈란젤로의 작품은 르네
상스 미술의 절정을 이루었다" 절정(絶頂)은 어떤 일의
진행이나 발전이 최고점에 이르러 더 이상 올라갈 수
없는 상태이다.

순할 순(順) 자의 부수도 머리 혈 자이다. 시냇물(川)
이 흐르는 대로 거스르지 않고 흘러가듯 순하다는 뜻
이다. 자연의 이치는 순리(順理)이다. 다른 사람의 말에
그대로 따르는 것은 순종(順從)이다.

터럭 삼(彡)에 머리 혈 자를 합하면 모름지기 수(須)
자가 된다. 무슨 일이 이루어지기 위해서는 필수(必須)
조건과 충분 조건이 있다. 충분 조건을 만족시킬 수
있는가는 필수 조건이 충족된 다음의 일이다.

꼭대기/정수리
정(頂)
- 정상
- 정점
- 절정

순할 **순(順)**
- 순리
- 순종

모름지기 **수(須)**
- 필수

장인 공(工) 자에 머리 혈 자를 붙이면 목/항목 항 (項) 자가 된다. 법이나 규정의 각 조항이 항목(項目)이다. 사항(事項)은 일의 자세한 내용과 항목이다.

으뜸 원(元) 자에 머리 혈(頁) 자가 붙으면 완고할 완 (頑) 자이다. 여러 사람 중에서 제일 머리가 크다는 뜻으로, 다른 사람 말에 신경쓰지 않고 자신의 뜻대로 밀고 나가는 성격이 완고(頑固)한 성격이다.

맡길 예(預) 자의 부수도 머리 혈 자이다. 은행에 돈을 맡기는 것은 예금(預金)이다.

명령 령(令) 자와 머리 혈 자를 합하면 거느릴 령 (領) 자가 된다. 나라의 주권이 미치는 땅은 영토(領土)이다. 대통령(大統領)은 크게 통솔한다는 뜻으로 공화국의 정치 수반이다.

스포츠에서 심판이 한 쪽 편만 드는 것은 편파 판정이다. 파는 가죽 피(皮) 자에 머리 혈 자를 합한 치우칠 파(頗) 자로 편파(偏頗)는 공정하지 못하고 한 쪽으로 치우치는 일이다.

목/항목 항(項)	- 사항
완고할 완(頑)	- 완고
맡길 예(預)	- 예금
거느릴 령(領)	- 영토 - 대통령
치우칠 파(頗)	- 편파 (판정)

음을 나타내는 콩 두(豆) 자와 머리 혈 자를 합하면 머리 두(頭) 자이다. 장거리 육상 경기에서 선두(先頭)로 달린다고 하면 맨 앞에서 뛴다는 말이다.

자주 빈(頻) 자는 머리 혈 자 앞에 걸을 보(步) 자가 온 글자이다. 어떤 일이 자주 일어나는 것은 빈번(頻繁)한 것이다. 빈도(頻度)는 얼마나 자주 일어나는가 하는 정도이다.

"내 성적표를 보는 엄마의 안색이 어두워졌다" 선비 언(彦) 자에 머리 혈 자를 붙이면 얼굴 안(顔) 자가 된다. 얼굴에 나타나는 기색이 안색(顔色)이다.

손 객(客) 자에 머리 혈 자를 붙이면 이마/액자 액(額) 자이다. 이마, 즉 얼굴처럼 앞에 드러나는 모습을 나타낸다. 주식이나 화폐에 적힌 금액은 액면가(額面價)이다. 액면가는 실제 가치와 다를 수 있다.

액자(額子)는 사진이나 그림을 볼 수 있도록 끼워 보관하는 틀이다.

그러할 시(是) 자에 머리 혈 자를 붙이면 제목/문제 제(題) 자가 된다. 작품에 붙이는 이름은 제목(題目)이

머리 **두(頭)**
- 선두

자주 **빈(頻)**
- 빈번
- 빈도

얼굴 **안(顔)**
- 안색

이마/액자 **액(額)**
- 액면가
- 액자

제목/문제 **제(題)**
- 제목

다. 제목 없이 내놓는 작품은 무제(無題)이다.

"다행히 수학 문제는 어렵지 않았다" 답을 구하는 질문은 문제(問題)이다.

쌀 미(米) 자, 개 견(犬) 자에 머리 혈 자를 버무리면 무리/비슷할 류(類) 자가 나온다. 일정한 종류에 속하는 여러 개체의 모임을 유형(類型), 타입이라고 한다. 완전히 같지는 않지만 비슷하면 유사(類似)한 것이다.

"충돌한 차는 전복되었다" 전복(顚覆)은 차나 배 따위가 뒤집히는 것이다. 전은 참 진(眞) 자에 머리 혈 자를 붙인 뒤집힐/머리 전(顚) 자이다.

"형사는 사건의 전말을 집요하게 추궁했다" 전말(顚末)은 처음부터 끝까지의 내용이다.

입사 원서, 입학 원서 등의 원서(願書)는 어딘가에 지원할 때 내는 서류이다. 근원 원(原) 자에 머리 혈 자를 붙인 바랄 원(願) 자를 쓴다.

대원군은 경복궁을 다시 지으려고 원납전(願納錢)을 거뒀다. 원하는 사람이 내는 돈이라는 말이다. 하지만 정말 원해서 내는 사람은 없었고 백성들은 쪼들리는 살림에 원망하면서 냈다고 한다. 그래서 원망할 원(怨)

- 무제
- 문제

무리/비슷할 류(類)
- 유형
- 유사

뒤집힐/머리 전(顚)
- 전복
- 전말

바랄 원(願)
- 원서
- 원납전

자를 쓴 원납전(怨納錢)이라고도 불리게 되었다.

⑯⁴ 바람 풍(風)

사람과 세상에 미치는 영향을 바람으로 표현한다.

예전부터 그 사회에서 전해 오는 사람들의 생활 양식은 풍속(風俗)이다. 뇌혈관 장애로 의식을 잃고 쓰러진 다음 반신불수가 지속되는 되는 병은 중풍(中風, 뇌졸중)이다.

여름부터 가을까지는 남쪽에서 태풍(颱風)이 찾아온다. 태풍의 태 자도 바람 풍 자가 들어가는 거친 바람/태풍 태(颱) 자이다.

- 풍속
- 중풍

거친 바람/태풍
태(颱)
- 태풍

⑯⁵ 날 비(飛)

비행기가 지나간 뒤에 생기는 구름은 비행운(飛行

비행운

雲)이다. 생각의 흐름이나 논리가 인과 과정을 거치지 않고 훌쩍 뛰어오르는 것은 비약(飛躍)이다. "너무 비약적인 생각이잖아" 등으로 쓴다.

- 비행운
- 비약

⓶ 밥/먹을 식(食)

사람 인(人) 자에 좋을 량(良) 자를 합한 글자이다. 사람에게 좋은 것은 먹는 것 아닐까. 식대(食代)는 밥값이다. 마실 것과 먹을 것을 합하면 음식(飮食)이다.

- 식대
- 음식

지금도 많은 사람이 기아에 시달린다. 먹을 식 자에 각각 안석 궤(几), 나 아(我) 자를 붙인 주릴 기(飢), 주릴 아(餓) 자로, 기아(飢餓)는 먹을 것이 없어 굶주리는 것이다.

주릴 기(飢)
- 기아

먹을 식 자에 돌이킬 반(反) 자를 붙이면 밥 반(飯) 자이다. 반점(飯店)은 낱말 그대로는 밥집이라는 뜻인데 보통 중국음식점을 가리킨다. 밥에 곁들여 먹는 여러 가지 음식은 반찬(飯饌)이다.

밥 반(飯)
- 반점
- 반찬

마시는 것도 넓게 보면 먹는 것이니까 마실 음(飮) 자에도 먹을 식 자가 들어간다. 음료수(飮料水)는 마시는 물, 식수인데 언제부터인지 청량음료같이 대량 판매되는 음료를 가리키게 되었다. 술을 마시는 것은 음주(飮酒)이다.

눈을 즐겁게 하기 위해 꾸미는 일은 장식(裝飾)이다. 꾸밀 식(飾) 자의 부수도 밥 식 자이다.

가축이나 애완동물을 먹이는 음식은 사료(飼料)이다. 사는 맡을 사(司) 자에 밥 식 자를 붙인 기를/먹일 사(飼) 자이다. 사료로 짐승을 기르는 것은 사육(飼育)이다.

다이어트를 하더라도 밥을 먹을 때는 든든하게 먹어야 한다. 포만감이 없이 식사를 하면 금방 다시 먹을 것을 찾게 된다. 포는 먹을 식 자에 쌀 포(包) 자를 붙인 배부를 포(飽) 자로, 포만감(飽滿感)은 배가 충분히 부른 느낌이다.

대학은 인재를 양성하는 곳이라고 한다. 양은 밥 식 자가 부수인 기를 양(養) 자로 양성(養成)은 어떤 자질

마실 음(飮)
- 음료수
- 음주

꾸밀 식(飾)
- 장식

기를/먹일 사(飼)
- 사료
- 사육

배부를 포(飽)
- 포만감

기를 양(養)
- 양성

이나 기능을 갖추도록 기르는 일이다.

늙은 부모님을 모시는 것은 **봉양(奉養)**이다. 친자식은 아니지만 거두어 기르는 아이는 **양자(養子)**, **양녀(養女)**이다.

"대통령은 외국 정상과 함께 오찬 회담을 가졌다" 찬은 밥 찬(餐) 자로 **오찬(午餐)**은 손님을 초대해 평소보다 풍성하게 먹는 점심이다. 정상들이 식사를 하면서 회담을 했다는 말이다.

만찬(晚餐)은 저녁을 그렇게 먹는 것이다. 레오나르도 다 빈치의 그림《최후의 만찬》이 유명하다.

남을 여(餘) 자에도 밥 식 자가 들어간다. 먹고 남았다는 뜻이다. **여유(餘裕)**는 시간의 재촉을 받거나 금전적으로 쪼들리지 않고 하고 싶은 대로 할 수 있는 것이다.

"온 동네 사람이 다 나가서 무너진 제방을 쌓기에 여념이 없다" **여념(餘念)**은 다른 생각으로, 여념이 없다는 말은 어떤 일에 정신없이 바빠서 다른 생각을 할틈이 없다는 뜻이다.

"동네에서 확진자가 나온 뒤 한동안 여파가 있었다" **여파(餘波)**는 바람이 그친 뒤에 계속 치는 물결로,

- 봉양
- 양자, 양녀

밥 **찬(餐)**
- 오찬
- 만찬

최후의 만찬

남을 **여(餘)**
- 여유
- 여념
- 여파

어느 사건의 후폭풍을 말한다.

먹을 식 자에 벼슬 관(官) 자를 붙이면 집 관(館) 자가 된다. 여행객이 묵어 가는 곳은 여관(旅館)이다.

사람들이 책을 읽거나 빌려 가는 곳은 도서관(圖書館), 운동을 하는 실내 시설은 체육관(體育館)이다.

겨울에 즐겨 먹는 만두도 한자어이다. 먹을 식에 길게 끌 만(曼) 자를 붙인 만두 만(饅) 자, 머리 두 자를 써서 만두(饅頭)라고 한다.

밥그릇, 반찬 그릇이나 음식을 넣어 두는 장을 음식/반찬 찬(饌) 자를 쓴 찬장(饌欌)이라고 한다. 일정한 돈을 내고 마음껏 음식을 먹어서 인기인 뷔페(buffet)는 불어로 찬장이다. 찬장에서 마음대로 음식을 꺼내 먹듯 양껏 먹는다는 뜻이다.

집 관(館)
- 여관
- 도서관
- 체육관

만두 만(饅)
- 만두

음식/반찬 찬(饌)
- 찬장

⒗⒘ 머리 수(首)

한 나라에서 정치, 경제, 문화적으로 으뜸이 되는 도시를 수도(首都)라고 한다.

입학 시험이나 졸업 시험에서 가장 좋은 성적을 거둔 사람은 수석(首席)이다.

- 수도
- 수석

⒗⒙ 향기 향(香)

남원을 배경으로 한 《춘향전》의 주인공 춘향(春香)은 봄 향기이다. 알코올 등에 꽃잎 따위의 향료를 풀어서 좋은 냄새가 나게 하는 것은 향수(香水)이다. 초상집에 가서 영정 앞에 향을 피우는 것은 분향(焚香)이다.

- 춘향(전)
- 향수
- 분향

분향

⑯⑨ 말 마(馬)

맨 밑의 점 네 개는 빠르게 달리는 말의 네 발이다.

　말을 타는 일은 **승마**(乘馬), 말 여러 마리 중 빠른 말
을 가리는 경주는 **경마**(競馬)이다. 남의 말을 귀담아
듣지 않고 흘려 버리는 것을 **마이동풍**(馬耳東風, 말의 귀
에 동풍이 불어도 말은 아랑곳하지 않는다)이라고 한다.

- 승마
- 경마
- 마이동풍

　다른 사람을 넘어서는 일은 **능가**(凌駕)이다. 가는 더
할 가(加) 자에 말 마 자를 합한 능가할 가(駕) 자이다.

능가할 **가**(駕)
- 능가

　말 마 자에 주인 주(主) 자를 합하면 머물 주(駐) 자
이다. 달리던 차를 세우는 일은 **주차**(駐車)이다.

머물 **주**(駐)
- 주차

　사막에 사는 낙타도 한자어이다. 말 마에 각 각(各)
자를 붙인 낙타 락(駱) 자, 낙타 타(駝) 자를 쓴다. 등
에 봉우리가 하나인 낙타는 단봉낙타, 두 개면 쌍봉낙
타이다.

낙타 **락**(駱)
낙타 **타**(駝)
- 낙타

　말 마 자에 이상할 기(奇) 자를 붙이면 말 탈 기(騎)

말 탈 **기**(騎)

자이다. 말을 타고 싸우던 중세 서양의 무사는 **기사**(騎士)이다.

말이 벼룩에 물리면 어찌 될까? 떼어내려고 날뛸 것이다. 이렇게 시끄럽게 야단법석 나는 것이 **소동**(騷動)이고 그럴 때 나는 소리가 **소음**(騷音)이다. 말 마 자에 벼룩 조(蚤) 자를 합한 글자가 떠들 소(騷) 자이다.

구역 구(區) 자가 음이 되고 부수로 말 마 자가 붙으면 몰/쫓을 구(驅) 자이다. 못살게 괴롭히는 것은 **구박**(驅迫)이다. 짐승을 몰듯이 어떤 기능을 자유자재로 발휘하는 것은 **구사**(驅使)이다. "그 통역사는 8개 국어를 구사한다" 등으로 쓴다.

옛날에 높은 관리나 행세하는 사람들은 말을 탔다. 말 위에서 사람들을 내려다보며 잘난 척하는 것이 **교만**(驕慢)이다. 교만할 교(驕) 자의 오른쪽 부분이 높을 교(喬) 자이다.

"세계는 미국과 멕시코 국경에 장벽을 쌓겠다는 트럼프의 발언에 경악을 금치 못했다" 경은 공경할 경(敬) 자 밑에 말 마 자를 넣은 놀랄 경(驚) 자로, **경악**(驚

- 기사

중세 기사

떠들 **소**(騷)
- 소동
- 소음

몰/쫓을 **구**(驅)
- 구박
- 구사

교만할 **교**(驕)
- 교만

놀랄 **경**(驚)

愕)은 놀라 입이 벌어지는 것이다.

- 경악

시험(試驗)을 좋아할 사람이 있을까? 시험은 말 마 자에 다 첨(僉) 자를 붙인 시험할/겪을 험(驗) 자이다. 경험(經驗)은 어떤 일을 겪는 것이다.

시험할/겪을 **험(驗)**
- 시험
- 경험

지금의 역은 기차가 서는 곳이지만 옛날에는 말이 서는 곳이었다. 그래서 역 역(驛) 자의 부수가 말 마 자이다. "역전(驛前) 앞에서 만나자"는 바르지 않은 표 현이다. 역전의 전이 앞 전(前) 자이니까 같은 말을 두 번 하는 셈이다.

역 **역(驛)**
- 역전

⑰ 뼈 골(骨)

사람이나 짐승의 몸 형태를 이루는 뼈대가 골격(骨 格)이다. 머리를 덮은 뼈는 두개골(頭蓋骨)이다. 사람 하 체에 상체를 얹는 편평한 뼈는 골반(骨盤)이다.

- 골격
- 두개골
- 골반

카리브 해적선 깃발에는 해골 그림을 그려 놓았다. 해는 뼈 골 자에 돼지 해(亥) 자를 붙인 뼈 해(骸) 자로 해골(骸骨)은 살이 썩어 없어지고 뼈만 남은 것이다.

뼈 **해(骸)**
- 해골

사람 몸에는 뼈가 많다. 그래서인지 뼈 골 자에 풍성할 풍(豊) 자를 붙이면 몸 체(體) 자가 된다. 질서와 법칙에 따라 움직이는 시스템은 체계적(體系的)인 시스템이다.

나무와 같이 단단한 물체는 고체(固體), 물처럼 부피는 일정하지만 형태가 없어 아래로 흐르는 물체는 액체(液體), 부피와 모양이 일정치 않고 공기 중에 떠도는 물질은 기체(氣體)이다.

몸 **체(體)**
- 체계적
- 고체
- 액체
- 기체

⑰ 높을 고(高)

"이 상품들은 고가에 거래되고 있습니다" 고가(高價)는 비싼 값이다. 고급(高級)은 급수나 수준이 높은 것이다. 고성방가(高聲放歌)는 남 시끄럽도록 큰 소리로 노래 부르는 것이다.

- 고가
- 고급
- 고성방가

⑰ 싸울 투(鬥)

두 사람이 서로 때리는 모양의 글자이다. 낱말에 들어갈 때는 콩 두(豆) 자와 마디 촌(寸) 자가 밑에 들어간 싸울 투(鬪) 자를 쓴다.

"경찰관은 격투 끝에 강도를 붙잡았다" 격투(格鬪)는 치고받고 싸우는 것이다. 목적을 이루기 위해 싸우는 것은 투쟁(鬪爭)이고 싸우고자 하는 의지는 투지(鬪志)이다.

⑰ 귀신 귀(鬼)

이를 운(云) 자를 귀신 귀 자 앞에 놓으면 넋 혼(魂) 자이다. 사람이나 짐승의 넋은 영혼(靈魂)이다.

얼이 빠지도록 몹시 놀라 허둥지둥하면 혼비백산

싸울 투(鬪)
- 격투
- 투쟁
- 투지

넋 혼(魂)
- 영혼

(魂飛魄散)이다. 백도 귀신 귀 자에 흴 백(白) 자가 붙은 넋 백(魄) 자이다.

도깨비/호릴 매(魅) 자는 귀신 귀 자 오른쪽에 아닐 미(未) 자를 붙인 글자이다. 사람을 끌어당기는 힘이 **매력(魅力)**이다. 마음을 끌어서 홀리는 것은 **매혹(魅惑)**이다.

삼 마(麻) 자 밑에 귀신 귀 자가 들어가면 마귀/마술 마(魔) 자이다. 나쁜 마귀는 **악마(惡魔)**이다. 신기한 묘기로 사람들을 즐겁게 해주는 쇼는 **마술(魔術)**이다.

⑰ **물고기 어(魚)**

고기 어 자에 양 양(羊) 자를 붙이면 신선할/고울 선(鮮) 자이다. **생선(生鮮)**은 잡은 그대로 손질하지 않은 물고기이다. 한민족이 처음 세운 나라 **조선(朝鮮)**의 선이 고울 선 자이다.

고기 어 자에 서울 경(京) 자를 붙이면 고래 경(鯨) 자이다. 고래를 잡는 일은 포경(捕鯨)이다.

물고기 중에 여름 보양식으로 인기 있는 것이 미꾸라지이다. 고기 어 자에 음을 나타내는 가을 추(秋) 자를 합하면 미꾸라지 추(鰍) 자로, 추어탕(鰍魚湯)은 미꾸라지를 끓인 음식이다.

⑰⑤ 새 조(鳥)

죽지 않는 새는 불사조(不死鳥)이다. 돌 하나를 던져 새 두 마리를 잡는 일, 일의 효과를 극대화하는 것을 일석이조(一石二鳥)라고 한다.

입 구(口) 자에 새 조 자를 붙이면 울 명(鳴) 자이다. 일어나고 싶은 시간에 일어나려고 시간을 맞추어 두면 자동으로 울리는 시계는 자명종(自鳴鐘)이다.

학(鶴)은 목이 길다. 오기로 한 사람이 언제 오나,

고래 **경(鯨)**
- 포경

미꾸라지 **추(鰍)**
- 추어탕

- 불사조
- 일석이조

울 **명(鳴)**
- 자명종

일어나야 할 일이 언제 일어나나 목을 빼고 기다리는 것을 학수고대(鶴首苦待)라고 한다.

학 **학(鶴)**
- 학수고대

⑯ 짠 땅, 소금밭/빼앗을 로(鹵)

전쟁에서 적의 물건을 빼앗는 것은 노획(鹵獲)이다.

- 노획

소금 염(鹽) 자에 짠 땅 로 자가 들어가서 맛이 짜다는 것을 나타낸다. 바닷물을 가두어 놓고 햇빛에 말려 소금을 얻는 밭은 염전(鹽田)이다. 바닷물은 염분(鹽分: 소금기)이 높기 때문에 마시면 짠 맛이 난다.

소금 **염(鹽)**
- 염전
- 염분

⑰ 사슴 록(鹿)

북극 지방에 사는 사슴으로 순록이 있다. 야생 순록도 있지만 사람이 길들여서 소나 말처럼 부리기도 하기 때문에 길들 순(馴) 자를 써서 순록(馴鹿)이라고 한다.

옛날 중국에서 권세를 잡고 있던 어느 환관이 황제 앞에서 사슴을 가리켜 말이라고 하고는 자기 말이 틀렸다는 대신들을 죽이거나 귀양을 보냈다. 그 뒤로 환관의 말에 반대하는 사람이 없었다.

지록위마(指鹿爲馬, 사슴을 가리켜 말이라고 하다)는 말이 안 되는 주장도 먹히게 할 만큼 큰 권력을 이르는 말이다.

고울 려(麗) 자는 사슴(鹿)의 머리에 멋진 두 뿔이 달린 형상이다. 고구려(高句麗)의 려가 고울 려 자이고 고구려를 계승한 고려(高麗) 역시 그렇다.

기린(麒麟)은 원래 어진 임금이 나타날 조짐이라던 상상 속 동물이다. 불어와 영어 지라프(giraffe)가 한자어로 음역되면서 기린이 되었다. 사슴 록 자에 각각 그 기(其) 자 자, 도깨비불 린(粦) 자가 결합되어 기린 기(麒), 기린 린(麟) 자가 되었다.

- 순록
- 지록위마

고울 려(麗)
- 고구려
- 고려

기린 **기(麒)**
기린 **린(麟)**
- 기린

⑰ 보리 맥(麥)

짜장면, 냉면, 라면 등의 면은 국수 면(麵) 자로, 보리 맥 자에 얼굴 면(面) 자를 합한 글자이다. 면과 빵 종류는 대부분 밀, 소맥(小麥)으로 만든다.

- 소맥
국수 **면(麵)**

⑲ 삼 마(麻)

삼 껍질에서 섬유를 뽑아 옷감을 만든다. 마(麻) 재질의 옷은 공기가 잘 통해서 시원하다. 대마(大麻)에는 환각 성분이 있어서 마취제로도 쓴다.

- 대마

⑱ 누를 황(黃)

금은 노랗기 때문에 황금(黃金)이라고도 한다. 해질 녘 서쪽 하늘이 노랗고 붉게 물드는 것은 황혼(黃昏)이

- 황금

고, 죽은 이들이 가는 곳은 **황천(黃泉)**이다.

⑱ 기장 서(黍)

곡식의 한 가지인 기장은 찰기가 많다. 그래서 벼화(禾) 자 밑에 물 수 자가 들어간다.

아직 어둑어둑하지만 서서히 밝아 오는 새벽빛은 **여명(黎明)**이다. 여는 기장 서 자를 부수로 하는 검을 려(黎) 자이다.

⑱ 검을 흑(黑)

바둑에서는 고수가 흰돌인 백(白)을 잡고 하수가 흑을 잡지만, 체스에서는 고수가 흑이고 하수가 백이다. 겨울 철새인 흑(黑)두루미는 머리만 빼고 검은색이다.

검을 흑 자에 개 견(犬) 자가 붙으면 잠잠할 묵(默) 자이다. 말없이 있는 것은 침묵(沈默)이다. 그렇게 하자고 말은 하지 않아도 인정하는 것은 **암묵적(暗默的)** 동

의이다. 가톨릭에서 기도하면서 굴리는 구슬 꿰미는
묵주(默珠)이다.

점 점(點) 자의 부수도 검을 흑 자이다. 삼각형이나
사각형 등의 도형에서 두 선분이 만나는 점은 꼭짓점
이다. 낱낱이 조사하는 것은 점검(點檢)이다.

집 당(堂) 자 밑에 검을 흑 자가 들어가면 무리 당
(黨) 자이다. 민주당, 정의당 등 정당의 당 자가 무리
당 자이다. 정당(政黨)은 정치 노선을 같이 하는 무리
이다.

⑱⑬ 솥 정(鼎)

다리가 셋 달린 솥의 모습이다. 중국 삼국시대처럼
세 집단의 세력이 균형을 이룬 형세를 보고 정립(鼎立)
했다고 한다.

잠잠할 **묵(默)**
- 암묵적
- 묵주

점 **점(點)**
- 점검

무리 **당(黨)**
- 정당

- 정립

⑱ 북 고(鼓)

북 고 자의 오른쪽은 손으로 북채를 잡고 두들기는 동작이다. 가죽으로 만든 북처럼 소리를 울려서 청각을 발생시키는 귀의 기관을 고막(鼓膜)이라고 한다. 피가 순환하면서 가슴이 뛰는 것은 고동(鼓動)이다.

- 고막
- 고동

⑱ 코 비(鼻)

처음에는 스스로 자(自) 자가 코를 나타내는 글자였는데 스스로라는 뜻으로 바뀌었다. 그래서 기도와 폐를 나타내는 줄 비(畀) 자를 붙여 코 비 자를 만들었다.

"프랑스어는 비음(鼻音)이 많아서 재미있다" 불어에는 콧소리가 많다는 말이다.

- 비음

⑱ 가지런할 제(齊)

여러 명이 가지런한 목소리로 노래부르는 것은 **제창(齊唱)**이다. 제창은 같은 성부를 여러 사람이 부르는 것이므로 영어로도 unison(같은 소리)이다. 소프라노/알토/테너/베이스 등 다른 성부를 여러 사람이 나누어 노래하는 합창(合唱, chorus)과는 다르다.

수신(修身) **제가(齊家)** 치국(治國) 평천하(平天下) 중 집을 돌본다는 제가의 제가 가지런할 제(齊) 자이다.

옛날에는 중요한 제사를 앞두고 목욕재계를 했다. 심신을 깨끗이 하는 것이 **재계(齋戒)**로, 재는 가지런할 제(齊) 자 밑에 작을 소(小) 자를 넣은 재계할/집 재(齋) 자이다.

"아버지는 서재에 계시다" 책을 꽂아 두고 글을 읽거나 쓰는 방은 **서재(書齋)**이다.

가지런할 **제(齊)**
- 제창
- 제가

재계할/집 **재(齋)**
- 재계
- 서재

⑱ 이 치(齒)

"이~" 했을 때 보이는 위아래 이의 모습이다.

젖니 다음에 나오는 이는 평생 간다고 해서 **영구치**
(永久齒)이다. 썩은 이는 **충치**(蟲齒)이고 충치를 치료하
러 가는 병원은 **치과**(齒科)이다.

- 영구치
- 충치
- 치과

나이 령(齡) 자에도 이 치 자가 들어간다. 나이를 한
자어로 **연령**(年齡)이라고 한다.

나이 **령(齡)**
- 연령

씹을 설(齧) 자의 부수도 이 치 자이다. 송곳니가 없
고 앞니가 발달한 쥐목(目)의 동물을 **설치류**(齧齒類)라
고 한다.

씹을 **설(齧)**
- 설치류

독기가 있어서 물고 늘어지는 사람을 **악착**(齷齪)같
다고 한다. 이 치 자에 각각 집 옥(屋) 자, 발 족(足) 자
를 붙인 악착같을 악(齷), 악착같을 착(齪) 자를 쓴다.

악착같을 **악(齷)**
악착같을 **착(齪)**
- 악착

⑱⑧ 용 룡(龍)

동양의 용은 서양 기독교에서 사탄을 상징하는 드래곤과 달리 상서로운 동물이다. 그래서 왕의 얼굴을 용안(龍顏)이라고 한다.

- 용안

⑱⑨ 거북 구/귀(龜)

'거북아 거북아 머리를 내놓아라~' 가야 백성들이 김수로를 맞기 위해 불렀다는 《구지가(龜旨歌)》의 주인공은 거북이다.

구미(龜尾), 구포(龜浦)는 거북 구 자가 지명에 들어간 예이다.

- 구지가
- 구미
- 구포

날이 지독히 가물 때는 저수지 같은 곳이 바닥을 드러내 쩍쩍 갈라진다. 거북 구 자는 이렇게 갈라짐을 나타내는 터질 균 자도 된다. 한자어로 균열(龜裂)이라고 한다.

- 균열

도서출판 이비컴의 실용서 브랜드 **이비락**©은 더불어 사는 삶에 긍정의 변화를
가져다 줄 유익한 책을 만들기 위해 끊임없이 노력합니다.

원고 및 기획안 문의 : bookbee@naver.com